한국사
다이제스트100

7
한국사
다이제스트100

초판 1쇄 펴낸 날 | 2024년 5월 17일

지은이 | 정성희
펴낸이 | 홍정우
펴낸곳 | 도서출판 가람기획

책임편집 | 김다니엘
편집진행 | 홍주미, 이은수, 박혜림
디자인 | 이예슬
마케팅 | 방경희

주소 | (04035) 서울시 마포구 양화로7안길 31(서교동, 1층)
전화 | (02)3275-2915~7
팩스 | (02)3275-2918
이메일 | garam815@chol.com

등록 | 2007년 3월 17일(제17-241호)

7
한국사
다이제스트100

KOREA

정성희 지음

가람
기획

머리말

한국사에 연구에 발을 담근 지도 어언 40년이 되었다. '생활의 달인'이라는 TV 프로그램을 보면, 한 분야에 애정을 갖고 10년 이상 종사하면 그 분야 달인이 되는 거 같다.

인생을 돌이켜 보면, 나 또한 한국사 연구를 업으로 한 세월이 10년을 넘어 무려 40년이 되었다. 흐른 시간으로만 따진다면 지금쯤 달인 중의 달인이 되어야 할 텐데, 현실은 그렇지가 않다.

나는 왜 한국사의 달인이 되지 못했을까?

나름 해답을 찾아보니, 필자의 게으름이 가장 큰 이유이겠지만, 같은 것을 반복하지 않고 새로운 사실을 탐구했기 때문이 아닌가 스스로 자문해 본다. 정치뿐만 아니라 역사 연구도 생물처럼 항상 새로운 자료가 나오고 새로운 해석이 이루어진다.

취업문이 좁아지면서 인문학을 전공하려는 학생들이 줄어들고 있는지 오래고, 대학가는 인문학의 위기가 덮친 지도 한참이 지났다. 한때나마 선덕여왕에서부터 추노나 성균관스캔들 같은 사극들이 시대를 넘나들며 한류를 이끌었지만, 서점가를 가보면, 사극만큼은 아니지만 여전히 어려운 현재의 시대고민을 인문학을 통해 찾으려 한다.

항상 이 시대가 과연 인문학의 위기인지 기회인지 반문해 보기도 하지만, 스마트폰에 길들여진 이 시대에 책을 보는 이들이 사라져 가는 현실이 답답할 뿐이다.

역사를 비롯한 인문학은 대학의 상아탑에서 벗어나고 있으며, 우리는 학교가 아닌 드라마, 서점, 박물관, 인터넷, 스마트폰을 통해서도 접할 수 있다.

일찍이 1997년에 출판된 《한국사 101장면》은 필자의 첫 번째 대중서였다. 돌이켜 보니 시간만 흐른 것이 아니라, 역사 연구의 지형도 바뀌었고 필자 또한 중년을 지나 노년(?)의 나이가 되었다. 필자가 처음 대중서를 쓸 무렵에는 연구자들이 대중서에 대한 인식이 별로 좋지 않을 때였다. 때문에 우려의 시선도 있었고 여러 곡절도 있었다.

세월이 흘러 연구자가 대중서를 쓰는 것이 아무렇지 않은 시대가 되었고, 인문학 시장은 다양한 책과 디지털 콘텐츠들로 넘쳐나고 있다. 이러한 노력들이 있어서인지 일반인들의 인문학에 대한 교양은 연구자들을 위협할 정도이고, 인문학적 교양을 갖춘 독자들의 수가 예전과 비교할 수 없을 정도로 늘었다. 왜곡된 역사 사실을 전한다는 비판의 목소리도 없지 않지만, 요즘 흔한 말로 '대세'를 막을 수는 없다.

《한국사 다이제스트100》은 《한국사 101장면》의 수정판이다. 출간된 101장면 목차를 보니 고려시대와 조선시대가 다른 시대에 비해 분량이 적고 현대사 부분이 상대적으로 많아 조선시대 테마를 보강했으며 현대사 부분을 많이 줄여 독자들이 전근대사를 이해하는 데에 용이하도록 했다.

이제껏 수많은 연구자들이 쌓아 놓은 연구 성과를 반영하여 각 시대별 주요한 사건들을 중심으로 구성했으며, 필자 입장에서 가급적 객관적인 시각에서 서술하려고 했다. 아울러 각 사건의 서술은 다이제스트지만, 깊이 있는 서술이 되도록 노력했다.

모쪼록 한국사를 공부하는 수많은 독자들로부터 질책과 함께 사랑 또한 받을 수 있는 책이 되었으면 하는 바람이다.

2024년 4월
갑진년 회갑을 맞아 저자 쓰다

차례

제3장. 근세사회로의 이동

제1장
선사문화와
고대국가의 형성

KOREA

한국 역사의 시작
: 구석기·신석기시대
(70만 년 전~기원전 6000년경)

한반도에서는 언제부터 인류가 살기 시작했을까? 현재까지 알려진 것에 따르면, 한반도에서는 홍적기인 빙하시대 때부터 이미 사람이 살고 있었다고 한다. 홍적기는 지질학적인 시기구분으로서 약 60만 년 전부터 1만 년 전까지의 기간을 가리킨다. 이 시기에 지구는 네 번의 빙하기를 겪었다. 이 홍적기는 고고학상으로 구석기시대에 해당하며, 한국 역사는 이미 이 시기에 시작되고 있었다.

한국의 구석기시대와 문화에 대한 연구는 1933~1934년 함북 동관진에서 출토된 뼈화석이 홍적기 유물로 주장되면서부터이다. 그러나 일제 식민지사관에 의해 한반도 구석기문화는 사실상 부정되어 왔다.

한반도에 구석기문화가 인정된 것은 1963~1964년 함북 웅기 굴포리, 충남 공주 석장리 유적이 발굴 · 조사되면서부터이다. 이후 1974년 국정교과서에 구석기시대가 우리 역사의 한 시대로 인정받게 되면서 한국사는 잃어버린 시간을 되찾았다.

지금까지 나타난 구석기 유적들은 거의 전국에 걸쳐 존재하고 있다. 구석기 유적은 그 형태상으로, 강가를 중심으로 한 평지유적과 석회암 용암지대

암사동 선사 주거지. 지금으로부터 약 6천 년 전 우리 조상인 신석기시대 사람들이 살았던 집터 유적으로, 우리나라에서 밝혀진 신석기시대 최대의 집단취락이다. 사진은 복원된 움집.

에 있는 동굴유적 및 그늘집터로 분류된다.

발굴된 평지유적으로는 종성 동관진, 웅기 굴포리, 공주 석장리, 청원 샘골, 연천 전곡리 등을 들 수 있다. 동굴유적으로는 공주 마암리, 상원 검은모루, 덕천 승리산, 제주 빌레못, 제원 점말, 청원 두루봉 등이 있으며, 그늘집터로는 단양 상시가 있다.

그러면 구석기인들은 어떤 생활을 꾸려갔을까? 구석기시대 집자리는 주로 동굴과 평지로 분류할 수 있는데, 동굴집터는 주로 석회암 동굴 지대에 분포하고 있는 것이 특징이다.

검은모루 동굴이나 점말 동굴 등 구석기시대 석회암 동굴 유적에는 예외 없이 동물 뼈의 화석들이 출토되었다. 여기서 출토된 화석을 분석한 결과, 당시 사람들은 사슴과 동물을 주로 잡아먹으며 생활을 꾸려갔음이 밝혀졌다. 이들은 불을 사용하여 잡은 동물들을 익혀 먹었다.

사냥을 위해서는 집단협동이 필요했으므로 구석기인들은 일정규모의 공동체생활을 했다. 구석기인들은 5 내지 10명 정도의 핵가족 형태로 살면서 계절에 따라 이동생활을 했다. 그러나 자연적인 동굴집터와 달리 평지 집자리는 인위적인 주거공간이었다.

생활용구로는 석기와 뼈연모가 함께 발견되는데, 사냥 연모(찍개·찌르개·사냥돌)와 조리 및 일상 연모(긁개·밀개·자르개)가 대부분이다. 이 시대의 석

빗살무늬토기. 신석기시대. 서울 암사동 출토. 경희대 학교박물관 소장.

기는 한쪽 또는 양쪽을 깨뜨려 날을 만든 뗀석기(타제석기)였다. 구석기인들은 이 뗀석기로 사냥을 하거나 요리도구로 사용했다.

구석기인들은 소박하나마 뼈와 돌을 이용하여 입체로 조각을 하거나 꽃을 꺾어다가 생활터전을 꾸밀 줄도 알았다. 이들의 예술행위는 경제적 풍요나 종교적 목적에서 이루어진 것으로 해석되기도 하는데, 아직까지 분명히 밝혀진 것은 아니다.

농경의 성공으로 인류는 오랜 수렵 및 채집경제 단계인 구석기시대를 청산하고 보다 안정된 생활을 누릴 수 있게 되었다. 인류가 농경을 시작한 것은 대략 1만 년 전이라고 한다. 식량의 생산은 인류문화를 진일보시켰다. 그런 의미에서 이를 '신석기혁명'이라고 한다.

한반도에서의 신석기혁명은 어디서 발견할 수 있을까? 바로 빗살무늬토기와 간석기의 출현에서 찾을 수 있다. 토기의 존재는 신석기시대의 변화와 발전을 설명하는 기준으로 그 의미가 매우 크다. 그러나 한반도에서 농경은 신석기 후반부터 비로소 시작되었다고 하는 견해가 지배적이다.

현재까지 한반도에서 발견된 신석기 유적은 1백 군데가 넘는다. 당시 한국인의 조상들이 살았던 만주지역까지 합하면 그 수는 훨씬 많아진다. 이 유적들의 가장 큰 특징은 두만강 · 대동강 · 한강 · 낙동강 등 대개 강변에 위치하고 있다는 점이다. 발굴 성과에 따르면, 한국에서 신석기시대의 시작은 대략 기원전 6000~4000년경부터인 것으로 추정된다. 그러나 고고학적 성과에 따라 그 기원이 올라갈 수도 있다.

한반도의 대표적 신석기 유물인 즐문토기는 신석기시대 중기 무렵인 기원전 3000년경을 전후하여 등장한 것으로 추측되고 있다. 빗살무늬토기 · 유문토기 · 기하문토기 등은 바로 즐문토기의 다른 명칭들이다. 암사동 유적은

반구대 암각화. 경남 울주군 언양면 대곡리에 있는 신석기시대 말부터 청동기시대에 걸친 대표적인 암각화로, 1972년에 발견되었다.

대표적인 즐문토기 유적으로 알려져 있다.

기원전 2000년을 전후하여 한반도는 신석기시대 후기로 접어드는데, 이때부터 토기의 모습과 무늬가 약간씩 변화하고, 특히 곡식의 낟알 및 농경과 관련있는 유물들이 많이 발견되기 시작한다.

신석기인들은 그 이전의 구석기인들과는 많이 다른 모습들을 보여준다. 신석기인들은 움집에서 살면서 가족을 구성하고, 이를 바탕으로 한 혈연집단을 구성했다. 흔히 이를 사회조직면에서 씨족氏族이라 부른다. 이들은 대체로 산과 강을 경계로 사냥 및 고기잡이 그리고 농경을 하면서 자급자족을 이루었다. 사회조직은 모계중심이었다고 알려져 왔는데, 부정적인 견해도 제기되고 있어 아직 숙제로 남아 있다.

혈연중심의 공동체생활을 한 신석기인들은 같은 혈족이었음을 나타내기 위해 자신들의 공동조상을

반구대 암각화 부분. 사슴과 멧돼지의 형태가 보인다.

동물로 생각하곤 했다. 이러한 생각을 보통 '토테미즘'이라고 한다. 가령 말이 울다가 하늘로 올라간 자리에 남은 알에서 태어났다고 전해지는 신라의 박혁거세 설화 등이 이를 반영한다. 그리고 우주 만물에 영혼이 있다고 믿는 애니미즘 신앙도 가지고 있었다.

신석기인들은 어떤 계통의 인간들이었을까? 우선 신석기인들은 구석기인들과는 직접적인 혈연관계가 없다는 것이 지배적이다. 현재 신석기인들의 혈통관계는 분명하지 않은데, 퉁구스 족 혹은 알타이 족으로 추정되다가 최근에는 예족 또는 고아시아 족이라는 견해가 나오기도 했다. 그러나 아직까지 그 계통이 분명히 밝혀지지는 않고 있다. 다만 이들의 혈통은 끊이지 않고 계승되어 이후 등장한 청동기 문화인들과 함께 한국민족을 형성했다.

천제의 아들, 지상의 곰
그리고 단군
: 단군신화의 탄생 (기원전 2333년)

단군왕검檀君王儉은 우리 민족의 시조이자, 최초의 국가인 고조선의 첫 임금으로 알려져 있다. 다음은 《삼국유사》에 실려 있는 단군의 탄생계보다.

《위서魏書》에 '지금으로부터 2천년 전 단군왕검이 있어 아사달阿斯達에 도읍을
정하여 국호를 조선이라 했는데, 중국의 요堯임금과 같은 때였다'고 한다.

《고기古記》에 이르기를, 먼 옛날 환인桓因의 여러 아들 중 환웅桓雄이 있어 자주
천하에 뜻을 두고 인간세상을 탐내었다고 한다. 그 아버지가 그 뜻을 알고 삼위三危
·태백太白을 내려다보니 널리 인간을 이롭게 함직한지라, 천부인天符印 3개를 주어
내려가 다스리게 했다.

환웅이 무리 3천을 거느리고 태백산(지금의 묘향산) 꼭대기 신단수神壇樹 밑에
내려와 신시神市라 이름 붙이니 이가 환웅천왕이다. 풍백風伯·우사雨師·운사雲師를
거느리고 곡식·목숨·질병·형벌·선악 등 무릇 인간 360여 가지 일을 주관하며
세상을 다스리고 교화했다.

그때 곰 한 마리와 호랑이 한 마리가 같은 굴에서 살며 항상 환웅에게 사람이 되고
싶다고 빌었다. 환웅이 신령스런 쑥 한 타래와 마늘 스무 톨을 주며, "너희들이
이것을 받아먹고 100일 동안 햇빛을 보지 않으면 곧 사람이 되리라"했다. 곰과

호랑이가 이것을 받아먹고 삼칠일 만에 곰은 여자의 몸이 되었으나, 호랑이는 참지 못하여 사람이 되지 못했다. 웅녀는 더불어 혼인할 데가 없어 항상 신단수 아래서 아이를 배고 싶다고 빌었다. 이에 환웅이 잠깐 변하여 혼인하여 아들을 낳으니, 이름을 단군왕검이라 했다.

왕검은 요임금이 즉위한 지 50년인 경인년에 평양성에 도읍했다. 비로소 조선이라 일컫고 또 도읍을 백악 아사달에 옮기었다……아사달산에 들어가 산신이 되니, 나이가 1천 908세였다.

고려시대 승려 일연一然이 쓴《삼국유사》는 현재 단군신화를 전하는 역사 기록 중 가장 오래된 사서다. 일연이 참고했다는《위서》나《고기》는 현재 전

단군 영정. 왕권과 결합하여 조선의 국조가 된 이래 단군 은 우리 민족종교의 최고신으로 숭배되어 오고 있다.

하지 않고 있기 때문이다. 애석 하게도 고려시대 정사正史인 김 부식의《삼국사기三國史記》에 는 단군신화에 대한 기록이 없 다. 신화적인 사실을 배격한 김 부식은 단군신화를 우리 역사 에서 제외시켜버렸기 때문이 다. 이외에 이승휴(1224~1300)의 《제왕운기》와 조선 초기 권남 (1416~1465)의《응제시주》,《세 종실록지리지》,《동국여지승람》 등에도 단군신화가 전하고 있 다. 그러나 세부 내용에는 약간 씩의 차이가 있다.

그렇다면 액면 그대로 믿기 힘든 단군신화를 어떻게 해석해 야 할 것인가.

하늘에서 내려왔다는 환웅은

강화도 마니산 참성단. 국조인 단군께서 하늘에 제사를 지내던 제천지다. 상고시대 단군께서 쌓았다는 얘기가 전해오고 있다.

천신 · 태양신을 상징하는 것으로 볼 수 있다. 이러한 천강신화天降神話는 우리나라뿐 아니라 동북아시아에 널리 분포되어 있다. 환웅의 하강에는 외래 집단의 이주 정착이라는 역사적 사실이 반영되어 있을 것이다. 단군은 유이민과 토착주민 양자를 통합하는 상징성을 지닌 인물일 것이다.

또한 환웅이 주관한 곡식 · 목숨 · 질병 · 형벌 · 선악 등 인간의 360여 가지 일에서 우리는 고대인들의 소박한 인생관과 세계관을 엿볼 수 있다. 곰과 호랑이의 등장은 이 시기 동물숭배(토테미즘)의 흔적이다. 북방의 곰 토템전통의 신화는 후대로 내려오면서 불교 또는 도교의 영향도 받은 것으로 보인다. 환웅이 신단수 밑에 내려왔다는 것은 나무를 숭배하는 수목신앙과 연결되는 것으로, 정령신앙(애니미즘)의 영향이다.

사실로 믿기에는 신화적 요소가 다분한 단군신화는 우리 역사상 최초의 국가인 고조선이 성립되는 과정에서 일어났던 주요사건들을 상징적으로 보여준다. 가령 환웅이 하늘에서 데리고 왔다는 풍백 · 우사 · 운사 등은 농경의 발전을 의미한다. 또한 곡식 · 형벌을 비롯한 360가지 일을 관장했다는 사실에서 당시 사회가 이미 분화하여 지배계급이 존재했음을 알 수 있다. 최남선의 단군 연구에 따르면, 단군은 무당 또는 하늘을 뜻하는 몽골어 '텡그리'라는 말과 서로 통하며, '제사장'의 의미를 지니고 있다고 한다. 따라서 단군왕검이란 특정한 어느 개인을 가리키는 고유명사라기보다는 보통 명사로 해석하는 것이 옳다는 견해가 지배적이다. 이러한 칭호를 가진 지배자는 종교행사를 주관하면서 정치지배자 역할도 함께 했을 것이다. 단군의 존재는 고조선의 초기 정치형태가 제정일치 사회였음을 반영한다.

단군신화는 고조선의 한 종족신화이던 것이 대몽항쟁對蒙抗爭 등 민족의 단합이 필요했던 시기를 거치면시 윤색되고, 나아가 민속의 시조로 받들어지게 된 측면도 있다는 주장도 있다. 삼국시대에는 삼국마다의 시조신화가 있었기 때문이다. 물론, 이러한 후대의 윤색으로 말미암아 일부에서는 단군신화 자체를 부정하려는 경향도 있다. 그러나 단군신화가 사실 그대로 받아들이기에 무리한 점이 많다 할지라도 고조선의 건국 없이는 이루어질 수 없는 신화임은 분명하다.

기자의 후예 '조선후'
: 고조선의 성립과 발전
(기원전 4세기경~)

고조선의 본래 이름은 '조선 朝鮮'이다. 조선이란 '태양이 뜨는 자리'라는 뜻인 고대 우리말 '아사달'의 중국식 표현이라고 한다. 일연이《삼국유사》를 쓰면서 단군신화에 나오는 조선을 위만조선과 구분하려는 의도에서 '고조선古朝鮮(옛조선)'이라고 이름 붙이면서 이 명칭으로 불리게 되었다.

일반적으로 고조선이라 할 때는 단군신화가 말하는 단군조선, 중국 은殷나라가 망할 때 기자箕子가 망명하여 세웠다는 기자조선, 그리고 한나라 초기에 연燕나라 사람 위만衛滿이 건국한 위만조선 등을 아울러 가리킨다.

기원전 8세기를 전후하여 청동기문화를 가진 집단이 남만주 요동 일대를 중심으로 등장했는데,

비파형 동검. 청동기시대의 대표적인 유적으로 중국 동북부에서 한반도 전역에 걸쳐 발굴되었으며, 이는 이 지역이 청동기시대에 같은 문화권에 속했음을 말해준다. 요동반도 여대시 고분 출토. 기원전 8~7 세기.

강화 지석묘. 경기도 강화군 하점면 부근리에 있는 청동기시대의 고인돌. 사적 제137호. 대형의 북방식 고인돌로 높이 2.6m, 덮개돌의 크기는 길이 7.1m, 너비 5.5m이며, 화강암이다. 고인돌(支石)은 두 개의 긴 굄돌판이 있는데, 방향은 대략 남북이다.

이 집단이 차츰 성장하면서 조선이라 불려진 것으로 보인다. 중국 춘추시대의 사실을 기록해 놓은 《관자管子》라는 책에는 조선이 당시 중국의 제나라와 교역한 사실이 실려 있다.

고조선의 실체가 분명해지는 것은 기원전 4세기 무렵이다. 《위략魏略》의 '일문逸文'에는 다음과 같은 기록이 전한다.

> 주周가 쇠하자 연燕의 공이 왕을 칭하여 동으로 영토를 넓히려고 했다. 이때 기자의 후예인 조선후朝鮮侯가 스스로 왕이라 일컫고 군사를 일으켜 연을 공격하려 하였다. 조선의 대부인 예禮는 먼저 조선왕에게 전쟁을 일으키지 않도록 간하고, 연에 사신으로 가서 연왕에게도 설득함으로써 양국의 무력충돌은 면하게 되었다.

기원전 4세기 후반쯤 고조선은 당시 중국인들이 '교만하고 사납다'고 경계할 정도의 세력으로 성장하고 있었다. 이 시기에 고조선은 요하를 경계선으로 하여 연과 대립할 만큼 국가영역이 드넓었다.

그러면 고조선의 중심지는 어디였을까?

그동안 한사군의 위치와 관련하여 고조선의 중심지는 평양인 것으로 알려져 왔다. 이 평양설은 일본학계와 일부 한국학계의 주장으로 오랫동안 정설로 받아들여져 왔다. 그러나 평양설은 고조선 연구가 깊이 있게 진행되면서 그 힘을 잃어가고 있다. 한반도 청동기문화의 성립지역과 관련지어 비파형 동검문화권인 요령지방, 요하 상류, 산둥반도 부근, 만주지역 등을 중심으로 고조선이 성립·발전했다고 보는 것이다. 나아가 전성기의 서쪽 경계가 난하·요하·대릉하로 점차 이동했다고 보고 있는 견해도 있다.

물론, 현재까지는 고고학의 성과와 중국측 문헌을 가지고 고조선의 성립시기와 그 지역을 추측해보는 단계에 불과하다. 고조선의 강역문제는 한사군 위치문제와 관련하여 우리 민족사에 있어서 중요한 문제임에는 틀림없다. 그러나 민족적인 감정보다는 보다 학술적이고도 깊이 있는 연구가 선행되어야 할 것이다.

고조선(기원전 2세기경)

동북아시아의 강자였던 고조선 사람들의 사회생활은 어떠했을까?

당시 고조선에는 '8조법'이 있었다고 하는데, 이 가운데 3개의 조항만이 《한서漢書》지리지에 전하고 있다.

> 사람을 죽인 자는 즉시 죽인다.
> 남에게 상처를 입힌 자는 곡물로써 갚는다.
> 도둑질한 자는 그 집의 노비로 삼는다.
> 단, 노비를 면하고자 할 때는 50만의 돈을 내야 한다.

이 법의 조항만으로도 엄격한 법 집행이 이루어진 사회라는 것을 짐작할 수 있다. 이 책에는 이러한 법외에도 고조선 사회가 '여자가 정절을 소중히 여긴다'는 것을 미덕으로 여긴다고 전하고 있다.

살인자를 사형에 처하는 것은 원시공동체사회 이래 보편적으로 행해졌던 처벌인데, 고조선도 예외는 아니었다. '8조법'에서 나타나듯이 고조선은 계급의 분화와 사유재산의 보호가 엄격히 보장된 사회였다.

이밖에 고대 노비들은 주인을 위해 무제한의 노동력을 제공해야 했다. 노비는 주인이 죽어서도 그 시중을 들기 위해 무덤 속까지 끌려가야 하는 존재였다. 이를 순장殉葬제도라 하는데, 노비 주인들은 죽은 뒤에도 노비를 부리면서 저승에서 생활하고 싶었던 모양이다.

현재 순장의 흔적은 요동지역 고조선의 유적인 강상무덤·누상무덤에서 발견된다. 이들 무덤에서 1백여 구가 넘는 순장된 노비들의 유골이 발견되었다. 그러나 이 시대에 노비가 얼마나 보편화되었는지에 대해서는 아직 분명하지 않다.

고조선 사회에는 노비 외에도 많은 평민이 있었다. 이들은 사유재산을 소유할 수 있었으며 신분적으로도 자유로운 존재였던 것으로 보인다. 그러나 앞서 본 8조법규에서와 같이 형벌이나 채무로 인해 경제적 기반을 잃고 노비로 전락할 가능성도 있는 불안정한 신분이기도 했다.

하호下戶라고 불리는, 고조선과 이웃한 부여의 평민들에게서 그와 같은 모습을 읽을 수 있는데, 이들은 후대의 노비와는 그 성격이 매우 다른 존재로서, 신분은 평민이었으나 노비에 가까운 지배를 받았다.

기자조선, 정말 존재했나?

기자조선이란 기자동래箕子東來 전설에서 나온 것이다. 기자는 중국 은·주 교체기에 살았던 현인이었다고 알려지는데, '무왕에 의해 조선왕으로 봉해졌다'는 이야기가 전해진다. 이외에도 '조선에 망명하여 단군조선을 교체했다'는 설도 아울러 전해지고 있다. 우리나라에서의 기자 숭배는 매우 오래 전부터 있어 왔다. 고구려의 평양 도읍 시기에 기자가 민간신앙의 차원에서 받들어졌고, 고려 때는 왕실에서 공인되어 제사가 행해지기도 했다. 조선시대에는 유학자들 사이에 기자를 성현으로 숭배하는 풍조가 만연되기도 했다.

선진시대 중국문헌에는 기자와 조선이 별개로 취급되다가 진한시대 이후 연결되어 동래전설로 등장했다. 따라서 그 사실성에 회의를 품는 것이 지배적인 견해다.

현재 학계에서는 기자전설을 동이족 계통인 기자족의 이동과 관련하여 이해하려는 견해와 기자조선은 부정하지만, 그 기간을 예맥족이 근간이 된 예맥조선으로 설정하고자 하는 견해들이 제시되고 있다.

내분으로 쓰러진 왕검성
: 고조선의 멸망
(기원전 108년)

　기원전 206년 중국 최초의 통일왕국인 진秦이 멸망한 후 중국대륙은 또다시 여러 세력들의 각축장이 되었다. 이 와중에 고조선과 경계를 맞대고 있었던 옛 연燕지역이나 그 근방지역 주민들이 부역이나 전쟁을 피해 고조선 쪽으로 많이 넘어왔다. 고조선에서는 이들을 받아들여 서쪽 변경지역에 살게 했다. 혼란기를 거쳐 기원전 202년 중국은 한漢에 의해 재통일되었다. 이 무렵 한의 동북지역인 옛 연땅의 왕 노관이 한에 반역하여 흉노 땅으로 도망하는 사건이 발생했다.

　이 사건 후, 어수선한 틈을 타 위만衛滿이라는 자가 1천여 명의 무리를 이끌고 고조선으로 이주했다. 넘어올 당시 위만은 '상투를 틀고 조선옷을 입고 있었다'고 한다. 이러한 외관 때문에 위만은 조선인 계통의 연나라 사람으로 알려져 있다. 당시 고조선의 준왕準王은 위만을 신임하여 박사라는 관직과 서쪽 1백 리의 땅을 주고 변방을 수비하게 했다. 그러나 위만은 '한의 군대가 공격해오므로 왕궁에 들어가 왕을 호위하겠다'고 거짓 보고한 뒤, 기원전 194년 준왕을 몰아내고 정권을 차지했다. 이때 왕위에서 쫓겨난 준왕은 측근을 데리고 뱃길로 남하하여 진국辰國에 가서 '한왕韓王'이 되었다고 한다.

거친무늬 거울. 대전 괴정동 출토 다뉴경(왼쪽) . 남성리 출토(오른쪽). 둘 다 국립중앙박물관 소장. 청동기시대 전기에 사용되었던 청동거울로, 다뉴조문경이라고도 한다. 기원전 4~2 세기 전반.

위만은 왕위에 오른 후 주변세력을 복속시키면서 세력을 확대해갔다. 고조선은 위만의 손자 우거왕右渠王 때 이르러 중국과 토착사회와의 중간무역으로 이익을 독점하면서 강대국으로 등장했다.

이때 예군남려濊君南閭세력이 중간무역권을 독점하는 고조선에 불만을 갖고 한에 투항했다. 한은 이를 계기로 하여 예땅에 창해군滄海郡을 설치하고 (기원전 128), 고조선에 압력을 가했으나 실패했다.

한은 고조선이 흉노와 연결하여 세력이 확장되는 것을 두려워했다. 그때 마침 고조선을 제압할 구실을 찾았는데 즉, 한나라 사신 섭하涉何가 고조선 장수를 살해하고 달아나자 우거왕이 섭하를 잡아 죽여버린 사건이 발생한 것이다. 섭하가 우거왕에 의해 살해되자, 한무제漢武帝는 기다렸다는 듯 5만이 넘는 군대를 동원해 고조선을 수륙 양면으로 공격했다. 한무제는 누선장군 양복에게 5만의 군사를 주어 바다를 건너 침략하도록 하는 한편, 좌장군 순체에게는 요동으로 진격하여 우거왕을 치도록 했다. 그러나 고조선은 지형이 험한 곳을 이용하여 한의 군대를 물리쳤다.

한무제는 포기하지 않고 다시 장군 양복에게 군사 7천 명을 주고 왕검성을 공격하도록 했으나, 역시 실패로 돌아갔다. 이때 양복은 많은 군사를 잃고 산속으로 달아나 열흘 동안 숨어 지내는 수모를 당해야 했다.

몇 차례의 공격이 실패로 돌아가자 한무제는 사신 위산衛山을 보내어 화해를 요청했고, 우거왕은 태자를 보내는 것으로 답했다. 그런데 화해사절인 태자의 무리가 막 패수를 건널 즈음 위산과 순체는 "이미 항복했으므로 사람들에게 무기를 버리라 하시오"라 요구했다. 위산과 순체를 의심한 태자는 패수를 건너지 않고 다시 돌아와버렸다.

태자가 돌아간 사실에 격분한 한무제는 다시 조선을 공격했다. 순체가 이끄는 군대가 패수를 건너 왕검성을 포위공격했다. 이에 맞서 왕검성은 성문을 굳게 닫아걸고 한군의 공격을 막아냈다.

1년 남짓 공격이 계속되면서 고조선의 지배층에는 내부분열이 생기고 말았다. 일부 신하들이 계속 한군에 맞서 싸우고자 하는 우거왕에 반기를 들고 강화를 주장했다. 강화 주장이 받아들여지지 않자 조선상朝鮮相 역계경歷谿卿 등은 무리 2천여 호를 이끌고 남쪽 진국으로 가버렸다. 조선상 노인路人, 상相 한음韓陰, 이계상尼谿相 삼參 등은 한으로 망명했다. 게다가 이계상 참은 몰래 사람을 시켜 우거왕을 살해하는 등 고조선의 운명은 벼랑 끝으로 치달았다. 고조선 지배층의 내분은 결국 위만이 이끌고 온 이주족과 원래 고조선 토착민 사이의 갈등에서 비롯된 것이었다. 이는 위만조선의 연합정권이 본래부터 안고 있던 한계이기도 했다.

우거왕이 죽은 뒤에도 왕검성은 대신이었던 성기成己의 지휘로 여러 차례 한의 공격을 막아냈다. 그러자 한의 장군 순체는 한에 항복한 우거왕의 아들 장과 노인의 아들 최를 부추겨 성기를 죽여버렸다. 결국 기원전 108년 여름 왕검성의 함락과 함께 고조선은 멸망하고 말았다.

고조선은 외부의 힘이 아닌 내부의 분열과 배신으로 무너졌다. 고조선을 무너뜨린 한은 그 자리에 낙랑·진번·임둔·현도 등 이른바 한4군을 설치하고 지배권을 장악했다. 그러나 고조선 유민들의 반발로 진번·임둔군은 20여 년 만에 폐지되고, 현도군 또한 고구려 세력에 밀려 서쪽으로 쫓겨났다. 이후 420여 년 동안 끈질기게 버틴 낙랑군 역시 313년 고구려에 흡수됨으로써 중국세력은 완전히 축출되었다.

주몽, 졸본주에 도읍하다
: 고구려의 건국과 발전
(기원전 37년)

고구려는 고조선의 동북부인 압록강 중류 동가강 유역을 무대로 발전한 나라이다. 고조선 멸망 뒤 이 지역에는 한사군의 하나인 현도군이 설치되었으나, 30여 년 만인 기원전 75년경에 이 지방 세력들에 의해 만주로 쫓겨갔다.

이 지역에는 고구려 건국이 이루어지기 전인 기원전 4세기경부터 '예맥濊貊'이라고 불리던 세력이 자리잡고 있었다. 이들은 기원전 40년경에 이르러 고구려라는 단일세력으로 통합되었다.

다음에 소개된 주몽설화는 바로 이 시기 철기문화를 바탕으로 소국들을 병합하고 신흥 강국으로 등장한 고구려의 건국설화이다.

시조 동명성제의 성은 고씨이며, 이름은 주몽朱蒙이다. 북부여왕 해부루가
동부여로 옮겨간 뒤 세상을 떠나고 금와가 왕위를 이었다.
금와왕이 태백산 남쪽 우발수에서 한 여자를 만나게 되었다.
"저는 하백의 딸로 유화柳花라고 합니다. 아우들과 놀고 있을 때 한 남자가 나타나
천제의 아들 해모수라 하면서 저를 웅신산 밑 압록강 가에 있는 집으로 유인하여

정을 통해놓고 가더니 돌아오지 않았습니다. 부모는 중매도 없이 혼인한 것을
꾸짖으며 저를 이리로 귀양보냈습니다."

이상히 여긴 금와왕이 그녀를 방에 가두어 두었더니, 햇빛이 빙 속을 비추었다. 몸을
피하자 햇빛이 따라와 또 비추었다. 그로부터 태기가 있어 닷 되 만한 알을 한 개
낳았다.

왕이 알을 개와 돼지에게 던져주었지만 모두 먹지 않았고, 길에 내다버리자 소나
말이 피해 지나갔다. 들에 내다버리니 새와 짐승들이 그를 덮어주었다.
깨뜨리려 해도 깨어지지 않아, 도로 그 어미에게 갖다 주었다.

유화가 알을 천으로 싸서 따뜻한 곳에 두었더니 한 아이가 껍질을 깨고 나왔다.
골격과 외양이 영특하고 기이했다. 일곱 살이 되자 스스로 활과 화살을 만들어
쏘는데, 백발백중이었다. 풍속에 활 잘 쏘는 사람을 주몽이라 하므로 주몽이라
이름지었다.

금와왕에게는 아들이 일곱 있었다. 언제나 주몽과 함께 놀았으나 재주가 주몽을
따르지 못했다. 장남 대소가 왕에게 고했다.

"주몽은 사람이 낳은 자식이 아니니 일찍 없애지 않으면 후환이 두렵습니다."

그러나 왕은 이를 듣지 않고 주몽에게 말을 기르게 했다. 좋은 말을 알아본 주몽은
좋은 말에게는 일부러 먹이를 적게 주고 나쁜 말에게는 먹이를 많이 주어 살찌게
했다. 왕은 여윈 말을 주몽에게 주었다.

유화는 왕의 아들들이 자신의 아들인 주몽을 죽이려 한다는 것을 알고 주몽에게
일렀다.

"지금 나라 안 사람들이 너를 죽이려 하니, 너의 재주와 지략으로 어디 간들 살지
못하겠느냐. 그러니 빨리 여기를 떠나라."

주몽은 오이烏伊 등 세 사람과 함께 도망, 쫓기다가 엄수淹水라는 물가에 이르렀다.
"나는 천제의 아들이며, 하백의 손자다. 뒤쫓는 자들이 곧 따라오게 되었으니
어찌하면 좋겠는가?"

그러자 물고기와 자라들이 올라와 다리를 만들어 일행을 무사히 건너게 한 다음
흩어졌다.

주몽이 졸본주에 이르자 이곳을 도읍으로 삼았다. 미처 궁실을 지을 겨를이 없어
비류수 위에 집을 지어 거처하며 나라 이름을 고구려라 하고, 고씨로 성을 삼았다.

고구려의 건국설화는 부여의 건국설화와 비슷한데, 현재《삼국사기》,《삼

기원전 2세기경의 고분 벽화. 우현리 대묘의 선녀(위), 만주 집안 무용총의 무용도(아래). 지금까지 50기 이상의 고구려 벽화고분이 발견되었는데, 평양과 집안 일대에 집중되어 있다. 그림은 널방의 사방 벽과 천장에 그렸다.

국유사》,《광개토왕비문》등에 그 내용이 전해지고 있다. 내용들이 설화인만큼 신비로운 사실들이 많아 역사적 사실로 모두 믿을 수는 없다. 그러나 고구려 지배세력이 부여족 계통이었으며, 동가강 유역을 무대로 발전했던 사실은 확인할 수 있다.

고구려는 주변세력들을 계속 통합하여 기원후 3년경인 유리왕(재위 전 19~후 18) 때 졸본에서 압록강변 통구의 국내성으로 도읍을 옮겼다. 이때 통합된 세력은 계루부를 중심으로 한 5개 집단이었으며, 그 통합은 대개 '나那'를 중심으로 한 연맹적인 성격을 띤 것이었다. '나'는 냇가나 계곡을 중심으로 형성된 지역집단이다. 그 성격은 부족집단이나 일부 초기의 국가 같은 형태였을 것이다. 이들 '나'집단은 늦어도 기원전 2세기까지는 연맹체를 형성했으며, 그 무렵에 이미 고구려란 이름은 존재하고 있었다.

중앙의 계루부를 중심으로 한 이들 연맹체들은 방위에 따라 소노부 · 절노부 · 순노부 · 관노부 등의 '5부체제'로 고구려의 지배체제에 흡수되었다. 5부체제는 고구려의 국가형성 초기에 존재한 지배자공동체였다. 고구려는 이를 통해 고대국가로서의 토대를 갖추어 나갔다.

고구려는 태조왕(재위 53~146) 때 옥저를 정복했고, 통치제도의 정비와 왕권강화의 토대를 계속해서 다져나갔다. 고국천왕(재위 179~197) 때에 이르러 왕위계승 방법이 형제상속에서 부자상속제로 바뀔 수 있는 바탕을 마련했던 것도 이를 배경으로 한 일이있다. 그리고 이윽고 광개토왕(재위 91~413)과 장수왕(재위 413~491) 때는 중국과 어깨를 겨루는 동북아시아의 패자로 등장했다.

온조와 비류
: 백제의 건국과 발전
(기원전 18년)

기원전 108년 고조선이 멸망하자 발달된 철기문화를 가진 고조선 유민들이 한강 이남으로 많이 이주했다. 당시 한강 이남에는 진국辰國이라는 국가가 있었는데, 고조선 유민들의 쉼 없는 유입으로 말미암아 해체되고 말았다. 이후 이 지역은 마한馬韓·진한辰韓·변한弁韓의 삼한사회로 재편성되었다.

삼한이 들어서기 전에 존재했던 진국은 그 형성과 역사를 잘 알 수 없는 국가 중의 하나다. 따라서 이 진국을 중국 역사가의 관념적 추정에서 생긴 가상적인 나라로 보기도 한다. 그러나 '우거왕 때 진번국 곁에 있는 진국이 한에 글을 보내어 직접적인 통교의 길을 트고자 했다'는 《사기史記》의 '조선전' 기록과 또한 '고조선의 역계경이 2천 호를 이끌고 진국으로 이주했다'고 한 기록을 보더라도 진국은 분명 역사상 존재했던 국가였다.

고조선 유이민 집단에 의한 철기문화의 영향으로 한강 이남지역은 각기 성장한 족장세력에 의한 소국들이 분립했다. 《후한서》에 의하면, 그 소국의 수가 무려 78개에 달했다고 한다. 그 가운데서 가장 큰 세력을 형성한 것이 54개국의 마한이었으며, 그 다음이 진한 12국과 변한 12국이었다.

백제는 마한 연맹체 50여 소국들 중의 하나인 백제국伯濟國이 성장·발전

백제토기. ①녹유받침산(보물 제4 5 3호), ②세발토기, ③벼루, ④흑도(서울 가락동 백제고분 출토), ⑤선문네귀병, ⑥받침붙은 항아리. ①은 국립중앙박물관, ②·③·⑤는 국립부여박물관, ④는 고려대학교박물관, ⑥은 국립공주박물관 소장.

한 나라다. 백제 건국의 주체가 된 유이민 집단으로는《삼국사기》 '백제본기' 에 온조집단·비류집단 및 해루집단 등이 보이고 있다. 따라서 이들 집단이 앞서거니 뒤서거니 하며 흘러들어와 통합되면서 고대국가의 기반이 마련된 것으로 보인다.

다음은《삼국사기》에 실려 있는 백제의 건국설화다.

백제의 시조 온조왕은 주몽의 아들이다. 주몽이 북부여에서 도망하여 졸본부여로 왔는데, 졸본부여 왕에게는 딸만 셋이 있었다. 왕은 주몽이 보통 인물이 아님을 알고 둘째딸을 아내로 주었다. 얼마 후 왕이 죽고 주몽이 뒤를 이어 왕위에 올랐다. 두 아들을 낳았는데, 큰아들은 비류沸流였고, 작은아들은 온조溫祚였다. 그런데 주몽에게는 북부여에 있을 때 두고 온 부인과 아들 유리琉璃가 있었다. 유리가 와서 태자가 되자, 비류와 온조는 태자에게 용납되지 못할까 두려워하여 오간·마려 등 열 명의 신하와 함께 남쪽으로 갔는데, 많은 백성들이 따랐다.
마침내 한산漢山(북한산)에 도달한 이들 일행은 부아악(삼각산)에 올라 살 만한 곳을 찾아보았다. 비류가 바닷가에 정착하고자 하니, 신하들이 말렸다.
"이 하남의 땅은 북으로 한수漢水가 있고, 동쪽으로 높은 산이 감싸고 있고, 남으로 기름진 들판을 바라보고, 서쪽으로는 큰 바다가 있으니 얻기 어려운 좋은 곳입니다. 여기에 도읍을 정함이 좋겠습니다."
비류는 신하들의 말을 듣지 않고 따르는 백성을 데리고 미추홀(인천)로 갔다.

온조는 하남 위례성에 도읍하고 열 신하로 보필삼아 나라 이름을 십제十濟라 했다.
미추홀이 토지가 습하고 물맛이 짜서 살 수 없자, 비류는 후회 끝에 죽고 그 백성은
모두 위례성으로 돌아왔다.
처음 고구려에 올 때 백성이 즐겨 따랐다 하여 국호를 백제百濟로 고쳤으며, 그
세계世系가 고구려와 마찬가지로 부여에게 나왔으므로 부여로 성을 삼았다.

《삼국사기》는 주몽이 온조의 의부이며, 백제의 건국자는 온조의 형인 비류
라는 다른 설도 아울러 기록해 놓았다.

백제의 건국자와 그 출신에 대해서는 여러 설이 있으나, 한결같이 그 시조
설화가 고구려의 건국자와 연결되어 있는 점이 주목된다. 주몽과 온조를 부
자관계로 남긴 기록을 그대로 믿기는 어렵다 하더라도, 백제 건국자들이 부
여족 계통의 고구려 유이민임은 믿어도 좋을 것이다. 백제의 건국연대가 기
원전 18년이라고 《삼국사기》는 못 박고 있지만, 현재 학계에서는 이 기록을
그대로 인정하지는 않고 있다.

백제가 위치한 한강 하류지역 사회는 중국 군현과 인접해 있어 중국세력
과 접촉하면서 성장·발전했다. 한강 하류의 평야지대는 농경생활에 적합하
고 특히 낙랑군으로부터 야철기술이 전해져 사회발전에 큰 활력소가 되기도
했다.

백제가 한강 유역의 여러 소국들을 통합하는 연맹왕국으로 성장한 것은
3세기 무렵 고이왕(재위 234~286) 때다. 고이왕은 6좌평을 두고, 관직을 16품
으로 나누어 각각 품계에 따라 관복색을 정하는 등 왕권강화와 중앙집권체
제를 이룩하고자 했다.

백제는 고이왕을 거쳐 근초고왕(재위 346~375) 때 전성기를 맞이했다. 근초
고왕은 활발한 정복사업을 벌였는데, 이로 인해 3세기 말에서 4세기 초의 백
제왕실은 기마민족의 이동기에 출현한 정복왕조가 아닐까 하는 추측도 불러
일으켰다.

출신이 미스터리한 근초고왕은 실로 위대한 정복군주였다. 마한을 정복하
여 영토를 확장했으며, 북쪽 옛 대방땅으로도 진출했다. 이렇게 하여 백제는

현재의 경기 · 충청 · 전라 3도와 낙동강 중류지역, 강원 · 황해 일부까지 점유하는 큰 영토를 차지했다. 또한 근초고왕은 영토확장과 더불어 강화된 왕권과 정비된 국가의 면모를 과시하고자 했다. 즉, 박사 고흥高興으로 하여금 백제의 국사國史인《서기書記》를 편찬케 한 깃에서 그러한 의도를 읽을 수 있다.

　백제는 근초고왕과 그의 아들 근구수왕(재위 375~384)을 거치면서 4세기 중엽 한반도 중부지역의 강국으로 등장했다.

사로국에서 신라국으로
: 신라의 건국과 발전
(기원전 57년)

　신라는 진한 12개 소국 중 사로국斯盧國에서 발전한 나라이다. 사로국은 경주평야에 자리잡은 6개 씨족의 후예들로 구성되어 있었던 것으로 보인다. 신라의 건국설화는 고구려나 백제의 건국설화와 달리 박朴·석昔·김金 3성의 시조설화로 되어 있다. 그중에서도 혁거세 설화는 박씨의 시조설화일 뿐 아니라 신라의 건국설화이다.

　다음은《삼국유사》와《삼국사기》에 나오는 신라의 건국설화이다(요약).

〈박혁거세설화〉

　진한 땅의 고허촌장 소벌공이 양산楊山 밑 나정이라는 우물 옆에 있는 숲을
　바라보니 말이 무릎을 꿇고 절하는 시늉을 하고 있었다. 가보니 큰 알이 있었는데,
　알에서 사내아이가 나왔으므로 데려다 길렀다. 6촌 사람들은 그를 하늘이
　낸 사람이라고 생각하여 높이 받들었다. 그의 나이 13세 때 왕으로 추대하고
　국호를 서나벌徐那伐이라 했다. 그가 태어난 알이 박과 같다 하여 박朴으로 성을
　삼고, 세상을 빛으로 다스린다 하여 이름을 혁거세赫居世라고 하였다. 혁거세가
　태어날 무렵, 사량리의 알영정閼英井이란 우물에 용이 나타나 오른쪽 갈빗대에서
　여자아이를 낳았다. 우물 이름을 따 알영이라 이름지었는데, 왕이 이를 맞아 왕비로

삼았다.

〈탈해설화〉

왜국의 동북 1천리 되는 곳에 있는 디파나 국의 왕비가 오래도록 사식이 없다가
7년 만에 큰 알을 낳았다. 왕이 상서롭지 못하다 하여 버리라고 하자, 사람들은
알을 큰 궤짝에 넣고 바다에 띄웠다. 금관국을 지나 진한 동쪽 아진포(지금의 영일)에
이르렀을 때 한 노파가 발견하였는데, 궤를 열어보니 어린아이가 들어 있었다.
까치떼가 궤 위에 몰려와 있어 발견하게 되었다 하여 까치 작鵲자의 한쪽을 따
석昔으로 성을 삼았고, 궤를 풀고 나왔다 하여 탈해脫解라 이름지었다. 혁거세의
아들인 남해왕은 탈해가 뛰어나다는 이야기를 듣고는 탈해를 사위로 삼았다. 훗날
남해왕의 아들인 유리는 탈해가 어질다 하여 그에게 왕위를 양보하려 했다. 탈해도
여러 번 사양하다가, "덕이 있는 사람은 이가 많다고 하니 잇금을 세어보십시다"
하고는 유리왕의 뒤를 이어 서기 57년에 제4대 왕이 되었다.

〈알지설화〉

탈해왕 9년 왕이 밤에 금성 서편 시림에서 닭 우는 소리를 듣고 사람을 보내
살펴보게 하니, 나뭇가지에 금궤가 있고, 흰 닭이 울고 있었다. 궤를 열어보니
남자아이가 들어 있어 왕은 기뻐하며 거두어 길렀다. 이름을 알지閼智라 하고,
금궤에서 나왔으므로 김金으로 성을 삼았다. 시림을 계림鷄林으로 고쳐 국호로
삼았다.

이상의 3성 시조설화는 그 세계와 연대 등을 사실 그대로 믿을 수 있을 것
인지에 대해 그동안 의문이 제기되어 왔다. 즉, 혁거세의 즉위 연대가 기원전
57년이라고 한《삼국사기》의 기록이 과연 신빙성이 있는가 하는 의문이다.
이것은 3국 중 가장 빠른 건국연대로, 그대로 믿기 어려운 면이 있기 때문이
다.

그럼에도 불구하고 신라의 3성 시조설화는 고대 신라인의 신앙과 사회상
을 보여준다는 점에서 매우 중요하다. 설화의 구성에서 알 수 있듯이 초기
사로국의 사회구성은 매우 복합적이고도 다원적이었다. 사회 · 문화적 계통

경주 계림. 신라 김씨의 시조인 김알지의 전설이 서린 곳으로, 흰 닭이 울어 가보니 나뭇가지에 아기가 든 궤짝이 걸려 있었다 한다.

을 달리하는 여러 세력집단이 시기를 달리하여 이동한 후, 경주분지에 정착하면서 서로 혼합되었음을 이 설화는 보여준다.

신라의 성립과정은 그 수장에 대한 호칭변화를 통해서도 살펴볼 수 있다. 신라 초기 수장에 대한 호칭은 거서간居西干에서 차차웅次次雄·이사금尼師今·마립간麻立干으로 변화했다.

거서간은 '밝(광명)'을 의미하는 말이다. 차차웅은 '무巫'를 의미한다고 한다. 의미로 볼 때 거서간이나 차차웅은 당시인의 종교적 신앙과 관련된 제사장적인 성격을 지닌 존재임을 알 수 있다. 이사금은 연장자를 의미하는 것으로, 유력한 집단의 연장자가 왕이 되던 시기의 수장명이었을 것이다. 그 다음 단계의 마립간은 '마루한'으로 읽는데, 이는 대군장大君長을 뜻한다.

4세기 내물마립간(재위 356~402) 때 신라는 낙동강 동쪽의 경북 일대를 지배하는 왕국으로 발전했다.《삼국유사》는 이때부터 이사금이라는 칭호 대신 '마립간'이란 칭호를 붙여주었다. 신라가 왕국으로 비약하고 있음을 말해준다.

지증왕(재위 500~514) 때 우경牛耕이 보급되면서 노비를 죽은 주인과 함께 매장하는 순장이 금지된 것은 농업노동력의 확보라는 관점에서 주목된다. 지증왕은 또한 국호를 '신라'로 하고, 마립간 대신 왕이란 칭호를 사용했다. 이는 중국의 문화를 적극적으로 수용하려는 표시였다.

신라가 고대국가로서의 체계를 갖추게 된 것은 3국 중 가장 늦은 6세기 초 법흥왕(재위 514~540) 때다. 이때 고대국가의 틀이라 할 수 있는 율령이 공포되고, 관리들의 관복이 제정되었다. 또한 불교를 받아들여 통일된 정신세계를 마련할 수 있는 길을 열었다. 이와 같은 법흥왕 때의 고대국가 체제 완비는 곧이어 진흥왕대(재위 540~576)의 비약적인 발전을 가능하게 했다. 이때 신라는 한강유역을 확보했고, 562년 가야를 멸망시켰으며, 삼국을 통일할 수 있는 기틀을 다졌다.

신라의 지방통치조직

신라에서는 지증왕 때부터 진흥왕 때까지 전국의 요충지에 5주가 설치되고, 그보다 비중이 낮은 곳에는 군이 설치되었다. 군은 몇 개의 촌이나 성으로 이루어져 주군제가 시행되었다. 지방통치의 담당자로는 주에는 군주, 군에는 당주, 촌이나 성에는 도사가 파견되었는데, 이들은 6부출신의 왕족·귀족들로서 중앙정부에 의해 파견된 지방관들이었다.

지방마다에는 토착세력들이 있었는데, 대표적인 계층이 촌주였다. 촌주는 중앙에서 파견되어온 지방관을 보좌하여 촌락 내의 행정 및 군사 실무에 중요한 역할을 담당했다. 촌주가 담당하는 촌은 소규모 촌락으로서 자연촌이 아니라 행정상의 편의를 위해 자연촌을 몇 개 아울러 조직된 지역촌 또는 행정촌이었다. 촌주는 자연적으로 인구가 모여 형성된 소규모 촌락마다 존재했던 것은 아니었다.

고대 해상왕국, 가야
: 가야의 건국과 발전
(1세기경~)

　가야는 다른 지역에 비해 발달한 농업생산력을 기반으로 하여 낙동강 중·하류의 넓은 평야를 무대로 성장한 나라이다. 특히 이 지역은 일찍부터 철기문화의 세례를 받아 1세기경에 이미 철기시대로 들어갔고, 각종 철제 무기를 만들어 사용했다. 경주에 자리잡은 사로국은 이 무렵 신라로 발돋움하고 있었다.

　현재 문헌자료의 부족으로 한국고대사에 있어서 가야는 가장 밝혀지지 않은 나라이다. 게다가 가야는 고대 한일관계사의 커다란 쟁점인 임나일본부 문제가 얽혀 있기도 하다.

　중국 쪽 사서에 따르면, 3세기 무렵 낙동강 중·하류지역에는 변한 12국이 있었다고 전한다. 그러나 우리나라 사서에는 금관가야(김해)·대가야(고령)·아라가야(함안)·고령가야(상주)·성산가야(성주)·소가야(고성) 등 6가야가 있었다고 전한다. 이렇듯 기록은 다르지만, 변한 12국과 가야 6국이 모두 낙동강과 경상도 지역을 무대로 하고 있었으므로 이들을 별개로 생각할 수는 없다. 이렇게 기록이 다른 것에 대해서는 그 이유가 현재 분명히 밝혀져 있지 않다. 다만 초기 12국이 점차 신라와 백제에 의해 6국으로 통합되었거나,

혹은 6국만이 강하여 이 강국만을 지칭했을 가능성을 추측해볼 수 있을 뿐이다.

가야 여러 나라 중에서 가장 강력한 힘을 가졌던 나라는 김해를 중심으로 한 금관가야와 고령을 중심으로 한 대가야였다. 또한 강력했던 만큼 이 두 나라를 중심으로 한 시조설화가 전해지고 있다. 《삼국유사》에 실린 '가락국기駕洛國記'는 김해를 중심으로 한 금관가야가 그 중심으로 되어 있다.

천지개벽 이후 아직 왕도 없이 9간九干이라는 수장들이 백성들을 거느리고 있던 어느 날, 김해의 구지봉龜旨峰에서 이상한 음성이 들려왔다.
"산꼭대기 흙을 파면서 노래를 부르고 춤을 추어라. 그리고 '거북아, 거북아, 머리를 내밀어라. 내밀지 않으면 너를 구워 먹어버리겠다'고 노래를 불러라. 그러면 너희들은 대왕을 맞게 될 것이다."
사람들이 시키는 대로 하자 하늘에서 자주색의 줄이 내려왔다. 그 끝에는 붉은 천에 싸인 황금 상자가 달려 있었다. 상자를 열어보니 황금알 6개가 나왔다. 9간 중의 한 사람인 아도간我刀干이 이것을 가지고 집으로 가져가 모셔 놓았더니 이튿날 새벽 알 여섯 개가 동자 여섯으로 변해 있었다. 이들은 나날이 자라나 겨우 10여 일 만에 성인이 되었다. 제일 처음 세상에 나온 수로首露가 김해 가락국의 왕이 되고, 나머지 다섯 사람이 각각 5가야의 왕이 되었다.

반면, 《동국여지승람》 '고령조'에는 통일신라 말의 《석리정전釋利貞傳》이라는 문헌을 인용하여 금관가야가 아닌 고령 계통의 가야 건국신화를 싣고 있다.

가야산의 산신인 여신이 천신의 감응으로 두 아들을 낳았는데, 그 한 사람이 대가야(고령)의 시조 이진아시요, 또 한 사람이 금관가야(김해)의 시조 수로였다.

가야의 건국신화가 지역과 시기가 다른 2개가 존재하는 것은 가야사의 전개과정이 일직선이 아니라 그 중간에 어떤 중대한 변동이 있었음을 시사하는 것이다.

가야토기. ①쌍록장식유공장경호, ②양이부발, ③바퀴장식토기(보물 637호), ④영배, ⑤오리모양토기, ⑥짚신모양토기.

가락국기에는 수로왕의 즉위, 즉 금관가야의 개국연대를 기원후 42년이라 했으나, 고고학 자료로 보면 이보다 훨씬 빨랐을 가능성이 크다. 수로왕 설화에 보이는 9간은 씨족장을 의미하는데, 금관가야는 이를 배경으로 성립된 것으로 보인다. 수로왕은 전성기 6가야 연맹의 맹주였을 가능성이 크다.

가야국의 건국설화에서 또 하나 주목되는 것은《삼국유사》에 실린 수로 왕비 황옥黃玉이다. 황옥은 아유타국의 왕녀로서, 천제의 계시를 받은 부왕의 명으로 바닷길을 통해 김해로 들어와 수로왕과 결혼했다. 그러면 황옥의 아유타국은 어디인가? 현재 김해의 수로왕릉 정문에는 '두 마리의 물고기', '활', '연꽃 봉오리', '남방식의 불탑'이 조합되어 단청으로 그려져 있는 것을 볼 수 있다. 또한 중수 기념비의 이수에는 '풍차 모양의 태양 문장'이 새겨져 있다. 그런데 이러한 문양들은 인도 갠지스 강 중류에 있는 아요디아 읍의 건축문양과 흡사하다고 한다. 아요디아는 고대 인도 태양왕조의 수도였다. 이러한 추정은 가야의 해상활동과 관련하여 매우 흥미있는 해석이 아닐 수 없다.

가야 여러 소국 중 가장 두각을 나타낸 금관가야는 1세기경부터 해상교역의 중심지였다. 금관가야는 낙랑군이 일본열도에 보내던 선박들의 기항지 또는 중계지 역할을 담당했다. 이후 변진에서 철이 많이 생산되자 금관가야는 이를 중국과 일본에 판매하는 무역중계지로 발전했다. 따라서 아유타국

기마인물형 토기. 주로 신라 · 가야지역에서 많이 제작
되었다. 방패 · 갑옷으로 무장한 인물. 등뒤로는 각배
가 쌍으로 세워져 있다. 김해 덕산리 출토. 가야시대.
높이 23.2cm.

출신의 수로왕비 도래 이야기는 이 같은 금관가야의 활발한 해상 교역 활동을 배경으로 하여 생겨난 것이리 볼 수 있을 것이다.

이렇듯 왕성한 교역을 벌이던 금관가야도 4세기 고구려의 남하 정책으로 큰 타격을 받고 말았다. 이후 가야 세력은 낙동강 서쪽 지역으로 점차 축소되었다. 그러나 5세기경 가야연맹은 고령 대가야를 중심으로 다시 한 번 발흥했다. 이를 후기 가야연맹이라 부르는데, 결국 백제와 신라 사이에서 외교적 타협으로 명맥을 유지하다 562년 신라의 우세한 무력에 눌려 완전히 병합되었다.

가야의 여러 나라는 신라에 의해 정복되었으나 그 문화와 인물마저 소멸된 것은 아니었다. 가야의 궁정음악인 가야금이 대가야 멸망 직전 우륵于勒에 의해 신라에 전해지기도 했으며, 김유신 등 가야 왕족 후예들이 신라의 진골 귀족으로 받아들여져 신라의 삼국통일에 큰 역할을 맡았다.

샤머니즘 시대에서 불교시대로
: 삼국에 불교전래
(4세기 후반)

삼국은 고대국가체제를 갖추어나가는 과정에서 모두 불교를 받아들였다. 고대국가로 진입한 단계에서 종래 원시종교나 조상숭배 신앙만으로는 사회를 이끌어갈 수 없었기 때문이다. 고대국가로의 발전을 위해서는 선진적인 사상의 도입이 필요했으며, 이후 불교는 삼국에 크나큰 영향을 주었다.

고구려에 불교가 전래된 것은 소수림왕 2년(372)의 일이다. 3국 중 중국과 가장 가까운 관계를 맺고 있던 고구려가 가장 먼저 불교를 받아들였다.

《삼국사기》 '소수림기紀'에는 다음과 같은 사실들을 전한다.

소수림왕 2년 전진왕前秦王 부견符堅이 사신과 함께 승려인 순도順道로 하여금 불상과 경문을 보내왔다.

동왕 3년, 처음으로 율령을 반포했다.

동왕 4년, 승려 아도阿道가 왔다.

동왕 5년, 이불란사를 지어 아도를 머물게 하니, 이것이 해동 불법의 시초이다.

불교의 유입과 유학교육을 위한 태학의 설치, 율령의 반포가 소수림왕 대

금동미륵보살반가상. 삼국시대. 높이 80cm.
국보 78호. 국립중앙박물관 소장. 금동으로
만든 이런 반가사유상은 삼국시대에 걸쳐 크
게 유행했는데, 이것은 가장 최초의 예로 꼽
힌다.

에 거의 같은 시기에 이루어졌다. 소수림왕(재위 371~384)은 광개토왕의 백부로서, 수도가 아직 집안輯安에 있었을 때의 왕이다.

고구려에 불교를 처음 전한 순도는 '어디 사람인지는 알 수 없으나…… 동방을 다니면서 기회를 따라 교화에 힘썼다'고 전한다. 또한 아도는 '설법을 할 때마다 하늘에서 신비한 꽃이 비 오듯이 내리는' 신통력을 지닌 인물이었다고 한다. 아도는 신라 초기 불교에도 영향을 준 인물이다.

7세기 무렵 고구려 재상 연개소문은 "삼교三敎는 정鼎(세 발 달린 솥)의 발과 같아서 그중의 하나가 없어도 아니된다. 이제 유교와 불교는 아울러 흥해 있는데 도교는 아직 성하지 못하니……"라 했다. 이같은 연개소문의 말에서 고구려 말기에 불교가 상당한 융성을 이룩했음을 알 수 있다.

고구려에 불교가 전해지고 12년 뒤, 침류왕 원년 384년에 백제에도 불교가 전해졌다. 동진東晉으로부터 인도승 마라난타摩羅難陀가 들어와 불법을 펼친 것이다. 백제 초기의 불교는 고구려나 신라와 달리 중국 남조로부터 전해진 점이 특징이다. 침류왕(재위 3 84~385)은 마라난타를 궁중으로 맞아 공경하는 등 불법을 장려했다. 불교에 대한 왕실의 태도는 처음부터 적극적이었다. 백제의 불교 공인은 한강 유역에 도읍하고 있던 4세기 후반에 이루어졌다.

백제에는 불교의 여러 유파가 유행했는데, 특히 미륵보살 신앙과 관음보살 신앙이 주목된다. '보살'은 여래, 즉 부처가 되기 위한 수행을 쌓으면서 한편으로 중생을 교화하기 위한 일을 하는 존재다. '미륵'은 석가모니 이후 56억 7천만 년이 되면 지상에 나타나 성불한 뒤 대중을 구해주리라는 미래불이다. '관음'은 대자대비를 기본 서원으로 삼는 보살이다. 때와 곳을 따라 모습을 바꾸어가며 인간을 모든 재난에서 구해준다고 하여 현세 이익적인 면이 강한 신앙이 깃들어 있다.

신라의 불교공인은 고구려나 백제보다 훨씬 늦은 527년에 가서야 이루어졌다. 또한 두 나라와 달리 불교 공인 과정에서 상당한 마찰과 저항이 있었다. 처음 신라는 귀족세력의 반대에 부딪혀 불교를 받아들이지 못하고 있다가 법흥왕 15년(528)에 이른바 '이차돈의 순교'를 계기로 불교를 공인했다.

당시 법흥왕은 불교를 일으키려 했으나 여러 귀족들의 반대에 부딪혔다. 이때 법흥왕의 총애를 받던 이차돈이 나섰다.

"청컨대 소신의 목을 베어 여러 사람들의 의논을 정하소서."

이차돈의 목을 베자, 잘린 자리에서 마치 젖과 같이 흰 피가 쏟아졌다. 이 일을 계기로 사람들은 다시는 불교를 헐뜯지 않았다고 전한다.

본의 아니게 이차돈을 죽이지 않을 수 없었던 법흥왕은 그 뒤 경주에 대왕흥륜사라는 절을 일으켰는데, 이것이 신라에서 공인된 최초의 사찰이다. 순교라는 대가를 치른 만큼 신라 불교는 고구려나 백제와 달리 그만큼 민중 속에 뿌리를 내릴 수 있는 역량도 아울러 가질 수 있었다.

이차돈의 순교 이후 불교는 왕권과 귀족 간의 조화 위에서 성장해갔다. 불교의 윤회전생사상輪廻轉生思想은 골품제도라는 엄격한 신분제를 바탕으로 하는 귀족의 특권을 정당화시켜 주었기 때문이다. 그러나 이러한 귀족적인 불교도 통일신라 이후 원효의 공헌으로 점차 민중의 삶 속으로 파고들게 된다.

불교 수용 이전의 삼국사회는 무속신앙이 만연했다. 불교의 수용으로 샤머니즘의 무격신앙이 차지했던 지위는 불교에 빼앗기게 되었다. 신라에서 불교의 공인이 순조롭지 않았던 것은 무격신앙과의 마찰이 컸기 때문이라고도 한다. 갈등기를 거치면서 삼국시대의 불교 수용은 기존의 무속적 신앙 토대를 배척하지 않고 흡수·화합하면서 진행되었다.

불교의 공인으로 병을 치료하는 무격의 기능은 점차 승려로 넘어갔다. 게다가 불승을 부르는 '중'이란 말이 본래 무巫를 뜻하던 고어 '차차웅' 또는 '자충慈充'이란 말에서 나왔다는 사실은 불교대의 현상을 단적으로 말해주는 예다. 그러나 삼국시대 불교는 그 지체로도 밀교적인 싱격이 컸다. 이 점은 고대귀족들의 합리적 정신의 성장을 방해한 요소이기도 했다.

국토를 넓힌 고구려
: 광개토왕의 정복사업
(391~413년)

고구려가 평양으로 도읍하기 전의 도읍지인 현재 만주 길림성 집안현 통구에는 높이 약 6.39m에 달하는 유명한 광개토왕비가 있다. 이 비석은 414년 9월 29일 장수왕이 아버지 광개토왕의 업적을 기리고자 건립한 것으로, 4면 가득히 총 1천 775자의 한자가 새겨져 있다. 이 비는 고구려 멸망과 함께 잊혀진 존재가 되었다가 1880년 청나라 농부에 의해 재발견 되었으며, 1882년 일본 스파이 사카와 중위에 의해 일본학계에 알려졌다.

광개토대왕은 그 이름이 뜻하듯이 고구려의 국토를 넓힌 영주다. 고구려는 소수림왕 때 체제정비를 갖추었는데, 이때의 문화적인 축적은 이후 대외발전을 가능케 하는 원동력이 되었다. 고구려는 고국양왕을 거쳐 광개토왕에 이르러 대외발전이 더욱 활발하게 전개되기 시작했다.

광개토왕의 이름은 담덕談德, 시호는 국강상國岡上 광개토경廣開土境 평안호태왕平安好太王으로, 줄여서 광개토왕이라 하고 그의 연호를 따라 영락대왕永樂大王이라고도 한다. 광개토왕은 391년 18세 소년으로 왕위에 올라 413년 39세라는 젊은 나이로 세상을 떠날 때까지 고구려를 아시아의 대국으로 만든 인물이었다.

고구려 장군총. 만주 집안현 국내성의 고구려 중기 피라미드 형 고분. 동양 최대의 이 피라미드 형 고분은 광개토왕의 능이라고도 하고 장수왕의 능이라는 설도 있다.

  광개토왕은 즉위하자마자 백제를 공격하는 것으로 영토사업에 첫발을 내딛었다. 그리고 391년 거란을 정벌하여 남녀 5백여 명을 포로로 잡고, 민가 1만 구를 귀순시켰다. 특히 394년 8월에 백제를 패수에서 대패시키고 8천 명을 노획했다. 광개토왕 비문에 의하면 396년 광개토왕이 수군을 이끌고 백제의 관미성과 미추성 등을 치고 아리수阿利水(한강)를 건너니, 백제의 아신왕은 남녀 1천 명과 옷감 1천 필을 바치며 "이후로는 길이 고구려의 노객이 되겠다"고 맹세했다. 이에 광개토왕은 58성과 7백 촌을 얻고 백제 왕제 및 대신 10인을 이끌고 돌아왔다(《삼국사기》는 이 일이 392~394년에 있었다고 기록하고 있다).

  398년에는 숙신을 정벌하고 이후 백제 및 임나가야와 왜의 연합군을 격파했다. 401년에 광개토왕은 후연의 숙군성을 공격하여 승리했으며, 선비족 후연과의 전투승리로 요하지역까지 진출했다. 413년 고구려 영토확장에 혁혁한 업적을 세운 광개토왕이 사망하자 뒤를 이은 장수왕은 부왕의 업적을 이 비문에 기록했다.

  광개토왕 비문은 크게 세 가지 내용으로 짜여 있다. 첫째는 고구려 건국자인 주몽의 신비로운 출생담과 건국담, 그리고 광개토왕의 일반 치적 및 비석의 건립내력에 대한 기록이다. 둘째는 광개토왕 재위시의 영토확장사업에 대한 주요내용이 연도별로 새겨져 있다. 셋째는 광개토왕의 왕릉을 수호하고 청소할 수묘백성 330호의 출신지역 이름들이 낱낱이 기록되어 있다.

비문은 주인공인 광개토왕이 시조인 주몽으로부터 면면히 이어지는 신성한 왕통의 계승자임을 상기시키면서, 주인공의 탁월한 군사적 재능에 의해서 성취된 고구려의 영광을 과시하고 있다.

불행히도 이 비문이 우여곡절 끝에 일본측에 의해 세상에 공개됨으로써 광개토왕 비문에 대한 연구는 일본학계에서 독점하다시피 했다. 일본은 이 비문을 갖고 고대 한일관계사의 역사상을 꾸미는 한편, 비문에 보이는 '왜' 관계 기사를 가지고 4~5세기 일본 야마토 정권이 한반도 남부를 경영했다고 주장했다. 그 주장의 근거가 되는 '왜' 관계 기사를 소개하면 다음과 같다.

'백제와 신라는 옛 속민으로 조공을 바쳐왔는데, 신묘년에 왜가 바다를 건너와서 백제와 신라 등을 공파하여 신민으로 삼았다 (百殘新羅舊是屬民由來朝貢而倭以辛卯年來渡海破百殘△△新羅以爲臣民).'

광개토대왕릉 비문. 탁본(앞면). 국립중앙도서관 소장. 일본군이 발견, 소개된 당시 변조되었다고 전해지는 신묘년 기사 부분이 보인다.

앞서 말했듯이 광개토왕은 396년 수군을 이끌고 백제를 친히 정벌했는데, 신묘년 기사는 바로 이 원정에 대한 동기라 할 수 있다. 종래 일본학계에서는 '왜가 한반도에 침략하여 백제와 신라를 신민으로 삼았다'고 해석하여 임나일본부설任那日本府說을 정당화하는 데 이용했다. 임나일본부설이란 4세기 중엽 일본의 야마토 정권이 가야지역을 정벌하고 통치기관을 설치, 6세기 중엽까지 한반도 남부를 경영했다는 학설이다. 일제는 이 학설에 대한 증거로 《일본서기》와 광개토왕 비문의 신묘년 기사를 들었다.

일제의 한반도 침략의 도구로 사용되었던 임나일본부설은 1970년 이후 비판과 수정이 거듭되었다. 현재 임나일본부는 근초고왕이 369년 가야지역을 정벌한 후 가야지배를 위해 설치한 파견군사령이었다가 6세기 이후에는 문물수용 통로로 이용된 것으로 파악되고 있다.

임나일본부설의 근거가 되는 신묘년 기사의 문자판독이나 기사성격에 대한 논의는 결론이 나지 않은 상태다. 그러나 신묘년 기사의 '왜倭'자는 '후後'자의 변조일 가능성이 크다고 하는 비문변조설이 강력하게 제시되고 있다.

광개토왕의 활약으로 고구려는 대정복국가로 등장했으며, 동북아시아의 최강자로 발전했다. 이 당시 고구려의 판도는 동으로는 책성柵城(혼춘), 남으로는 소해小海(한강유역), 북으로는 옛부여, 서로는 요하에 이르렀으니 그야말로 한국사상 가장 영광된 시기였다.

'나라에 현묘한 도가 있으니 풍류라 한다'
: 신라의 화랑제도 (576년)

《삼국사기》에 따르면, 신라 화랑花郎은 진흥왕(재위 540~576) 때 처음 생긴 것이라 한다. 이때 조정에서는 인재를 등용하는 방법으로 남모와 준정이라는 두 미녀를 뽑아 청년 3백여 명을 그 주위에 모으도록 했다. 이들을 무리 지어 놀게 하고는 그 행실과 옳음을 관찰했다. 그런데 준정이 남모를 시샘하여 남모를 몰래 죽이는 일이 생기게 되었다. 그 뒤 조정에서는 여자 대신 용모가 아름다운 남자를 골라 '화랑'이라 부르고, 청년들을 모아 화랑으로 받들게 했다고 한다.

다음은 6세기경 신라의 고승 원광圓光이 수나라에서 돌아온 무렵에 있었던 이야기다.

귀산과 취항이라는 두 청년이 원광을 찾아 '평생의 훈계'가 될 말씀을 부탁드렸다. 원광은 여기서 유명한 '세속5계世俗五戒'를 가르쳐 주었다.

임금을 충성으로 섬긴다. 事君以忠

어버이를 효로 섬긴다. 事親以孝

친구와는 믿음으로 사귄다. 交友以信

싸움터에서는 물러나지 않는다. 臨戰無退

살생은 함부로 하지 않는다. 殺生有擇

몇 년 후 백제병이 남원에 있는 신라성을 포위했을 때, 이 두 청년이 마침 그곳에 있었다. 도망치는 백제병을 추격하던 신라병사들이 힘이 다해 돌아오려 할 때 백제의 복병이 나타났다. 여기서 귀산은 임전무퇴라는 원광의 가르침을 떠올렸다. 그리곤 "선비는 싸움터에서 물러서지 않는다. 일찍이 스승에게서 들었노라" 하고는 순식간에 적병을 죽였다. 여기에 용기를 얻은 신라병사들은 백제군을 전멸시켰다. 그러나 부상을 입은 귀산과 취항은 돌아오는 도중에 죽고 말았다. 이들의 장렬한 죽음을 애통하게 여긴 왕은 이들에게 작위를 내려 그 죽음을 위로했다.

세속5계는 흔히 화랑5계라고 하여 화랑 – 낭도의 행동규범으로 삼았다. 세속5계 외에도 화랑도 정신은 풍류도風流道로 대표된다. 최치원은《난랑비서鸞郎碑序》를 지으면서 '나라에 현묘한 도가 있으니 풍류라 한다'고 화랑도를 풀이했다. 풍류도는 그 이전부터 내려오는 고유한 정신 위에 유교와 불교·도교를 포함하여 조화시킨 화랑도의 정신이다.

근세 역사가 신채호 선생은 특히 화랑도 정신을 강조한 인물이다. 이른바 낭가郎家사상이 그것이다. 그에 의하면 낭가의 기원은 고대 소도교蘇塗教의 제단무사로 이것이 신라에서 화랑으로 발전했다고 한다. 고려시대 묘청의 난을 낭가와 유가 간의 대결로 파악한 그는 묘청의 난이 실패하면서 낭가사상은 시들해졌다고 주장했다.

화랑도를 이루는 집단 구성원들을 낭도라 하고 그 지도자를 화랑이라 부른다. 한 명의 화랑에는 낭도가 수백 명이 있었다. 이들은 도덕과 인격을 수양하고 무술훈련을 했다. 뿐만 아니라 경전을 배우고 지배층으로서의 교양을 닦았다.

화랑은 왕족인 진골 출신으로, 덕망과 용모가 뛰어난 자라야 될 수 있었다. 대체로 14, 15세에서 17, 18세쯤에 화랑으로 추대되었다. 화랑도는 미륵신앙과 결부되었는데, 특히 지도자인 화랑은 미륵의 화신으로 여겨지기도 했다. 그만큼 화랑은 존경받는 존재였다.

화랑도는 진흥왕 37년(576)에 본격적으로 제도화되었으나, 그 이전 촌락공동체의 청년 조직에 그 뿌리를 두고 있다. 《삼국지》와 《후한서》에는 삼한시대 마을 청소년들이 고유한 집회소를 갖고 견디기 어려운 시련 행사를 치르고 있었음이 기록되어 있다.

물론 화랑도는 군대를 보충할 목적으로 제정되었지만, 무엇보다도 국가가 필요로 하는 인재를 양성하려는 데 큰 목적이 있었다. 국가에 대한 충성으로 무장된 화랑은 태종 무열왕(재위 654~661) 때 삼국통일 전쟁을 수행하면서 그 전성기를 맞이했다.

임신서기석. 신라시대의 금석문. 두 화랑이 충성과 학문닦기를 맹세한 내용으로, 신라 융성기에 청소년들의 강렬한 유교 도덕 실천사상을 엿볼 수 있다.

《화랑세기花郞世紀》를 지은 김대문金大問은 통일의 위업을 쌓은 화랑을 다음과 같이 칭송했다.

"현명한 재상과 충성된 신하가 화랑에서 꽃피고, 훌륭한 장군과 용맹스러운 군사가 이로 말미암아 나왔다."

삼국시대 평민들의 생활

평민은 삼국시대 기록에 대개 백성으로 나타나는데, 이들은 귀족과 노비의 중간에 위치한 계층이다. 평민은 초기에는 각 집단 군장의 예속민으로 존재했으나, 국가체제가 정비되고 중앙집권체제가 강화되면서 공민으로 자리잡아 갔다. 그러나 언제든지 가난이나 전쟁을 비롯한 유형 무형의 압박에 의해 귀족의 사적 예속민으로 떨어질 가능성이 있었다.

당시 기록에 '굶주린 백성들이 서로 잡아먹었다', '자식을 노비로 팔았다'

도제 기마인물상. 높이 21.3cm. 국보 91호. 경주 금령총 출토. 말 위의 인물상은 종자상이다. 5세기 말~6세기 초. 국립중앙박물관 소장.

고 하는 말은 단순히 과장만은 아닌 이들의 비참한 생활상을 보여주는 일면이다. 국가는 이들에게 가능한 한 안정된 생활기반을 제공하여 인적 자원과 국가재정을 확보해 나가고자 했다. 고구려 고국천왕 16년(194)에 곡식을 빌려주고 되갚게 하는 진대법을 시행한다든지, 백제 근구수왕 8년(382)에 혹심한 가뭄으로 굶주린 농민들이 자식을 팔자 이들을 관곡으로 속량시켜준 일 등이 그 예이다.

특히 토지가 없는 농민들은 노동력을 파는 용작을 통해 생계를 유지했지만, 이들 용작인들은 생활이 극도로 어려웠고 노비로 떨어지기 직전의 상황에 놓여 있었다.

살수대첩과 안시성의 혈전
: 고구려의 대 중국전쟁
(598~645년)

589년 중국은 위진남북조 시대가 막을 내리고 이를 통일한 수나라가 등장했다. 중국의 통일은 동아시아 국제관계에 큰 파동을 예고했다. 수의 등장으로 큰 위협을 느끼고 있던 고구려는 오히려 선제공격을 감행했다.

영양왕 9년(598) 2월 고구려는 말갈군사 1만을 이끌고 요하를 건너 요서지방을 공격했다. 이러한 고구려의 진취적이고 공격적인 면모는 이후 중국과의 70년간에 걸친 전쟁을 견뎌낸 요소였다.

고구려의 선제공격 소식을 들은 수문제隋文帝는 30만 대군을 투입하여 고구려를 쳤으나, 큰 홍수를 만나고 질병과 기근에 시달리다가 중도에서 돌아가고 말았다.

수의 1차 공격이 실패로 돌아간 이후, 612년에 수양제隋煬帝는 110만이 넘는 대군을 끌고 다시 고구려를 침략했다. 수양제는 부왕인 수문제를 시해하고 제위에 오른 그야말로 야심만만한 인물이었다. 그는 대운하를 건설하는 등 대대적인 토목사업을 벌이는 한편, 총동원령을 내려 고구려 원정에 나섰다. 당시 고구려에는 명장 을지문덕이 있었다. 을지문덕은 수의 인해전술에 맞서 가능한 한 수나라 군사에게 패하는 척하면서 수군을 평양성 30리 밖까지 유인했다. 청천강을 넘어 평양 30리 밖에 주둔한 수나라 장수 우중문은 승리를 확신하고 있었다. 바로 이때 저 유명한 을지문덕의 희롱조의 오언시 五言詩가 날아들었다.

그대의 귀신 같은 책략은 천문을 꿰뚫고 神策究天文
절묘한 계략은 지리를 통달하였소. 妙算窮地理
싸워 이긴 공이 이미 높으니 戰勝功旣高
족함을 알고 여기서 그쳐주기 바라오. 知足願云止

사태를 짐작한 우중문은 황급하게 후퇴를 명했으나, 퇴로를 끊긴 수군은 살수薩水(청천강)에서 대패하고, 압록강을 건너 살아간 자가 겨우 2천 7백 명 정도였다고 한다. 이것이 바로 유명한 을지문덕의 살수대첩이다.

자존심이 상한 수양제는 그 이후에도 두 차례나 더 고구려를 침입했으나 거듭 실패하고 말았다. 무리한 고구려 원정은 백성들의 원성을 자아내고 각 처에서 민중들의 봉기가 잇달았다. 마침내 618년 수양제는 측근에 의해 암살되고 1년 뒤 이름뿐인 수나라도 덧없이 멸망하고 말았다.

612년(영양왕 23)에 있었던 고구려와 수나라와의 청천강 전투는 역사상 그

규모도 큰 것이었지만, 수나라가 붕괴되고 중국역사를 바꾸어 버린 대사건이었다.

이 일이 있은 지 1천 년 후, 명나라 사신 축맹이 조선에 오자 그를 맞이한 조준은 청천강을 바라보면서 다음과 같이 읊조렸다.

고구려 토기. ①토기호, 높이 35.7cm, ②토기호, 높이 20
.7cm, ③토기호, 평양 대성구역 출토, ④삼족토기, 높이
22.4cm, 국립중앙박물관 소장.

청천강은 탕탕히 흐르며 푸르름을
지녔는데

수나라 병사 백만이 이 물에서 물고기 밥이 되었도다.
촌부들이 지금도 웃으며 이야기를 하네.
만족을 모르는 정복자 수양제의 헛되었던 꿈을.

　조준은 수양제가 보낸 30여 만의 대군이 을지문덕의 고구려군에 의해 청천강에서 전멸된 일을 시 한 수로서 비웃어 주었다. 이때 축맹은 얼굴을 붉히며 붓을 놓았다고 전한다.

　살수대첩의 주인공 을지문덕은 그 출신이 베일에 가려 있는 인물이다. 자질이 침착·용맹하고, 지략이 있으며, 글 짓는 재능을 겸한 인물이었다고 전해질 뿐이다. 불분명한 출신 때문에 을지문덕을 중국이나 선비족으로부터 귀화해온 인물로 추정하기도 하지만, 역시 알 수 없는 일이다.

　수가 망한 뒤 중국에는 당이 들어섰다. 고구려는 당의 침략을 예상하고 부여성에서 발해에 이르는 천리장성을 쌓는 등 국방을 튼튼히 했다.

　이 무렵 고구려의 실권을 잡은 이는 연개소문淵蓋蘇文이었다. 연개소문은 장성축조의 책임자에 임명된 642년 쿠데타를 일으켜 영유왕을 몰아내고 그 조카인 보장왕(재위 642~668)을 옹립한 뒤 독재정치를 시작했다. 고구려의 실권자 연개소문이 당에 대해 강경노선으로 일관하자 당은 고구려를 치기로 결심했다. 마침내 당태종은 "연개소문이 왕을 죽이고 백성을 학대한다"라는 명분으로 고구려를 침략했다.

　645년 당태종은 '수나라의 원한을 갚는' 전쟁임을 선포하고, 직접 정예부대를 이끌고 고구려를 공격했다. 요동반도의 개모성·요동성·백암성·

고구려의 무사도. 중국 길림성 집안현 여산 남쪽 기슭에 있는 고구려 벽화 고분 삼실총의 제2실 서벽에 그려진 용맹스러운 무사.

비사성을 차례로 함락시키고 승승장구하던 당군은 그 여세를 몰아 요하 방면의 안시성을 들이쳤다.

안시성은 해성 동남, 지금의 영성자英城子에 위치한 것으로 알려진 작은 산성이다. 당시 안시성은 인구 10만에 명장 양만춘楊萬春이 지키고 있었는데, 연개소문의 쿠데타 때도 이 성은 동조하지 않았다고 한다.

당군은 안시성에 하루에도 5, 6회에 걸친 파상공격을 퍼부었으나 성은 조금도 동요하지 않았다. 안시성의 완강한 저항에 당태종은 "성을 빼앗는 날에 남자는 모조리 구덩이에 묻어 죽여버리겠다"고 할 정도로 불편한 심기를 드러냈다. 급기야 당군은 50만 명을 동원, 60일에 걸쳐 성안을 내려다볼 수 있는 토산을 만들었으나, 이것마저 고구려군의 기습공격으로 빼앗기고 말았다.

고구려를 침공한 지도 4개월이 넘어 당군은 추위와 굶주림에 시달리고 있었다. 645년 9월 마침내 태종은 안시성의 점령을 포기하고 철수를 명했다. 당태종은 군사를 이끌고 돌아가면서 "위징(태종의 중신)이 살아 있었던들 이번 원정은 말렸을 텐데……"라고 탄식했다고 한다. 고구려의 저력을 당태종은 뼈저리게 실감하고 돌아갔다. 작은 안시성의 항전은 당의 원정을 급기야 실패로 돌아가게 했을 만큼 대단한 것이었다.

고구려는 수·당 간의 70여 년에 걸친 전쟁을 승리로 이끌면서 한반도에 중국의 세력이 미치지 못하게 하는 수문장 역할을 다했다. 그런데 안타깝게도 을지문덕과 마찬가지로 안시성주 양만춘에 대해서도 알려진 사실이 거의 없다. 다만 양만춘이 당태종의 눈을 쏘아 맞혔다는 이야기가 전해올 뿐이다.

14세기 고려의 학자 이색은 《정관음貞觀吟》이란 시를 지어 당태종의 교만을 이렇게 비웃었다.

당태종은 고구려를 호주머니 속 물건으로밖에 생각지 않았으나 爲是囊中一物爾

어찌 알았으랴, 자기의 눈이 화살에 맞아 떨어질 줄을. 那知玄花落白羽

삼국통일의 두 영웅
'김유신과 김춘추'
: 신라의 통일전쟁 (7세기)

동북아시아의 패자 고구려가 계속 남하정책을 펴자 이에 위협을 느낀 백제와 신라는 433년 나제동맹을 맺었다. 그러나 계속되는 중국과의 전쟁으로 고구려의 국력은 날로 쇠약해졌다.

이 틈을 노린 신라의 진흥왕과 백제의 중흥을 다지던 성왕은 551년 힘을 합쳐 고구려를 공격, 한강유역을 빼앗았다. 한강상류를 차지한 신라의 진흥왕은 이에 만족하지 않고, 서해로 진출하려는 야심에 불타고 있었다. 신라는 고구려에 호의적인 태도를 보이는 외교를 벌이는 한편, 533년 120년간 유지되어온 동맹관계를 깨고 한강하류의 백제 점령지를 공격했다. 이에 격분한 백제의 성왕은 다음 해 가을, 배신한 신라를 공격해 들어갔으나 관산성(지금의 충북 옥천) 전투에서 전사하고 말았다.

한강유역을 확보한 신라는 이미 이때부터 점차 삼국을 통일할 기미를 보이기 시작했다. 영토확장에 전력투구한 진흥왕은 창녕 · 북한산 · 황초령 · 마운령에 4개의 순수비를 세웠다.

백제는 신라에게 한강을 빼앗기고 성왕까지 전사하게 되자 신라에 대한 복수심으로 불타고 있었다. 무왕을 이은 의자왕은 신라를 공격하여 642년

온달산성. 신라와 고구려가 남한강을 사이에 두고 대치했던 단양군 영춘면 하리에 있는 삼국시대의 석축산성. 온달이 이 성 (아단성) 아래에서 전사했다는 기록이 《삼국사기》 온달열전에 전한다.

신라 대야성(합천)을 비롯, 서쪽 지방의 40여 성을 획득했다. 이어서 고구려와 함께 당항성(인천)을 빼앗아 당으로 가는 길을 막아버렸다.

고구려와 백제의 연합으로 궁지에 몰린 신라는 당 세력을 이용하여 위기에서 벗어나고자 했다. 또한 당도 고구려에 대한 공격이 연이어 실패하자 신라와 연합하여 양면작전을 펼치려는 속셈이 있었다.

7세기 중반 고구려와 백제, 신라와 당의 연합이라는 구도 속에서 한반도는 바야흐로 삼국통일 전쟁에 돌입하게 되었다. 이 시기 삼국통일 전쟁을 주도한 인물은 신라의 김유신과 김춘추였다.

김유신은 금관가야계의 왕족 김서현과 신라 왕족 만명부인 사이에서 태어났다. 김유신은 15세에 화랑이 되었는데 '검을 닦고 술법을 얻어' 18세에 국선國仙(화랑의 우두머리)이 되었다. 이 해는 612년으로, 고구려 을지문덕의 살수대첩이 있었던 해이기도 하다.

김유신은 35세가 되던 해에 처음으로 동주라는 단위 부대장의 한 사람으로서 전투에 참가했다. 그는 이 전투에서 혼자 적진에 돌입하여 적장의 머리를 베어가지고 돌아와 신라군에 불리했던 전세를 역전시켰다.

김유신에게는 보희, 문희라는 두 여동생이 있었다. 어느 날 보희는 서악(경주 선도산)에 올라 오줌을 누어 그 물이 경주성 안에 그득해지는 꿈을 꾸었다. 이튿날 아침 꿈 이야기를 들은 문희가 예사꿈이 아님을 알고 비단치마 값을

신라토기. ①큰입 항아리, ②받침붙은 찍은무늬 큰사발, ③영락장식 주전자, ④동물문대 부장경호, ⑤집모양토기, ⑥탑모양 뼈항아리, 국립경주박물관 소장.

주고 언니 보희로부터 꿈을 샀다.

어느 날 집 앞에서 김춘추와 함께 공놀이를 즐기던 김유신이 김춘추의 옷끈을 밟았다. 옷끈이 떨어지자 유신은 집에 들어가 끈을 달자고 권했다. 보희를 불렀으나 그녀는 "이런 사소한 일로 귀공자를 가까이 하겠는가"하고 거절했다. 문희가 대신 나가 옷끈을 달아주고 이 일로 김춘추와 문희는 가까워졌다.

얼마 후 문희는 임신을 하게 되었는데, 김유신은 결혼 전에 임신했다 하여 문희를 불태워 죽이려 했다. 마침 선덕여왕이 남산에 올랐는데 멀리 연기가 나는 것을 보고 연유를 묻고는 "이런 짓을 한 남자가 누구인가"했다. 그러자 옆에 있었던 김춘추의 얼굴빛이 변했다. 여왕은 "속히 가서 구해주라"고 명했다. 이리하여 김춘추와 문희는 결혼을 하게 되고, 문희는 뒤에 무열왕의 왕비이자 문무왕의 어머니인 문명왕후가 되었다.

이 일화는《삼국유사》에 전하고 있는데, 삼국유사의 찬자인 일연은 이러한 전 과정이 김유신의 계획에 의한 것이었다고 서술했다. 정통 진골인 김춘추와 처남 매부간이 된 김유신은 신라 왕실에 한층 접근하게 되었다.

뒤에 태종무열왕이 되는 김춘추는 당시 신라왕실에서 가장 걸출한 인재였다. 사실 김유신의 집안은 금관가야의 왕손으로, 비록 진골신분에 편입되기는 했으나 정통 진골귀족들로부터는 냉대를 받고 있었다. 김유신은 막강한 배경을 가진 김춘추와 결속함으로써 그의 정치적 입지를 넓혀나갔다.

처형 매부 사이가 된 김유신과 김춘추의 우정은 이후에도 계속 이어진다. 642년 백제군이 당시 신라 땅인 합천을 점령하는 사건이 일어나자, 김춘추는 숙적 고구려를 끌어들여 백제를 치고자 했다. 이때 김춘추와 김유신은 손가락을 깨물어 서로 피를 빨며 "60일이 지나도록 내가 돌아오지 않거든 다시 만날 날이 없는 것으로 아시오", "공이 가서 돌아오지 않는다면 나의 말발굽이 고구려와 백제 두 왕정을 짓밟을 것이오"라며 서로 맹세를 주고받았다.

김춘추는 왕위에 오른 지 8년, 백제를 공격하여 부여를 함락시킨 이듬해인 661년 6월, 58세로 세상을 떠났다. 그로부터 12년 후 김유신 또한 세상을 떠난다. 김유신은 백제가 정복되자 신라의 제1관등인 각간 위에 특설한 대각간에 오르는 등 최고의 특전을 받았다. 그는 임종을 앞두고 "백성과 사직을 장차 어찌하면 좋겠소"라는 문무왕의 물음에 "성공이 쉽지 않았던 것을 잊지 마시고 지키는 것이 어려움을 아시옵소서"라는 말로 답했다.

김유신은 삼국통일의 위업으로 세상을 떠난 지 160여 년 만인 흥덕왕 때 흥무대왕이라는 시호를 받았다.

황산벌에 쓰러진
계백의 5천 결사대
: 백제의 멸망 (660년)

654년 진덕여왕이 죽고 김춘추가 왕위에 오르니, 이가 바로 태종무열왕이다. 신라 대당외교의 주역이기도 한 그가 왕위에 오르자 신라와 당은 더욱 가까워졌다. 이듬해 1월 고구려와 백제의 공격으로 신라는 북쪽 변경의 33성을 빼앗겼다. 급기야 태종무열왕은 당에 출병을 거듭 요청했고, 마침내 당은 대백제 출병을 결정했다.

신라의 협조요청을 받은 당은 당장 고구려를 공격하고 싶었지만, 고구려를 정벌하기 위해서는 백제정벌이 선행되어야만 한다는 신라의 전략에 일단 수긍했다. 한반도를 차지하려는 속셈을 지닌 당으로서는 굳이 선후를 따질 필요가 없었기 때문이다. 신라도 이러한 당의 속셈을 알았으나, 당의 군사를 이용하기 위해 일단 양보했다.

김춘추의 대당외교는 후세인들로부터 사대주의적이었다는 비난을 받을 만큼 비굴한 것이었지만, 신라의 의도를 끝까지 관철한 점에서 오히려 자주적이라는 평가를 받기도 한다.

이리하여 백제에 대한 나·당연합군의 공세가 시작되었다.

660년 소정방이 이끄는 10만 대군이 수로를 따라 백제를 공격하고, 김유

미륵사지 석탑. 백제. 높이 14.24m. 국보 11호. 전북 익산에 있는 우리나라 최고 최대의 석탑. 전면이 거의 무너져내려 1910년경 파괴 부분에 시멘트를 발라 석탑을 고정시켰다. 백제 말기인 무왕대(600~641)에 세워진 것으로 보인다.

신이 이끄는 신라군 5만도 육로로 사비성(충남 부여)을 향해 진격했다.

백제는 당시 중흥군주로 업적을 쌓아온 의자왕(재위 641~660)이 점차 방종에 빠져 신망을 잃고 지배층과 백성들이 동요하고 있었다. 게다가 의자왕은 신라의 역량을 얕잡아보는 국제정세의 오판도 했다.

나·당연합군의 침공 소식을 접한 백제는 황급히 대책을 논의했으나, 결과는 우왕좌왕할 뿐이었다. 이러는 사이 당군은 벌써 백강(금강) 북안에 상륙했고, 신라군은 탄현을 지나 황산벌에 이르고 있었다. 의자왕은 급한 대로 계백 장군에게 결사대 5천 명을 주어 신라군을 막게 했다. 계백은 출전을 앞두고 국가의 운명이 마지막에 이르렀음을 깨달았다.

그는 "대군을 맞아 국가의 존망은 아직 알지 못하지만, 만일 내 처자가 적에게 잡혀서 노비가 되는 치욕을 겪느니 차라리 내 손으로 죽이겠다"하고 스스로 처자를 칼로 베고는 황산벌로 달려갔다.

"나와 죽음을 함께 하기로 각오한 자는 나를 따르라."

계백의 결연한 각오에 감명받은 5천 결사대의 사기는 하늘을 찌를 듯했다. 죽기를 각오한 계백의 5천 결사대 앞에 주춤한 신라군은 화랑 반굴과 관창의 용감한 죽음에 힘입어 황산벌 전투를 승리로 이끌었다. 특히 관창은 계백이 생포했다 풀어주었음에도 불구하고 다시 적진으로 달려가 장렬한 최후를 마쳤다. 반굴과 관창의 죽음을 본 신라군은 크게 감격해 죽기를 맹세하고 싸워 백제군을 대파했다. 이 싸움에서 백제의 명장 계백은 전사하고 말았다.

백제와당. 아름다운 문양을 보여주는 백제의 수막새들.

황산이 뚫리자 사비성은 변변한 대항도 못하고 함락되었다. 660년 7월, 시조로부터 31왕 678년을 이끌어온 백제는 이렇게 허무하게 무너지고 말았다. 소정방은 의자왕과 4명의 왕자, 그리고 신하 및 군졸 2만여 명을 포로로 데리고 당으로 돌아갔다. 의자왕은 얼마 후 당에서 병사하고 말았다.

백제를 멸망시킨 당은 백제땅에 5도총부를 설치하여 통치권을 장악하고자 했다. 그러나 신라는 고구려와의 결전이 남아 있었으므로 당을 자극하지 않기 위해 일단 이를 묵인했다. 수도의 함락 이후 백제는 3년간 더 항전하는 저력을 가지고 있었다. 나·당연합군이 실제로 유지했던 지역은 부여와 공주 일대에 불과했다.

의자왕의 사촌 복신과 승려 도침, 명장 흑치상지 등이 일본에 가 있던 의자왕의 아들 풍을 귀국케 해 주류성과 임존성을 중심으로 백제 부흥 운동을 벌여나갔다. 그러나 이런 백제의 부흥 운동도 지도층의 내분과 당의 재침으로 무너지고, 백제는 역사의 뒤안길로 영원히 사라지고 말았다.

의자왕, 너무 이른 성공이 그를 망쳤다?

사비성이 함락되던 날 의자왕의 3천 궁녀들은 당나라 군사들에게 굴욕을 당하지 않기 위해 치마를 뒤집어쓰고 백마강 깊은 물에 몸을 던졌다고 전해진다. 이들이 몸을 던지기 위해 서 있었던 바위를 이때부터 낙화암이라 불렀다. 3천 궁녀를 거느린 의자왕은 서동설화의 주인공인 무왕의 맏아들이다.

의자왕은 사치와 향락의 왕으로 알려져 있지만, 처음부터 그랬던 것은 아니었다. 의자왕은 어려서 매우 총명하고 효성심이 강하여 당시 백제인들은 그를 '해동증자'라 부르며 존경했다고 한다.

640년 무왕이 죽자 뒤를 이어 왕위에 오른 후, 왕권을 강화하고 민심을 수습하는 한편, 신라를 공격하여 전과를 올렸다. 너무 일찍 성공을 거둔 탓인지, 점차 의자왕은 자만에 빠져 방탕한 생활에 몰입했다. 당시 충신이었던 성충의 간언도 뒤로 하고 의자왕은 호화로운 사치생활을 한껏 누렸다. 3천 궁녀는 그런 방탕한 생활의 결과물이었다.

백제가 멸망하던 해, 사비성의 우물과 강물이 핏빛으로 변하는 등 괴변이 잇따랐다. 6월에는 귀신이 대궐로 들어와 "백제는 망한다. 백제는 망한다"고 크게 외치다 땅 속으로 들어갔다고 한다. 땅을 파보니 거북이 한 마리가 있었는데 등에는 '백제는 보름달과 같고 신라는 초승달과 같다'라는 글귀가 씌어 있었다. 물론 이런 내용을 그대로 믿기는 힘들다 하더라도, 의자왕으로부터 등을 돌린 백제인들의 심경이 어려 있는 이야기임은 분명하다.

삼국시대에서 통일신라시대로
: 고구려 멸망, 신라의 삼국통일
(668년, 676년)

백제 정복에 성공한 나·당연합군은 공격의 화살을 고구려로 돌렸다. 백제를 먼저 멸망시켰지만, 난공불락의 상대는 고구려였다. 백제가 멸망한 660년 바로 그해 11월에 이미 공격은 시작되었다. 당은 백제 정벌에 공을 세운 소정방을 앞세워 고구려를 침공했다.

다음 해 1월 소정방은 다시 병력 4만 5천을 이끌고 대동강을 거슬러 평양성을 공격했다. 그러나 6, 7개월이 흘러 겨울이 되도록 당군은 고구려군의 선방에 부딪쳐 아무런 성과도 거두지 못했다. 당군은 이때 온갖 무기를 다 동원했고 토성을 쌓는 등 고구려에 강공을 퍼부었지만, 그때마다 용감한 고구려군에게 번번이 당할 뿐이었다.

한편, 신라군은 당군과 보조를 맞추어 남쪽에서 북진해오고 있었다. 신라는 막대한 군량미 등 전쟁물품을 담당했는데, 때가 마침 엄동설한이라 수송에 어려움을 겪고 있었다. 수송부대가 장색이라는 곳을 지날 무렵이었다. 노루목처럼 긴 고개 앞에서 말들이 더 이상 나아가지 않았다. 이때 68세의 고령인 김유신은 웃옷을 벗어던지고 몸소 채찍을 휘두르면서 마차를 밀었다. 이 모습을 본 군사들은 감동하여 당군에게 무사히 군량미를 전달했다.

천마도 말다래. 경
주 천마총에서 출토
된 마구장비에 그린
장식화. 5~6세기 신
라시대 작품. 자작나
무 껍질에 채색. 크
기는 세로 53cm, 가
로 75cm, 두께 약
6mm.

소정방은 전세가 불리해지자 군량만 받아 챙긴 후 폭설을 이유로 철수했
다. 이렇게 해서 나·당연합작전은 고구려의 완강한 방어에 부딪쳐 실패하
고, 그 뒤 수년간 고구려를 넘어볼 수가 없었다.

맹장 연개소문이 고구려를 지키고 있는 한, 나·당연합군은 감히 고구려
를 쓰러뜨릴 수가 없었다. 그런데 666년(보장왕 25)에 24년간 집권해온 연개
소문이 병으로 사망하자, 그 후계를 둘러싼 내분이 일어나고 말았다. 연개소
문의 동생 및 세 아들 남생·남건·남산 사이에 벌어진 권력투쟁은 국가의
패망도 돌보지 않고 전개되었다.

장자 남생이 지방순시를 간 사이 둘째 남건은 형의 아들 헌충을 죽이고 대
막리지에 올랐다. 정권다툼에서 패한 남생은 집안으로 달아나 당에 구원을
요청했다. 게다가 연개소문의 아우 연정토는 신라로 투항하고 말았다. 연개
소문이 죽은 후 한 달 만의 일이었다.

호시탐탐 고구려를 노리고 있던 당에게 더할 바 없는 기회였다. 80세의 백
전노장 이세적이 이끄는 당군은 속전속결을 피하면서 평양을 함락시키기 위
한 포석 공격을 했다. 고구려와의 결전를 피하면서 치고 빠지는 작전을 사용
하던 당군은 668년 마침내 압록강에 병력을 집결시킨 다음 평양으로 향했
다. 문무왕이 친히 이끄는 신라군도 북상하여 평양을 향해 진격했다.

고구려군의 용맹은 여전했으나 전세는 고구려군에게 불리했다. 막리지
인 남건은 끝까지 항전했으나 병권을 이어받은 승 신성이 당군과 내통하여

고구려 수막새. 연꽃무늬 수막
새는 불교가 전래된 4세기 후반
부터 제작되기 시작하여 427년
평양천도를 전후하여 본격적으
로 만들어졌다.

성문을 열어줌으로써 최후의 항전도 끝이 나고 말았다. 밀어닥친 나당연합
군은 평양성에 불을 지르고, 고구려의 운명도 이 불길과 함께 스러져갔다.
668년 9월 사비성이 무너진 지 8년 만의 일이었다.

자결에 실패한 남건은 당군에 잡혀 보장왕 및 기타 중신들, 그리고 약
20만 명의 포로와 함께 당으로 끌려갔다. 이로써 동북아시아의 강자로 군림
하던 고구려는 역대 28왕 705년 만에 그 찬란한 문을 닫고 말았다. 당은 백
제와 마찬가지로 고구려에도 안동도호부를 설치하여 고구려를 지배하고자
했으나, 얼마나 영향력을 행사했는지는 미지수다.

멸망 이후에도 검모잠을 비롯한 고구려 유민들은 황해도 재령을 중심으로
5년 동안 부흥운동을 벌였다. 그러나 검모잠이 고구려 왕족 안승에게 죽임을
당하면서 항전세력도 무력해지고 말았다.

고구려와 백제 멸망 이후 당과 신라의 대결은 필연적이었다. 이후 8년간
당세력을 축출하기 위한 대당항전이 전개되었다. 신라는 백제와 고구려 유
민을 포섭하는 한편, 당과 일전을 벌여 그들이 차지하고 있던 백제·고구려
영토를 빼앗기 시작했다. 마침내 신라는 676년 매소성과 기벌포에서 당군
을 격파함으로써 당세력을 완전히 제압했다. 특히 기벌포(장항)에서 당군과
22회에 걸친 혈전을 치른 끝에 대승을 거두었다.

676년 마침내 당은 한반도에서 축출되고, 신라는 삼국통일이라는 오랜 꿈
을 이루었다. 그러나 신라의 통일은 영토상으로 만주지역과 한반도 북부를

상실케 하는 결과를 가져왔다. 그럼에도 불구하고 삼국통일은 처음으로 민족통일의 기반과 한민족의 원형을 마련하게 되었다는 의의를 지닌다.

김유신은 "지금 우리나라는 충절과 신의로서 존재하고, 백제는 오만함으로 멸망했고, 고구려는 교만함으로 위태롭게 되었나. 이제 우리의 정직함을 가지고 그들의 굽은 것을 친다면 뜻을 이룰 수 있을 것이다"라고 했다. 이러한 신라사회의 건전성이야말로 신라가 삼국을 통일할 수 있었던 무기였다.

원효의 '화쟁'과 의상의 '화엄'
: 신라불교의 발전
(7세기)

신라에 불교가 전래된 이래 신라불교는 호국적 성격을 띠면서 확고하게 터전을 잡아나갔다. 신라는 원광·자장·명랑 등 고승들을 배출하면서 불교의 이론을 심화시켜 나갔다.

김유신이 삼국통일 전쟁을 수행하고 있던 7세기 무렵 신라에서는 원효와 의상이라는 대사상가가 활동하고 있었다.

원효는 617년(진평왕 39) 압량군 불지촌 율곡에서 태어났다. 성은 설薛, 본명은 서동 혹은 신동이라 전하는데, 분명하지는 않다. 그는 출생 직후 어머니를 여의고 어린 나이에 경주 황룡사에 들어가 수도생활을 했다. 그러나 출가의 길을 택한 동기에 대해서는 자세히 알 수 없다.

45세에 원효는 당으로 구법의 길을 떠났다. 당시 8살 밑인 의상이 함께 동행했는데,《송고승전宋高僧傳》에는 다음과 같은 일화가 전한다.

원효는 의상과 함께 당으로 갈 배를 구하고 있던 중 폭우를 만났다. 마침 피할
만한 흙구덩이가 있어 노숙을 하게 되었다. 한밤중에 목이 말라 손을 더듬어 보니
바가지에 물이 있었다. 원효는 그 물을 시원하게 마시고는 다시 잠에 빠졌다. 다음

분황사 석탑. 높이 9.3m.
국보 30호. 돌을 벽돌(塼)
모양으로 다듬어 쌓은 모전
석탑. 643년(선덕여왕 3) 분
황사 창건 때 건립되었다.

날 아침 눈을 뜨고 보니 그 구덩이는 해골이 드러나 보이는 무덤이었고, 자신이
마신 물은 해골 안의 물이었다. 여기서 크게 깨달은 원효는 "이제는 알겠다. 마음이
움직이면 여러 가지 법이 생겨나고, 마음이 사라져버리면 집도 무덤도 매한가지라는
것을……"하고는, "다른 곳에까지 가서 구법을 할 것이 있겠는가. 나는 당으로 가지
않겠다"하면서 의상과 헤어져 본국으로 돌아왔다.

그 뒤 원효는 오래도록 경주 분황사에 머물러 정진을 계속하면서 삼학三學에
통달하고 만인의 스승으로 불리게 되었다. 그러나 원효는 형식적인 계율주의자는
아니었다. 그가 38세에서 45세 사이의 어느 해 요석궁에서 과부로 살고 있던
공주를 좋아하게 되었다. 원효는 미치광이 행색으로 다음과 같이 외치고 다녔다.

자루 없는 도끼를 받아줄 그 누가 없을까. 誰許沒柯斧

하늘을 떠받드는 기둥을 내가 찍어주련만. 我斫支天柱

왕이 소문을 듣고 "이 스님이 아마도 귀부인을 얻어 현자를 낳고자 하는
모양이다"하고는 원효를 찾도록 했다. 원효는 물에 빠져 옷을 적시고는 그것을
말려 입는다는 핑계로 요석궁에서 밤을 보냈다. 요석궁 공주가 원효의 아들을
낳으니 그가 바로 이두를 지은 설총이다.

파계를 한 원효는 스스로 소성거사라 이름짓고는 《무애가無碍歌》를 지어 촌락을
돌면서 교화를 하고 다녔다. 그리하여 가난한 자, 무식한자 모두 불타의 이름을
알게 하고 나무아미타불 염불을 외게 하니, 이로써 불교는 더 이상 귀족만의
전유물이 아니게 되었다. 원효는 모든 사람이 정토淨土에 왕생할 수 있다고

설파했다.

원효사상의 특징은 화쟁和諍으로 집약할 수 있다. 화쟁이란 불교의 여러 종파적인 사상을 지양하고 이 모든 것을 단일교리로 합하고자 하는 것이다. 원효의 화쟁사상은 일반민중을 중심으로 한 화합사상이었다. 이렇듯 불교의 대중화를 위해 노력하던 원효는 70세 된 686년 혈사穴寺라는 곳에서 입적했다.

원효는 80여 부가 넘는 많은 저서를 남겼는데, 그중《금강삼매경론》이 특히 유명하다.《금강삼매경》에 대한 주석서인 이 책을 본 중국인들은 '소疏'라는 글자를 고쳐 '논論'이라 존칭했다.

통일 전후 원효와 함께 신라불교의 쌍벽을 이룬 의상은 29세 때 경주 황복사에서 출가했다. 당으로 구법을 떠난 것은 661년 그의 나이 37세였다. 의상은 지엄智儼 문하에서 오랜 동안 화엄학을 공부한 다음 문무왕 11년(671)에 신라로 돌아왔다. 676년 경북 영주에서 부석사를 세우고 해동화 엄종海東華嚴宗의 시조가 되었다.

의상이 당에서 돌아온 직후의 일이다. 강원도 양양 낙산의 굴 속에 산다는 관세음보살의 진신眞身을 뵙고자 의상은 생사를 건 소원을 세웠다. 재계 7일째가 되던 날 새벽에 용천팔부시종龍天八部侍從(불법을 지키는 신)이 굴 안으로 인도하여 수정염주를 내주고 동해 용도 여의주를 바쳤다.

신라 수막새(왼쪽)와 황룡사지 치미(오른쪽). 연꽃무늬가 중심적이고 양식변화도 풍부하다. 연꽃 이외의 주요 무늬로는 보상화·인동·봉황·기린 등이 있다. 치미는 기와 지붕 대마루 양 끝에 세우는 매의 머리 모양의 장식이다. 높이 180cm.

다시 재계 7일, 마침내 소원대로 관세음보살의 모습을 본 의상은 이 자리에 금당을 세우고 이 여의주도 여기에 안치한 뒤 떠났다.

의상은 불에 던져도 타지 않는 글자 7언 30구 210자로 《화엄일승법계도華嚴一乘法界圖》를 지었다고 전한다. 이《법계도》에서 그는 다음과 같이 말했다.

무량한 먼 겁劫(영원)이 곧 한 찰나요,

한 찰나가 곧 무량한 겁이다.

의상은 하나가 곧 일체이며, 작은 티끌 속에 시방十方이 있는 것이며, 영원한 시간도 곧 찰나라고 했다. 이 같은 그의 화엄사상은 일심一心에 의해 우주의 만상을 통제하려는 것으로 이해된다. 그런데 우주의 다양한 현상이 결국은 하나라고 하는 《화엄일승법계도》사상은 전제왕권을 중심으로 한 중앙집권적 통치체제를 뒷받침하기에 적합한 교리이기도 했다. 이러한 이유로 화엄사상은 통일신라 지배층들의 환영을 받았다.

의상 및 3천을 헤아리는 그의 제자들은 전국 각지에 화엄사상을 전할 10개의 사찰을 세웠는데, 이것을 흔히 화엄십찰華嚴十刹이라고 한다. 향년 78세로 입적하니 서기 702년, 신라 성덕왕 원년인데, 3세기가 지난 고려 숙종 때 원교국사圓敎國師라는 시호를 받았다.

남북국 시대
: 대조영, 발해 건국
(698년)

조선후기 실학자 유득공은 1784년《발해고渤海考》를 지으면서 발해를 우리나라의 역사로 분명히 했다.

고려가 발해사를 편수하지 않았으니 고려가 부진했던 까닭을 알 만하다……. 부여씨가 망하고 고씨(고구려)가 망한 뒤, 김씨(통일신라)는 그 남쪽을 차지하고, 대씨(발해)는 그 북쪽을 차지하여 발해라 하니, 이것이 남북국이다. 의당 남북국사가 있어야 할 것이나 고려가 이를 편수하지 않은 것은 잘못이다. 무릇 대씨란 어떤 사람인가. 곧 고구려의 망인ㄷㅅ이다. 그들이 소유했던 땅은 어디인가. 곧 고구려의 땅이다.

고구려가 멸망한 뒤 신라는 대동강 이남의 땅만을 지배했다. 따라서 요동을 비롯한 대동강 이북의 땅은 당의 통치하에 있었다. 요동지방에 흩어져 있던 고구려 유민들은 끈질기게 당의 세력에 계속 대항했다. 698년 고구려 유민 대조영大祚榮이 세운 발해국은 바로 고구려 부흥운동의 결실이었다.

대조영의 등장은 대능하 중류의 조양朝陽이라는 지역에서 비롯된다. 당

발해 돌사자. 발해 제3대 문왕의 둘째딸 정혜공주의 무덤에서 발굴된 이 돌사자는 발해인들이 지녔던 석각 예술이 상당한 경지에 이르렀음을 보여준다. 중국 길림성 돈화현 육정산 고분군 출토.

이 고구려 정복에 성공했을 무렵, 이 조양 지역에는 거란인·고구려인·말갈인 등 다수의 민족들이 정착해 있었다. 고구려가 멸망하자 이 지역에 거주하고 있었던 고구려인과 고구려 지배하의 말갈인들이 조양 방면으로 이동했다. 이어서 696년 조양에 있던 거란인 이진충이 당의 압정에 반기를 들고 일어났다.

이진충의 반란은 곧 진압되었지만, 고구려인 걸걸중상과 말갈인 걸사비우가 반란을 기회삼아 각각 무리를 이끌고 조양을 떠나 동방으로 탈출했다. 그러나 측천무후의 명을 받고 추격에 나선 장군 이해고에 의해 말갈인들은 격파되고 말았다. 당군이 승리에 취해 있던 사이, 걸걸중상의 아들 대조영이 이끄는 고구려인들은 천문령 전투에서 이해고가 이끄는 당군을 격파했다. 이때 이해고는 겨우 몸만 빠져나와 도망쳤다.

대조영은 이 전투 후에 고구려와 말갈의 무리를 이끌고 요하를 건너 동쪽 동모산으로 가 진국왕辰國王이 되었다. 이것이 곧 발해의 건국이다(698). 이때 대조영이 정착한 동모산은 종래 길림성 돈화지역일 것으로 추측되어 왔으나, 근래에 간도 서고성西古城일 것이란 의견이 지배적이다.

발해의 전성기는 제2대 대무예(무왕), 제3대 대흠무(문왕) 때였다. 대무예는 즉위하자마자 '인안仁安'이라 건원建元하고는, 국내외에 독립국가임을 선포하고 영토확장에 힘썼다. 《신당서新唐書》'발해전'에는 '무예가 즉위하자 대토우大土宇를 개척했으며, 그 동북의 여러 야만족이 두려워서 이에 복속했다'고 그의 업적을 기록해 놓고 있다. 대무예를 계승한 대흠무, 즉 문왕은 무왕과는 달리 평화외교정책을 취했다. 당에 사신을 파견하여 화평과 무역이득을 보

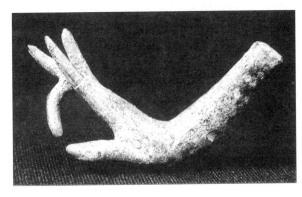

발해 부처의 아름다운 손. 러시아 연해주 크라스키노 성에서 발굴된 발해 불상의 손으로, 아미타 수인(手印)을 하고 있다. 매우 감각적으로 표현된 이 불수는 극치에 달했던 발해 불교문화의 정수를 보여주고 있다.

는 동시에 동해 해로를 통해 일본과도 교통했다.

발해가 해동성국海東盛國이란 별칭으로 불리기 시작한 시기는 제10대 대인수(선왕)(재위 818~830) 때였다. 발해가 5경 · 15부 · 62주에 걸치는 영토를 자랑하게 된 것도 이 무렵부터인 것으로 알려져 있다. 발해의 5경제도의 유래에 대해서는 학자 간의 의견이 엇갈리고 있는데, 고구려의 5족제도의 변모설, 오행사상의 영향, 고유설 등이 제시되고 있다. 5경은 상경 용천부, 중경 현덕부, 동경 용원부, 남경 남해부, 서경 압록부인데, 그 위치에 대해서도 역시 학계에서 의견이 엇갈리고 있다.

거란족의 야율아보기는 종족을 통합한 후, 중국본토 진출을 위해 먼저 발해를 제거하고자 했다. 927년 정월 거란군은 부여성(지금의 창도 부근 서면성)을 뚫고 국도인 상경 용천부를 포위공격했다. 불과 20일 만에 발해는 제대로 싸워보지도 못한 채 허무하게 쓰러지고 말았다.

발해는 소수의 고구려계 유민이 많은 수의 말갈을 지배하는 사회였다. 따라서 혈통과 문화 · 언어 · 역사상 공동체의식을 느낄 수

발해 기와막새. 발해 고유의 연꽃무늬 외에 신라 기와에서 발견되는 봉황 한 쌍이 새겨져 있어 발해와 신라의 교류가 밀접했음을 보여준다.

없는 국가를 형성했다는 것이 취약점이었다. 발해가 망하고 세워진 거란 동단국의 좌상인 야율우지는 "선제(야율아보기)께서는 그들의 마음이 서로 흩어져 틈이 생겼을 때 군을 움직였던 까닭에 싸우지 않고 이겼습니다"라고 발해의 멸망원인을 지적했다.

　발해는 15대 220여 년간 존속하면서 한국사의 한 장을 장식했다. 발해가 사회구성상의 취약점에도 불구하고 220여 년간 지속할 수 있었던 것은 고구려로부터 이어받은 용맹성과 천연자원 개발을 통한 산업의 뒷받침 덕이었다. 현주의 포, 옥주의 면, 노성의 벼, 위성의 철 등은 발해의 대표적인 생산품들이었다.

신라승의 인도여행기,
《왕오천축국전》
: 혜초, 인도·서역 순례(723~727년)

1908년 프랑스 동양학자 펠리오P. Pelliot는 중국 감숙성 둔황의 한 석굴에서 1천 2백 년간 잠들어 있던 《왕오천축국전往五天竺國傳》을 극적으로 발견했다. 《왕오천축국전》이 발견된 둔황은 당시 중국에서 중앙아시아 지방으로 가는 첫 길목에 위치하는 교통의 요지였다. 따라서 둔황에는 지금까지 수많은 중국의 불상 및 유물들이 무수히 남아 있는 곳이기도 하다.

펠리오는 둔황 석굴에 잠자고 있던 고문헌들을 발굴하여 파리로 가져갔는데, 이중에 혜초의 《왕오천축국전》이 들어 있었다. 이 책이 처음 발견되었을 때 첫머리와 끝이 떨어져 나가고 없어 책명과 저자명을 알 수 없었다고 한다. 그러나 박식한 펠리오는 이것이 1천 2백여 년 동안 완전한 망각 속에 파묻혀 있던 혜초의 《왕오천축국전》임을 밝혀냈다.

중국으로부터 불교가 전래되면서 삼국의 승려들은 구법을 위해 중국으로 건너갔다. 그리고 통일신라 시기에 들어와서는 많은 신라인들이 당나라로 들어갔다. 이 시기 신라인들은 무릇 길이 멀다 해서 못 가는 곳이 없었고, 또한 못 갈 나라도 없었다. 혜초도 이러한 분위기 속에서 구법여행차 당나라로 건너갔다. 건너간 시기는 불분명하며, 다만 아주 어릴 적이었다고 한다. 이후

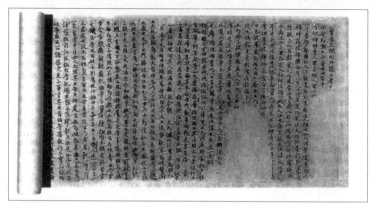

혜초의《왕오천축국전》. 신라 선덕왕 22년(723) 신라의 중 혜초가 인도의 다섯 나라와 인근의 여러 나라를 순례하고 당나라에 돌아와 그 행적을 적었다. '천축(天竺)'이란 옛날 중국에서 인도를 일컫던 이름이다.

그는 당나라에서의 수행에 만족치 않고 불교의 본고장인 천축국, 즉 인도로 여행에 올랐다.

혜초가 인도에 가게 된 계기는 중국에서 금강지金剛智(Vajrabodhi)라는 인도 승을 스승으로 모시면서부터다. 혜초는 스승이 건너온 바닷길을 거꾸로 거슬러 수마트라, 인도양의 니코바르 군도를 거쳐 인도 동해안에 도착했다. 이 시기는 그의 나이 30세 전인 서기 723년경이었다고 한다.

《왕오천축국전》에 보이는 혜초의 여행기는 중부 인도의 갠지스 강 유역의 마가다 국에서부터 시작된다. 이 나라는 고대 인도 16대국의 하나로 불교가 가장 성했던 곳이었고, 특히 석가모니가 가장 많이 설법한 지방이었다. 그러나 7세기 이후 마가다 왕국이 쇠망해버려 불교 역시 쇠퇴했다. 혜초는 불교가 쇠퇴한 이후의 쇠락한 마가다 왕국을 찾은 것이다. 따라서 깊은 실망감을 안고 마가다 국 서북쪽으로 1개월간 걸어 석가모니가 열반한 곳인 쿠시나가라를 찾아갔다. 쿠시나가라로부터 또다시 혜초는 남쪽 불교성지 바라나시로 갔다. 혜초는 다시 동쪽으로 방향을 돌려 석가모니가 보리수 아래에서 깨달음을 얻었던 지역인 부다가야를 찾아갔다. 그리고 갠지스 강 서북쪽으로 거슬러 올라가 중천축의 수도 카나우지로 향했다. 혜초는 여기서 오천축, 즉 인도 전역의 기후와 풍속에 대한 기록을 남기고 있다. 혜초가 바라본 인도는 모두 다 언어와 법속이 비슷하고 기후가 무척 더운 나라였다. 또한 감옥이

경주 남산의 삼릉골 선각육존불. 좌우의 암벽에 각각 삼존불을 선으로만 조각했다. 사진은 좌측 삼존상으로, 본존의 오른손은 설법인, 왼손은 선정인을 취하고, 협시는 무릎 꿇고 본존에게 공양하는 자세이다.

없고 사람을 해치는 일이 없는 불교를 숭상하는 나라였다.

인도문화에 감명을 받은 혜초는 남쪽으로 방향을 돌려 현재 데칸 고원이 있는 남천축에 이른다. 천신만고 끝에 남천축에 당도한 혜초는 폐허가 된 사원을 보고 못내 아쉬워했다. 혜초는 남천축을 돌아보고서 다시 서쪽으로 향했다. 그런데 이곳에는 아랍 군이 크게 침범해오고 있었다. 이슬람 교에 의해 통일된 아랍 족이 7세기 중엽 페르시아를 정복하고 인도로 밀고 들어왔다. 할 수 없이 혜초는 서천축에서 북천축으로 향했다. 이어 인더스 강 유역에서 자신보다 먼저 인도에 왔으나 생명을 잃고 만 신라 구법승들의 이야기를 듣고 눈물에 젖었다.

혜초는 카슈미르 지방을 거쳐 간다라 지방으로 갔다. 그는 간다라 지방에서 북쪽으로 올라가 우디아나·치트랄을 거쳐 서부 투르케스탄으로 들어갔다. 그리고 토하라를 거쳐 사마르칸트 지방으로 들어갔는데, 여기서 그는 페르시아 종교인 조로아스터 교가 행해지고 머리에 터번을 두른 풍습을 보았으며, 어머니나 누이를 아내로 삼는 풍습을 보고 개탄하기도 했다.

그는 다시 파미르를 넘어 동부 투르케스탄으로 들어갔다. 그리고 여기서 두 달을 걸어 도착한 곳이 당의 서쪽 경계인 쿠자였다. 혜초는 인도여행을 떠난 지 5년 후인 727년 11월 초, 기나긴 여정을 끝내고 다시 중국땅을 밟았다. 아시아 대륙의 온갖 지역과 지식을 담고 돌아온 혜초의 여행기는 아쉽게도 여기서 끝난다.

혜초가 인도여행에서 돌아온 것은 30세 무렵이었는데, 이후 50년간 당에서 살면서 끝내 신라로 돌아가지 않았다. 혜초는 수년 동안 당나라 수도인 장안에 있다가 780년에 오대산으로 들어가 금강지와 불공不空으로 이어지는 중국 밀교의 정통을 계승했다. 이후 혜초에 대해서는 알려진 기록이 없다. 단지 《왕오천축국전》의 발견으로 잊혀질 뻔했던 위대한 승려 혜초의 국제적인 활동을 약간이나마 알 수 있을 뿐이다.

불국토를 향한 신라인의 불심
: 통일신라의 문화
(8~9세기)

삼국통일 후 신라의 불교는 경주 중심에서 점차 지방으로 널리 전파되어 갔다. 신라는 예부터 삼산三山 오악五嶽에 대한 신앙이 뿌리깊었는데, 통일 후 오악을 중심으로 사원이 건립되었다.

신라의 오악과 그 사원은 다음과 같다.

동악東嶽(토함산) - 불국사·석불사(경북 경주)

서악西嶽(계룡산) - 갑사(충남 공주)

남악南嶽(지리산) - 화엄사(전남 구례)

북악北嶽(태백산) - 부석사(경북 영주)

중악中嶽(팔공산) - 동화사(경북 대구)

이 오악 중 토함산은 경주에 가장 가까운 산으로서, 신라인의 외경의 대상이었다. 오늘날 경주의 문화유적을 대표하는 불국사와 석불사(뒤의 석굴암)는 바로 토함산에 있는 사찰이다.

불국사와 석불사를 창건한 김대성(700~77)은 본래 김씨 왕족 출신으로, 아

성덕대왕 신종. 일명 봉덕사종·에밀레종이라 불린다. 종고 333cm. 국보 29호. 오른쪽 그림은 종신에 돋을새김한 비천상 부분이다. 통일신라. 국립경주박물관 소장.

버지는 김문량이다. 김대성은 751년부터 774년에 걸치는 24년 동안 불국사와 석불사 창건을 담당했는데, 이 두 절의 완성을 보지는 못하고 세상을 떠났다.

《삼국유사》에 의하면 불국사는 현생 부모를 위해, 석불사는 전생 부모를 위해 창건한 원찰願刹이라고 전한다. 물론 이 사업은 김대성 한 사람에 의해서만 이루어진 것이 아니라 국가적 차원에서 이루어진 것이었다.

동해를 내다보는 토함산 산마루 가까이에 자리잡고 있는 석굴암은 신라의 비밀을 간직하고 있는 석굴이다.

일찍이 일본인 학자들은 석굴이 동해를 바라보고 있는 것은 바로 자연 지세 때문이라고 해석했다. 그러나 해방 후 1967년 문무대왕의 수중릉이 발견되고 동해안의 이견대利見臺가 발굴 조사되면서 석굴암이 동해를 향하고 있는 이유는 수정되었다. 석굴에서 똑바로 바라다보이는 동해구가 신라 김씨왕가 일족의 공동의 왕실묘역이었음이 밝혀진 것이다. 석굴암이 동해구 일원을 바라보는 것은 바로 이 때문이었다.

인도나 중국의 석굴은 모두 자연 암벽을 뚫어 내부공간을 만들었으나, 경

경주 남산의 삼릉골 마애석가여래좌상. 남산에서 제일 큰 좌불로 높이 5.2m. 얼굴은 입체에 가까울 정도로 돋을새김한 반면, 몸체는 밋밋한 음각선으로 처리했다. 오른쪽은 정면에서 본 모습.

주의 석굴암은 자연암벽을 뚫은 것이 아니라 작은 석재를 쌓아올린 인공석굴이라는 점이 특징이다. 그런 이유로 석굴공사가 순조롭지는 못했던 모양이다. 김대성이 석굴공사의 고비마다 천신에게 간곡한 기도를 올렸다고 《삼국유사》는 전한다.

장차 석불을 조각하려 함에 큰 돌 한 장을 다듬어 감실의 뚜껑을 삼고자 하였다. 갑자기 이 돌이 셋으로 갈라지는지라 대성이 분히 여겨 잠시 잠에 들었다. 밤중에 천신이 하늘에서 내려와 마무리하고 돌아가니, 대성이 자리에서 일어나 남령으로 뛰어올라 향을 피워 천신에 공양하였다.

불국사와 석불사가 창건된 때는 신라문화의 황금기였던 경덕왕·혜공왕 때(742~780)로, 이 시기에 많은 사찰들에 대한 장식이 이루어졌다. 신라 문화를 대표하는 성덕대왕 신종도 혜공왕 때 완성된 것이다.

현재 국립경주박물관에 전시되어 있는 '성덕대왕 신종'은 771년에 주조된 것으로, 외관상의 아름다움뿐 아니라 장중한 소리에 있어서 세계 최고의 범종이다. 이 범종은 경덕왕 때 만들기 시작하여 그 아들 혜공왕이 완성한 것이라 한다. 속칭 에밀레종이라 불리는 이 범종에는 다음과 같은 일화가 전해진다.

왕이 처음에 이 종을 만들게 하였을 때 어찌된 일인지 소리가 제대로 나지 않았다. 어느 날 봉덕사의 어느 중이 종을 만들기 위한 시주를 구하러 다니다가 가난한 농가에 들렀다. 그 집 주부는 지나가는 말로 "내놓을 것이 어디 있습니까. 저 아이라도 내놓는다면 몰라도……"하면서 자기의 어린 딸을 가리켰다.
이날 밤 꿈에 백발노인이 나타나 "어린 아기의 보시가 제일 정결한 것이니라. 그 아기가 들어가면 봉덕사종은 좋은소리를 낼 것이다"하는 것이었다. 이를 부처님의 계시라 여긴 중은 그 농가에 다시 가 아이를 데리고 왔다. 다시 봉덕사종을 주조하면서 큰 가마솥에서 벌겋게 끓고 있는 쇳물 속에 아이를 던져 넣었다.
종은 그제야 좋은 소리를 내었다. 그러나 그 소리는 "에밀레, 에밀레"하고 들리는 것이었다. 엄마를 찾는 애달픈 종소리에 경주 사람들은 모두 뜨거운 눈물을 흘렸다. 이후 사람들은 이 종을 '에밀레종'이라 불렀다.

신라는 성덕왕 때 전제왕권의 극성기를 맞이했다. 경덕왕은 성덕왕을 이어 전제왕권 유지에 안간힘을 다했다. 성덕대왕 신종은 극성했던 전제왕권이 남긴 유물이라 할 수 있다. 혜공왕 3년(767) 각간 대공의 반란을 계기로 신라는 정치적 혼란을 거듭하다 935년 망하고 만다. 정치적 혼란기에 신라 예술이 꽃피운 점은 대단히 역설적인 역사의 교훈이다.

통일 이전과 이후 향가가 신라 문학계를 주도했다. 향가는 당악, 즉 중국 시가에 대한 우리 시가를 의미하는 것으로서, 신라인들은 한자음과 뜻을 빌어 자신들의 시정을 향가에 담았다. 향가는 한자의 음과 뜻으로 표기된 신라의 가요를 의미하기도 한다.

888년 각간 위홍 등이 《삼대목三代目》을 편찬하여 이들 향가를 집성했다고 하지만, 현재 전하지 않는다. 지금까지 그 원형이 남아 있는 것은 《삼국유사》에 수록된 향가 14수, 《균여전均如傳》에 수록된 11수 등 25수에 불과하다.

처용은 아라비아 인이었다?

신라 헌강왕이 동해안 개운포(울산 부근)에 놀러 갔다가 돌아오는 길에 길을 잃게 되었다. 일관(점치는 일을 맡은 관리)이 "동해바다 용의 짓이니 좋은 일을 행하여 풀어야 된다"고 했다. 왕이 근처에 절을 지으라고 명령하자 안개가 사라졌다.

동해바다 용이 일곱 아들을 데리고 나와 춤을 추고는 그중 한 아들에게 왕을 보좌하도록 했는데, 그 이름을 '처용'이라 했다. 왕은 아름다운 아내를 맞게 해주고 높은 관직도 주었다.

처용의 아내를 탐낸 역신(질병을 옮기는 신)이 사람으로 변하여 몰래 잠자리를 했다. 처용이 집에 돌아와 두 사람이 누워 있는 것을 보고 부른 노래가 바로 유명한 〈처용가〉이다. 역신은 처용의 노래를 듣고 도망쳐버렸다. 민간에 처용의 그림을 문에 붙여 나쁜 귀신을 몰아내려 한 것도 이 설화에서 연유한 것이다.

종래 민속학에서는 이 설화를 무당의 시조 또는 그 주술에 관한 이야기로 해석했다. 반면 역사학계에서는 당시 신라사회가 처해 있던 정치적 상황을 염두에 두면서 처용을 지방호족의 자제로 보기도 한다. 처용설화는 신라 말기 경주의 중앙귀족이 지방호족을 포섭 또는 견제하면서 지배체제를 유지하려고 노력했지만, 결국 실패로 돌아가는 과정을 반영하고 있다는 견해가 그것이다.

이와는 달리 처용을 아라비아인으로 보는 독특한 견해도 있다. 고려가요에는 회회인回回人이 가끔 등장하는데, 회회인은 아라비아 인을 가리키는 말이다. 이들은 당나라 때부터 중국과 인도 · 동남아시아를 잇는 바닷길을 왕래하며 교역했다. 처용의 복장이 신라인의 눈에 이상하게 비쳤다는 점, 개운포는 아라비아 상인들이 많이 와서 살던 당나라 양주까지 이어지는 바닷길의 출발점이라는 점 등이 아라비아인 설의 주장을 뒷받침해 주고 있다.

중세의 신호탄 '해상왕 장보고'
: 호족세력의 등장
(9세기)

불국사 조영이 아직 채 끝나지 않고 있던 혜공왕 4년(768)부터 신라에는 96각간(족장)이 서로 세력다툼을 벌이던 '대공의 난'이 일어났다. 진골귀족들의 와해와 지방세력이 대두하는 이른바 신라 하대下代에 접어든 것이다. 신라 하대는 종래와 다른 계통의 진골 사이에서 왕위계승이 문제되기 시작한 선덕왕으로부터 마지막 경순왕까지를 말한다.

혜공왕을 마지막으로 무열왕계는 단절되고 이후 내물왕계와 원성왕계가 왕위를 차지하면서 두 왕계 사이에 왕위 쟁탈전이 벌어졌다. 진골귀족 간의 분열은 신라 골품제도의 와해를 의미하는 것이다.

신라 하대의 혼란은 한편으로 지방세력가들에게 있어서는 성장할 수 있는 기회이기도 했다. 중앙의 진골귀족들은 몰락하고 새로이 역사의 전면에 호족豪族이라 불리는 지방세력들이 등장하기 시작했다. 이들은 주로 촌주층에서 성장한 성주 · 장군이라 일컫는 부류와 해상세력가, 그리고 군진세력들이었다.

삼국을 통일한 이후 신라는 산업과 조선술이 발달하면서 대외무역이 번성했다. 신라인의 활발한 해외진출에 따라 당의 산둥반도나 강소성 같은 곳

경주 남산의 배리삼릉. 앞쪽부터 아달라왕릉·신덕왕릉·경명왕릉의 세 능으로, 이 골짜기를 '삼릉골'이라 한다. 이 골에 9곳의 절터와 10체의 불상이 남아 있다.

에는 그들의 집단거류지가 생겨 '신라방新羅坊'이라 불렸다. 통일신라 시기인 7세기 후반의 신문왕대, 8세기 중엽의 경덕왕·혜공왕대를 보면, 중국과 일본을 왕래할 때 신라의 해운에 의지하는 경우가 많았다고 하니 당시 신라의 해상활동을 짐작할 만하다.

해상무역이 활발해지면서 해적들 또한 횡행했다. 정부에서는 이들을 막고자 국경수비를 담당하던 군진을 해안에 설치했다. 완도의 청해진, 남양의 당성진, 강화의 혈구진 등이 그것이었다. 이들 가운데 가장 유명한 것이 바로 장보고의 청해진이었다.

호족 시대의 문을 연 장보고張保皐는 신라 하대 혼란기에 등장한 해상세력가였다. 사실 장보고의 실제 이름은 '궁복弓福'이라 한다. 중국기록에 장보고라고 나와 있으나, 그것은 중국식으로 바꾼 성명이다. 신라의 해상활동은 완도에 설치한 장보고의 청해진에 이르러 그 전성기를 맞이했다.

동아시아 해상의 왕자로 등장하기 이전에 장보고는 당에 들어가 군인으로 출세했었다. 이때 장보고는 당나라 서주에 있던 무령군의 소장(소단위 부대장)으로 있었다. 군인으로 활동하던 중, 장보고는 당의 해적들이 신라인을 붙잡아다 노비로 매매하는 광경을 보고 분개했다. 이후 군직을 버리고 신라에 돌아와 해상을 평정하기로 결심했다.

신라에 돌아온 장보고는 흥덕왕을 만나 청해진을 설치해줄 것을 간청했다 (826). 마침내 장보고는 병력 1만을 지휘하는 청해진 대사에 임명되었다. 장

가야의 배모양 토기. 길이 28cm, 너비 10.2cm. 삼면이 바다로 둘러싸인 한반도에서는 일찍부터 배를 잘 만들어, 삼한시대에 이미 수로를 이용하여 중국 및 일본과 왕래했다.

신라의 배모양 토기. 4각 투창이 있는 받침 위에 배를 얹고, 성기를 과장한 남자가 노를 젓고 있다. 높이는 각각 15m(오른쪽), 12.6m(왼쪽). 신라시대 작품. 금령총 출토.

보고가 청해진 대사가 된 후 해상에서 신라인을 매매하는 일은 사라졌다. 장보고는 해상권을 장악한 후 점차 사병을 바탕으로 반독립적인 세력을 구축하여 중앙정부에서도 함부로 할 수 없는 존재로 성장했다.

해상세력가로 등장한 장보고는 이를 배경으로 중앙정치에도 진출했다. 그는 김우징을 도와 민애왕(재위 838~839)을 축출하고, 우징을 신무왕(839)으로 세웠다. 그러나 신무왕은 즉위 4개월 만에 세상을 떠나고 문성왕(재위 839~857)이 뒤를 이었다. 장보고는 우징을 왕으로 앉힌 후 자신의 딸을 왕비로 만들 계획이었다. 그런데 우징 신무왕이 일찍 죽는 바람에 그의 계획에 차질이 생기고 말았다. 이 사실을 들은 귀족들은 "섬사람의 딸을 어찌 왕실의 배필로 삼을 수 있겠는가"며 반발했다. 진골귀족만이 왕비가 될 수 있었던 신라 골품제 사회에 비추어보면, 장보고의 야심과 그의 세력은 실로 대단한 것이 아닐 수 없다.

장보고는 귀족들의 반대에 반발하여 중앙정부와 대결을 벌이고자 했다. 그러나 청해진 설치 후 19년 만인 846년 장보고는 술에 만취한 상태에서 염장이라는 장사에게 암살당함으로써 그의 야심은 하릴없이 스러지고 말았다.

비록 중앙귀족에 대항하다 실패했지만, 장보고의 등장은 바로 호족의 시대를 예고한 중세의 신호탄이었다. 신라는 더 이상 이러한 지방세력들의 등장을 막을 힘이 없었다.

중세 지성의 선구자, 최치원
: 골품제 사회의 동요
(9세기 말)

15세기경 유학자 성현은 그의 저작 《용재총화》에서 '우리나라의 문장은 최치원으로부터 피기 시작하였다'고 평했다.

대문장가 최치원은 통일신라 말기 사람으로, 통일신라가 후삼국으로 분열한 것은 그의 나이 45세 때였다. 자는 고운孤雲 혹은 해운海雲으로, 857년에 경주에서 태어나 12세가 된 868년에 당으로 유학을 떠났다. 이때 그의 아버지인 견일이 "10년 동안 과거에 합격하지 못하면 내 아들이 아니다"라고 말했다고 한다.

신라는 외교적 차원에서 당에 왕족을 인질로 보내기도 했으며, 몰락왕족이나 그 다음 가는 계층, 즉 6두품들을 당의 태학 등에 입학시켰다고 한다. 이들 숙위학생宿衛學生들은 대략 10년 정도 학업을 한 뒤 빈공과(외국인을 위한 과거)에 합격하는 것이 전형적인 코스였다. 이들 빈공과 출신들은 당시 선진 문명을 흡수한 신라 최고의 지식인이었다. 그러나 신분상의 제약으로 중앙의 요직에는 참여하지 못했다.

신라는 이른바 골품이라는 것을 바탕으로 한 엄격한 신분제 사회였다. 최고위는 왕족과 왕비족에 속하는 성골과 진골이 있었으며, 다음에 6두

최치원의 글씨(오른쪽). 신라 서예의 대가 최치원의 작품으로, 구양순 서풍을 보여주는 쌍계사 진감선사비의 탁본이다. 통일 초기에는 왕희지의 서풍이 유행했는데, 특히 김생이 뛰어났다. 왼쪽이 김생의 〈금자첩〉

품 · 5두품 · 4두품이라는 중간 지배층, 그 밑에 평민층이 있었다.

6두품은 진골 다음 가는 계층이었지만, 아무리 뛰어난 재주를 가지고 있어도 17개 관등 중 제6관등까지만 승진할 수 있었다. 6두품들은 신분상의 한계 때문에 때로는 골품제 자체에 대한 비판과 함께 반신라적 태도를 취하기도 했다.

당나라 유학을 마치고 돌아온 6두품 출신의 최치원 앞에 펼쳐진 현실은 제약과 좌절뿐이었다. 당에서 높은 관직에 등용되는 등 우대를 받은 그였지만, 본국인 신라에서는 냉대만을 받을 뿐이었다. 최치원은 '추야우중秋夜雨中'이라는 시에서 자신의 좌절감을 이렇게 읊었다.

가을바람에 애타게 읊조려도 秋風惟苦
세상에는 알아줄 이 별로 없구나. 世路少知音
창 밖엔 삼경인데 비가 내리고 窓外三更雨
등불 앞에 만리를 달리는 마음. 燈前萬里心

최치원이 살았던 시기는 통일신라가 정치 · 사회적 혼란이 극에 달해 망국의 길로 치닫고 있던 시기였다. 마침내 그의 나이 45세 때 통일신라는 후

삼국으로 분열했다. 왕위계승을 둘러싼 귀족들의 분열과 지방 호족세력들의 등장, 이러한 정치경제의 피폐함은 농민반란으로 이어졌다.

최치원도 귀국 당시에는 상당한 의욕을 가지고 당에서 배운 경륜을 펼쳐 보이려 했다. 894년에는 진성여왕에게 시무 10여 소를 올리기도 하는 등 문란한 정치를 바로잡고자 노력했다. 그러나 골품제도의 한계와 국정의 문란함을 돌이킬 수 없다고 느끼고는 은둔을 결심했다.

스님아, 청산이 좋단 말 하지 마오. 僧乎莫道靑山好
산이 좋다면 어찌 다시 산을 나서곤 하오. 山好何事更出山
두고 보오, 어느 날 내 자취 어찌될 것인지를 試看他日吾踪跡
한 번 청산에 들면 다시는 돌아오지 않으리. 一入靑山更不還

이후 최치원은 합천 가야산 해인사로 은거한 뒤 끝내 속세로 나오지 않았다. 그 뒤의 행적은 전혀 알 수 없는데, 산수간에 방랑하다가 죽었다고도 하며, 혹은 신선이 되었다는 속설도 전해오고 있으나, 자살한 것이 아닌가 하는 주장도 있다. 비록 최후는 알 수 없지만, 최치원은 신라가 망하고 고려가 새

통일신라의 문양전. 전(塼)이란 진흙 등으로 만든 벽돌을 일컫는다. 그림의 위로부터 불상무늬전·누각무늬전·보상화무늬전으로, 그 무늬와 기법이 매우 세련되고 정교하여 우리나라의 대표적인 문양전으로 꼽힌다.

로 일어날 것을 미리 내다보고 있었다. 최치원은 고려 왕건에게 '계림은 시들어가는 누런 잎이고, 개경의 곡령은 푸른 솔'이라는 내용의 편지를 보내 신라의 운명을 예고했다.

최치원은 유교사관에 입각해서 역사를 정리했다. 그 대표적인 것이 《제왕연대력帝王年代曆》이다. 여기서 그는 신라왕의 고유 명칭들을 야비하여 칭할 만한 것이 못 된다 하고 모두 왕으로 바꾸었다.

또한 유교와 불교, 도교의 조화에 노력했던 면이 《난랑비서문》을 비롯한 그의 여러 글에서 나타나고 있다. 이와 같이 정력적인 문학활동으로 많은 작품을 남겼음에도 불구하고 현존하는 것은 《계원필경집 桂苑筆耕集》뿐이다. 이외에도 《사산비명 四山碑銘》을 비롯하여 《동문선 東文選》등 후인들의 책에 전해지고 있는 시문들은 적지 않다.

'고구려와 백제를 계승한다'
: 후삼국의 정립
(9세기 말~10세기 초)

9세기 말 계속되는 진골들의 왕위쟁탈전 속에서 신라는 정치적 혼란기를 맞이했다. 게다가 거듭되는 흉년과 전염병의 성행으로 농촌은 점차 황폐해져 갔다. 농민들은 토지를 떠나 사방으로 흩어져 도적이 되었다. 신라는 더이상 나라를 지탱해 나갈 수 없는 상태에 이르렀다.

국가 통치력의 붕괴와 하층민에 대한 무거운 세금으로 각종 반란이 여기저기서 일어났다. 그 대표적인 반란세력이 사벌주의 원종과 애노, 죽주의 기훤, 북원의 양길, 완산주의 견훤, 철원의 궁예 등이었다. 이들은 모두 농민들의 불만을 기반으로 일어난 세력들이었다. 이제 신라의 골품제는 무너지고, 강자만이 살아남는 군웅할거 시대가 펼쳐졌다.

각지의 군웅은 점차 견훤과 궁예의 양대세력으로 가닥이 잡혀갔는데, 이들은 마침내 정권을 세워 신라에 맞섰다. 견훤이 후백제를 건국하고, 궁예가 후고구려를 세우면서 바야흐로 후삼국 시대가 시작되었다.

견훤이 후백제를 건국한 것은 진성여왕 6년(892)의 일이었다. 무진주(광주)와 완산주(전주)를 기반으로 해서 후백제를 일으킨 견훤은 상주의 농민출신으로, 아자개의 아들로 전한다. 그는 무인으로 성장해서 신라 서남해 방위를

백제의 문양전. 여러
가지 다양한 문양을
얕은 돋을새김으로
떠서 구워 만들었다.
1937년 부여군 규암
면 외리의 옛절터에
서 출토. 1변 29cm
안팎, 두께 4cm. 보
물 343호.

맡는 변방 비장이었는데, 신라사회가 어지러워지자 농민군을 끌어모아 신라
에 반기를 들었다. 백제계승과 신라타도라는 단순한 목표가 보여주듯 후백
제의 사회개혁 의지는 미약했다. 견훤은 의자왕의 원수를 갚는다고 하여 경
주를 침공, 경애왕을 살해하고 부녀자를 폭행하는 등 만행을 일삼을 뿐이었
다. 이같이 신라인의 적대감을 자극시킨 견훤은 새로운 사회의 주인공이 되
기에는 부적격한 인물이었다.

견훤과 달리 궁예는 진골출신의, 신라왕자로 47대 헌안왕(재위857~861)의
서자 혹은 48대 경문왕(재위 861~875)의 아들이라고도 한다. 그는 태어난 시
일이 불길하다고 하는 중오일重午日(5월 5일)에 태어났는데, 나면서부터 이빨
이 돋아 있었다고 한다. 이러한 불길한 운명으로 인해 궁예는 태어나자마자
버림을 받았다고 전한다. 따라서 자신을 버린 신라 왕실을 증오했다.

궁예는 10세 무렵 신분을 속이고 영월 세달사世達寺로 출가하여 승려가 되
었는데, 신라가 점차 혼란스러워지자 죽주의 도적 기훤의 밑으로 들어갔다
(891). 이후 기훤과 뜻이 맞지 않아 다시 원주의 반란군 두목 양길의 부하가
되었다가 양길을 죽이고 901년 개성에서 고구려 계승을 내세우며 후고구려
를 건국했다. 911년에 국호를 태봉, 연호를 수덕만세라 했다.

궁예는 개성의 대호족이었던 왕건 부자를 받아들이고 서남쪽으로 세력을
확장해갔다. 이 당시 태봉은 강원·경기·충청북도·경상북도를 아우르는
최대의 세력으로 자라났다. 궁예는 세력이 커지자 전제군주로 군림하면서
스스로를 미래세상의 부처인 미륵불이라 자부하고, 두 아들은 청광보살·신

광보살이라 칭했다.

궁예는 측근에 대한 의심이 많고 게다가 지도자로서의 도량 또한 좁았다. 그리하여 측근의 많은 신하들을 숙청함으로써 자멸의 길을 재촉했다. 마침내 궁예는 인심을 잃고 홍유, 배현경, 신숭겸 등에 의해 왕좌에서 쫓겨나고 말았다. 이후 강원도 부양(평강) 지경을 헤매다가 성난 백성들에게 맞아 죽었다고 전해진다. 궁예가 축출된 후 918년 왕건이 그 뒤를 이어 왕위에 올랐으니, 이가 바로 고려를 건국한 태조 왕건이다.

한편, 고려와 자웅을 겨루던 후백제에는 신검·양검·용검이 왕위계승 문제로 아버지 견훤을 금산사에 유폐하고 정권을 탈취하는 내분이 일어났다. 이에 견훤은 탈출하여 고려에 항복했고, 신라의 경순왕도 935년 고려에 항복함으로써 후삼국의 혼란은 고려 태조에 의해 수습되었다.

신라 말 혼란기에 굶주린 농민들과 떠도는 도적떼를 업고 등장한 견훤과 궁예. 이들은 차별대우를 받는 옛 고구려나 백제 지역 사람들의 지지를 바탕으로 후삼국 시대를 풍미했다. 그러나 후삼국을 통일하는 과업을 이루는 데까지 이르지는 못했다. 특히 한때 가장 막강한 세력을 가졌던 궁예가 후삼국을 통일하지 못한 한계는 무엇이었을까.

궁예는 나라를 세운 후 민심을 수습하기 위한 진지한 노력을 포기하고 자신에게 주어진 권력을 남용했다. 호족의 시대에 전제적 왕권의 추구는 몰락을 재촉할 뿐이었다. 궁예의 몰락을 지켜본 왕건은 현명하게도 호족연합정책을 끝까지 버리지 않았다. 그리고 궁예는 국가의 기반인 농민에 대해 가혹한 수탈을 일삼았다. 농민의 부담 중 가장 중요한 것은 조세였는데, 왕건은 십일조세로 세금을 대폭 줄였다.

제2장
중세사회의 발전

KOREA

왕건, 후삼국을 통일하다
: 고려의 건국
(918년)

고려를 건국한 태조 왕건王建은 송악(개성)지방 호족 자제였다. 송악지방의 호족이었던 아버지 왕륭이 궁예에 귀속하자, 왕건도 그 휘하에 들어가 장군으로서 크게 활약했다. 궁예가 점차 포악해지고 의심이 많아 신하들을 함부로 죽이는 지경에 이르자 홍유·배현경·신숭겸·복지겸 등은 궁예를 내몰고 왕건을 왕위에 추대했다. 918년에 왕위에 오른 왕건은 국호를 '고려'라 하고 연호를 '천수天授'라 정했다.

태조 왕건과 그를 추대한 개국공신들은 주로 무장세력으로서 호족 기반이 약한 사람들이었다. 게다가 건국과 함께 반발세력도 적지 않아 환선길·임춘길의 난이 일어나기도 했다. 왕건이 고려를 건국한 후 맞닥뜨린 문제는 바로 신라 말부터 성장해온 호족세력을 회유·포섭하고, 신라·후백제에 대해 견제하는 일이었다. 아울러 민생의 안정이 무엇보다 시급한 과제였다. 왕건은 먼저 서울을 철원으로부터 자기의 본거지인 송악으로 옮겨 기반을 확고히 하는 한편, 적극적으로 서경(평양)을 공략해 호족세력을 포섭했다. 호족세력의 기반 없이 적대세력인 후백제의 견훤을 제압할 수 없었기 때문이다.

태조는 중국 5대와 외교관계를 맺어 일단 대외 안정을 도모하고 신라에

통일신라의 포석정. 문무백관이 모여 흐르는 물에 잔을 띄워 술을 마시며 연회를 즐겼다. 그러나 백성의 삶은 고달팠고, 정치는 어지러웠다. 여기서 놀던 경애왕은 견훤의 습격을 받고 자살했다

우호정책을 펴면서 후백제와는 대립하는 정책을 취했다. 고려와 후백제는 처음에는 우호관계를 맺는 듯했으나, 920년 후백제가 합천지방을 점령하면서 양국 간은 틈이 벌어지고 말았다. 925년 조물성(지금의 경상도 북부) 전투를 신호탄으로 하여 고려와 후백제는 마침내 정면충돌하기에 이르렀다. 조물성 전투에서 쉽게 승부를 보지 못한 고려와 후백제는 일단 화의를 맺고 인질을 맞바꾸었다. 고려에 인질로 간 견훤의 외손자 진호가 갑자기 병으로 죽자 견훤은 고의로 죽였다고 하여 공주를 공격, 본격적인 통일전쟁이 벌어지게 되었다.

927년 견훤은 신라의 수도 경주를 기습하여 경애왕을 죽이고 김부를 왕으로 삼으니, 이가 바로 신라의 마지막 왕인 경순왕이다. 고려는 견훤의 말굽 아래 짓눌린 신라를 돕고자 공산에서 후백제군과 일전을 벌였으나 참패하고, 왕건은 구사일생으로 목숨을 건졌다. 그러나 이 일을 계기로 신라의 민심은 고려 쪽으로 기울었다.

후백제의 위세에 눌렸던 고려는 930년 고창군 병산 전투에서 후백제군 8천여 명을 죽이는 대승을 거두었다. 여기에 자신감을 얻은 왕건은 경주를 방문하여 경순왕 이하 신라세력의 환심을 사는 한편, 경상도 일대 호족세력을 자신의 휘하에 들어오게 했다.

이러한 때 마침 후백제에서는 왕위계승을 둘러싸고 견훤 일가 형제 간의

내분이 생겼다. 견훤에게는 큰아들 신검을 비롯하여 양검·용검·금강 등이 있었는데, 견훤은 넷째 금강을 후계자로 지목했다. 이를 시기한 형제들이 935년 3월 금강을 죽이고 견훤을 금산사에 유폐시킨 뒤 장자인 신검을 왕으로 삼았다. 6월 금산사에서 나주로 탈출한 견훤은 숙적이었던 왕건에게 귀순했다. 견훤이 고려에 귀순한 뒤 환대를 받자, 이를 지켜본 신라의 경순왕도 자진해서 고려에 항복했다.

왕건은 마침내 9월 친히 군사를 이끌고 최후의 결전장인 일선군(지금의 선산)으로 향했다. 일리천一利川에서 왕건이 이끄는 고려군은 신검의 후백제군을 맞아 싸워 대승을 거두었다. 이때 고려의 총군사력은 지방 호족세력의 군대까지 합하여 8만 7천 5백여 명에 달했다고 한다.

싸움에 패한 뒤 황산군(논산) 탄령을 넘어 달아나던 후백제왕 신검은 결국 항복하고 말았다. 이로써 왕건은 후삼국으로 분열되었던 한반도를 재통일시키는 위업을 달성했다. 신라의 삼국통일이 당이라는 외세를 이용하여 이룩했던 것과 비교할 때, 고려의 통일은 민족의 자력으로 이루어낸 것이어서 더욱 의의가 크다.

후삼국을 통일한 왕건은 발해가 거란에게 멸망하자 그 유민들 또한 동족으로 여기고 적극 받아들였다. 특히 발해왕자 대광현에게 왕씨 성을 주는 등 민족융화에 노력했다. 마침내 고려는 후삼국뿐만 아니라 발해의 고구려계 유민까지도 포함한 진정한 민족의 통일을 이룩했다.

후삼국 통일이 궁예나 견훤이 아닌 왕건에 의해서 이루어진 것은 결코 우연한 일이 아니었다. 과거와 현재를 불문하고 새로운 시대의 도래는 정치적 포용력과 함께 민중의 호응 없이는 성취할 수 없기 때문이다.

DIGEST
24
KOREA

고려왕조의 기본 골격을 세우다
: 노비안검법과 과거제도의 실시
(956년, 958년)

통일왕조 고려는 사실상 호족연합 정권이었다. 29명의 부인을 둔 태조 왕권은 혼인관계를 통해서 강력한 호족세력을 통합하고자 했지만, 일시적인 것이었다. 태조 사후에 형제들 간의 분란과 왕권의 약화는 어느 정도 예고된 것이나 마찬가지였다. 역사에서 건국자가 있으면, 개국공신을 숙청하는 왕이 뒤따르기 마련이다. 고려 왕조에서 그러한 악역을 한 왕이 광종이다.

949년 정종의 뒤를 이어 제4대왕이 된 광종은 태조의 3남으로 정종의 친아우이며 태조의 제3왕비 신명순성왕후 유씨 소생이다. 즉위 당시 나이는 25세였는데 혜종이나 정종과 마찬가지로 정치가 불안정한 가운데 즉위했다. 광종은 정종과는 불과 2년밖에 차이가 나지 않는 거의 동년배 형제지간이었다. 게다가 그는 벼락치는 소리에 놀라 몸져눕는 유약한 외골수 정종과는 달리 성품이 대범하고 기회 포착력이 강했던 인물이었다.

광종은 두 명의 후비가 있었다. 제1비인 대목왕후 황보씨는 태조의 딸이었다. 광종은 이복누이와 결혼한 것이다. 또 한 명의 부인인 경화궁부인 임씨는 혜종의 맏공주로 광종에게는 조카가 된다. 광종은 동생 및 조카와 결혼한, 말하자면 왕실 족내혼을 행한 첫 번째 왕자였다. 때문에 그의 외척세력이란 한

편으로 왕실 그 자체였다. 왕실 족내혼은 사실 신라왕실의 풍습으로 외척을 발호하게 하는 족외혼과 달리 왕실 혈통의 순수성을 유지시키고 왕권을 안정시킬 수 있는 일면이 있었다. 이러한 완벽한 족내혼을 통해 광 종은 26년 간의 치세기간 동안 외척세력이 전혀 개입되지 않는 튼튼한 방어막을 가질 수 있었다.

광종은 즉위하자마자 '광덕'이란 연호를 갈아치우고 이듬해부터 후주의 연호인 '광순廣順'을 사용했다. 의관도 중국 풍속을 따르게 했는데 이는 대륙의 후주와 유대를 강화하여 자신의 왕권을 강화하고자 한 의도에서였다. 후주에서는 956년(광종 7)에 장작감 설문우를 고려로 보냈는데, 이 때 설문우를 따라온 사람이 쌍기雙冀였다. 설문우를 따라온 쌍기는 그만 병을 얻어 고려에 머물렀다. 이듬해에 쌍기의 병이 완쾌되자 광종이 그를 불러 이야기를 나누었다. 쌍기는 주나라의 좋은 제도를 조리있게 잘 말해 주었다. 광종은 그의 말에 만족하며 등용시켰다. 광종은 쌍기를 한림학사로 승진시켜 문한에 대한 직권을 맡겼다. 당시 고려 조정은 쌍기의 고속 출세에 불만이 많았다.

광종은 개의치 않고 쌍기를 감싸고 들었다. 서기 958년인 광종 9년, 쌍기가 처음으로 과거제도를 건의했다. 광종은 혜종과 정종이 왕위계승 문제로 희생당한 것을 보고 왕권을 강화하려면, 널리 재야의 지식인들을 모아 호족 출신의 귀족 못지않게 중용하려는 생각을 가지고 있었다. 그리하여 재야 지식인을 모으는 방법으로 쌍기가 건의한 과거제도를 택했다.

광종은 과거제도를 실시하기 이전인 956년(광종 7)에 노비안검법을 실시했다. 노비안검법은 노비의 신분을 조사해서 전에 양민이었던 자를 해방시키려는 가히 혁명적인 조처였다. 당시 귀족들이 소유한 사노비에는 전쟁 포로나 가난한 양민 출신들이 많았는데 이들은 전통시대 귀족들의 개인 소유 재산이었다. 광종은 이들 노비를 풀어줌으로써 귀족들의 세력을 누르고 왕권을 신장시키고자 했다.

고려시대 과거제도 시행에 대한 내용이 기록되어 있는 동문선.

한림학사 쌍기의 건의로 이루어진 과거제도는 노비안검법보다도 귀족들에게는 더욱 치명적인 것이었다. 고려시대에 벼슬길에 오르는 방법은 신라시대와 마찬가지로 공식적인 시험이 아닌 명성이나, 집안 배경이었다. 이에 반해 시詩·부賦·송頌 및 시무책을 시험하여 선발하는 과거제는 비록 권문세가의 자제가 아니더라도 관리가 될 수 있는 혁신적인 조처였다. 과거제도의 실시는 권력층의 개편을 의미하는 것이었다. 이로써 고려는 공신시대가 종식되고 유교적 교양을 갖춘 문사들이 등장하는 문치주의 시대로 접어들게 되었다.

권력구조의 개편, 이것은 광종이 꿈꾸던 왕권 신장의 발판이었다. 광종이 국내에 아무런 연고가 없는 후주 출신의 쌍기에게 과거제 선발을 명한 것도 따지고 보면 새로운 사람들을 등용하여 종래의 권문세족들을 억제하기 위해서였다.

쌍기는 과거를 보이게 하고 스스로 지공거知貢擧(과거를 주관하는 직책)가 되어 과거를 치렀다. 광종은 과시장인 위봉루威鳳樓에 친히 나가 등과자의 방榜을 손수 발표했다.

광종 10년, 쌍기의 아버지 쌍철은 주나라의 청주원으로 있었는데, 아들이 고려 임금의 총애를 받고 있다는 소식을 듣고 고려에 들어와 광종을 뵈었다. 광종은 쌍철을 좌승佐丞으로 임명했다.

광종은 신하들의 관복에도 개혁을 단행했다. 그때까지도 신하들은 따로 관복이 없었고, 심지어 임금보다 화려한 의상을 걸치고 입궐하는 신하들도 있었다. 신하들은 주로 신라나 태봉 또는 후백제 시절의 관복을 그대로 본떠 입고 다녔다. 신라계의 호족들은 구신라 관복을, 태봉계의 호족은 그들 나름의 관복을, 불도에 정진하는 신하는 가사를, 중국계의 일부는 그들의 옛 복식대로 입고 입궐했다. 그러니 왕권의 강화는 요원한 문제였다.

광종은 과거를 실시한 2년 후에 백관들의 관복을 네 가지로 정했다. 보라색 소매옷, 붉은색 소매옷, 연두색 소매옷, 자주색 소매옷으로 정하고 등급에 따라 관복을 입도록 했다. 이 복식제도는 고려가 통일되고 무려 42년 만이었다. 이것은 과거제도가 왕권의 강화에 기여했음을 증명해 준다. 그 이전에 관복을 제정할 엄두를 내지 못한 것은 호족들의 반발이 거세어서였다. 과거를 실시함으로써 비로소 호족세력이 꺾이고 왕권 강화가 이루어졌던 것이다.

광종은 개혁을 추진하는 데 있어서 쌍기를 비롯한 귀화인 및 과거급제자 출신과 함께 신라계 인물들을 자신의 친위세력으로 삼았다. 광종이 신라계를 중용한 데는 자신의 출신배경과도 밀접한 관련이 있었다. 광종의 외조부인 유긍달은 신라 출신으로 알려져 있으며 자신의 누이인 낙랑공주는 경순왕 김부에게 출가했다. 게다가 경순왕의 딸을 며느리로 삼았으니 광종은 신라계의 외조부와 매부, 며느리를 각각 둔 것이다. 광종대에 개혁세력으로 부상하기 시작한 신라계는 이후 성종대를 거치면서 고려정치를 주도하는 세력으로 등장하게 되었다.

유교적 정치 이념의 실현
: 최승로의 시무28조
(982년)

통일을 달성한 태조 왕건은 왕권의 안정을 위해 먼저 각지의 호족들을 포섭하여 지배체제에 끌어들이고자 했다. 그 하나의 시책이 바로 혼인정책이었다.

《고려사》 후비열전에 의하면, 왕건은 6명의 왕후와 23명의 부인을 맞았다고 한다. 왕건은 각 지방의 유력한 호족 내지는 호족 출신 관료의 딸과 혼인함으로써 그들과의 결합을 굳건히 했다.

왕건은 29명의 후비에게서 25명의 왕자와 9명의 왕녀를 얻었는데, 왕실 권력의 분산을 꺼려 이복남매 간의 근친혼을 행했다. 혼인정책에도 불구하고 고려 초기 왕은 여러 호족세력들의 수장일 뿐이었다.

호족세력에게 억눌림을 받던 왕권은 광종(재위 949~975)에 이르러 새로운 전기를 맞이했다. 956년 광종은 호족들의 기반을 약화시키고자 노비안검법을 실시했다. 이 시책으로 본래 양인이었다가 노비로 전락한 자들의 신분이 해방되었다.

또한 958년에는 후주의 귀화인인 쌍기의 건의를 받아들여 과거제도를 시행했다. 과거는 문예나 유교 경전의 능력을 시험하여 그 성적에 따라 관리를

경기 파주군 진동면에서 발굴된 고려시대의 벽화묘. 고려 귀족의 인물상이 북벽에 있고, 천장에는 북두칠성이 그려져 있어 눈길을 끈다. 동·서·남벽에 7명의 인물상이 있다.

등용하는 제도를 말한다. 시험을 통해 신진인사들을 등용하는 과거제도는 공신들의 세력을 약화시키는 기능이 있었다.

　왕권강화를 이룬 광종대를 거쳐 고려는 성종(재위 981~997) 때에 체제정비와 사회기반을 이루었다. 성종은 전대 왕들과 달리 신라 6두품 계통의 유학자들을 중용하여 국가의 기틀을 다졌는데, 그 대표적인 인물이 최승로(927~989)였다.

　최승로는 본래 경주 출신으로, 신라 경순왕이 고려에 항복할 때 아버지를 따라 고려에 들어온 신라계 인물이다. 12살에 이미 태조 앞에서 논어를 읽었고, 그의 영특함에 탄복한 태조가 많은 상품과 특전을 하사했다고 한다. 최승로는 광종 때부터 관료생활을 했었는데, 이 당시에는 크게 빛을 보지는 못했던 것으로 알려진다. 그가 정계에서 크게 각광을 받은 것은 982년 성종 원년 서정쇄신에 관한 정견을 피력한 상소문을 올리면서부터였다. 982년에 성종은 "5품 이상은 각기 봉사를 올려 시정의 득실을 논하라"는 명을 내렸다. 왕명을 받은 최승로는 28조에 달하는 시무책을 올렸는데, 성종은 이를 읽고 크게 공감을 보였다. 성종의 지지하에 최승로의 시무책은 새로운 국가체제 정비에 깊은 영향을 주었다.

　최승로가 생존하고 활동하던 성종대는 우리나라 역사상 큰 전환기였다고 할 수 있다. 고려는 후삼국을 통일하여 새로운 시대를 열었으나 고대적인 성격에서 크게 벗어나지는 못하고 있었다. 새 시대를 맞이할 새로운 정치·사회질서의 확립이 절실히 필요했다. 최승로는 고려 현실에 알맞은 새로운 질

과거제도는 고려 광종 때 후주의 귀화인인 쌍기의 건의를 받아들여 처음으로 시행되었다. 그림은 김홍도의 〈평생도〉 중에서 과거급제자의 삼일유가 장면이 일부, 출처 국립중앙박물관.

서를 확립하고자 노력했고, 이러한 노력은 성종대에 결실을 보았다. 최승로의 시무28조가 가지는 의미는 바로 이것이다.

그러면 최승로가 구현하고자 했던 정치적 목표는 무엇이었을까?

이 시무28조는 현재 22조만 전해지고 있는데, 그 내용에서 가장 두드러지는 것은 유교 정치이념의 실현을 추구했다는 점이다.

"불교를 행하는 것은 수신의 본이요, 유교를 행하는 것은 치국의 근원입니다."

최승로는 유교이념을 바탕으로 국가를 다스려야 한다고 주장했다.

신라를 거쳐 고려 초기에 이르기까지 불교는 가장 영향력 있는 이데올로기이자 종교이념이었다. 최승로는 불교가 끼친 나쁜 영향을 비판하고, 정치와 종교, 즉 불교를 분리하고자 했다. 이와 같은 주장은 고려 태조 이래 불교를 국가적 신앙으로 숭상하던 당시 실정에 비추어보면 혁신적인 발상이 아닐 수 없었다.

최승로는 광종 이래 전제적인 왕권강화로 인한 정치 불안을 염려했다. 따라서 왕권과 신권 간의 조화를 추구하고자 했다. 시무 제14조에 '바라건대 성상께서는 날로 더욱 삼가시어 스스로 교만하지 말고, 신하를 접함에 공손함을 생각하며, 혹 죄 있는 자가 있더라도 죄의 경중을 법대로만 논한다면 곧 태평성세를 이룰 수 있을 것입니다'라 하여 군주의 도리를 강조했다.

최승로는 민생의 안정이 곧 사회발전의 원동력이라 판단했다.

"백성들의 힘을 쉬게 하여 환심을 얻으면 그 복은 반드시 기도하는 바의 복보다 낫다"는 그의 말은 민생의 안정이 곧 정치와 사회적 안정을 가져온다는 신념의 표현이었다. 이러한 최승로의 이념을 바탕으로 성종은 지배체제를 정비해 나갔다.

고려시대 정치의 중핵인 중서문하성이 성종 2년에 성립된 데 이어 상서성과 중추원, 대간제 및 관료의 질서체계인 문산계文散階 등이 모두 성종대에 이루어졌다.

또한 성종 2년인 982년, 전국의 주요 지역인 12목에 상주하는 외관(지방관)을 파견하여 중앙통치력을 공고히 했다. 지방관의 파견은 최승로의 건의에 의한 것이었는데, 지방관의 파견으로 지방의 호족들은 중앙정부에 흡수되었고, 지방호족들은 호장·부호장 등의 향리신분으로 격하되었다.

최승로의 시무책이 국가체제 정비에 반영된 이후, 고려사회는 그 이전 사회와는 달리 보다 진일보한 사회로 나아갔다.

서희의 외교, 강감찬의 전술
: 거란과의 전쟁
(10~11세기)

동북아시아에 있어서 10세기는 그야말로 전환기였다. 고려에 의해 한반도의 통일이 이루어졌고, 중국은 5대의 혼란기를 거쳐 송나라가 등장했다. 게다가 만주에서는 거란이 크게 일어나 발해를 멸망시키는 등 북방민족의 움직임이 심상치 않았다.

당시 요하의 상류 내몽골 일대에 흩어져 살던 거란족은 907년경에 야율아보기에 의해 통일되었다. 신흥 강국으로 등장한 거란은 태조 25년에 사신을 보내 낙타 50필을 바치고 교류를 청했다. 그러나 태조는 발해를 멸망시킨 거란을 증오하여 사신 30인을 유배하고 낙타를 만부교에서 굶겨 죽였다. 이 일을 계기로 양국 간의 국교는 단절되었다. 이후 고려는 혜종·경종·광종기를 거치면서 광군光軍(예비군) 30만을 편성하는 등 거란의 침입에 대비하여 국방력을 강화했다.

그동안 거란은 점차 세력을 키워나가 마침내 중국대륙을 넘보는 강대국으로 발돋움했다. 그러나 송을 치기 위해서는 먼저 고려를 제거할 필요가 있었다. 고려의 안정기였던 성종 12년(993), 거란의 소손녕은 대군 80만을 이끌고 고려를 침공했다.

고려의 청자상감표류수금
문 도판. 물가에 노니는 새
떼의 한가로운 풍경을 뛰
어난 회화성으로 표현, 고
려인의 탁월한 공예솜씨를
보여준다. 20.5×15.9cm.
12세기. 일본 오사카 시립
동양도자미술관 소장.

거란의 침공 소식이 전해지자 성종은 대신들을 소집했다. 이때 조정에서
는 서경(평양) 이북의 땅을 떼어주고 화친하자는 할지론이 우세했다. 마침 중
군사로 있던 서희가 앞으로 나가 말했다.

"아무리 적이 대군이라고 하더라도 한번 싸워보지도 않고 항복할 수는 없
습니다. 소신을 적진에 보내주시면 적장 소손녕과 한번 담판을 해보겠습니
다."

성종의 허락을 받은 서희는 곧 소손녕이 주둔하고 있는 안융진(안주)으로
달려갔다. 서희가 소손녕의 막사에 당도하자 소손녕은 서희의 기를 죽이고
자 큰소리로 다음과 같이 말했다.

"네 어찌 소국의 신하로 대조 귀인인 내 앞에 고개를 들고 들어오느냐! 마
땅히 뜰 아래서 삼배구고두三拜九叩頭의 예를 올려라!"

"신하가 임금을 대할 때는 밑에서 절을 하고 삼배구고두를 하는 법이지만,
두 나라 대신이 서로 만나는데 어찌 그럴 수 있단 말인가. 80만 대군의 지휘
자가 타국 사신에 대한 예의도 모른단 말인가?"

서희의 당당한 응수에 그 인물됨을 간파한 소손녕은 태도를 바꾸고 정중
히 맞아들였다. 담판에 나선 서희는 먼저 소손녕에게 침략의 이유를 따져 물
었다. 소손녕은 다음과 같이 주장했다.

"고려는 신라를 계승하고 우리는 고구려를 계승했으니 고구려의 구강토를

고려 토기. 참외모양 매병(왼쪽)과 도깨비장식 네귀병(오른쪽). 토기는 용도에 따라 생활용과 의례용으로 나눌 수 있다.

돌려주시오. 그리고 무슨 까닭으로 이웃한 우리나라를 피해 굳이 바다 건너 송과 교섭하고 있는가?"

이 말에 서희는 낯빛을 고치고 정중하게 소손녕을 타일렀다.

"아니오. 우리나라가 고구려의 옛 강토에 섰으므로 국호를 '고려'라 하였소. 그리고 압록강 안팎 지역을 여진이 막고 있어 교섭이 어려웠소. 지금이라도 여진을 몰아내어 우리의 옛 땅을 도로 찾을 수 있다면 어찌 교섭을 하지 않겠소."

서희 장군의 조리 닿는 말에 설복된 소손녕은 사대의 예를 갖추게 하는 대가로 압록강 서북 강동 6주의 영유권을 고려에게 넘겨주었다. 손쉽게 광대한 영토를 얻은 고려는 이후에도 여전히 바다 건너 송과 교류했다.

고려가 계속 송과 교류하자 거란은 어린 목종을 시해한 강조의 죄를 문책한다는 구실로 2차 침공을 감행했다. 1010년(현종 원년) 11월이었다. 그러나 강조가 거란에 체포된 후에도 거란은 계속 남진하여 개경을 점령했고, 고려 현종은 나주까지 피란했다. 그러나 거란군은 별다른 소득 없이 현종의 입조入朝를 조건으로 물러갔다. 고려군은 후퇴하는 거란군에 타격을 가했으며, 현종도 친조하지 않았다.

그후 거란은 현종의 입조와 강동 6주의 반환을 요구하며 1014년 3차 침입을 감행하다 또다시 후퇴했다. 거란은 3차 침공의 실패로 잠시 잠잠하다 가

1018년(현종 9) 12월, 소배압이 10만 대군을 이끌고 4차 침공을 감행했다.

고려의 명장 강감찬은 흥화진으로 달려가 성 동쪽의 큰 냇물을 거대한 쇠가죽으로 막고서 거란군을 기다렸다. 거란군이 근접해오자 강감찬은 일시에 물길을 터서 흘려보내고, 매복시켜 놓았던 기병들을 풀어 거란병들을 크게 물리쳤다. 강감찬은 철수하는 거란군을 쫓아 귀주 동쪽 들에서 섬멸해버리니, 이것이 유명한 귀주대첩이다.

이때 거란 10만 대군 중 살아 돌아간 자가 겨우 수천 명에 불과했고, 적장 소배압은 갑옷과 무기를 버리고 간신히 몸만 도망갔다고 한다.

4차례의 침공이 수포로 돌아간 거란은 1019년(현종 10) 고려와 화약을 맺었다. 그러나 거란과의 화친 이후에도 고려는 계속해서 자주국방의 태세를 강화해 나갔다.

고려 유학을 발전시킨 최충
: 9재학당의 설립
(11세기)

거란의 침입과 전화가 아문 뒤 세상은 태평해졌지만, 중앙 정부가 교육까지 돌아볼 여력은 없었다. 중앙의 교육기관인 국자감은 유명무실한 상태였고 지방의 향학은 갖추어지기 이전이었으므로 교육에 대한 새바람이 절실하던 때였다.

문종대 고려 유학을 꽃피우게 한 최충崔冲은 984년 해주 최씨 최온崔溫의 아들로 출생했으며 자는 호연浩然이다. 부친인 최온은 향리 출신으로 해주 최씨 시조로도 올라 있을 정도로 학문이 뛰어났던 인물이다. 최충은 어려서부터 학문을 좋아했고 글짓기를 잘했다. 또 풍채가 뛰어나고 성품과 지조가 굳건했다. 1005년(목종 8) 약관 스무 살의 나이에 최충은 과거시험에서 갑과甲科 1등으로 합격한 뒤 벼슬길에 나아갔다.

최충은 관료생활 동안 현종 · 덕종 · 정종 · 문종에 이르는 네 왕을 섬겼다. 재상이 되자 법률관을 동원하여 기존의 율령을 개정하고 서산書算을 고정하는 작업과 형법을 정비하는 작업에 참여하는 등 제도정비에 주력했다.

문종대에 이루어진 수많은 법제도의 정비는 사실상 최충이 재상 시절에 일궈낸 업적이라 해도 과언이 아니다.

재상으로서 자신의 소임을 다했다고 느낀 최충은 1053년(문종 7) 문종의 만류를 뿌리치고 은퇴를 결심했다. 이때 그의 나이 70세. 그러나 40여 년에 걸친 기나긴 벼슬생활을 마감한 노재상의 앞에는 또다시 후진양성이라는 새로운 사명이 놓여 있었다.

국자감의 부실한 교육여건을 목격한 최충은 세인들의 절실한 요구에 부응하여 자신의 집에 사숙을 열고 제자들을 받아들이기로 결심했다. 최충이 사숙을 운영한다는 소문이 나자 여기저기서 모여든 학도들로 그의 학당은 금새 문전성시를 이뤘다. 최충은 교육 장소를 송악산 아래 자하동에 마련했는데 모여드는 학도가 너무 많아 인근 거리까지 넘칠 정도였다. 넘치는 학생들을 모두 수용하기 위해 만든 것이 바로 9재학당이었다.

전국에서 수많은 학생들이 몰려든 것은 최충의 명성 탓이기도 했지만, 그가 활동하던 문종 초기에 문반 현직자를 우대하는 정책과 밀접한 연관이 있었다. 더욱이 왕실과 더불어 외척 세력이 부상함에 따라 이들과 대결하기 위한 실력이 필요했고 그러기 위해서는 과거에 급제해야만 했다. 그가 사숙을 열자 문전성시를 이루게 된 것은 이러한 사회 분위기가 작용했기 때문이다.

이 때 세워진 9재는 악성樂聖, 대중大中, 성명誠明, 경업敬業, 조도造道, 솔성率性, 진덕進德, 대화大和, 대빙待聘 등 9개로 분류되었는데 이것은 진학의 순서와도 관련이 있었다. 초학자는 먼저 악성재에 들어가 6예를 익히고 다음 순차적으로 여러 재를 거쳐 마지막에 대빙재에서 수학함으로써 졸업하는 것이다.

9재학당의 교과서는 9경과 3사였다. 9재에서의 교육은 아직 철학적인 궁리窮理의 공부에는 미흡한 점이 많았고, 9경 3사를 중심으로 과거시험을 위한 교육이 주를 이루고 있었다. 9경 3사가 어떤 과목이었는가 하는 부분에서는 학계에 논란이 있긴 하지만, 대개 9경은 《주역》, 《서경》, 《시경》, 《의례》, 《주례》, 《예기》, 《춘추좌씨전》, 《공양전》, 《곡량전》, 3사는 《사기》, 《한서》, 《후한서》인 것으로 보고 있다.

최충은 9경 3사를 중심으로 학도들의 최대 희망이기도 한 과거시험 교육에 매진했지만, 이와 함께 시와 문장을 가르치는 일도 빠트리지 않았다. 최충

은 여러 번 지공거知貢擧를 거
쳤으므로 과거에 응시하려는
학도는 먼저 최공도에 끼어 공
부하기를 소원했다. 매년 여름
철에는 귀법사의 승방을 빌려
여름학기 강습을 운영해야 될
정도로 그 열기가 뜨거웠다.

최충은 간혹 이름난 선비들
이 찾아오면 여러 제자들과 더
불어 초에 금을 그어놓고 그
금까지 타기 전에 시를 지어
읊는 '각촉부시刻燭賦詩'라는 시
짓기 대회를 열어 성적대로 차
례로 앉히고 술잔을 돌리는 행
사도 열었다. 각촉부시가 진행

최충이 글을 지은 원공국사승묘탑비.

되는 동안은 그야말로 진퇴의 절도와 장유의 서열이 분명할 뿐만 아니라 종
일토록 수창酬唱하는 모습이 질서정연하고 의식을 갖추었으므로 보는 사람
마다 찬사를 아끼지 않았다고 한다.

이 때문에 최충의 교육사업은 큰 반향을 일으켜 과거 볼 사람은 저마다 먼
저 그의 학도가 되기를 원했으며, 그의 모임을 모방하여 개경에만도 11개소,
전국에 12개의 사학이 세워지게 되었다. 그 가운데에 최충의 학도가 가장 권
위가 있었으며 성황을 이루었다.

한국 사립학교의 원조이자 해동공자로 칭송되었던 최충. 고려중기를 대표
하는 역사적인 인물임에도 불구하고 그의 시문은 별로 남아있는 것이 없다.
무신란 이후 문신이 많이 살해되고 그들의 문집도 함께 없어졌기 때문이다.

최충의 9재학당에서 배운 학도들의 명성은 국학인 국자감을 능가하여 이
곳에서 공부한 학도들은 최충의 벼슬이름을 따 흔히 '시중 최공도'라 일컬어
졌으며, 그가 죽은 후에는 시호를 따라 '문헌공도'라고 불렸다. 은퇴한 이후

로 사학 발전에 온 힘을 기울인 최충도 노쇠함을 견디지 못하고 그만 86세를 일기로 사망했다.

최충은 일명 '해동공자'로 널리 알려져 있다. 그가 해동공자라는 칭호를 듣게 된 이유는 다름 아니라 9재에서 많은 인재를 양성했기 때문이나. 공자가 많은 제자를 양성했는데, 몸소 육예六藝에 능통한 자가 70여 명이었다고 한다. 최충은 9재를 세워 많은 인재를 양성했기 때문에 공자와 견주어 '해동공자'라는 칭호를 얻었다. 그러나 이 점은 오히려 최충의 사후 그에게 불리하게 작용했다. 조선시대 유학자들은 최충을 단지 과거시험교육에 전념한 학자로 이해했고, 또 불교문자를 썼다는 이유로 그를 문묘에 배향하는 것을 거부했다. 동방 성리학의 비조로 정몽주를 높이 평가하여 문묘에 배향한 것에 비하면, 초라한 평가라 하지 않을 수 없다. 동방 학교의 흥함은 대개 최충으로부터 시작되었다는 표현에서 보듯이 그를 단지 교육에 공이 있는 인물로만 평가하였던 것이다.

최충이 그나마 서원에 배향될 수 있었던 것은 최초로 백운동서원을 세운 주세붕에 의해서였다. 1551년 황해도관찰사로 있으면서 고적古蹟을 탐방하던 중 최충의 고향인 해주 수양산 잡초 덤불 속에서 그의 사당을 발견한 것이다. 주세붕은 폐허가 된 사당의 누추한 모습에 한탄하며 그곳에 수양서원首陽書院(文憲書院)을 세우고 최충崔沖을 배향했다.

이자연과 인주 이씨의 등장

최충과 같은 명재상이 포진하며 태평성대를 구가한 문종대였지만, 이 시대는 한편으로 뜻하지 않은 화근의 불씨가 잠재하고 있었다. 화근의 불씨란 왕실 외척으로서 고려 중기를 풍미한 인주 이씨 세력이 문종대에 형성되기 시작했다는 사실이다.

현종은 10명의 왕후가 있었는데 그 중 제3비 원성태후, 제4비 원혜태후, 제7비 원평왕후가 다 안산 김씨 김은부의 딸이었다. 또 덕종과 정종이 원성태후의 소생이며, 문종이 원혜태후의 소생이었으니 덕종, 정종, 문종은 모두 김은부의 외손이 된다.

김은부는 거란 침입 덕에 일약 왕의 장인으로까지 출세한 인물이었다. 1011년(현종 2) 공주절도사로 있던 시절, 거란 침입을 피해 공주에 온 현종과 인연이 되어 그의 장녀(원성태후)를 왕비로 만들었는데 그 뒤 두 딸마저 현종에게 바쳐 그 덕으로 형부 시랑의 지위에까지 올랐다.

김은부의 아내 이씨가 바로 인주 이씨 이허겸의 딸이었다. 이허겸은 사위 김은부 덕에 덕종과 정종, 문종 3왕의 외증조부가 되었다. 그 바람에 이허겸은 소성백이란 작위에 봉해지고 그 아들 이한은 상서우복야에 올랐으며, 이한의 아들인 이자상은 상서우복야에 추증되고, 이자연은 중추원부사를 거쳐 문종 때에는 이부상서, 참지정사, 내사시랑평장사에까지 올랐다. 특히 이들 가운데 이자연은 자신의 세 딸을 모두 문종에게 출가시켜 왕의 장인이 된 뒤 수태위에 올랐고 그의 처 낙랑군군 김씨는 대부인이 되는 영화를 누렸다.

이허겸이 딸을 김은부에게 시집보내면서 외손녀들이 왕후가 된 것을 계기로 인주 이씨가 갑자기 득세하게 된 것인데, 얼마 안 가 반란을 일으키는 이자의와 이자겸은 바로 이허겸의 현손이다. 우연찮게 왕실의 외척이 된 인주 이씨는 이후 문종에서 인종에 이르는 기간 동안 10명의 후비를 배출해 내면서 고려 중기 최고의 문벌가문으로 성장했다. 나말여초 인천을 중심으로 한 해상 호족세력으로 기반을 다진 인주 이씨는 이허겸 대에 안산 김씨와 통혼함으로써 왕실의 외척으로 부상하게 된 것이다.

외척으로의 물꼬를 튼 인주 이씨 가문을 일약 권문세가로 당당히 올려 놓은 인물은 이자연李子淵(1003~1061)이었다. 이자연은 인주(경원) 사람으로 이허겸의 손자이며 좌복야를 지낸 이한의 아들이다. 따라서 이자연은 현종의 장인 김은부의 처조카인 동시에 현종과는 동서지간이라는 화려한 배경을 안고 정계에 입문했다.

이자연이 출세한 데에는 비단 왕실 외척이라는 배경만이 있었던 것은 아니고 자신의 개인적 능력도 크게 좌우했다. 1024년(현종 15) 22세의 나이로 과거에 장원 급제한 후 1031년 우보궐을 시작으로 이부낭중, 어사잡단, 우승선을 거쳐 지중추원사, 중추부사 등으로 승진을 거듭했다. 문종대에 들어와서는 더욱 왕의 신임을 받아 1047년(문종 원년)에 이부상서 참지정사에 임명되고 3년 뒤에는 마침내 평장사에 올라 일약 정계의 핵심 인물로 부상했다. 이러한 그의 위치는 자신의 세 딸을 차례로 문종의 왕비로 들이게 된 바탕이 되었다.

선종과 교종을 통합한 대각국사 의천
: 천태종의 창시 (1099년)

고려 문종왕대는 덕종과 정종대에 이룩해 놓은 안정된 기반을 근간으로 관료제가 정비되고 국력이 신장되었던 시기였다. 문종대는 내외정치의 안정을 바탕으로 불교와 유학이 모두 발전한 시기이기도 했다. 사실 문종대에 유학이 발전하게 된 데에는 해동공자라 불리는 최충의 공이 컸다. 그는 나이 일흔이 되자 퇴직한 후 사립학교를 설립하여 인재양성에 총력을 기울였다. 이것이 좋은 반응을 얻자 다른 유신들도 사립학교를 설립하게 되어 이른바 '12도'가 탄생하고 이로써 고려사회에 유학열풍이 일어나게 되었다.

이렇듯 최충에 의해서 유학이 성행하게 되었지만, 문종대는 이 못지않게 불교도 매우 융성했다. 먼저 문종의 불교진흥 구상은 대규모 사찰 건립으로 이어졌다. 문종은 즉위하자마자 대운사와 대안사 두 절을 증축시켰으며 1056년(문종 10)에는 덕수현(개풍)에 흥왕사를 창건하기도 했다.

문종은 부왕인 현종과 함께 아들 3명이 모두 왕위에 오르는 진기록을 가진 왕이다. 일찍이 현종의 3왕자인 덕종, 정종, 문종이 왕위에 올라 태평성대를 이룩했으며, 문종의 3왕자 순종, 선종, 숙종도 그에 못지않은 성세를 이룩한 것이다. 그런데 문종은 더 나아가 대각국사 의천을 비롯한 2명의 왕자를 당대 최고의 승려로 만들어 자신의 왕자 5형제가 약 20년간 고려의 정치와 사상 양면을 지배하게 만들었다.

고려시대 승려직은 최고의 인기직종이었다. 왕자도 출가하는 세상이니 평민은 말할 것도 없고 명문대족도 서로 다투어 아들을 출가시키려 했나. 대각국사 의천이 출가할 때 축발한 왕사 난원, 즉 경덕국사는 안산 김씨 출신으로 현종비인 원성태후, 원혜왕후와는 남매간이었다. 또한 해동공자 최충의 후손 가운데서도 준류와 정사 등 고승들이 다수 배출되었으며 문종대 척신인 이자연의 아들 중에서도 넷째 아들 이의는 청평산 보현원을 세웠고, 다섯째 아들은 금산사 혜덕왕사 소현으로 의천에게는 외삼촌이다.

1065년 11세의 나이로 출가하여 영통사로 간 의천은 짧은 시간 안에《화엄경》을 통달할 정도로 총명했다. 또 학문을 좋아하여 불교서적뿐만 아니라 유교 관련 서적도 두루 섭렵하여 무불통달의 경지에 이르렀다. 높은 학문을 바탕으로 의천은 출가한 지 4년 만인 1069년(문종 23) '우세祐世'라는 호를 받고 승통의 지위에 올랐으며 스승인 경덕국사가 죽은 뒤에는 그의 뒤를 이어 명성을 쌓아 나갔다.

의천은 그것으로 만족하지 않고 송나라로 구법유학의 길을 떠날 결심을 하게 되었다. 그러나 유학의 길은 쉽지 않았다. 부왕인 문종이 반대했고, 문종 사후에는 거란과의 관계 악화를 우려한 신하들의 반대로 좌절되었다.

결국 의천은 1085년(선종 2) 4월 변장을 하고 몰래 배편으로 송나라 유학길에 올랐다. 의천이 오자 송 황제 철종은 그를 환대하고 계성사란 절에 유숙하게 해주었다. 또한 철종의 주선으로 이전부터 교신해 오던 정원법사를 비롯, 화엄의 대가 유성법사, 그리고 항주의 자변대사와 만난 의천은 이들과 함께 열띤 토론을 벌이는 한편, 그들로부터 천태사상과 현수의 교학을 전수받았다.

송 황제로부터 금은보화를 하사받자 의천은 이것을 모두 7,500여 권에 이르는 불교경전을 인쇄하는 데 사용하고 이 경전을 다시 정원법사가 있는 혜인선원에 기증했다. 이같은 의천의 도움으로 혜인선원은 혜인교원으로 승격되고 정원법사의 명성도 더욱 높아지게 되었다. 당시 송나라에서는 무종의 불교 탄압과 연이은 전쟁으로 불교관계 서적들이 상당부분 소실된 상태였기 때문에 의천의 불경간행은 상당한 반향을 일으키기에 충분했다.

송나라에서 6종파의 고승 50여 명을 만나고 이들로부터 경서 1천여 권을 얻어 1년 만에 의천이 돌아오자 고려 국왕인 선종은 그를 부왕 문왕이 세운 화엄대찰 흥왕사로 보냈다. 흥왕사 주지가 된

대각국사 의천의 업적을 기록해 놓은 영통사 대각국사비. 북한지역인 개풍군에 있다.

의천은 교장도감을 설치하고 요나라와 송나라 등지에서 수집한 불교서적의 목록 편찬에 착수,《신편제종교장총록新編諸宗教藏總錄》 3권을 완성시켰다. 이 총목록집은 의천이 1073년(문종 27)부터 1090년(선종 7)에 걸쳐 완성한 것으로 상권에는 경의 장소류 2,586권, 중권에는 율의 장소류 467권, 하권에는 논의 장소류 1,687권이 실린 실로 방대한 목록집이었다.

흔히 '의천목록'이라고 불리는 이 목록집에 따라 의천은 4천여 권에 달하는 장소류를 조판하게 되는데 이것이 그 유명한 '고려속장경'이다. 그러나 이 속장경판은 언제부터 조조되기 시작했는지, 또 언제 완성되었는지 정확하게 알려져 있지 않다. 더욱이 교장도감의 규모 및 속장경판의 조조 경위도 별로 알려져 있지 않으며 현재 이들 경판은 일부만이 송광사와 일본 등지에 남아 전해질 뿐이다.

의천은 1097년(숙종 2) 모후인 인예태후의 원당 국청사가 세워지자 그곳 주지가 되었다. 이어 2년 뒤인 1099년, 마침내 의천은 천태종의 개창을 천명하고 이후 그가 있는 국청사는 고려 천태종의 발상지로 자리매김을 하게 되

었다.

원래 화엄종에서 출발한 의천이 천태종으로 개종하게 된 것은 천태사상의 핵심인 회삼귀일會三歸一, 일심삼관一心三觀의 교의가 여러 종파로 나뉘어진 고려 불교를 하나로 묶을 수 있다고 판단했기 때문이다. 당시 고려 불교계는 화엄종과 법상종이 주류를 이루면서 서로 반목하고 있었고 이러한 상황에서 불교개혁은 불가피했다. 의천은 천태사상을 바탕으로 선교 양종을 화합하여 국론을 하나로 통일시키고자 한 것이다. 의천의 노력으로 천태종은 고려 중기 최고의 종단으로 성장했다.

천태종을 창시하여 고려 불교의 새로운 방향을 제시한 대각국사 의천은 1101년 향년 57세를 일기로 열반했다. 교응·징엄·수개 등 뛰어난 고승들이 그의 뒤를 이으면서 고려 천태종은 크게 번성했다.

조선역사상 1천 년래 제1대사건
: 묘청의 천도운동
(1135년)

1126년 고려 인종 4년, 이자겸은 인종을 폐하고 스스로 왕이 되려고 난을 일으켰다. 이 난으로 궁궐은 불탔고 수도 개경에는 가뭄이나 우박 같은 천재지변이 계속되었다. 인종은 이 정변이 진압되자 왕권강화를 위한 정치혁신을 꾀했다. 그러나 여진족이 금을 세워 중원의 강자로 등장하는 대외적인 시련에 맞닥뜨렸다.

이러한 국내외 정세를 포착한 인물이 바로 묘청이었다. 고려 태조는 즉위하자마자 고구려 멸망 후 황폐화된 평양을 서경으로 삼고 재건에 힘썼는데, 묘청은 바로 이 서경 출신이었다. 묘청은 인종에게 고려가 어지러운 지경에 빠진 것은 개경의 지덕地德이 쇠한 때문이라 하고, 지덕이 왕성한 서경으로의 천도를 주장했다.

"개경은 왕도로서 기운이 쇠하고 궁궐까지 불타버려 남은 것이 없습니다. 서경에 왕기가 있으니 마땅히 도성으로 삼아야 합니다."

묘청의 이러한 주장에는 당시 고려사회에 풍미하던 풍수지리설을 이용하여 사대적인 개경의 문벌귀족정치를 벗어나 서경에서 자주적인 혁신정치를 실행해보려는 의도가 깔려 있었다. 당시 고려사회는 신라 말기 이래 유행한

법주사 마애여래의상. 충북 보은군 속리산 법주사 경내의 암석에 부조된 고려시대의 마애불상으로, 연꽃대좌 위에 두 다리를 한껏 벌리고 앉은 특이한 모습의 불상. 높이 5m. 보물 216호.

풍수지리사상이 크게 성행하고 있었다. 따라서 묘청의 서경천도 주장은 큰 설득력이 있었다. 인종은 이후 서경에 자주 거둥하면서 서경의 명당자리인 임원역(평남 대동군 부산면 남궁리)에 대화궁 大花宮을 짓게까지 하는 등 서경 천도 준비를 서둘렀다.

당시 조정에는 서경천도를 반대하는 세력도 만만치 않았다. 게다가 대화궁을 지으면 금이 저절로 와서 조공할 것이라는 예언도 실현될 기미조차 보이지 않았다. 또 인종의 서경 거둥 도중 폭풍우를 만나 사람과 말이 죽고, 대화궁 근처에 벼락이 떨어지는 등 불상사만 잇따를 따름이었다. 마침내 김부식을 비롯한 개경파 문벌귀족들은 묘청의 제거를 주장했다.

"묘청과 백수한 등은 간사한 꾀와 괴이한 말로 사람들을 속이고 있습니다. 장차 어떠한 우환이 있을지 모릅니다. 마땅히 그들을 붙잡아 길에서 죽이고 재앙을 끊어야 합니다."

김부식을 비롯한 개경귀족들의 비판여론에 밀려 인종은 마침내 서경천도 계획을 중단하고 말았다. 천도계획이 실패하자 묘청은 1135년 정월에 조광·유참 등과 함께 국호를 '대위大爲', 연호를 '천개天開'라 하고 서경을 거점으로 반란을 일으켰다.

묘청의 거사 소식이 알려지자 인종은 곧 백관을 소집하고 회의 끝에 토벌하기로 결정을 내렸다. 토벌대의 대장은 김부식이었다. 당시 인종은 김부식에게 "난을 일으킨 서경 사람들도 모두 내 아들 딸들이니 우두머리만 죽이고

부석사 무량수전과 그 편액. 부석사의 본전으로, 무량수불인 아미타여래를 본존으로 봉안하고 있는 우리나라에서 가장 오랜 목조건물. 13세기 중반경에 지어졌다. 건물에는 배흘림기둥 위에 공포를 올렸다.

다른 사람들은 죽이지 말라"고까지 거듭 당부했다. 그러나 김부식은 후환을 없애기 위해 김안과 정지상·백수한 등 개경에 있던 묘청 일파들을 암살하고 인종에게는 나중에 가서야 이 사실을 알렸다. 당시 암살된 김안과 정지상은 서경의 반란에 처음부터 관련되어 있었다는 증거는 없던 인물들이었다. 그럼에도 불구하고 제일 먼저 살해된 것은 개경파의 모함 때문이었다.《고려사》에 의하면 김부식이 선참후계식으로 성급하게 정지상 등을 죽인 것은 오래 전부터 정지상의 문명文名을 질투한 김부식이 그 기회에 그를 묘청파로 몰아서 죽여 버린 것이라고 한다.

　김부식의 대군이 출병했다는 소식이 전해지자 반란군의 진영에선 당황하기 시작했고 상황은 관군에게 유리하게 돌아갔다. 전세가 불리해지자 서경세력도 배신과 분란이 일어났다. 묘청과 함께 난을 일으켰던 조광은 묘청과 유참, 유참의 아들 유호 등 세 사람의 목을 베고 투항할 의사를 밝혔다. 조광이 미처 항복하기도 전에 개경파들은 묘청을 비롯한 우두머리들의 목을 베어 저잣거리에 효시했다.

　항복해도 목숨을 보전하기 힘들다고 판단한 조광은 결사항전으로 방향을 틀고 결국 서경천도운동은 묘청의 이념 투쟁에서 조광의 자위행위로 그 성격을 달리하게 되었다. 그러나 조광마저 정부군의 총공세에 무릎을 꿇고 이로써 서경성은 반란을 일으킨 지 1년여 만에 함락되고 말았다. 조광은 가족들과 함께 불 속으로 뛰어들어 자결하고 수많은 반란군 지휘관들은 목을 매 자살했다. 특히 묘청이나 조광에 합세하여 관군에 항거했던 백성들은 '서경역적西京逆賊'이란 글자를 몸에 새기고 먼 곳으로 귀양가거나 천민이 되었다. 항전 1년여 만에 '칭제건원', '금국정벌'을 내세웠던 묘청의 서경천도 운동은 조광의 죽음과 함께 완전히 종결되었다.

난은 실패했지만, 근대 역사학자 신채호는 조선 역사상 1천 년래 제1대사건이라고 묘청의 난을 높이 평가했다. 그는 이 사건을 낭불양가郎佛兩家 대한 학파의 싸움이며, 독립당 대 사대당, 진취사상 대 보수사상의 대결로 규정했다. 따라서 이 난의 실패로 우리나라는 유가의 사대주의가 득세하여 고구려적인 기상을 잃어버렸다.

묘청의 난은 비록 불발로 끝났지만, 그 후유증은 컸다. 서경세력의 몰락은 개경 귀족세력의 독주를 가능하게 했다. 문신귀족들은 더욱 득세하여 왕권마저 능멸하는 풍조가 만연했으며, 정치·사회의 보수성은 더욱 깊어갔다. 뒤에 발생한 무신란은 이러한 고려의 모순과 폐단에서 비롯된 것이었다.

김부식의 유교사관, 일연의 불교사관
: 《삼국사기》, 《삼국유사》 편찬
(1145~1285년)

고려시대 김부식이 편찬한 《삼국사기》와 일연의 《삼국유사》는 현존하는 가장 오래된 역사서로 한국고대사에 있어 쌍벽을 이룬다. 물론 그 이전에도 고구려의 《유기留記》, 백제의 《서기書記》, 신라의 《국사國史》등 삼국시대 역사서가 있었으나, 오늘날 하나도 남아 있지 않다.

먼저 《삼국사기三國史記》는 고려 인종 23년(1145)에 간행된 우리나라 최초의 기전체紀傳體로 된 정사正史이다. 김부식의 《삼국사기》가 완성되기 이전에 이미 《삼국사》라는 역사서가 있었다고 하나, 현재 전하지 않는다. 아무튼 김부식은 그때까지 남아 있던 우리나라의 옛 문헌을 참조하고, 중국문헌에 나오는 우리나라에 대한 기사까지 조사하여 《삼국사기》를 완성했다.

《삼국사기》는 내용 구성상 1권부터 12권까지가 「신라본기」이고, 13권부터 22권은 「고구려본기」, 29권부터 31권까지는 「연표」, 32권부터 40권까지는 「잡지」, 41권부터 50권까지는 「열전」으로 이루어져 있다.

그런데 김부식은 《삼국사기》를 편찬함에 있어서 유교적인 입장을 강조하고, 신라 중심의 역사를 서술했다. 김부식은 유교적 사관에 입각하여 《삼국사기》를 편찬했기 때문에 기이한 사건들은 될 수 있는 한 고의로 삭제했다.

고려의 주자인쇄. 왼쪽부터 〈남명천화상송증도가〉. 주자판 중조본. 1239년 간행. 보물 758호. 〈신인상정예물발미〉, 〈백운화상초록불조직지심체요절〉. 고려 주자본. 1377년, 프랑스 국립도서관 소장.

특히 고려가 신라를 계승한 나라라는 것을 강조하기 위해 삼국 중 신라의 건국연대를 가장 빠르게 잡았다.

이러한 김부식의 서술태도에 대해 근대역사학자인 신채호와 최남선은 맹렬히 비난했다. 특히 신채호는 "김부식은《삼국사기》를 편찬한 다음《삼국사기》의 사론에 반대되는 모든 과거의 역사서적을 고의로 없애버리고 사실을 왜곡했다"고 비판했다. 예를 들면, 신라 진흥왕 때 거칠부가 편찬한 신라의 역사나 고구려 영양왕 때 이문진이 편집한《국사신집》등 고려 인종 이전에 간행된 귀중한 문헌과 사료를 모조리 불태워버렸다는 것이다. 신채호는 김부식의 분서 사건이야말로 민족사 반만년의 중대한 사건으로, 문화적·역사적 반역행위라고 비판했다.

또한 김부식은 삼국의 역사를 기술하는 데 있어 삼국을 주체로 하지 않고 중국의 입장에서 서술했다는 비판도 받고 있다. 그러나 최치원이《제왕연대력》에서 신라 고유의 왕호가 천하다 하여 모두 왕으로 고쳐 고유한 왕호를 없앤 반면,《삼국사기》는 거서간·차차웅 등 신라의 고유칭호를 그대로 사용하기도 했다.

한편, 고려 충렬왕(재위 1206~1289) 때의 일연一然은 김부식의 유교사관에 반기를 들고《삼국유사三國遺事》를 저술했다.《삼국유사》는 그 서명이 말해주듯이《삼국사기》에서 누락된 사실들을 수록한다는 취지에서 편찬되었다. 《삼국유사》는 왕력王曆·기이紀異·흥법興法·탑상塔象·의해義解·신주神呪·감통感通·피은避隱·효선孝善의 9편으로 구성되어 있는데, 그중 7편이 불교관계 기사다. 일연이 승려인 관계로《삼국사기》에 누락되어 있는 사실 중에서도 특히 불교관계를 많이 수록했기 때문이다.

불교 관련의 서술이 많은 특징을 가진 것 외에《삼국유사》는 강한 민족의식이 그 밑바닥에 깔려 있는 사서이다. 일연이 살았던 시대는 몽고병란 직후였다. 병란을 겪으면서 고려는 강한 민족적 자각이 일깨워졌다.

《삼국유사》가《삼국사기》와 달리 첫머리에 우리 민족의 시조인 단군에 대한 기사를 싣고 있는 것은 이러한 면에서 이해될 수 있다.

고려의 동제선각 양류관음보살 삼각형경상. 오른손에 보병(寶甁), 왼손에 버들가지를 든 관음의 건장한 팔다리에 고려인의 기개를 느낄 수 있다. 14세기. 7.6×12.1cm. 국립중앙박물관 소장.

이런 경향은 일연과 동시대 인물인 이승휴의《제왕운기》에서도 엿볼 수 있다. 일연은《삼국사기》에 빠져 있는 고기古記 등을 충실히 인용하여 영원히 사라져버릴 뻔한 값진 자료들을 후세에 전해주었다.

이와 같이《삼국사기》와《삼국유사》는 각각 유교적 사관과 불교적 사관을 바탕으로 씌어졌다. 따라서 서로 다른 약점과 한계성을 가지고 있다. 특히 유교적·사대주의적 사관으로 일관한《삼국사기》가 보다 매서운 비판의 대상이 되고 있다. 그러나 이 책이 지닌 가치에 대해서는 의심할 여지가 없음은 물론이다.

'돈오점수'와 '정혜쌍수'
: 지눌과 조계종의 확립
(1158~1210년)

무신란이 일어나기 직전까지 고려 불교계는 화엄종이나 천태종 등 교종계통의 귀족불교가 풍미했다. 그러나 무신란이 일어나자 문신귀족들과 긴밀한

월정사 석조보살좌상. 월정사 경내 팔각구층석탑을 향해 공양하는 모습이다. 고려시대. 높이 180cm. 보물 189호.

관계를 맺은 교종사원들은 무신정권의 탄압을 받았다.

교종의 위세에 눌려 명맥만을 유지해오던 선종은 참선을 위주로 하면서 세속화를 거부했는데, 이러한 단순성과 혁신성으로 인해 무신들에게 환영을 받았다. 특히 이 시기 보조국사 지눌知訥 (1158~1210)은 선종이 조계종이라는 명칭을 띠고 번성하게 하는 데 결정적인 몫을 했다.

'조계曹溪'라는 명칭은 본래 중국 선종의 제6조 혜능이 있었던

산 이름이자 그의 별호였다. 이것이 하나의 종파를 의미하는 조계종을 뜻하게 된 것은 고려 숙종 때인 것으로 보고 있다. 조계종은 숙종(재위 1065~1105)과 인종 연간(재위 1122~1146)에 성립되었던 것으로 추정되지만, 확고한 기반을 마련하게 된 것은 지눌에 이르러서였다.

지눌의 사상은 한마디로 '돈오점수頓悟漸修'와 '정혜쌍수定慧雙修'로 요약할 수 있다.

지눌이 말하는 돈오점수란 '마음은 본래 깨끗하여 번뇌가 없고 부처와 조금도 다르지 않으므로, 이 것을 깨우친 뒤 점차로 종래의 습기習氣를 제거하는 것'을 말한다. 문득 깨닫는 것이 '돈오'이며, 함께 오래 두고 닦는 것이 '점수'라 할 수 있다. 요컨대 지눌의 돈오점수란 본성을 먼저 알고 이후 꾸준히 수행하여 부처의 경지로 나아가는 것을 의미한다.

고려의 경천사 십층석탑. 서울 경복궁 안에 있다. 원래 경기도 개풍군의 경천사지에 있었는데, 구한말 일본으로 밀반출되었다가 반환된 것이다. 기단과 탑신부에 13불회 등이 빈틈없이 조각된 걸작이다. 높이 13.5m. 국보 86호.

정혜쌍수는 마음이 허공처럼 비어 고요하려면 정定을 닦고, 영묘하게 알기 위해서는 혜慧를 닦아야 하는데, 이 정과 혜를 결합하여 수련하는 법을 말한다. 지눌은 이 정혜쌍수라는 말로 선종과 교종을 함께 아우르고자 했다.

지눌은 사람은 누구나 자기 마음에서 불성을 찾아야 한다고 하여 불교계의 체질개선을 주장했다. 자기 마음이 진정한 부처인지 모르고 마음 밖에서 불성을 구한다면, 몸을 사르고 피로 경을 베낀다 하더라도 모래로 밥을 짓는 것과 같은 헛수고일 따름이라고 단언했다.

흥천 희망리 당간지주. 당간지주란 장엄용 불구의 하나인 당(幢)을 거는 장대, 즉 당간을 지탱하기 위해 당간의 좌우에 세우는 기둥을 말한다. 위의 당간지주는 약 70cm 사이를 두고 동서로 마주 서 있다. 고려시대. 보물 80호.

지눌의 사상적인 전환점은 3년간 대장경을 열람한 끝에 '한 티끌이 대천세계大千世界를 머금었다'는 깨달음을 얻은 이후부터다. 그 후 '여래의 지혜도 그와 같아서 중생들의 마음에 갖추어 있지만, 어리석은 범부들이 그것을 깨닫지 못한다'는 글을 읽고 선종과 교종이 대립되는 것이 아님을 확신했다.

지눌은 1182년 25세가 되던 해 승과시험에 합격한 후, 개경 보제사 법회에 참석했다. 여기서 10여 명의 동지들과 뜻을 모아 세속적인 것을 버리고 산림에 은둔하여 결사하기를 각오했다. 고려 불교계에 새로운 바람을 불어넣은 신앙결사운동은 이때 태동했다. 이후 지눌은 수행에 전념하다가 1190년에 공산 거조사(경북 영천)에서 정혜사를 결성하고 '정定 · 혜慧를 닦을 것을 권하며 결사하는 글'을 발표했다.

"우리들이 아침저녁으로 하는 행적을 돌이켜본즉, 불법을 빙자하여 자기를 꾸며서 남과 구별하고는, 구차스럽게 이익을 도모하고 먼지 같은 세상일에 골몰하여 도덕을 닦지 않고 옷과 음식만 허비하니, 비록 출가하였다 하나 무슨 덕이 있겠는가!"

지눌은 기존의 귀족불교를 정면으로 비판하고, 스스로 일하면서 수련하는 사람들이 사寺가 아닌 사社라는 이름의 신앙단체를 결성해서 누구나 자기 마음이 바로 부처임을 깨닫자고 결의했다. 이 결의가 전해지자 당시 무신집권자 최충헌이 후원자로 나섰을 뿐만 아니라, 수백 명의 결사희망자들이 전국에서 모여들었다. 마침내 결사운동은 조계종에 이어 천태종으로도 이어졌다. 원묘국사 요세了世는 지눌의 권유를 받고 수행을 계속하다 1232년 백련사 결사를 조직했다.

거조사와 백련사를 중심으로 한 신앙결사운동은 원 지배 이전까지 지속되었다. 그런데 이 운동을 주도한 지눌이나 요세는 귀족 출신이 아닌 지방의 향리층·독서층 출신이었다. 무신란 이후 불교의 중심지가 중앙에서 지방사회로 확산되어 간 것이다.

한편, 고려 불교에는 전통적인 불교사상과 다른 또 하나의 흐름이 있었다. 태조 왕건에 의해 채택된 도선道詵의 파격적인 사상이 그것이다. 도선은 풍수지리와 음양오행설을 불교에 융합시켰는데, 인체에 쑥을 놓고 뜸을 뜨듯이 풍수지리상 좋지 않은 곳에 탑이나 궁궐을 세우면 재앙을 막을 수 있다고 했다.

도선의 이러한 사상은 인종 때 묘청에 의해 전승되어 급기야 정치적인 문제로까지 비화했다. 묘청의 서경천도 운동은 바로 이러한 사상을 바탕으로 한 것이다.

'문관을 쓴 자는 씨를 남기지 말라'
: 무신난의 발발
(1170년)

1170년 의종 24년 8월 30일의 짧은 가을해가 기울어갈 무렵이었다.

"이소응은 비록 무인이나 3품관이어늘, 어찌 그렇게도 심한 모욕을 줄 수 있단 말인가!"

의종과 문신귀족들의 주연이 베풀어진 보현원에서 갑자기 거구의 몸집을 가진 한 무신의 떨리는 음성이 들렸다. 이 거구의 무인은 바로 문신귀족정치에 반발하여 무신 쿠데타를 일으킨 정중부(1106~1179)였다. 고려 역사를 뒤바꿔놓은 무신란은 이렇게 시작되었다.

그러나 정중부의 보현원 쿠데타는 단순히 이날의 이소응 사건에서 비롯된 것만은 아니었다. 사단은 이랬다. 내시 김돈중이 촛불로 정중부의 수염을 불태우는 장난을 치자 진노한 정중부가 김돈중을 묶어놓고 욕보이는 사건이 터지는 등 문신과 무신 간의 대립은 노골화되고 있었다. 이 때문에 정중부는 김돈중의 아버지인 당시 정계의 최고 실력자 김부식의 노여움을 샀다.

인종의 뒤를 이은 의종(재위 1146~1170)은 성격이 음탕하여 정사를 돌보는 데는 관심이 없었다. 문학과 풍류를 좋아한 의종은 명승지에 별궁과 정자를 짓는 등 사치를 일삼아, 이 때문에 백성과 군졸들은 혹사당했다. 의종은 많은

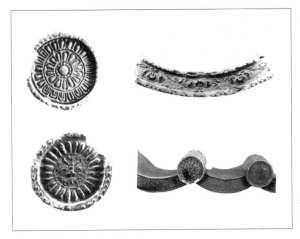

고려 와당. 연화문 와당·초
충문 와당·귀면와당·청자
와당.

문신들을 거느리고 정자나 사원을 찾아다니면서 잔치를 베풀었다. 그때마다
무신과 병사들은 배를 곯으면서도 밤새워 이들을 호위해야 했다.

이때도 의종은 전날 흥왕사에서의 잔치에 이어 보현원으로 자리를 옮겼
다. 잔치 분위기가 무르익자 의종은 호의하던 무사들에게 권법시범을 보이
도록 했다. 대장군 이소응은 여윈 몸집의 소유자였는데, 상대와 권법을 겨루
다 힘이 달려 달아났다. 왕의 총애를 한 몸에 받던 한뢰가 이소응의 앞에 다
가가 욕을 보이려고 뺨을 쳤고, 이소응은 힘없이 쓰러졌다.

당시 이 연회에 왕의 호위를 맡았던 정중부와 이고, 이의방은 이전부터 계
속되어 왔던 문신들의 횡포를 더 이상 보고 있을 수만은 없다고 생각하여 정
변을 일으킬 작정을 하고 있었다. 그들은 반란을 일으키면서 비표를 정했다.
"우리들은 오른 소매를 빼고 복두복를 벗을 것이니, 그렇지 않은 자들은 모
두 죽여라."

이날 무신들의 증오 속에 문신들 대부분이 학살되었다.

그날 밤 왕을 데리고 개성에 들어온 무신들은 또 고위 문신 50여 명을 살
해했다. 이때 반란세력들의 외침은 "문관을 쓴 자는 서리라 할지라도 씨를
남기지 말라"는 것이었다.

반란 3일째, 왕을 거제도로, 태자를 진도로 추방하는 한편, 왕의 아우 익양
공을 왕으로 삼으니, 이가 곧 명종이다. 명종은 정중부, 이의방, 이고를 벽상

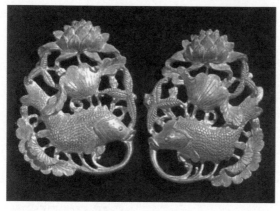

고려의 금제장신구. 연꽃이 활짝 핀 연못 속에 노니는 물고기를 정교하게 묘사한 장인의 상상력이 놀랍다. 연꽃이나 물고기는 불교와 관련 깊은 상징물로, 고려의 귀인들이 애용했던 불교 장신구로 보인다. 길이 2.8cm. 국립중앙박물관 소장.

공신에 봉하고 인심수습에 나섰으나 한낱 허수아비에 불과했다. 이 무신정변의 성공으로 정치적 실권은 모두 무신세력 수중에 들어가 무신정권 시대가 시작된 것이다.

그러나 무신정권의 앞날은 그리 평탄하지만은 않았다. 저항세력의 반발이 잇달았던 것이다. 이듬해 김보당이 무신정권을 타도하고 의종을 복위시키고자 난을 일으켰다. 난은 곧바로 평정되고, 정중부는 이의민을 시켜 의종을 살해했다. 또 서경유수 조위총이 난을 일으켰으나 3년 만에 평정되었다.

무신정권이 들어선 이후 정치는 최고정책기관인 중방重房을 중심으로 이루어졌다. 중방은 원래 무신들의 집회소 성격을 띠고 있던 것인데, 무신란 이후 최고기관이 되었다. 이 중방을 중심으로 정중부, 이고, 이의방, 이의민, 경대승은 서로 세력을 견제하며 국정을 맡았다. 그러나 점차 이들 간에 세력다툼이 시작되었다.

이고와 이의방은 서로 미워하는 사이가 되어 이의방은 이고를 죽이고, 이후 정중부의 아들 균이 또 이의방을 죽였다. 정중부도 집권 10년이 채 못 되는 1179년 9월 경대승에게 죽임을 당했다. 칼로 붓을 꺾은 정중부는 비록 쿠데타를 성공시켰지만, 정치적 역량이 부족했기 때문에 오래 지속하지 못했다. 그 뒤 무신정권은 경대승, 이의민에게 옮겨졌다가 1196년 최충헌 일가로 넘어가면서 탄탄해졌다.

무신란이 끼친 파장은 컸다. 무신들이 정부의 요직을 차지하고 정권을 잡음으로써 지금까지의 귀족사회는 붕괴되었다. 이같은 하극상의 풍조로 신분제는 동요되고 하층민들의 반란이 잇달았다. 문신들의 몰락으로 현실도피적인 문학인 패관문학이 발달했고, 불교에서는 선종 계통의 조계종이 확립되었다.

최충헌, 60년 최씨 정권을 세우다
: 무신정권의 성립
(12~13세기)

최충헌(1149~1219)은 고려 역사, 그 가운데서도 무신정권기를 대표하는 인물이다. 100여 년간 지속된 무신정권 기간 중에 무려 60년간 지속한 최씨 정권을 탄생시킨 인물이 최충헌이다. 최씨 정권을 연 최충헌은 1149년(의종 3)에 고려 수도 개경에서 최원호와 유씨 부인 사이에서 태어났다. 본관은 우봉牛峰이며, 초명은 난鸞으로 충헌은 개명한 이름이다. 부친과 조부, 장인 모두 상장군上將軍을 지낸 당대 최고의 무반 가문 출신으로 순탄한 집안 환경 속에서 성장했다고 전한다.

좋은 가문 출신에다 학문적 소양까지 갖춘 최충헌은 까막눈에 오로지 미신만을 신봉했다는 당대의 무신집권자 이의민과 견주어 출발부터가 달랐다. 그는 음서에 의해 벼슬길에 나간 후 도필리刀筆吏라는 말단 행정직 생활을 하며 문신의 길을 걷고 있었다. 무신란은 말단 행정직에만 만족해야 했던 그에게 새로운 변신을 요구한 사건이었다. 바야흐로 무관도 출세할 수 있는 시대가 열린 것이다. 명예욕이 남달랐던 최충헌은 무신들의 권력 장악에 자극을 받아 도필리 자리를 버리고 무신으로의 변신을 꾀하며 출세를 꿈꾸었다.

최충헌은 1173년(명종 4) 조위총趙位寵의 난을 진압할 때 부원수 기탁성에

최충헌이 권력을 유지하고자 만든 호신용 불교 경전.

게 발탁된 후 별초도령에 뽑혔고, 이어서 별장직에 오르면서 출세를 보장 받는 듯했다. 하지만 야망에 비해 출세운은 크게 따르지 못했다. 이의민이 집권하자 출세에 제약을 받아 이후 20년 동안 승진도 못하고 불우한 신세가 되고만 것이다. 10년도 채 못 되어 장군직에 올랐던 경대승과 비교해 보면 최충헌은 초창기 관운은 없었던 편이다. 정변을 일으키기 직전까지 그의 지위는 고작 섭장군에 머물러 있었다.

자신보다 낮은 신분의 출신들이 상급자로 군림하는 것을 지켜본 최충헌은 결국 이들과 상당한 갈등을 빚었고 결국 진주안찰사직에서 파면되는 불운을 겪기도 했다. 오십을 바라보던 최충헌이 배척받던 세력을 규합하여 이의민과 그의 추정세력을 제거하기 시작한 것은 1196년(명종 26)의 일이었다. 이의민의 아들 이지영이 최충헌의 아우 최충수의 비둘기를 강탈한 것을 구실삼아 이의민을 제거했다.

절치부심의 야심가 최충헌은 이의민 정권에 대한 불신을 적절히 이용, 쿠데타를 일으켜 부활에 성공했다. 당시 이의민 일당 제거에 직접 참여한 사람은 동생 충수뿐만 아니라 생질인 박보재와 친족 노석숭, 그리고 대장군 이경유와 최문청 등이었다. 이들의 협력으로 정권을 탈취한 최충헌은 반대파는 말할 것도 없고, 그러한 혐의가 있는 자까지도 철저하게 숙청시켜 버렸다. 많은 문무 관원들이 수차례에 걸쳐 죽임을 당하였고 거사를 도왔던 이경유와 최문청까지도 숙청을 당했다. 최충헌은 이렇게 자신의 독재기반을 마련해 나갔다. 최충헌 형제의 정변으로 1184년(명종 14)에서 1196년(명종 26)까지 13년간 지속된 이의민 정권은 하루아침에 무너지고 말았다.

최충헌이 공식적으로 대권을 장악한 것은 1201년(신종 4) 이후의 일로 정중부의 난이 일어난 지 이미 43년이 흐른 시점이다. 이후 최충헌은 17년 간 고려무신집권기 최고지배자로 권력을 향유했다. 정중부에서 최충헌에 이른 60년간 무인들이 폐립한 왕은 모두 6명이나 되었고 그 가운데서도 최충헌이 갈아 치운 왕은 명종을 포함하여 신종·희종·강종에 이르기까지 4명이나 되었다. 왕이 될 욕심까지는 갖지 않았지만, 왕을 갈아치우는 데는 거침이 없었다.

17년간 왕 못지않은 권력을 누렸던 최충헌이지만, 그에게도 절체절명의 위기가 있었다. 그를 죽음까지 몰아간 인물은 고려 21대왕 희종熙宗이다. 희종은 앞서 무신집권자들이 옹립한 명종·신종과 달리 적통자로서 별다른 문제없이 왕위에 오른 군주였다. 따라서 정통성과 대의명분이 뚜렷했고 이와 같은 배경은 왕권을 회복시킬 수 있었던 좋은 기반이었다. 게다가 희종 또한 최충헌의 독단에 크게 불만을 품고 있었으므로 최충헌의 독주에 불만을 품은 세력들은 희종의 즉위와 함께 본격적으로 반기를 들고 일어섰다.

희종의 즉위년인 1204년에 급사동정 지구수의 집에서 장군 이광실 등 30여 명이 모여 최충헌을 죽일 음모를 꾸미다가 발각되었고, 1209년(희종 5) 4월에는 개경 부근의 청교역리 3명이 최충헌 부자를 살해하려다 실패하기도 했다. 암살 기도가 꼬리를 물자 최충헌은 영은관에 교정도감敎定都監을 설치하여 자신을 죽이려하는 반대자들을 색출했다. 이후에도 최충헌은 교정도감을 해체하지 않고 자신의 독재기반을 유지하기 위한 권력기구로 삼아 버렸다. 최충헌은 무신들의 합좌기관인 중방을 유명무실한 기관으로 전락시키고 대신 교정도감을 중심으로 모든 국사를 처리해 나갔다. 최충헌은 교정도감을 통해 자신의 정권에 위협을 가할 수 있는 제도적 장치들을 모두 배제시키고 권력세습의 기틀을 마련한 것이다.

최충헌 정권이 다른 무인정권과 달리 장수할 수 있었던 비결은 무엇이었을까. 최충헌은 문신 출신으로 남다른 안목과 식견을 지녔고, 권력을 나누던 동생마저 죽일 수 있는 냉혹한 인물로 독재자로서 장수할 수 있는 기본 요건을 갖추고 있었다. 권력을 유지하기 위해 무엇을 해야 하는지, 무엇을 하지 말아야 하는지를 아는 인물이었다.

위로는 왕으로부터 아래로는 백관이나 일반 백성들에게까지 갖은 못된 짓을 다하고 국가를 혼란에 빠트린 최충헌은 정중부나 이의민 이상으로 몹시 음흉하고 이루 말할 수 없이 잔학하였는데도 천수를 다 누리고 1219년 (고종 6) 9월 71세를 일기로 세상을 떠났다. 그 뒤를 이어 국가의 대권을 장악한 것이 그 아들 최이였으므로 죽은 최충헌에게는 경성景成이란 시호가 내려지고 백관은 소복을 입고 장례에 참석했다. 그의 장례식은 어느 제왕에 못지않은 대규모의 것이었다.

왕후장상에 씨가 따로 있느냐
: 농민·노비들의 봉기
(1198년)

1170년(의종 24)에 일어난 무신란은 고려귀족사회를 전면적으로 바꿔놓았다. 가장 큰 변화는 신분제도의 변화이다. 집권층인 문신에 대항하여 일어난 것이 무신란인만큼 하극상은 더 이상 불가능한 일이 아닌 시대가 펼쳐졌다. 억눌러 지냈던 것은 무신만이 아니었다. 농민도 노비를 비롯한 천민도 무신란을 거울삼아 자신들의 신분을 높이기 위해 봉기했다.

1193년 김사미와 효심이 주축이 된 농민반란을 중심으로 전국단위의 대규모 농민반란이 폭발하기 시작했다. 더욱이 최충헌에게 살해당하기 전까지 10년 이상 권좌에 앉았던 이의민은 노비 출신이었다. 이의민의 집권은 신분상승의 대표적인 본보기였다. 노비도 출세할 수 있는 세상이 도래한 것이다.

농민봉기인 김사미와 효심의 난이 진압된 지 3년 후인 1196년(명종 26), 정권은 이의민에서 최충헌으로 넘어갔다. 최충헌이 집권한 이후에도 전국 각지의 농민봉기는 그칠 줄을 몰랐고 특히 남부지방에서는 대대적인 농민 봉기가 일어나게 되었다. 1199년(신종 2) 명주(강릉)에서 일어난 무리는 북진하여 울진을 함락하면서 남하하였고 경주에서 일어난 무리는 북진하여 중앙정부를 크게 긴장시켰다. 그러나 국왕 신종이 투항자들에게 음식과 의복을 하

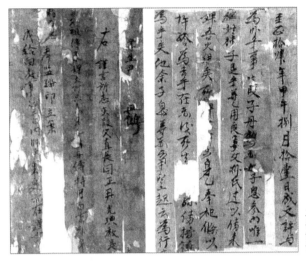

고려의 노비문서. 이두로 된 노비 상속문서로 '지정 14년 노비문서'로 불린다. 1354년. 보물 483호.

사하여 난은 간신히 진정될 수 있었다.

최충헌 집권기 동안에는 신라나 고구려, 백제 부흥을 표방하고 나선 각 지역의 항거운동과 함께 최씨 정권 또는 고려조정에 반기를 든 민초들의 항쟁이 끊임없이 일어났다. 최충헌이 정권을 잡은 후 가장 먼저 발생한 항거 운동은 바로 만적과 미조이 등 노비들이 일으킨 반란이었다. 1198년(신종 원년) 5월에 일어난 만적의 난은 당대를 휩쓴 하극상의 풍조를 가장 잘 반영한 노비해방운동이었다.

만적은 당시 제일의 실권자였던 최충헌의 사노私奴이자, 가노家奴였다. 노비제 사회에서 사노비는 크게 외거노비와 솔거노비로 나뉜다. 외거노비는 주인과 떨어져서 거주하면서 농사를 짓고 사는 노비들이고, 솔거노비는 주인과 함께 살면서 주인의 직접적인 부림을 받는 노비로 가노들은 솔거노비에 해당한다. 솔거노비들은 외거노비처럼 자신의 의식주를 해결할 수 없는 노비로 훨씬 열악한 상황에 처해있는 노비들이다. 만적을 비롯한 솔거노비들이 목숨을 걸고 신분해방을 외친 것은 주인의 매질아래 신음하는 현실이 죽음보다 못한 삶이기 때문이었다.

사실 만적에 대한 기록은 많지 않다. 역사의 기록은 지배자의 기록이기 때문이다. 《고려사》 최충헌전에 만적에 관한 사건이 비중있게 다뤄진 것으로 보아 만적의 반란은 상당히 중요한 사건이었음에 틀림없다.

만적은 비록 노비 출신이었지만 무신난 이후로 이의민과 같은 미천한 신분들도 출세하는 것을 보면서 자신도 그 못지않게 출세할 수 있다고 믿었다. 야망만 있었던 것이 아니라 수백 명의 노비들을 규합할 수 있는 언변도 지닌 인물이었다. '왕후장상에 씨가 따로 있느냐'는 그의 한마디는 어떤 말보다 노비들의 가슴을 울렸을 것이다. 만적이 남긴 이 말은 만적이 처음 말한 것은 아니고, 사마천의 《사기》 진섭세가에서 오광과 진승이 한 말이다. 만적은 중국 사서를 인용하여 자신의 연설에 무게를 더했고, 그만큼 그의 말은 호소력을 더할 수 있었다.

다음은 《고려사》에 전하는 만적의 봉기 전말이다.

> 어느 날 만적은 동료인 미조이·연복·성복·소삼·효삼과 함께 북산에서 나무를 하다가 주변의 노비들을 불러 모아 놓고 다음과 같이 선동했다.
> "정중부의 난 이후로 많은 고관이 천한 출신에서 나왔다. 왕후장상이 처음부터 씨가 있을까 보냐. 때가 오면 누구나 할 수 있는 것이다. 왜 우리들만 상전의 매질을 당해가며 뼈가 빠지게 일만 해야 하는가!"
> 노비들은 환호성을 지르며 만적의 말에 힘찬 박수를 보내었다. 그들은 만적을 지도자로 떠받들고 그의 밑에 한 덩어리로 뭉칠 것을 굳게 맹세했다.
> 만적의 선동에 고무된 노비들은 곧 누런 종이 수천장을 오려서 '정丁'자 휘장을 만들어 차며 거사를 약속했다.

고려시대 노비는 심한 차별대우를 받고 비참한 생활을 강요당했다. 노비는 그 소속에 따라 공노비와 사노비로 구별되었는데, 자손 대대로 신분이 세습되는 운명을 진 계층이었다. 따라서 자신의 신분에서 벗어나기란 거의 불가능했다. 간혹 노비들 중에서 그 주인으로부터 도망쳐 신분의 사슬을 풀어버리는 데 성공하는 자도 있었으나, 십중팔구는 붙잡혀 얼굴에 살을 파고 먹으로 죄명을 새기는 자자刺字라는 형벌을 받았다.

만적이 살고 있던 시대는 무신정변이 일어난 지 20여 년이 지난 때였다. 무신집권자들은 서로 피비린내 나는 내분을 일으켜 정국은 요동쳤고, 사회

고려의 주화. 동국통보 · 동국중보 · 해동통보 · 해동중보 · 삼한통보 · 삼한중보.

질서는 혼란스러웠다. 서민 출신인 정중부와 천민 출신인 이의민이 정권을 잡았다는 사실은 노비들의 신분상승 욕구에 불을 지르기에 충분했다. 노비라 해서 언제나 사회 밑바닥에서 천시되고 학대만 받을 수 있겠느냐는 의식이 점차 싹트기 시작했다.

만적의 외침에 동요된 이들은 노비신분에서 벗어나서 노비들도 벼슬할 수 있는 세상을 만들고자 했다. 그러나 이들의 계획은 율학박사 한충유의 집 노비인 순정의 밀고로 발각되고 말았다. 만적을 비롯한 1백여 명이 붙잡혀 예성강에 던져졌다. 노비들의 신분해방과 정권을 잡고자 한 열망은 시도해볼 틈도 없이 사라지고 말았다.

무신집권 이후 고려는 노비들의 신분해방 운동뿐 아니라 농민봉기도 극심했다. 의종 때부터 간간이 일어나던 농민봉기는 무신정변으로 중앙정부의 통제력이 약해지자 온 나라로 퍼져갔다. 문신귀족도 백성의 희생 위에 사치와 향락을 일삼았지만 무신들의 행태도 마찬가지였다.

무신집권기는 정치 · 경제면뿐 아니라 사회적으로도 많은 혼란이 있었다. 과다한 세금과 지방수령들의 탐학으로 농민들은 농토를 잃고 떠돌아다니지 않을 수 없었다. 이제 농민들은 스스로의 살 길을 찾아야만 했다.

의종 때 간간이 일어나던 농민봉기는 서북지역에서 시작되었는데, 명종 때 와서 천민계급의 신분해방 운동으로까지 번져 나갔다. 특히 민란은 명종(재위 1170~1197)과 신종(재위 1197~1204) 때 극심했는데, 명종 5년의 망이 ·

망소이의 난, 명종 23년의 김사미와 효심의 난, 신종 3년 진주 공사 노비들의 소요, 그리고 앞서 언급한 신종 원년의 사노 만적의 난 등이 대표적이다.

일반 백성들의 항거운동인 민란은 최씨 정권이 확고히 자리잡으면서 강력한 탄압을 받고 주춤해졌다. 아직 농민과 천민들이 그들의 항거운동을 성공시킬 만큼 성장되어 있지는 못했기 때문이다. 그러나 비록 민란이 모두 실패한 항거로 그쳤지만, 이후 고려시대 사회변화에 상당한 영향을 주었다.

어떤 사람이 노비가 되는가?

보통 '종'이라고 불렸던 노비는 사내종奴과 계집종婢을 함께 일컫는 말이다. 우리나라의 전통사회는 곧 신분제 사회로서, 그 위계구조는 크게 보아 귀족 · 양인 · 천인으로 이루어졌는데, 천인의 대표적인 존재가 노비였다.

언제부터 노비가 있었는지는 뚜렷치 않지만, 고조선의 법률에 '남의 물건을 훔친 자는 그 집의 노비로 삼는다'는 조항이 있는 것으로 보아 고조선 때부터 이미 노비가 있었던 걸로 짐작된다. 일반적으로 원시공동체사회가 해체되고, 특히 철기문화기로 접어들어 생산력이 커지고 정치권력이 강해지면서 노비제도가 나타났으리라 생각된다.

그럼 어떤 사람들이 노비가 되었을까? 대개 전쟁포로 · 특정범죄자 · 채무자 · 극빈자들이 노비가 되었는데, 그중 전쟁포로는 정복전쟁, 특히 삼국이 한창 서로 싸울 때 가장 주된 노비공급원이었다. 이들은 국가기관이나 참전 장수에게 나누어져, 전자는 공노비, 후자는 사노비라 구분되었다.

고려시대의 노비도 역시 그같이 구분되었는데, 그중 공노비는 대부분 반역 · 적진투항 · 이적행위 등을 저지른 중죄인이나 그 가족 및 사노비가 나라에 몰수됨으로써 이루어졌다. 이 공노비는 관아에서 갖가지 노역에 종사하는 공역노비, 주로 농사짓기에 종사하는 외거노비 또는 농경노비로 구분된다. 공역노비는 나라로부터 일정한 급료를 받아 독자적인 가계를 꾸려갈 수 있었으며, 사역기간은 대개 10세에서 60세까지였고, 외거노비는 주로 국유지를 경작하여 조租를 나라에 바치는 것 외에 일정한 공역을 부담했다.

사노비 역시 솔거노비와 외거노비로 나뉘어지는데, 솔거노비는 주인에게 최소한의 의식주를 공급받으며 무제한·무기한으로 노동을 제공했다. 가정생활을 온전히 누리기도 힘들었고 재산을 가질 수도 없어, 노비 가운데 가장 낮은 위치였다. 이에 비해 외거노비는 주인의 호적 외에 현거주지에 따로 호적을 갖고 비교적 자유로운 가정생활과 재산권을 누릴 수 있었다. 물론 주인에게 조를 바치고 노동력을 제공해야 했다. 주인과 사노비의 관계를 보면, 주인은 죽이는 것만 빼고는 노비를 어떻게 다루든 불법이 아니었고, 주인이 나라에 반역하지 않는 한 사노비는 주인을 배반할 수 없었다. 또 부모 중 한쪽이라도 노비이면 그 자식은 노비의 신분에서 벗어날 수 없었다. 그때 이들의 소유권은 천자수모법(1036, 정종 5년 제정)에 따라 원칙적으로 어미의 상전에 딸려 있었다.

40년간의 대몽항쟁과 무신집권 몰락
: 몽고의 침입과 삼별초의 항쟁
(1231~1273년)

13세기 전반은 고려뿐만 아니라 동아시아 전체에 있어서도 커다란 변혁의 시기였다. 고려·금·송, 동아시아 세 나라의 세력균형은 고비사막에서 일어난 몽고족의 팽창으로 깨지기 시작했다. 한편, 1213년 금의 지배를 받던 거란족이 대요수국을 세워 독립하고는 몽고와 금의 위협을 피해 고려 개경을 위협했다. 신흥 몽고와 고려의 접촉은 바로 거란족 토벌이라는 공동의 목표 아래 이루어졌다.

먼저 제휴의 손을 내민 것은 몽고였다. 1219년 강동성의 거란족을 토벌하기 위해 몽고는 고려에 공동작전을 제의했다. 몽고는 고려와 연합하여 거란족을 물리친 후 '형제의 맹약'을 맺고 고려에 대한 우위를 확보했다. 몽고는 강동성 공동작전이 끝난 뒤에 자주 사신을 고려에 보내 막대한 공물을 강요했다.

그러던 중 1225년 고려에 공물을 징수하려 왔던 몽고 사신 저고여가 본국으로 돌아가다 압록강 가에서 살해되는 사건이 일어났다. 고려 측에서는 아는 바 없다고 버텼으나, 몽고는 고려의 소행으로 단정하여 이후 대전란의 불씨가 되었다. 이때 고려는 최우가 집권하던 무신집권기였다.

고려궁터. 대몽항전을 위해 강화로 도읍을 옮긴 고려가 1232년부터 1270년 환도까지 39년간 사용했던 고려 궁궐 터. 사적 133호.

몽고는 1231년(고종 18) 1차 침입을 시작으로 1258년에 이르기까지 약 30년간 7차례에 걸친 대규모 침공을 감행했다.

"강화도는 개경에서 가깝고, 남부지방에서 거둔 곡식과 물자를 안전하게 운반할 수 있다. 또한 물살이 빨라 육지전에만 능숙한 몽고군이 쉽게 접근할 수 없을 것이다. 나를 따라 강화도로 가자."

집권자 최우의 주장으로 1232년 고려는 도읍을 강화도로 옮기고 항구적인 저항태세를 갖추었다. 그러나 강화로 옮겨간 무신집권자들은 강화도의 안전만 믿고 육지의 백성들이 약탈과 살육을 당하는 것도 아랑곳없이 사치스런 생활을 버리지 않았다.

최씨 정권은 몽고의 침략에 굴복하지 않고 끝까지 항쟁하려 한 점에서 지지를 받았으나, 강화도에 가서도 사치스런 생활태도를 버리지 않고 농민들의 생산물을 전보다 더 수탈하려 들었다. 농민들은 침략군 때문에 시달려야 했고, 이 와중에도 농사를 지어 강화도로 그 소출을 보내야만 했다.

한편, 강화도 천도를 구실삼아 몽고는 2차 침입을 단행했다. 군사력은 강화도 수비에만 동원되고 육지는 거의 무방비 상태였다. 이제 각지의 민중들은 자구책을 마련하지 않을 수 없었다. 이후 이들은 산성이나 섬으로 피신하여 몽고군과 치열한 항쟁을 벌여나갔다.

1253년 몽고군의 5차침입 때 있었던 충주성 승리는 몽고에 대항하여 싸운 주체가 일반 민중들이었다는 점을 여실히 보여준다. 몽고의 2차침입 때 몽고군 장군 살리타이를 처인성(지금의 용인)에서 사살한 승장 김윤후가 마침 충주성의 장군으로 있었다.

"힘을 다하여 싸우는 자에게는 귀천을 가리지 않고 모두 벼슬을 주겠으니 이를 의심치 말라."

충주성을 지휘한 김윤후는 노비문서를 불살라버렸다. 모든 사람들이 죽음을 무릅쓰고 몽고군에 대항하니, 몽고군은 기가 꺾이고 더 이상 싸우지 못했다. 승리 후 김윤후는 약속을 지켰다.

7차례의 침입을 겪는 동안 몽고군의 살육과 약탈은 인류 역사상 유례를 찾아볼 수 없을 정도로 잔인했다. 몽고와의 전쟁으로 대구 부인사 소장의 대장경판과 황룡사의 9층탑이 소실되었다. 게다가 몽고군의 살육이 가장 심했던 고종 41년(1254)에는 '몽고에 사로잡힌 남녀가 무려 20만 6천 8백여 명이며, 살육자는 그 수를 헤아릴 수 없다'고 전한다.

한편, 강화도에서는 김인준·임연 일파가 최의를 죽이고 최씨 정권을 타도하는 정변이 일어났다. 이로써 1258년(고종 45) 3월에 60여 년간 집권해온 최씨 정권은 막을 내리고 왕정이 복구되었다.

몽고는 수도를 개경으로 환도하고 태자가 몽고왕에게 알현하는 것을 조건으로 강화를 요청했다. 강화가 성립되자 몽고는 고려의 국왕을 회유하는 등 친몽고 세력을 확대해 나갔다. "강화도에 있는 자는 모두 개경으로 나오라." 원종의 한마디에 그동안 억눌려 지냈던 문신들은 임연의 아들 임유무를 죽이고 1270년 개경으로 환도했다. 임유무가 제거됨으로써 무신정변 이후 1백년 동안 집권했던 무신세력은 몰락하고 말았다.

무신정권이 무너지자 그 세력기반이었던 삼별초가 환도에 반대하면서 항거했다. 원종은 삼별초의 해산을 명했으나 삼별초는 이를 거부하고 반정부·반몽고의 기치 하에 봉기했다. 삼별초는 원래 최우가 창설한 군대로 좌별초·우별초·신의군을 총칭한 국가상비군이었다.

"몽고에 항복하지 말고 끝까지 싸우자."

삼별초의 지휘관이었던 배중손은 원종을 폐하고 승화후 온을 새 왕으로 옹립한 뒤 강한 저항을 하기 시작했다. 삼별초는 근거지를 3일 만에 강화도에서 진도로 옮겨 몽고군의 항전에 대비했다. 지방에서 삼별초가 항전하는 동안 많은 백성들이 호응했다고 하니, 정부에 등을 돌린 민심을 읽을 수 있는 대목이다.

1271년 5월 삼별초를 진압하고자 홍다구·김방경·흔도 등의 고려·몽고연합군이 진도를 급습했다. 삼별초의 군왕 승화후 온은 홍다구의 손에 죽고, 배중손도 이때 전사했다고 전해진다. 연합군에 잡힌 남녀 포로가 1만여 명에 달했다. 삼별초는 이후 제주도로 본거지를 옮겨 2년간 더 항전을 펴다 1273년 2월 마침내 진압되었다. 몽고는 1271년 국호를 원으로 바꾸고 중원을 지배했다. 몽고와 화친한 이후 고려왕들은 원의 공주를 왕비로 맞아들여야 했고, 원의 내정간섭을 받아야 했다.

세조 쿠빌라이의 부마가 된 충렬왕
: 원의 지배
(13세기)

충렬왕이 살았던 시기는 몽고가 원이라는 대제국을 건설한 시기였다. 중국을 평정하고 원을 세운 세조 쿠빌라이는 몽고제국을 건설한 칭기즈 칸의 손자이며, 고려 충렬왕의 장인이었다. 정복하는 것보다 정복한 지역들을 잘 다스리는 것이 더 어렵다고 하는데, 쿠빌라이는 칭기즈 칸이 물려준 대제국을 잘 다스리고 넓힌 인물이다. 그러나 쿠빌라이의 능력과 야심은 당시 고려 입장에서는 불행한 일이었다. 원나라에 굴복한 고려는 그들의 명령을 따르는 일개 제후국으로 전락하고 말았기 때문이다.

고려가 원의 공공연한 지배권 안으로 들어가게 된 것은 무엇보다도 원황실과 고려왕실 간의 통혼이 가장 큰 이유였다. 일찍이 고려왕들은 후비들을 왕실이나 귀족가문에서 맞아들였으나, 몽고와의 오랜 항쟁이 끝난 후 고려왕은 원의 공주와 결혼을 해야 했다. 원이 고려왕을 부마로 삼고자 한 이유는 고려를 감시하기 위한 정략적 이유가 컸다. 이후 고려왕은 원나라 공주와의 결혼은 물론이고 원 황실에 충성을 한다는 의미로 충忠자를 사용했다.

고려 왕실에서 원 황실과 처음으로 통혼한 이는 고려 25대왕 충렬왕이었다. 충렬왕은 원종의 맏아들이자 정순왕후 김씨 소생으로 1236년에 태어났

다. 1267년 태자로 책봉된 이후 원
나라에 입조하여 연경(지금의 북경)
에 머무르다가 원 세조 쿠빌라이
의 딸과 결혼했다. 충렬왕과 원공
주와의 혼인은 1271년(원종 12) 원
종이 원나라에 정식으로 청혼하면
서 이뤄진 것이다.

마흔이 다된 나이로 쿠빌라이의
딸과 결혼한 충렬왕은 이미 태자
로 책봉 된 직후 왕녀인 정화궁주
와 혼인하여 장성한 자녀까지 둔
유부남이었다. 비록 어린나이지만
세조 쿠빌라이의 딸인 제국대장공

충렬왕 때 불린 작자 미상의 가요. 유흥에 탐닉할 때
쌍화점과 함께 부른 곡이다.

주는 충렬왕의 정치적 입지를 강화해주어 원의 누구도 충렬왕을 가볍게 볼
수 없었다. 혼례를 치르고 두 달 뒤 부친인 원종이 승하하자, 충렬왕은 왕위
승계를 위해 고려로 돌아왔다.

어린 나이에 충렬왕에게 시집 온 제국대장공주는 남편과의 사이가 그리
원만하지는 않았다. 충렬왕에게는 이미 부인이 있었고 그 부인과 오랫동안
좋은 관계를 유지했던 것이 가장 큰 이유였다. 비록 금슬이 좋지는 않았지만,
공주는 이듬해에 아들을 낳았고, 그가 충렬왕을 이은 충선왕이다. 고려 왕실
최초의 혼혈왕이기도 한 충선왕 이후로 고려의 왕들은 원나라에서 일명 뚤
루게禿魯花인 질자質子로 성장하게 되었다.

충렬왕은 변발에 호복차림을 하고 고려로 왔다. 원나라에 있던 충렬왕이
귀국하자 그를 본 많은 백성들이 환호성을 질렀지만, 그가 하고 온 모습에
충격을 받아 눈물을 흘리기도 했다. 그러나 정작 본인인 충렬왕은 전혀 개의
치 않아 했다. 원에서 즐겼던 매사냥을 잊지 못해 즉위 초부터 응방鷹坊을 설
치하여 사냥을 즐기는 등 향락에 탐닉하는 생활을 즐겼다. 비록 몽고의 침입
이 끝난 뒤였지만, 원나라에 보낼 각종 공물 때문에 전 국민이 허리띠를 졸

라매고 있는 상황을 생각하면 너무나 어처구니없는 행동이었다.

원의 부마국으로 전락한 고려는 수많은 공녀, 물품, 군대의 징발로 시련을 겪었다. 그 중에서도 가장 먼저 닥쳐온 것이 두 차례에 걸친 일본 원정에 동원된 일이었다. 원 세조 쿠빌라이는 고려와 화호를 다져가는 과정에서부터 고려를 일본 원정에 이용하려 했다. 그는 동북아 지역에서 유일하게 복속되지 않은 일본마저 정벌하려는 야심을 품고 있었다. 원은 무력 침략을 하려고 고려에 지원군을 요청했다. 그리고 곧 흑산도를 전진기지로 삼아 일본 정벌을 준비했다.

1274년 5월 14일, 몽고는 일본 정벌의 포문을 열었다. 몽고의 정예군이 둔전군과 고려군을 합하여 정벌할 기세는 드높았다. 그러나 고려의 원종이 갑자기 사망하여 출전이 석 달이나 연기되었고, 그 뒤를 이어 충렬왕이 즉위했다.

충렬왕이 즉위하자 여몽연합군은 쓰시마섬을 향했다. 쓰시마를 점령한 여·몽 연합군은 기세를 몰아 이키壹岐 섬을 거쳐 하카다博多를 공격했다. 막강한 무기를 바탕으로 일본을 제압한 여몽연합군의 승리를 눈앞에 둔 듯 보였다. 그러나 갑자기 분 태풍으로 좌군사 김신을 비롯하여 연합군 1만 4천여 명이 물귀신이 되어 버렸다. 일본은 이것을 '신풍神風'이라고 불렀다.

1차 원정은 완전 실패였다. 그로부터 6년이 흘러 원은 고려의 합포에 정동행성政東行省을 설치하고, 충렬왕을 좌승상행중서성사로 정했다. 1281년(충렬왕 7)에 몽고의 승상 하타해河塔海를 동정의 도독으로 임명하고, 홍다구洪茶丘를 동로군 장군에 삼아 총병력 15만 명을 동원하여 일본정벌에 나섰다. 고려에서도 김방경金方慶을 총대장으로 삼아 1만 명을 거느리고 몽고군에 합세했다.

5월에 홍다구·김방경 등이 군함을 타고 합포를 떠나 일본의 규슈로 건너가 연합군과 열본군 간의 치열한 전쟁이 벌어졌다. 여름이 되자 태풍은 또다시 여몽연합군을 덮쳤다. 원나라 15만 명의 병졸과 고려군 1만 명이 거의 다 태풍에 휩쓸려 수장되고, 살아남은 자는 겨우 1만 9천 명이었다.

일본 원정의 대참패로 세계 통일을 이루고자 한 세조 쿠빌라이의 야망은 물거품이 되었다. 전쟁 준비를 거든 고려 백성들은 허리가 휠 지경이었다. 몽고가 고려를 침략하기 시작한 1231년부터 고려 백성들은 무려 50년을 싸움의 소용돌이 속에서 지내는 비운의 세월을 겪었다.

새로운 사상의 도래
: 성리학의 전래
(13세기 말~14세기 초)

　고려 말에 도입되어 이후 한국의 지배이념으로 자리잡은 성리학은 중국 송나라 때 등장한 새로운 경향의 유학을 말한다. 성리학은 종래 경전의 자구 해석에 주력하던 훈고학풍에서 벗어나, 경학을 이론적으로 탐구하여 그 사상적 지평을 넓혔다. 성리학의 명칭은 다양하다. 발생한 시기에 따라 송학이라고도 불리며, 문제의식에 따라 이학理學 · 의리학義理學 · 심학心學, 그리고 대표학자의 이름을 따 정주학 · 주자학이라고도 부른다.

　성리학은 북송의 주돈이(1017~1073)를 거쳐 정호(1032~1085) · 정이(1033~1107) 형제 때 발전되었으며, 이후 남송의 주희(1130~1200)에 이르러 집대성되었다.

　성리학의 도입은 불교의 타락과 그 궤를 같이한다. 고려시대 불교는 점차 속세와 타협하여 권력을 쥐고 사회 경제적으로 많은 폐단을 일으키고 있었다. 불교는 이제 한 사회를 이끌어갈 지도이념으로서의 역할을 상실해버렸다.

　이러한 상황에서 고려 지식인들은 원으로부터 전래된 성리학에 매료될 수밖에 없었고, 이를 통해 새로운 인식과 자각을 하게 되었다. 그러나 그 이전

안향(왼쪽)과 정몽주(오른쪽). 안향은 우리 나라에 성리학을 최초로 소개했으며, 정몽주는 고려 말에 성리학을 학문적으로 체계화했다.

부터 백련결사 운동으로 대표되는 선종의 사상적 각성으로 성리학을 수용할 수 있는 분위기는 조성되어 있었다.

그러면 성리학이 고려에 전래된 것은 정확히 언제쯤일까?

이에 대해서는 여러 가지 견해들이 있다. 고려 중기 때 이미 전래되었다고도 하며, 송이 멸망한 후 충렬왕 때 원나라로부터 정식으로 전래되었다고 한다. 아무튼 본격적인 성리학의 유입은 대체로 무신정변 이후 원으로부터 안향(1243~1306)과 백이정에 의해 전래된 것으로 보는 것이 타당할 듯하다.

안향은 교육의 진흥을 위해 교육재단인 섬학전贍學錢을 설치하고, 박사 김문정을 중국에 보내 공자의 화상 및 여러 서적들을 구해오게 했다. 그리고 항상 주자를 사모하여 그의 영정까지 걸어놓고는 자신의 호를 주자의 호를 따 회헌이라 했다고 전한다.

안향은 1289년(충렬왕 15) 11월 왕과 공주와 함께 원나라에 들어갔다가 이듬해 3월에 귀국했다. 이때 안향이 주자서를 접하고 이를 베껴왔다고 전해진다. 이것으로 미루어볼 때, 성리학은 충렬왕 16년에 안향에 의해 처음 소개된 것으로 보인다. 그러나 안향이 성리학을 본격적으로 배워온 것은 아니었다.

정몽주를 배양한 숭양서원. 개성의 유림이 1573년(선조 6) 정몽주와 서경덕의 충절과 덕행을 추모하기 위해 선죽교 위쪽에 세웠다. 대원군의 서원철폐령 때도 다치지 않았다. 사진은 일제 때의 모습.

원에 가서 본격적으로 성리학을 배워 고려에 전수한 이는 백이정이라 할수 있다.《고려사》열전에는 주자학 도입에 대한 그의 업적을 다음과 같이 적고 있다.

'그때에 정주학이 처음으로 중국에서 행해졌으나 동방에는 미치지 못했었는데, 백이정이 원에 머물면서 그것을 배워가지고 돌아오니 이제현·박충좌가 제일 먼저 전수했다.'

1298년 백이정은 충선왕을 따라 원나라에 들어가 10년간 머물면서 성리학을 배웠다. 안향이 성리학을 소개했다면 백이정은 실제로 배워가지고 와서 연구할 수 있는 길을 연 것이다. 정주학을 배워온 백이정은 이후 이제현과 박충좌 등에게 자신의 학문을 전수했다. 특히 백이정의 제자 이제현은 1314년 충숙왕 원년에 충선왕의 부름을 받고 충선왕이 세운 원의 만권당萬卷堂에 가서 깊은 학술과 경륜을 쌓고 돌아왔다. 이제현에 와서야 성리학은 고려의 신지식으로서 소화·흡수되었던 것이다.

성리학은 이후 이제현의 문인인 이곡·이색 부자에 이르러 한 단계 높은 발전을 이룩했다. 이곡은 원의 과거시험에까지 급제한 후 벼슬까지 지낸 인물이었다. 이색 또한 원의 국자감에서 3년간 본격적으로 성리학을 배워가지고 돌아왔다. 당시 비중있는 학자치고 이색의 문하가 아닌 사람이 없을 정도였다고 하니 그 공헌을 짐작할 수 있겠다. 특히 '동방 이학의 조상'이라는 정몽주도 이색의 제자 중의 한 사람이었다.

이와 같이 새로운 사상으로서 고려 말에 수용된 성리학은 이후 사대부층의 정신세계를 지배하면서 조선사회의 지배이념으로 등장했다.

성씨와 본관의 탄생

오늘날 한국인은 거의 모두 성姓과 본本(본관)을 가지고 있다. 그러나 성과 본이 모든 국민들에게 일반화하여 사용된 것은 지금으로부터 겨우 1세기 정도에 지나지 않는다. 이 성과 본은 고려시대에 성립된 것이나, 이 시기 모든 사람들이 성을 가졌던 것은 아니다. 고려후기 호적에는 양인이면 모두 성과 본을 가지고 있었지만, 노비의 경우는 본은 물론 성도 가진 예가 거의 없었다. 양인들도 고려 말에 이르러서야 대부분 성씨를 가질 수 있게 되었음은 물론이다.

성씨가 남자 쪽의 부계혈족을 나타낸다면, 본은 어느 한 시대에 정착했던 거주지를 의미한다. 성의 기원은 삼국시대까지 올라가며, 왕족들은 그보다 훨씬 전에 고유의 성을 가졌다. 신라가 삼국을 통일함으로써 고구려와 백제의 성씨는 계승되지 못했고, 후삼국시대 지방호족들에 의해 신라계 성씨를 중심으로 중국식 성씨가 적극적으로 보급되었다. 후삼국을 통일한 고려 태조 왕건이 각지 호족들에게 그 지역을 근거로 하는 성씨를 나누어줌으로써, 성과 본관을 토대로 한 성씨제도가 본격적으로 정착되었다.

본관이란 성이 기반하고 있는 지역을 의미하는데, 고려 말에 본격적으로 본관이 형성되기 시작하여 조선초기 군현제 개편과 함께 다양한 본관들이 군현을 중심으로 통합되었다. 따라서 군현보다 위상이 낮은 속현들은 원래의 본관을 버리고 소속 군현에 흡수, 새 본관을 정했다. 이러한 과정에서 본관을 달리하던 동일 성씨가 같은 본관을 사용하는 경우도 생기게 되었다. 이 경우는 혈연적으로 아무런 상관이 없음에도 불구하고 점차 동성동본으로 보게 되었다. 게다가 유력 성씨의 본관으로 바꾸는 경우도 많았다.

그럼에도 불구하고 일반적으로는 당초 본관이 거주지를 중심으로 정해져 거주지와 본관은 대체적으로 일치했다. 그러나 사회구성원의 이동이 잦으면 잦을수록 본관과 거주지는 달라져 갔다. 현재 경주라는 본을 가진 김씨들이 경주에 사는 경우보다 다른 곳에 터잡고 사는 경우가 많은 것도 이 때문이다.

원으로부터의 '자주독립'
: 공민왕의 개혁정치
(1356~1371년)

　고려가 원의 속국으로 전락한 이래 14세기 고려의 상황은 그야말로 내우외환의 연속이었다. 고려의 독자적인 정치체제는 수차례 개편되었고, 게다가 원의 착취와 권문세가 및 사원에 의한 토지겸병이 심하여 국가경제는 파탄에 직면했다. 홍건적의 난, 왜구의 침입 등도 거듭되어 고려는 깊은 수렁으로 빠져들고 있었다.

　몰락의 신호가 비치던 어지러운 시기에 공민왕이 왕위에 올랐다(1351). 마침 이때 원은 황제자리를 둘러싼 분쟁으로 정치적 혼란이 극에 달하고 있었다. 반세기 동안에 황제만도 11명이나 바뀌고 공위 상태만도 3 · 4회씩이나 되풀이되었다. 국가는 여러모로 파탄이 난 지 오래였고 백성은 백성대로 각종 부역과 천재 · 기근에 지칠 대로 지쳐 있었다. 각종 반란과 함께 홍건적까지 봉기하여 원나라는 돌이킬 수 없는 몰락의 길을 걷게 되었다. 고려 31대 왕 공민왕은 이러한 혼란 시기에 고려 국왕으로 즉위했다.

　왕위에 오른 공민왕은 원의 내정을 환히 꿰뚫고 있었을 뿐 아니라, 대륙 각지에서 일어난 반란으로 원나라의 멸망이 멀지 않았음을 간파하고 있었다. 공민왕은 즉위하자마자 신하들의 건의를 받아들여 변발을 풀어 헤치고

원나라 옷을 벗는 과감한 모습을 보여주었다. 공민왕의 영토회복과 국권회복운동은 그가 변발을 풀어 헤쳤을 때 이미 그 막이 오른 것이었다.

공민왕은 1356년(공민왕 5) 5월, 원 순제의 후궁으로 들어갔다가 황후가 된 기황후의 오빠 기철을 비롯한 권겸·노책 일당을 사형에 처하고, 그동안 고려 내정을 간섭했던 정동행성을 없앴다. 나아가 원의 쌍성총관부로 들어갔던 영흥 이북 함흥 일대의 땅을

천산대렵도. 고려 공민왕의 작품으로 전해지는 그림. 백산(白山) 또는 설산(雪山)이라고 불리는 천산(天山)에서 사냥하는 모습을 그렸다. 힘찬 기마인물을 섬세하고도 활기차게 묘사한 걸작. 14세기. 비단 바탕에 채색.

되찾는 한편, 압록강 이북의 파사부 등 몇 곳을 공격했다. 공민왕은 이에 그치지 않고 몽고 연호의 사용을 중지했으며, 원의 압력으로 몽고식으로 바꾸었던 관제들을 복구시켰다.

승승장구하던 공민왕에게 어두운 그림자가 드리우는 사건이 일어났다. 1359년 12월 홍건적이 서경(평양)에 침입함으로써 공민왕의 개혁정치는 커다란 타격을 입게 되었다. 1366년에도 홍건적은 재차 침입했는데, 이로 인해 수도가 함락되고 공민왕은 복주(안동)로 피난했다.

공민왕의 개혁정치에 불만을 품어왔던 원은 급기야 김용·최유 등 친원세력을 부추겨 공민왕을 제거하려 했다. 이 사건의 실패로 원의 내정간섭은 사라졌지만, 또 하나의 불행이 기다리고 있었다. 1370년(공민왕 14) 2월에 왕비 노국공주가 산고로 세상을 떠난 것이다. 왕비를 잃은 슬픔을 견디지 못한 공민왕은 한동안 나랏일을 멀리하게 되었다.

공민왕은 즉위한 후 이제현 등 신진문사들을 기용하여 기성 권문세족들을 제압하고자 했으나 끝내 성공하지 못했다. 공민왕은 권문세족뿐 아니라 신진관료 또한 기성세력이 되면 권문세족과 다를 바 없다고 느꼈다. 마침내 신

개성의 만월대. 개성 북쪽 송악산의 남쪽 기슭에 있는 고려의 왕궁터. 919년 태조가 이곳을 도읍으로 정하고 궁궐을 창건한 이래 1361년 홍건적의 침입으로 불타버렸을 때까지 고려조의 왕궁터였다.

하늘에 대한 염증과 왕비를 잃은 슬픔 그리고 개인적인 불교신앙으로 공민왕은 세속과 거리가 먼 승려 신돈을 택했다. 이때 신돈은 "세상을 복되고 이롭게 할 뜻이 있습니다. 비록 참언이나 훼방이 있더라도 저를 끝까지 믿어주십시오"라며 왕의 신임을 구했다. 이에 공민왕도 "스승은 나를 구하고 나도 스승을 구하리라"며 다짐했다.

1365년 5월 공민왕은 신돈을 스승으로 맞고 그해 12월, 45자에 이르는 어마어마한 공신호와 관작을 내렸다.

공민왕의 절대 신임을 얻은 신돈은 우선 전민변정도감을 설치하여 토지개혁부터 시작해 나갔다. 신돈은 "수도는 15일, 그 나머지 지방은 40일을 한정하여, 자기 잘못을 알고 스스로 고치는 자는 그 죄를 묻지 않을 것이나, 기한이 넘어 일이 발각되는 자는 그 죄를 다스릴 것이다"라고 선포했다. 그리고 권문세족들이 독점했던 토지를 그 주인에게 도로 찾아주고, 노비신분으로 양민이 되기를 원하는 자를 모두 양민으로 해주었다.

이러한 신돈의 개혁정치에 당황한 권문세족들은 그를 제거하려는 모의를 했다. 게다가 개혁정치의 부작용과 그의 독재적인 태도, 그리고 공민왕 18년의 흉년으로 신돈의 위치는 점차 흔들리기 시작했다. 결국 신돈은 반역혐의를 받고 수원에 유배되었다가 1376년(공민왕 20) 7월 처형되고 말았다.

조정은 다시 신돈의 개혁추진 이전의 상태로 돌아갔다. 그러나 이러한 복고에도 불구하고 정몽주·정도전 등 대표되는 신진사류들은 어느덧 상당한 세력으로 부상하고 있었다. 그리고 홍건적, 왜구 등의 침입을 막으면서 꾸준히 성장해온 무장세력의 대표 이성계가 재상의 지위에 올랐다. 조선왕조를 개창할 세력들이 공민왕 이후 서서히 역사의 무대 위에 등장하기 시작한 것이다.

이와 같은 상황 속에 공민왕은 신변의 위협을 막고 지도자를 양성한다는 미명 하에 자제위를 설치했다. 그러나 친원파의 사주를 받은 자제위 소속 최만생, 홍륜에 의해 1374년 9월 공민왕은 시해되고 말았다. 공민왕의 죽음과 함께 고려의 운명은 내리막을 향해 달렸다.

공민왕의 개혁은 이로써 끝났지만, 그의 개혁정치는 고려의 폐해를 없애고 나라를 바로잡아보려는 마지막 시도였다. 개혁은 실패했지만, 그 과정에서 신진사류와 무장세력들이 다음 세대의 주인공으로 성장했다는 점에서 이 시대가 지니는 역사적 의미는 크다.

제3장
근세사회로의 이동

KOREA

이성계의 역성혁명
: 조선왕조 건국
(1392년)

　고려시대 문무 관료로 구성된 양반체제가 마련되기는 했으나, 사실상 정치 주도권은 문관들이 쥐고 있었다. 고려 무신정변은 이러한 문신귀족들의 특권과 독주에서 비롯된 무신들의 반란이었다. 무신정권은 기성 문신귀족들을 박해하는 대신에 문학과 행정업무에 밝은 새로운 능문능리能文能吏들을 많이 기용했다.

　최씨 정권 아래서부터 성장하기 시작한 신흥문신들은 고려 말 강남농법의 도입으로 새로이 일어난 중·소지주층 출신들이 많았다. 이들은 이후 가문이 아닌 교육과 과거를 통해 속속 중앙정계에 진출하여 성장했다. 무신정권이 무너진 이후 원 지배 아래서도 신흥문신들의 진출은 계속되었으며, 공민왕의 개혁정치를 거치면서 대거 중앙무대에 등장했다.

　여말 권문세족들의 대토지 소유로 국가재정은 파탄지경이었다. 재정의 고갈로 국가는 관료들에게 줄 녹봉조차 지급할 수 없었다. 신흥문신들과 대지주인 구귀족세력과의 대결은 예고된 것이나 마찬가지였다. 이들은 원으로부터 받아들인 주자학으로 이론적 무장을 하고, 구귀족 및 사원세력을 공격했다.

공민왕 대를 전후로 하여 홍건적과 왜구 등 외적들의 침입이 빈번했다. 이때 최영(1316~1388)과 이성계(1335~1408)의 활약으로 외적들의 침입을 물리쳤다. 이 두 사람은 외적을 물리친 공적으로 실권을 잡게 되었는데, 정치적으로는 대조적인 입장을 취했다.

당시 권문세족과 신흥문신들의 대립은 첨예화되고 있었는데, 최영은 권문세족을, 이성계는 신흥문신들을 지원했다. 최영은 당시 우왕의 장인으로서 구귀족세력의 대표격이었다. 반면에 지방에서 무공으로 이름난 집안 출신이었던 이성계는 자신과 출신이 비슷한 신흥세력과 연관을 맺고 있었다. 대외정책면에서도 최영은 친원을, 이성계는 친명을 주장했다.

마침내 최영과 이성계는 우왕 14년(1388) 명나라의 철령위 설치 요구 문제를 계기로 대립하게 되었다.

우왕과 최영은 이 기회에 명의 만주 기지인 요동을 공격하고자 했다. 이들과 반대로 이성계는 '소로서 대를 거역하는 것은 불가하다'는 등의 4불가론을 들어 반대했다. 고려는 1388년 4월 18일, 병력 4만, 최영이 총지휘관, 이성계는 우군도통사, 조민수는 좌군도통사로 하여 요동정벌에 나섰다.

현실적으로 요동정벌에는 무리한 점이 많았다. 결국 압록강 어귀의 작은 섬 위화도에 다다른 이성계는 최영의 진격명령에 불복, 군대를 돌려 수도 개경으로 향했다. 이것이 바로 이성계의 '위화도 회군'으로, 1388년 5월 22일의 일이었다. 개경을 손에 넣은 이성계 일파는 최영을 고봉현에 귀양보내고 우왕을 강화도로 쫓아낸 다음 그 아들 창을 왕으로 즉위시켰다. 그러나 창도

고창읍성. 전북 고창의 고창읍성은 조선 초기에 쌓은 석축 읍성으로, 모양성(牟陽城)이라고도 한다. 특히 이 성은 여자들의 성벽밟기 풍습으로 유명한데, 이는 한 해의 재앙·질병을 막는다고 한다.

요승 신돈의 자식이라는 누명을 쓰고 쫓겨나고 그 뒤를 이어 공양왕이 즉위하니, 권문세족의 세력은 당연히 위축될 수밖에 없었다.

신흥문신들은 전민변정도감을 설치하여 구귀족들이 불법으로 차지한 토지와 노비를 국가나 본주인에게 돌려주게 했다. 공민왕의 개혁정치와 공양왕 3년(1391)에 실시한 과전법은 이들의 주장을 결집한 것이었다.

위화도 회군으로 일약 정권을 쥔 이성계를 도와 조선건국에 결정적 역할을 한 핵심인물은 정도전·조준·권남·남은 등이다. 이들은 권문세족을 몰아낸 이후, 정몽주를 대표로 하는 온건파 사대부들의 반대를 무릅쓰고 역성혁명易姓革命을 주장했다. 역성혁명이란 고려왕조의 문물제도는 그대로 답습하면서 새로운 왕조를 개창하는 것을 말한다.

1392년(공양왕 4) 4월 4일 선죽교에서 역성혁명에 반대하던 정몽주는 이성계의 아들 이방원에 의해 죽음을 당했다. 이보다 앞서 창왕 즉위년 12월, 최영도 형장의 이슬로 사라졌다. 최영이 죽자 개경의 사람들은 남녀노소 모두 눈물을 흘리며 그 죽음을 애도했다고 한다.

최영의 충절과 정몽주의 절개는 고려가 멸망한 뒤에도 6백여 년이 지난 오늘날까지 세인의 기억에서 지워지지 않고 칭송받고 있다. 특히 정몽주는 《단심가》를 지어 자신의 절개를 나타냈다.

이 몸이 죽고 죽어 일백 번 고쳐죽어 此身死了死了一百番更死了

백골이 진토되어 넋이라도 있고 없고 白骨爲塵土魂魄有也無

임 향한 일편단심이야 가실 줄이 있으랴. 向主一片丹心寧有改理也

　이제 고려왕조는 34왕 475년 만에 막을 내리고, 1392년 7월 군신의 추대를 받은 58세의 무장 이성계가 왕위에 오름으로써 조선왕조는 첫발을 내딛었다. 왕조의 교체기에는 대개 유혈참극이 일어나지만, 고려에서 조선으로 바뀌는 과정에서는 유혈참사가 적었다. 무신정변 이후 신진사대부 및 무장 세력들이 변혁의 주인공으로 제도권 내에서 계속 성장해왔기 때문이었다.

해동의 요순 치세를 구가하다
: 세종의 즉위
(1418년)

1418년(태종 18) 8월 10일 세종이 22세의 나이로 조선 4대왕으로 왕위에 올랐다. 태조의 맏이인 양녕대군을 대신하여 세자에 책봉된 지 7일 만에 이루어진 것이다. 세종이 왕위에 올랐을 때는 부친인 태종도 생존해 있었다.

책을 읽을 때는 1백 번을 반복했다는 호학의 군주 세종은 태종이 사망한 뒤부터 명실상부한 국왕으로서 자신의 시대를 열어갔다. 부왕인 태종이 닦아놓은 후계구도의 안정 속에서 자신의 포부와 경륜을 마음껏 펼친 것이다.

세종만큼 끝없는 글 읽기와 학문 탐구를 지속하고, 이를 바탕으로 유교 지식인들로 구성된 신료들을 심복으로 삼고 정치를 주도한 왕은 없었다. 세종은 태종 때부터 벼슬해 온 원로 중신들을 상층에, 자신이 직접 선발한 신진 신료들을 하층에 배치하여 신구세력의 조화를 꾀했다. 세종이 이룬 문화적 업적은 이러한 정치적 조화 속에서 이루어진 것이었다.

세종은 우리 민족이 자랑하는 한글, 우수한 금속활자, 역사·음악·농업·과학 등 각 분야 들을 대표하는 성과를 바탕으로 서적을 편찬했으며, 4군 6진을 개척하여 국토를 확장했다. 그 밖에도 집현전을 통해 우수한 인재들을 양성했으며, 이들이 적재적소에 배치되어 능력을 발휘하도록 한 조선 최고의 CEO였다.

세종대는 개국 초기 고려를 잊지 못하는 세대가 사라진 시기였다. 불사이군不事二君을 외치는 지식인들이 중앙정계에 진출하지 않으려던 시기는 지났다. 세종대는 젊은 지식인들이 벼슬하기 위해 조정으로 몰려들었고, 그 상징이 바로 집현전이었다. 세종은 젊고 학식 있는 관원을 집현전의 학사로 임명하여 학문에만 열중하도록 했다. 집현전 관원들에게는 성균관과 4학의 교관을 겸하게 하

왕릉 들머리의 세종전 안에 있는 세종대왕 어진.

여 후진 교육에도 힘쓰게 했다. 세종은 사가독서라는 유급휴가제도를 두어 집현전 관원들이 오로지 경전연구에만 몰두할 수 있게 하여 당시 유학의 수준을 한 단계 높이는 성과를 가져왔다.

집현전은 학문 연구기관으로 출발했으나, 국가의 정책을 창안하고 문화를 창달하는 중심 역할을 했다. 집현전 관원은 엘리트 관료들만이 임명될 수 있었고 출세가 보장되는 자리였다. 조선은 유교를 국시로 삼아 개국 초부터 노력을 기울였으나, 완전한 문물제도를 갖추기까지는 시간이 걸렸다. 세종은 집현전을 통해 유교 국가로서의 기반을 닦은 것이었다.

인재를 사랑한 세종은 총애하는 젊은 신하들과 밤이 늦도록 즐거운 시간을 갖는 것을 좋아했다. 한번은 자리가 끝난 후 세종은 조용히 내시를 불러 술자리에서 만취한 신숙주가 무엇을 하는지 엿보게 했다. 세종의 명을 받은 내시는 돌아와 "술을 많이 마신 신숙주가 촛불을 켜놓고 새벽이 될 때까지 글을 읽었습니다"라고 보고했다. 이 말을 들은 세종은 가죽옷을 벗어주면서 신숙주가 깊이 잠들기를 기다려 그 위에 덮어주라고 했다.

수정전. 경복궁 경회루 앞에 있는 이곳이 옛 집현전이 있던 터였다.

　인재를 사랑하고 호학의 군주였기에 세종대는 인쇄문화가 꽃피웠다. 세종은 기존의 활자보다 아름답고 분명한 활자를 얻기 위해 노력했다. 기존의 '계미자'가 많은 양의 서적을 찍을 수 없는 단점이 있자 1420년(세종 2)에 '경자자'를 만들어 인쇄량을 늘리게 했다. 결국 이러한 노력 끝에 1434년(세종 16)에 조선 최고의 활자인 '갑인자'가 탄생했다. 갑인자는 글자가 아름답기도 했지만 활자가 네모반듯하여 판짜기를 완전히 조립식으로 할 수 있었고, 이로 말미암아 인쇄 시에 활자가 흔들리는 단점을 개량하여 많은 양을 찍어낼 수 있었다.

　훌륭한 인쇄술은 훌륭한 서적의 출판으로까지 이어지게 마련이다. 동서양을 막론하고 건국 초기에는 국가가 이념을 보급하고 나라의 중심이 되어 문화를 장악하면서 현실에 불만을 갖는 지식인들을 끌어들이기 위해 많은 서적을 편찬한다. 세종대의 수많은 문화사업도 그러한 맥락이 없었던 것은 아니었으나, 우리 문화의 실용성과 주체성을 살리는 노력들이 있었다는 점에서 높이 평가할 만하다.

신분의 굴레를 뛰어넘은 조선 최고의 발명왕, 장영실
: 자격루의 제작 (1434년)

조선 세종시대는 과학의 시대라 해도 과언이 아니다. 세종시대에 과학문화가 꽃피우게 된 것은 여러 가지 이유가 있었겠지만, 세종의 아이디어를 현실화시킨 장영실蔣英實이 있었기에 가능한 일이었다. 장영실은 1441년 세계 최초의 우량계인 측우기와 수표水標를 발명하여(문종이 세자시절에 발명하였다는 주장도 있다) 하천의 범람을 미리 알 수 있게 하였으며, 자동으로 시간을 알려주는 물시계, 자격루를 한국 최초로 만든 인물이다.

장영실은 어떻게 출생하여 성장했는지 정확히 밝혀지지 않은 인물이다. 세종의 아낌없는 사랑을 받았다고 전해지는 장영실은 동래현의 관노官奴, 즉 노비였다. 《세종실록》에는 장영실의 부친은 원元나라 사람으로 소주蘇州·항주杭州 출신이고, 모친은 기녀였다고 전한다.

장영실이 태종과 세종대에 살았던 인물인 것만큼은 틀림없지만, 양반이 아닌 까닭에 정확한 생몰 연대는 알 수 없다. 다만, 애매한 실록 기록과 달리 《아산장씨세보》에는 장영실은 항주 출신인 장서蔣壻의 9세손이고, 부친은 장성휘蔣成暉라고 되어 있다. 장영실의 부친은 고려 때 송나라에서 망명한 이후 줄곧 한반도에서 뿌리를 내리고 살았던 귀화인인 셈이다.

이천, 장영실이 만든 간의대. 이것으로 천체의 운행과 현상을 관측했다.

아산장씨 족보에 따르면, 장영실이 관노의 신분으로까지 추락한 것이 잘 설명되지 않는다. 이에 대해 부친인 장성휘가 조선왕조에 들어와 역적으로 몰려 어머니가 관노가 되었다는 주장도 있다. 어떤 것이 사실에 가까운지 현재로는 알 수 없다. 다만 확실한 점은 장영실은 오늘날로 치면 다문화 가정 출신이었고, 과학적 재능이 비상한 인물이었다는 것이다.

장영실은 이미 태종 때부터 그 능력을 인정받아 궁중기술자로 종사했다. 제련製鍊·축성築城·농기구·무기 등의 수리에 뛰어났으며 1421년(세종 3)에 윤사웅, 최천구와 함께 중국으로 유학하여 각종 천문기구를 익히고 돌아왔고 이후 세종의 총애를 받아 정5품 상의원尙衣院 별좌別坐가 되면서 관노의 신분을 벗었고 궁정기술자로 활약하게 된다.

장영실이 상의원별좌 자리에 오르게 되기까지는 우여곡절이 있었다. 장영실에게 상의원별좌라는 관직을 주려했던 세종은 이 문제를 이조판서였던 허조許稠(1369~1439)와 병조판서였던 조말생趙末生(1370~1447)과 의논했다. 이 논의에서 허조는 "기생의 소생을 상의원에 임용할 수 없다"며 반대했고, 조말생은 "가능하다"라고 했다. 두 대신 간의 의견이 일치하지 않자 세종은 재차 다른 대신들을 불러 이 문제를 상의했는데, 대신 중에 유정현이 "상의원에 임명할 수 있다"고 하자 곧바로 장영실을 상의원별좌로 임명했다. 상의원尙衣院은 왕의 의복과 궁중에서 사용하는 물품을 담당하는 기관이었는데, 별좌는 종5품의 문반직이었지만, 월급은 없는 무록관無祿官이었다.

이후에도 장영실이 자격루 제작에 성공하자 세종은 공로를 치하하고자 정4품 벼슬인 호군護軍의 관직을 내려주려 했는데 이때도 논란이 많았다. 그러나 황희가 "김인이라는 자가 평양의 관노였으나 날래고 용맹하여 태종께서 호군을 특별히 제수하신 적이 있으니 유독 장영실만 안 된다고 할 수 없다"고 하자 세종은 장영실에게 호군이라는 관직을 내렸다.

기계시계가 없었던 옛날에는 태양광선이 던져주는 해그림자를 통해 하루의 시간을 알았고, 밤에는 하늘에 반짝이는 별자리의 움직임을 통해 시간을 재었다. 그러나 날씨가 흐리거나 비가 오는 날에는 그러한 방법을 쓸 수가 없었다. 그래서 만들어낸 것이 물시계이다. 물을 넣은 항아리 한 귀에 작은 구멍을 뚫어 물방울이 하나씩 떨어지는 것을 다른 항아리에 받아서 그 부피를 재보면 시간이 지남에 따라 그 부피는 일정하게 늘어나는데, 하루에 흘러 들어간 물의 깊이를 자로 재서 12등분하면 한 시간의 길이가 나오게 된다.

물시계는 중국에서 기원전 7세기에 발명되었다고 전하며 '누각漏刻', 또는 '경루更漏'라고 불렀다. 그러나 매일 물을 갈아주어야 하는 불편함이 있었고 항상 사람이 지켜서 시간을 재어야 했다. 이를 태만히 하면 정확한 시간을 알 수 없었고 시간이 안 맞으면 큰 소동이 일어나는 게 다반사였다. 사람이 일일이 손을 대지 않아도 자동으로 움직이는 물시계를 만들고자 하는 소망은 결국 중국 송나라의 과학자 소송蘇訟이 일궈냈다. 1091년경에 소송은 물레바퀴로 돌아가는 거대한 자동물시계를 발명했다. 그러나 그 장치들이 너무나 복잡하여 소송이 죽은 뒤에는 아무도 만들지 못해 사라졌고, 12~13세기 아라비아 사람들이 쇠로 만든 공이 굴러 떨어지면서 종과 북을 쳐서 자동으로 시간을 알리는 자동물시계를 만들었다.

세종은 그러한 자동 물시계를 반드시 만들어 궁궐에 설치하려 했으나, 자신의 구상을 실현해줄 사람을 만나지 못하고 있었다. 그러다가 장영실을 만났고, 그는 자신의 재주를 높이 사고 면천免賤에, 관직까지 내려준 국왕 세종을 위해 혼신을 다하고자 했다. 이후 당시 세종과 정인지, 정초 등이 조사하고 수집한 자료를 가지고 문헌에 전하는 소송의 물시계와 이슬람 물시계를 비교하면서 '자격루'라는 새로운 자동물시계를 만들어냈다.

자격루의 제작이 성공적으로 끝나자 장영실은 또 하나의 특징적인 자동 물시계 제작에 착수했다. 시간을 알려주는 자격루와 천체의 운행을 관측하는 혼천의渾天儀를 결합한 천문기구를 만들고자 한 것이다. 자격루와 혼천의, 이 두 가지를 결합하면 절기에 따른 태양의 위치를 정확히 알 수 있고 그 절기에 농촌에서 해야 할 일을 백성들에게 전달할 수 있었다. 천지인天地人이 하나로 연결되는 이른바 세종이 꿈꿨던 왕도정치王道政治가 이뤄지는 것이었다. 자격루가 완성된 지 4년 후, 1438년(세종 20)에 장영실은 또 하나의 자동 물시계인 옥루玉漏를 완성하였고, 세종은 경복궁 침전 곁에 흠경각欽敬閣을 지어 그 안에 설치하도록 했다.

노비 출신이 종3품 벼슬에 오른다는 사실은, 문신 중심의 조선사회에서 일개 기술자가 그 높은 벼슬에 오른다는 것은 결코 쉬운 일이 아니다. 그간 장영실이 세운 업적은 조선 최초의 천문관측대인 간의대를 비롯하여 대간의, 소간의, 규표, 앙부일구, 일성정시의, 천평일구, 정남일구, 현주일구, 갑인자 등 이루 헤아릴 수 없을 정도로 많다. 물론 이러한 성과를 내기까지는 세종대왕이라는 걸출한 왕이 있었기에 가능한 것이었다.

세계 최대의 역사기록
: 《조선왕조실록》의 편찬
(1413~1865년)

1413년 《태조실록》 15권을 필두로 세계에서 가장 방대한 편년체 관찬 사서인 《조선왕조실록》 편찬작업이 시작되었다. 편년체란 과거의 사실이나 사건을 연월일별로 기록해놓은 것을 말한다.

과거 국가에서 사서史書를 편찬한 예는 중국 · 한국 · 일본 등 동양 제국에만 있었던 일이다. 사서는 대체로 왕조가 멸망한 뒤 다음 왕조에서 전대 왕조사를 정리하여 만들어지는 것이 보통이다. 중국의 《이십오사二十五史》와 김부식의 《삼국사기》, 조선 세종 때 정인지의 《고려사》가 그 예다. 이외에도 한 황제나 왕이 죽었을 때 다음 왕대에 전왕대의 실적을 사서로 편찬하기도 한다. 중국의 실록과 한국의 《조선왕조실록》이 바로 그 예다.

중국의 실록은 오래 전부터 편찬되어 왔지만, 현재 남아 있는 것은 명실록과 청실록뿐이다. 그러나 방대한 양과 질을 자랑하는 《조선왕조실록》과 달리 중국실록은 상당히 간략하다.

조선은 성리학을 기본이념으로 했던 사회였던 만큼 유교경전과 역사가 매우 중시되었던 시대였다. 조선은 율령이나 사회윤리를 중시했으며, 특히 정통正統이 중요시 되었다. 왕위계승에서의 왕통, 사제관계의 학통, 가족관계의

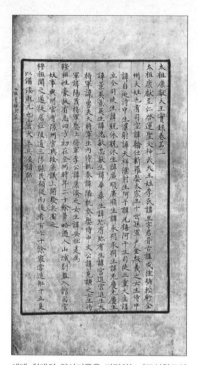

세계 최대의 역사기록을 자랑하는 《조선왕조실록》은 역사 기록을 중시하는 우리 선조의 정신이 담겨 있는 귀중한 사료이다. 그림은 《태조실록》 첫 부분.

족통 등이 그 예다. 그러므로 정통론을 뒷받침해주는 경전과 역사가 중요시되지 않을 수 없었다. 이러한 이유로 중국과 한국은 일찍부터 국가에서 주관하는 관찬사서의 편찬이 활발했다.

실록의 작성은 주로 사관들이 담당했다. 사관은 춘추관 관직을 겸임한 관원들을 말하지만, 특히 예문관의 봉교(정7품) · 대교(정8품) · 검열(정9품) 들이 전임 사관이었다. 이들의 관직은 비록 낮았지만, 국가의 모든 회의에 참석하여 사실을 그대로 기록하는 동시에 그 잘잘못을 그대로 직필할 수 있었다.

조선시대 사관은 있는 그대로 적는 것을 생명으로 했다. 아무리 국왕이라도 잘못이 있으면 그대로 적어 역사의 심판을 받게 했다. 그러나 이것으로 말미암아 필화사건을 유발할 수도 있었다. 따라서 사평史評이 든 사관의 사초史草는 바로 춘추관에 제출하지 않고 집에 보관해 두었다가 왕이 죽은 후에 실록청에 제출하도록 했다. 이 때문에 조선시대 역대 왕들 중에서 태조를 제외하고 사초를 직접 본 왕은 없었다.

사관은 전왕이 죽으면 곧 실록청을 열고 전대 왕의 치적을 실록으로 편찬했다. 이렇게 하여 편찬된 실록은 태조부터 철종까지 25대 총 1천 893권 888책에 이른다. 고종과 순종실록도 있으나 이것은 일제강점기에 일본인들이 주도하여 만든 것이어서 왜곡 또는 허위사실이 많다. 따라서 보통《조선왕조실록》이라 하면 태조에서 철종까지의 실록을 의미한다.

방대한 양의 실록이 후세에 온전하게 전해지기까지에는 물론 많은 우여곡

태백산사고. 《조선왕조실록》을 보관하던 태백산사고의 옛 모습. 1920년대의 사진이다

절이 있었다. 실록 기록의 엄정성과 치밀한 보관은 조선시대 문치주의 정신이 아니고서는 불가능한 일이었다.

《태종실록》편찬 이후 정부는 실록보관의 필요성을 절감하여 1439년 6월 사헌부의 건의에 따라 춘추관·충주·전주·성주의 4사고에 각기 1부씩 봉안했다. 그러나 1592년 임진왜란으로 춘추관 및 충주, 성주사고의 실록이 모두 소실되고 전주사고만이 무사했다.

당시 전주 선비 안의와 손홍록은 일본군이 침입했다는 소식을 접하자 사재를 털어 《태조실록》부터 《명종실록》까지 13대 실록 804권과 여타 소장 도서들을 정읍의 내장산으로 옮겨놓았다. 그리고 정부에 넘겨줄 때까지 1년간 번갈아가며 지켰으니, 이들의 노력이 아니었으면 실록의 완질본이 오늘날까지 전해질 수 없었을 것이다.

임란 이후 실록의 소실을 막고자 국가에서는 춘추관 외에 깊은 산속이나 섬인 강화도 마니산, 경상도 봉화의 태백산, 평안도 영변의 묘향산, 강원도 평창의 오대산에 사고를 설치하여 5사고에 1부씩 보관했다. 그러나 1624년(인조 2) 이괄의 난으로 춘추관 실록은 불타 없어지고, 1633년 후금과의 관계 악화로 묘향산 사고는 전라도 무주의 적상산으로 옮겨 보관했다. 그리고 마니산 사고는 병자호란으로 파손이 심해 현종 때 완전히 보수한 후, 다시 강화도 내 정족산에 보관했다. 이후 실록은 철종 때까지 정족산·태백산·적상산·오대산 등 4사고에 1부씩 보관되어 조선왕조 마지막까지 전해졌다.

일제는 정족산·태백산 사고의 실록을 규장각 도서와 함께 조선총독부로 이관했다. 적상산 사고의 실록은 구황궁 도서관인 장서각에 이관했다. 오대산 사고는 일본 동경제국대학으로 반출했으나, 1923년 관동대지진 당시 거의 불타 없어졌다. 총독부로 옮겼던 정족산본과 태백산본은 1930년 규장각 도서와 함께 경성제국대학으로 옮겨, 이후 오늘날 서울대도서관에 보관되어 있다. 적상산본은 6·25사변 당시 북한에서 가져가 현재 김일성종합대학 도서관에 소장되어 있고, 일부는 한국학중앙연구원 내 장서각에 보관되어 있다.

해방 이후 역사자료의 보고인《조선왕조실록》을 널리 보급하고자 실록의 축소 영인본 외에 번역본을 간행했다. 그리고 CD롬까지 제작되어 한국학 자료로 널리 활용되고 있다.

국가적인 노력이 아니고서는 완전하게 보관될 수 없었던《조선왕조실록》은 역사의 심판을 두려워할 줄 알았던 우리 조상들의 정신이 담겨 있는 귀중한 사료이다.

자주적 역법의 확립
:《칠정산내편》의 편찬
(1442년)

　고대로부터 동아시아 국가들에 있어서 역曆은 매우 중요했다. 역이란 달의 위상변화나 계절의 순환과 같은 자연현상의 질서를 수학적으로 체계화한 법칙을 말한다. 과거 농업을 위주로 하는 사회는 어떤 시기에 무엇을 할 것인지에 대해 정확히 알고 있어야 했으므로 자연현상의 변화에 대해 민감했다. 이 때문에 역은 필수적인 생활지침이었다.

　그런데 전통사회에서 역은 한편으로 통치자의 신성한 심벌로서 정치이념과 강하게 연결되어 있었다. 특히 한나라 동중서에 의해 천행합일설이 대두되면서, 황제는 하늘의 뜻을 대행하는 자로서 하늘의 도를 헤아려야만 했다. 따라서 역은 민중의 농업생활의 지침으로서보다 왕조 권위의 상징으로 더 큰 의미를 지니게 되었다. 물론 하늘의 뜻을 제대로 알고 있는 국가권력임을 과시하기 위해서 정확한 역법이 요구되었다.

　우리나라는 삼국시대부터 갑오개혁 이전까지 중국역법을 그대로 사용했다. 백제의 원가력元嘉曆, 신라의 인덕력麟德曆, 고려의 선명력宣明曆과 수시력授時曆, 조선의 시헌력時憲曆 등이 그것이다.

　중국은 우리나라보다 월등한 역법수준을 가지고 있었다. 따라서 선진적인

역법의 수입은 당연한 것이었다. 그러나 중국역법의 사용은 정치적·문화적 예속을 의미하는 것이었다. 물론 고려시대 때 중국력 외에 각종 역들이 있었으나 점성적인 면이 짙었다. 자주적인 역법을 사용하기 위해서는 그만큼 역법에 대한 이해가 높아야 가능한 일이었다.

역사상 자주적인 역법의 확립을 시도한 왕은 호학의 군주 세종뿐이었다. 세종은 1442년 《칠정산내편》을 편찬하여 우리나라 실정에 맞는 역법을 시도했다. 《칠정산내편》의 편찬은 1432년부터 시작되었다. 세종의 명을 받은 정흠지·정초·정인지와 이순지·김담 등의 여러 학자들이 편찬을 시작, 10년 만에 그 완성을 보았다.

사실 조선은 개국 이후 명의 대통력을 사용했다. 그러나 계산법이나 이치를 모두 알지는 못하고, 그대로 적용하여 사용할 뿐이었다. 세종은 이러한 역법상의 문제를 보완하고 해결해보려 했

앙부일구(위)와 금영측우기(아래). 세종 16년 (1343) 서울의 종묘와 지금의 광화문 우체국 동쪽의 혜정교 앞에 설치한 해시계가 앙부일구이며, 지름 24.3cm. 보물 845호. 금영측우기는 조선 말에 제작된 것으로, 안지름 14cm, 길이 10.8cm. 보물 561호.

다. 세종은 역법의 발전은 이를 다루는 인물에 크게 좌우됨을 깨닫고 능력있는 인재를 등용했다. 그리고 김한·김자안 등을 중국에 보내 계산법을 배우게도 했다. 그러나 세종은 이에 그치지 않고 역법을 다룰 인재양성과 함께 직접 역법을 연구하여 자체적인 역법을 편찬해냈다.

세종대에 편찬된 《칠정산내편》은 원대에 만들어진 수시력을 바탕으로 만

들어졌다.《칠정산내편》을 편찬할 무렵, 조선은 명나라의 정삭(달력)을 받고 있었다. 따라서 명나라에서 사용한 역원曆元(역계산의 기점)을 사용해야만 했다. 그러나《칠정산내편》은 원의 수시력 역원을 따랐다. 명나라를 의식하지 않고 소신있게 옳은 방법을 취해 계산한 것이다.

《칠정산내편》은 수시력에다 단순히 한양의 측정 기준치를 대입한 역법이 아니었다. 칠정은 태양과 달 및 5행성들을 말하는데,《칠정산내편》은 기존의 역법에다 우리나라의 실정에 맞는 보다 편리한 역법을 만들려고 한 노력의 산물이었다. 역법 계산의 기본원리와 이론을 충분히 소화하지 않고서는 정확하고도 편리한 역법의 제작이란 불가능한 일이었다. 그런데 보다 우수한 역법을 운용하려면 중국역법 외에 당시 쓰이고 있던 이슬람의 회회력을 알아야만 했다. 회회력은 그리스의《알마게스트》를 기본으로 한 역법이었다. 마침내 회회력을 바탕으로 한 역법서가 다시 이루어졌으니, 이것이《칠정산외편》이다.

《칠정산내편》은 중국 고대의 전통에 따라서 원주를 365.25도, 1도를 100분, 1분을 100초로 했다. 그러나《칠정산외편》에서는 그리스의 전통을 따라 원주를 360도, 1도를 60분, 1분을 60초로 하고 있다는 점이 큰 차이점이다.

세종은 자주적 역법을 확립하기 위해 관측을 위한 천문기구에도 많은 관심을 기울였다. 그리하여 세종 때 물시계인 자격루와 해시계인 앙부일구가 만들어졌다. 그리고 서운관(관상감)에는 천문관측 시설인 간의대·혼천의 등이 설치되었고, 측우기라는 수표도 만들어졌다. 세종대는 그야말로 과학 문화의 전성기였다.

나랏말이 중국과 달라
: 훈민정음 창제
(1446년)

"나랏말이 중국과 달라 한자와 서로 통하지 않으므로, 어리석은 백성이 말하고자 할 바가 있어도 마침내 제 뜻을 잘 펴지 못하는 사람이 많은지라. 내가 이를 딱하게 여겨 새로 스물여덟 글자를 만드노니, 사람마다 쉬이 익혀 날마다 쓰기에 편하게 하고자 할 따름이라."

1446년 세종은 훈민정음 28자를 만들어 반포하고는 이상과 같이 한글 창제 목적을 분명히 밝혔다. 세조의 한글창제로 우리나라는 비로소 우리글을 갖게 되었다.

우리나라는 삼국시대부터 한자를 사용하기 시작했지만, 한자는 중국의 문

혼일강리역대국도지도(1402). 동양에서 가장 오래된 세계지도로, 아시아·유럽·아프리카를 포함하는 구대륙 지도이다. 146×164cm, 채색필사본. 일본 소재.

강희언의 〈인
왕산도〉. 태
조 4년부터
쌓기 시작한
서울 성곽의
모습이 잘 나
타나 있다.

자이기 때문에 극히 불편하고 또한 익히기 어려웠다. 따라서 항상 일부 특권
층이나 학자층만으로 그 사용이 한정되었다.

물론 한자의 음을 이용한 이두라든가, 한자 자획의 일부를 떼어낸 구결자
등을 사용하기도 했지만, 이 또한 어느 정도 한자를 알아야 가능했기 때문에
일반 서민들과는 인연이 먼 것들이었다. 따라서 우리나라의 언어를 간단하
게 표현할 수 있는 쉬운 문자가 요구되었다.

세종은 왕이기 이전에 성인의 도를 이해하려 했던 학자였다. 유학은 치국
의 요체로서 예악과 성음을 중시했다. 표준음을 바로잡는 것은 치국을 담당
하는 군주의 도리였고, 세종은 이를 달성하고자 했다. 또한 중국과의 원활한
외교를 위해서는 중국어 음을 정확히 파악해야 했으므로 이를 옳게 표기할
표음문자가 필요했다.

세종은 집현전 학자들의 도움을 얻어 1443년(세종 25) 12월에 친히 훈민정
음 28자를 제정했다. 이로부터 3년간 더 세밀한 연구를 하여 마침내 1446년
9월 29일 정식으로 반포했다.

그러나 한글을 만드는 것에 모든 사람들이 찬성한 것은 아니었다. 최만
리·정창손·하위지 등은 새로 문자를 만드는 것은 중국을 섬기는 도리에서
어긋나는 일이라 하며 반대했다. 그러나 세종은 "내가 바로잡지 않는다면 누
가 이를 바로잡을 것인가!"라며 무시했다.

한글이 반포된 뒤 세종은 궁중에 '정음청'을 설치하고 훈민정음의 연구와

보급을 전담케 했다. 이와 같이 세종은 한글의 보급을 위해 힘썼지만 후대 모든 왕들이 한글의 보급에 관심을 기울인 것은 아니었다. 특히 연산군은 한글로 된 책을 모조리 불태우고 한글 교육을 금지시키기도 했다. 그런데 세종이 한글을 만든 데에는 조선왕조의 개창을 합리화하려는 의도도 있었다.

해동육룡이 나르샤 일마다 하늘의 복이시니
옛 성인이 함께 하시니
뿌리 깊은 나무 바람에 아니 움직일세 꽃 좋고 열매가 많나니
샘이 깊은 물은 가뭄에 아니 글칠세 내가 되어 바다에 가나니
주나라 대왕이 빈곡에 살으샤 제업을 열으시니
우리 시조 경흥에 살으샤 왕업을 열으시니

세종은 조선 건국이 천명에 의해 이루어지고 세종의 6대조 이래 공덕에 의해 저절로 건국되었다는 것을 증명하기 위해《용비어천가》를 지었다. 한편, 유교의 통치이념을 전파하고 백성들을 교화하고자 한글로 된《삼강행실도》,《소학언해》등을 편찬했다. 이밖에도《월인천강지곡》,《석보상절》등 불교서적이 한글로 옮겨지고《동국정운》,《사성통고》와 같은 음운서 등이 편찬되었다.

세종은 특히 "내가 만일에 언문으로《삼강행실도》를 번역하여 민간사람에게 나누어 준다면, 어리석은 남녀들도 다 쉽게 깨우쳐서 충신·효자·열녀가 반드시 많이 나올 것이다"라 하여《삼강행실도》의 번역을 강행하고자 했다. 세종은 이외에도 사서오경을 번역시키려 했으나 이루지 못했다. 사서오경은 훨씬 후대인 선조대에 가서나 완성을 보았다.

이와 같이 한글 창제는 세종의 깊은 학문적 열의와 의지가 없고서는 결코 이룰 수 없는 업적이었다. 그러나 훈민정음이 실제로 일반민들에게 보급된 것은 두 세기가 지나서였다.

'불평등'을 정당화한 《삼강행실도》

조선시대 성리학적 사회윤리의 보급 주체자는 양반사족이었다. 농민은 도덕을 쌓은 지배층들의 교화대상이었다. 사족들은 각 지방마다 향약이라는 향촌자치규약을 만들고 《삼강행실도》, 《가례》, 《소학》 등 윤리서를 유포시켜 성리학적 사회윤리를 두루 퍼뜨렸다. 《삼강행실도》는 세종 때 자식이 부모를 시해한 사건을 계기로 중국의 효자 · 충신 · 열녀들의 사례를 그림과 칭송하는 시로 엮어 편찬한 책이다. 《가례》는 주자가 모친상을 당하면서 유교적 관혼상제의 예를 당시 실정에 비추어 재정리한 것이다. 《소학》은 주자가 만년에 풍속이 문란하고 인재가 없는 현실을 개탄하여 사회풍조를 일신하려는 목적으로 유교경전과 선현들의 언행에서 기본적인 것을 가려뽑아 만든 책이다. 특히 《가례》와 《소학》은 생원진사 시험과 문과 응시에 앞서 먼저 치르는 과목이 되기도 했다.

성리학적 사회윤리 보급서들은 대개 왕명으로 간행이 이루어졌고, 중앙관서와 지방 군현에 배포되었다. 충과 효를 강조하고, 불교식 장법인 화장을 금지하는 반면, 제사 및 가묘를 짓는 것은 바로 성리학적 사회윤리의 대표적인 예이다. 성리학적 사회윤리는 건강한 사회를 형성시키기도 했지만, 불평등한 신분관계와 사회질서를 당연히 긍정하게 하는 지배층들의 지배윤리로 작용하는 역기능도 있었다.

세조의 왕위 찬탈과 사육신
: 계유정난의 발발
(1453년)

수양대군首陽大君으로 더 많이 알려진 조선왕조 7대왕 세조. 그는 어떤 사람이었을까. 단편적으로 그에 대한 역사적 평가는 엇갈린다. 어린 조카인 단종端宗의 왕위를 찬탈하고 수많은 신하들을 죽인 피의 군주이면서, 부친인 세종의 위업을 계승한 치적군주의 이미지도 아울러 가지고 있기 때문이다.

세종은 일찍이 병약한 문종과 어린 단종을 보면서 수양대군의 존재를 걱정했다. 원래 수양대군은 진양대군이었다. 수양대군으로 이름을 고친 사람은 부친인 세종이다. 세종이 수양대군으로 이름을 바꾼 것은 아마도 수양산에서 절개를 지키다 굶어죽은 백이·숙제처럼 절개를 지키라는 의미였을지 모른다. 세종은 수양대군이 어린 조카인 성왕을 성군으로 만든 주나라의 주공周公처럼 되기 바랐지만, 수양대군의 속마음은 달랐다.

쿠데타의 최대 희생자인 단종은 1452년 5월 18일 경복궁 근정전에서 12살이라는 어린 나이로 왕위에 올랐다. 그러나 태어나면서 어머니를 잃고 다시 아버지마저 잃은 어린 단종은 왕위에 오른 지 3년 만인 1455년 윤6월 11일 숙부인 수양대군에게 왕위를 물려주었다.

왕위에 오른 세조는 재위기간 중에도 수많은 난관에 봉착했다. 이른바 사

한때는 공동묘지였던 사육신 묘의 모습. 현재 서울 동작구 노량진동에 있다.

육신死六臣 사건을 비롯하여 금성대군이 주동한 단종 복위운동과 이시애李施愛의 난 등 즉위 초반에는 불안의 연속이었다. 이러한 난관들은 대체로 그의 정통성을 문제 삼아 일어난 것이었다. 왕위찬탈자라는 명분상의 약점은 언제든지 단종의 복위운동으로 이어질 수 있었다. 특히 집현전 출신의 젊은 학자들이 세조의 왕위찬탈을 비판적인 시선으로 보고 있었다. 이들은 혈기왕성한 유학자들답게 명분을 중히 여겼다. 게다가 세조가 왕위에 오른 후 정국 주도권이 세조의 측근공신들에게 넘어가면서 왕권은 소외되었다.

이런 상황에서 집현전 출신의 젊은 관료들과 단종 및 문종 처가 식구들을 중심으로 단종 복위 움직임이 조심스럽게 이뤄지고 있었다. 중심인물은 성삼문과 박팽년이었다. 승정원에 근무했던 성삼문은 나름대로 세조의 동태를 파악하고 있었고 명나라 사신이 한양에 도착한다는 정보를 입수하여, 1456년 6월 1일에 거사를 이루기로 했다.

> "성삼문과 박팽년이 말하기를 6월 1일 연회장의 운검雲劒으로 성승과 유응부가 임명되었다. 이날 연회가 시작되면 바로 거사하자. 우선 성문을 닫고 세조와 그 우익들을 죽이면, 상왕을 복위하기는 손바닥 뒤집는 것과 같을 것이다."
>
> 《연려실기술》 단종조고사본말

그러나 이들의 거사는 채 이루기도 전에 발각되고 말았다. 성삼문과 함께 단종 복위를 도모하던 김질이 단종 복위음모 사실을 누설해 버린 것이다. 세조는 김질과 성삼문을 불러들였다.

"너희들이 어찌하여 나를 배반하는가."

"옛 임금을 복위하려 함이라, 천하에 누가 자기 임금을 사랑하지 않는 자가 있는가. 어찌 이를 모반이라 말하는가. 나 성삼문이 이 일을 하는 것은 하늘에 두 해가 없고, 백성은 두 임금이 없기 때문이라."

인두질에 성삼문은 도모하던 동지들의 이름을 대었다. 이에 따라 성삼문을 비롯한 박팽년 · 하위지 · 이개 · 유응부 · 유성원 · 김문기 등 이른바 사육신들이 체포되어 죽음을 당하거나 자결하는 사태가 벌어졌다.

당시 성삼문은 시뻘겋게 달군 쇠로 다리를 지지고 팔을 잘라내는 잔학한 고문에도 굴하지 않고 세조를 '나으리'라 부르며 왕으로 대하지 않았으며, 나머지 사람들도 진상을 자백하면 용서한다는 말을 거부하고 형벌을 당했다. 박팽년 · 유응부 · 이개는 작형灼刑(단근질)을 당하였고, 후에 거열형을 당했다. 하위지는 참살당했으며, 유성원은 잡히기 전에 자기 집에서 아내와 함께 자살했다.

사육신이 세상에 널리 알려지게 된 것은 생육신生六臣이 있기 때문이었다. 사육신은 이미 죽었지만 살아남은 생육신 중의 한사람인 남효온南孝溫이 '사육신전'을 지어 세상에 유포시킴으로써 이들의 이름이 후세에 널리 알려지게 되었다. 계유정난 이후 세조의 정통성을 인정하지 않고 은둔으로써 항거했던 여섯 명의 선비가 있었는데 이들은 목숨을 내놓고 저항했던 사육신과 대비된다는 의미에서 '생육신'이라 했다. 김시습 · 원호 · 이맹전 · 조려 · 성담수 · 남효온이 그들인데 이들은 한평생 벼슬하지 않고 단종을 위해 절의를 지키다가 세상을 떠났다.

세조는 극단적인 방법으로 정적들을 제거하면서 정치를 안정시켰다. 그과정에서 신권을 축소시키고 왕권을 강화시키다보니 문치文治보다는 패도覇道정치로 변모해갔다. 그 결과 유교 대신 불교를 숭상하는 정책을 펴서 불경간행 등 공적도 남겼으나, 독단적인 정치에 따른 폐해도 적지 않았다. 더욱이 세조는 자신의 골육인 단종과 금성대군 등을 죽이면서 자신을 왕으로 옹립한 한명회·신숙주 등을 효과적으로 견제하지 못하고 오히려 혼인을 통해 연결되어 이들의 권세를 더욱 심화시켰다. 게다가 강력한 중앙집권화를 추진하던 도중 이시애의 난을 만나자 오히려 주춤하는 모습을 보이기도 했다. 파란만장한 생을 살았던 세조도 죽음을 예감하고 1468년(세조 14) 음력 9월 7일 아들인 예종에게 왕위를 물려주었다.

세조, 그 묘호의 뜻

왕이 죽으면 왕가의 사당인 종묘宗廟에 신주神主를 모시게 된다. 신주가 종묘에 들어갈 때 그 공적을 기리며 이름을 짓는데, 그것이 이른바 묘호廟號이다. 태조, 태종, 세종 등 역대 왕들의 묘호에서 보듯이 조선시대 국왕의 묘호는 두 글자로 지어졌다. 첫 글자는 임금의 업적을, 두 번째 글자는 종법상의 지위를 나타낸다. 예컨대 나라의 창업자는 '태조太祖'라는 묘호를 쓴다. 조祖는 주로 창업개국자에게 주어지는 묘호이고, 나머지 후대왕들은 '종宗'자를 쓴다. 그런 이유로 중국의 역대 황제 가운데 창업자나 그 4대조 외에 '조'자를 쓴 예는 거의 없었다.

세조의 경우도 원래 묘호로 거론된 것은 신종神宗, 예종睿宗, 성종聖宗이었다. 그러나 세조라는 묘호는 후대왕인 예종이 고집하여 결정된 것으로 기록되어 있다. 사실 세조는 개국자가 아닌 계승자이므로 '조'가 아닌 '종'을 쓰는 것이 맞다. 그럼에도 불구하고 세조는 계승한 왕이라는 '세世'자와 나라를 세운 왕이라는 '조祖'자를 모두 가진 왕이 되었다. 이런 경우는 세조 외에도 선조나 인조가 있는데 대체로 후대에 무리하게 묘호를 붙인 결과라 볼 수 있다.

비록 세조라는 묘호는 세조 자신이 작명한 것은 아니지만, 그의 평범치 않은 이력과 무관하지 않을 것이다. 세조의 특별함은 묘호만이 아니다. 세조와 함께한 공신들은 국가 재건의 공로가 공식적으로 인정되었고, 세조는 종묘에서 아무리 대수가 달라져도 결코 신주가 옮겨지지 않는 불천위不遷位의 지위를 가졌다.

조선왕조 통치체제의 완성
:《경국대전》반포
(1484년)

태조는 1392년 7월 즉위교서에서 '의례와 법제는 고려의 옛 제도를 잠정적으로 그대로 따른다'고 했다. 왕조교체로 인한 동요와 혼란을 막기 위해서였다. 그러나 신왕조가 개창되었는데 고려의 법제를 계속 그대로 쓸 수만은 없었다. 조선은 태종 이후 왕권이 서서히 안정되면서 중앙관제와 지방 관제가 정비되어 갔다. 그리고 성종대《경국대전經國大典》이 반포됨으로써 조선의 통치체제는 그 틀이 마련되었다.

《경국대전》의 완성을 보기 이전부터 새로운 사회를 마련하려는 노력은 개국초기부터 계속 이어져왔다. 태조 6년(1397)에 조준 등은 조선왕조 최초의 법전이라 할 수 있는《경제육전》을 편찬했다. 그러나 이《경제육전》은 종합법전이 아니어서 조문마다 중복되거나 모순되는 내용이 많았다.

따라서 세조 때부터 이러한 부분을 시정한 종합법전을 편찬하려 했는데, 이것이 바로《경국대전》이다. 세조 1년(1455) 양성지의 건의에 따라 육전상정소를 설치하고 본격적으로《경국대전》편찬작업에 착수했다. 편찬에 착수한 지 30년 만인 성종 15년(1484)에 완성을 보았으니,《경제육전》시대를 합친다면 전후 90년이 걸려《경국대전》이 완성된 셈이다.

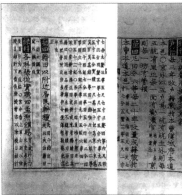

《경국대전》. 조선왕조의 통치체제를 완성한 법전인《경국대전》은 이·호·예·병·형·공전으로 나누어져 있다. 그림은《경국대전》의 호전 부분과 조선조의 처형장면을 보여주는 '안면에 종이 덮고 물뿌리기'.

　《경국대전》이 이와 같이 오랜 세월이 걸려 편찬된 것은 법전편찬의 어려움 때문이기도 했지만, 법의 존엄성을 확신한 조선왕조 양반관료들의 엄정한 법정신을 반영했기 때문이다.

　경국대전의 전典이란 '영구히 시행되지 않으면 안 될 법규' 즉, 영구법을 말한다. 《경국대전》은 이·호·예·병·형·공전으로 나누어져 있는데, 이전은 관제와 관리의 임명, 호전은 재정 및 민사에 대한 규정, 예전은 과거·제례·외교·교육, 병전은 군제와 군사, 형전은 형벌·노비·재판, 공전은 도로·교량·도량형 등을 각각 규정하고 있다.

　《경국대전》의 편찬은 조선왕조 통치의 법적 기초, 즉 통치규범 체제를 확립했다는 데에 커다란 의의가 있다. 조선왕조의 정치·사회적 규범은 그 이전 시기인 고려시대와는 확연히 다르다는 것을《경국대전》은 보여준다.

　조선왕조의 정치체제는 중앙집권적 양반관료제였다. 조선시대에 이르러 거의 모든 군현에 수령을 직접 파견하게 되었으며, 관료가 될 수 있는 신분층 곧 사대부 계층이 생겨났기 때문이다. 따라서 조선왕조의 정치기구는 절대왕권과 새로운 지배층인 양반관료 사이의 권력조화를 추구했다.

　이와 같은 정치구조는《경국대전》의 완성과 함께 이루어졌다. 정치기구는 형식상 문·무반으로 양분되었지만, 문반 위주로 운영되었다. 최고의결 기관인 의정부, 행정권을 가진 육조, 국왕의 비서기관인 승정원, 언론기관인 삼

조선의 신분제도. 조선은 엄격한 신분제 사회였다. 15세기까지는 양반·상민·천인의 3계층으로, 16세기 이후에는 중인층의 형성으로 양반·중인·상민·천인의 4계층으로 크게 나누어진다. 그림은 김득신의 〈노상현알〉로, 조선사회의 신분관계를 잘 보여준다.

사 등 중앙의 중요기관은 거의 문반에 속했다. 무반의 최고기구는 중추부지만 실권은 거의 없고, 실질적인 최고관부인 오위도총부도 문관이 겸직했다. 따라서 모든 실권은 문반에 편중되어 있었다.

한편, 조선 초기 양반사회의 경제기반을 이루었던 것은 과전법이라는 토지제도였다. 고려 말 농장의 발달로 문란해진 토지제도를 바로잡고 국가 재정을 확보하고자 과전법이 실시되었다. 과전법은 세조 때 직전법으로 바뀌었는데, 이는 사전私田의 확대에 따른 불가피한 조치였다.

조선시대는 또한 사회적 신분질서가 엄격히 구분되었던 시대였다. 조선시대에는 고려와 달리 중인층이 형성되면서 양반·중인·상민·천인의 4계층으로 구분되었다.

사실 양반은 고려시대 문무반을 의미했으나, 조선시대에 와서는 '글 읽고 과거에 급제하여 정치에 참여'하는 사대부 계층을 뜻했다. 그 아래인 중인 신분은 고려시대에는 없었던 계층이다. 중인은 양반 지배를 돕는 신분으로, 기술직 종사자와 지방 아전들 그리고 군교軍校 및 서얼 등을 통틀어 일컫는 계층이었다.

농민은 상민과 천인으로 법제상 구분되어 있었다. 그리고 상민과 천민의 중간에는 신분은 상민이나 직업은 천한 '신량역천身良役賤'이라는 계층이 있었다. 천인은 대부분이 노비들로서 국가나 양반에게 예속되어 있었다. 노비들은 매매와 상속이 가능한 존재로서 양반들의 토지 다음가는 재산이었다.

《경국대전》에는 이러한 신분제도에 따른 법의 운영이 실려 있다.

'호적에는 호주의 거주지·관직이나 신분·성명·나이·본관, 4대조와 처의 성씨·나이, 4대조와 이들이 거느리고 있는 자녀의 이름과 나이를 기록한다. 그리고 노비와 머슴의 이름·나이 등도 기록한다.'

조선사회에는 호적에 각자의 신분을 기록했으며, 양반에 비해 다른 신분들은 법의 제약이 많았다.《경국대전》에 기록되어 있는 법은 조선시대 법치주의 정신의 표상물이기도 하지만, 한편으로는 양반의 지배를 합리화시켜주는 장치이기도 했다. 따라서 양반 외 다른 계층들의 기득권에 대해서는 배타적이었다. 예컨대 서자들은 과거시험을 볼 수 없는 서얼금고법, 과부 재가금지법, 개가녀의 자손은 관직에 오를 수 없게 하는 법, 노비가 상전을 고소하면 교수형에 처하는 강상죄, 동성동본의 통혼금지 등은 조선사회가 양반계층과 성리학적 사회윤리를 바탕으로 한 가부장적 남성중심의 사회라는 것을 말해준다.

이러한《경국대전》체제도 임진왜란을 겪으면서 16세기 이후에는 점차 변화했으며, 갑오개혁을 겪으면서 거의 붕괴되었다.

못다 이룬 왕도정치의 꿈
: 중종반정과 조광조
(1506~1519년)

1494년, 자신에게 주어진 왕권을 마음껏 휘둘렀던 연산군이 왕위에 올랐다. 그런데 연산군 재위하의 정국은 특권관료층인 훈구세력과 성종 때부터 정계에 진출하기 시작한 신진사류, 즉 사림세력이 정치적으로 대립하던 때였다.

연산군은 널리 알려진 바와 같이 학문과 정치에 힘쓰기보다는 사치와 향락으로 국정을 어지럽혔던 폭군이었다. 1498년 연산군은 이극돈·유자광·노사신 등의 훈구세력과 결탁하여 성리학적 입장에서 왕도정치를 추구하던 사림파, 즉 김일손 등 김종직 문도들을 거세해버렸으니, 이것이 바로 '무오사화'다.

이후 연산군은 1504년 생모인 폐비 윤씨의 참사를 구실삼아 훈구세력과 사림세력 모두를 한꺼번에 제거해버리는 '갑자사화'를 일으켰다. 연산군은 임사홍 등 측근세력을 이용하여 훈구세력의 경제적 기반을 탈취하고 막강한 왕권을 누리고자 했다.

연산군의 학정은 궁중세력이 중심이 된 측근들과 결탁하여 이루어진 것이었다. 따라서 위기감을 느낀 훈구 및 사림세력은 연산군을 제거하고자 했다.

조선시대 문인들의 시회
모습. 1599년. 〈기로연시
화첩〉에 실린 그림.

1506년(연산군 12) 전 이조참판 성희안은 박원종과 뜻을 모아 정변을 꾀했
다. 이들은 이해 9월 1일 밤, 병사들을 훈련원에 모아 광화문 밖에서 먼저 왕
비 신씨의 형 신수근과 임사홍 등을 때려죽이는 정변을 일으켰다. 그리고 다
음 날 아침 궐문 밖에서 윤대비(성종계비)의 하교를 요청하고, 그 지시로 연산
군을 폐하여 강화도 교동에 가두는 한편, 성종의 둘째아들인 진성대군을 추
대했다. 이가 곧 11대 중종(재위 1506~1544)이며, 이 정변을 중종반정이라 한
다.

왕위에 오른 중종은 연산군 때의 여러 가지 폐정을 개혁하는 한편, 문벌
세가들을 누르고 새로운 왕도정치의 이상을 실현하고자 했다. 그런데 중
종의 개혁정치 뒤에는 1515년 중종의 신임을 얻고 정계에 진출한 조광조
(1482~1519)라는 신진사류가 있었다.

조광조는 일찍이 사림세력을 대표한 김종직의 제자 김굉필로부터 학문을
배웠고, 이후 오로지 주자학의 도를 실천에 옮기려 노력한 도학자였다.

"군주의 덕은 공경보다 더 큰 것이 없습니다. 속으로 실천함이 있어야 아
랫사람들이 보고 느껴서 분발하게 될 것입니다. 일을 처리하고 사물에 대응
할 때에는 공간에서 형평을 이루도록 모범을 삼아야 할 것입니다."

조광조는 철저한 주자학자였던 만큼 도학道學정치를 주장하며 군주의 수
신과 백성의 교화를 강조했다. 그는 《소학小學》을 강조하고, 향촌사회의 질서

조광조의 글씨. 급격한 개혁정책으로 기성세력인 훈구파의 반발을 사 기묘사화가 일어났고, 이후 조광조는 유배, 사사되었다.

를 재편하는 향약을 실시했다. 그리고 자신의 이상을 이루기 위해 과거제도를 폐지하고 현량과를 실시하여 자신의 세력을 중앙으로 진출시켰다. 조광조를 비롯한 사림세력들은 국가의 예제와 함께 향촌사회의 질서 · 가족제도까지도 성리학적 이념을 따를 것을 주장했다. 지방 중소지주 출신인 이들은 훈구파의 비리를 비판하고 자신들의 경제 · 사회적 입장을 강화해 나갔다.

조광조의 과격하고도 혁신적인 개혁정치는 기성훈구파와의 마찰을 불러왔다. 게다가 중종 또한 조광조의 지나친 도학적인 언행에 염증을 느끼고 있었다.

마침 반정공신의 위훈삭제 문제를 계기로 불만이 팽배해 있던 훈구파의 남곤 · 심정 등은 중종의 이러한 마음을 십분 이용했다. 이들은 중종에게 조광조 등이 당파를 조직하여 나라를 뒤집어 놓았다고 주장했다.

조광조가 실각하게 된 계기를 마련한 위훈삭제 문제는 다음과 같은 것이었다.

조광조는 '중종반정에 아무런 공로도 없이 공신으로서 대우를 받은 자가 많으므로, 이들을 공신에서 삭제하여 명분을 바로잡아야 한다'는 내용의 '위훈삭제 상소'를 올렸다. 중종은 마지못해 조광조의 건의를 받아들여 공신 107명 중 76명을 삭제하기에 이르렀으나, 이 일은 오히려 반대파들의 반발을 더욱 부추기는 빌미가 되고 말았다.

남곤 등 반대파들은 대궐 나뭇잎에 과일즙으로 '주초위왕走肖爲王'이라는 글자를 써 벌레가 파먹게 한 다음 궁녀로 하여금 이를 따서 왕에게 바치도록 하여 의심을 북돋았다. 그리고 왕에게 조광조 일파가 당파를 조직하여 조정을 문란케 하고 있다고 탄핵했다. 그간 조광조의 지나친 개혁정책에 염증을 느낀 중종도 이 탄핵을 받아들이고 말았다.

조광조는 김정·김구·김식·윤자임 등과 함께 투옥되었다. 이들이 체포되자 성균관 유생 등 선비 1천여 명이 광화문 밖에 모여 조광조의 무죄를 부르짖는 시위를 벌였다. 1519년 11월 조광조는 능주에 유배되었다가 죽음을 당하고, 그 일파들도 모두 죽음을 당하거나 유배되었다. 중종 14년의 일로, 이해가 기묘년이었으므로 이를 '기

조선의 백자. 백자상감 연당초문대접(위). 조선 전기. 높이 7.6cm. 입지름 17.5cm. 국보 175호. 국립중앙박물관 소장. 백자상감 모란엽문편병(아래). 조선 전기. 높이 23cm. 보물 791호.

묘사화'라 하며, 이때 화를 입은 신하들을 '기묘명현'이라고 부른다.

이로써 기성세력인 훈구파를 축출, 새로운 정치질서를 이루려던 신진사류들의 계획은 현실의 벽에 부딪쳐 좌절되고 말았다. 율곡 이이는 이때의 일을 두고 다음과 같이 평했다.

"조광조는 어질고 밝은 자질과 나라를 다스릴 재주를 타고났음에도 불구하고, 학문이 채 이루어지기 전에 정치일선에 나간 결과 위로는 왕의 잘못을 시정하지 못하고, 아래로는 구세력의 비방도 막지 못하고 말았다."

현모양처의 삶, 화가로서의 삶
: 신사임당과 율곡
(1504~1551년, 1536~1584년)

시와 그림에 능한 예술가이자 율곡 이이를 낳은 훌륭한 어머니. 48세를 일기로 작고할 때까지 그리 길지 않은 삶을 살았지만, 훌륭한 작품을 남긴 천재 화가로서, 그리고 위대한 학자이자 정치가였던 율곡 이이의 어머니로서 신사임당은 현모양처賢母良妻의 상징하는 인물로 5세기가 지난 오늘날에 도 여전히 추앙받고 있다.

신사임당은 1504년(연산군 10) 외가인 강원도 강릉 북평촌(현재 강릉시 죽헌동)에서 서울 사람인 아버지 신명화申命和와 강릉 사람인 어머니 용인 이씨 사이에서 다섯 딸 중의 둘째로 태어났다. 신사임당이 태어난 강릉은 서쪽으로 대관령이 병풍처럼 쳐져있고, 동쪽으로는 푸른 동해 바다가 펼쳐져 있는 곳으로 역사적으로는 예국濊國의 수도로 오랜 전통을 간직한 곳이다.

신사임당의 아버지 신명화는 본관이 평산으로 고려 태조 때의 건국공신인 신숭겸의 18세손이다. 신사임당의 생애에서 눈여겨봐야 할 것이 강릉지역에 터를 둔 외가이다. 어머니 이씨 부인은 본관이 용인이며 강릉 사람으로 참판을 지낸 최응현의 손녀이다. 이씨 부인은 강릉에서 외조부인 최응현 밑에서 자랐으며, 아버지 최치운은 이조참판을 지낸 인물이다.

강릉 오죽헌. 율곡 이이의 생가이다.

신사임당의 본명은 신인선이다. 사임당은 당호이며, 사임당 외에도 '시임당', '임사제'라고도 했다. 사임당이라고 지은 것은 중국 고대 주나라 문왕의 어머니로 뛰어난 부덕을 갖추었다는 태임太任을 본받는 뜻이 담겨져 있다. 태임은 신사임당의 롤모델이었다.

사임당은 7세 때부터 스승 없이 그림 그리기를 시작했다고 전한다. 세종 때 안견의 〈몽유도원도〉, 〈적벽도〉, 〈청산백운도〉 등의 산수화를 보면서 모방해 그렸고 특히 풀벌레와 포도를 그리는 데 남다른 재주가 있었다. 사임당은 어머니 이씨, 할머니 최씨와 더불어 오죽헌에 살면서 시와 그림, 글씨 등을 외가를 통해 전수받았다.

사임당이 결혼한 것은 1522년인 19세 때로 남편은 덕수 이씨 가문의 이원수였다. 이후 2년 뒤인 21세 때 맏아들 선, 26세 때 맏딸 매창, 33세에 셋째 아들 율곡 이이를 낳는 등 모두 4남 3녀를 낳아 길렀다.

기록에 따르면 사임당은 38세 때 서울 시집에 정착하기까지 근 20년을 강릉에서 주로 살았다고 한다. 아들이 없었던 것이 가장 큰 이유라 할 수 있다. 사임당은 어머니 이씨와 마찬가지로 친정에 아들이 없어 시집인 서울에 가서 살지 않고 친정인 강릉에서 주로 생활했다. 결혼 몇 달 후 부친이 세상을 떠나자 친정에서 3년 상을 마치고 서울로 올라오기도 했고, 이후 시가인 파주 율곡리에 기거하기도 하고, 강원도 평창군 봉평면 백옥포리에서도 살기도 했다. 때로는 친정인 강릉에 가서 홀로 계시는 어머니의 말동무를 해드리

신사임당.

면서 셋째 아들인 율곡 이이를 낳았다.

사임당은 38세 되던 해에 시집 살림을 주관하기 위해 서울로 올라와 수진방(현재 청진동)에서 살다가 48세에 삼청동으로 이사를 했다. 같은 해 남편이 수운판관에 임명되어 아들들과 함께 평안도로 갔을 때 갑자기 세상을 떠나고 말았다. 간혹 아팠다는 기록이 있는 것으로 보아 건강하지는 못했던 것으로 보인다. 이 때 부군인 이원수의 나이가 51세였고 부인인 사임당이 사망한 이후 10년을 더 살았다.

부인을 잃은 후 이원수는 어린 자식들 때문이었는지 재혼하지 말라는 그녀의 유언에도 불구하고 재혼을 했다. 사임당은 뒤에 아들 이이 덕분에 정경부인에 증직되었고 그의 유적으로는 탄생지인 오죽헌과 묘소가 있는 조운산이 있다.

사임당은 아들 없는 집안의 다섯 딸 중 둘째 딸로 태어나 시와 글씨, 그림에 남다른 재능이 있었고 현모양처로 인품과 재능을 겸비한 여성으로 알려져 있다. 오늘날 사임당은 율곡 이이를 낳은 어머니로 더 유명하지만, 그녀가 살았던 시기에는 산수도를 잘 그린 화가로서 명성이 자자했다. 동시대에 유명한 시인이었던 소세양蘇世讓(1488~1562)은 신사임당의 산수화에 '동양 신씨의 그림족자'라는 제목의 시를 지었다고 전한다. 율곡의 스승인 어숙권은 신사임당이 안견安堅 다음가는 화가라 칭할 정도였다.

화가로 유명했던 사임당이 부덕의 상징으로서 존경받게 된 것은 사후 1백년이 지난 17세기 중엽이다. 조선 유학을 보수화로 이끈 인물인 송시열宋時烈이 사임당의 그림을 찬탄하면서 천지의 기운이 응축된 힘으로 율곡 이이를 낳았을 것이라는 평가에서 비롯되었다. 율곡이 유학자들 사이에서 존경의

대상이 되자 사임당은 천재화가보
다는 그를 낳은 어머니로 칭송받
기 시작했다.

율곡 이이.

　사임당이 어머니로서 칭송받게
된 것은 율곡 이이의 명성이 큰 영
향을 끼쳤다. 1536년(중종 31) 12월
26일 강릉 북평촌(죽헌동) 오죽헌
에서 태어난 율곡은 타고난 효자
였고, 뛰어난 성리학자이자 경세가
였다. 신사임당은 율곡을 출산하기
전날 밤에 검은 용이 침실 쪽으로
날아오듯 달려오는 꿈을 꾸었다고 한다. 율곡의 어릴 적 이름인 '현룡見龍'과
출산했던 방인 '몽룡실夢龍室'은 모두 신사임당이 꾼 꿈과 연관이 있다.

　율곡은 말을 배우면서 동시에 글을 읽을 줄 알았다고 한다. 일곱 살 때 어
머니로부터 글을 배우면서 문리가 통했다. 여덟 살에 아버지의 고향인 파주
에서 생활하며 그곳에 있는 화석정에 올라가 소년시절의 꿈을 키웠다. 화석
정에 얽힌 율곡의 일화는 너무나 유명한데, 선견지명이 있었던 율곡이 임진
왜란으로 선조가 피난을 떠날 것을 미리 알고 화석정 기둥에 기름을 발라 놓
았다고 전한다.

　율곡이 어머니를 여읜 것은 16세 때였다. 어머니이자 스승이었던 사임당
의 죽음은 그에게 큰 고통을 안겨주었다. 3년간의 시묘생활을 하면서 자신이
직접 제상에 올릴 음식을 손수 마련했다. 어머니를 잃은 고통으로 율곡은 금
강산에 입산하여 방황도 했으나, 이후 마음을 다잡고 일생 동안 조선을 이상
적인 나라로 만들고자 국정 운영에 참여했다.

　율곡은 29세 때 임명된 호조좌랑을 시작으로 관직에 진출, 수많은 중앙 관
서의 핵심 요직을 두루 거쳤다. 청주목사와 황해도관찰사를 맡아 지방 외직
까지 경험한 그는 40세 무렵부터 정국을 주도하는 인물이 되었다. 관직생활
을 통해 얻은 경험을 바탕으로 《동호문답東湖問答》, 《만언봉사萬言封事》, 《성

학집요聖學輯要》등을 지어 국정 전반에 관한 개혁안을 제시하였고, 성혼成渾 (1535~1598)과 '사단칠정四端七情'에 대해 논쟁하기도 했다.

그러나 1576년(선조 9) 무렵 동인과 서인의 대립이 심화되면서 중재 노력이 수포로 돌아가고, 건의한 개혁안마저도 선조가 받아주지 않자 벼슬을 그만두고 파주 율곡리로 낙향했다. 이후 다시 벼슬길로 나가 '시무육조時務六條'를 지어 왕에게 바치고 왜의 침입에 대비하고자 '십만양병설'을 주장했다. 그러나 받아들여지지 않자 다시 낙향한 후 49세를 일기로 세상을 떠났다. 그의 사후 9년 뒤 조선에는 임진왜란이 발발했다.

부자들을 향해 칼을 들다

: 임꺽정의 난 (16세기)

조선후기 실학자 성호 이익은 조선의 3대 도적으로 홍길동, 장길산과 임꺽정을 꼽았다. 성호가 3대 도적으로 이들을 꼽은 것은 비단 대도大盜여서만은 아닐 것이다. 당시 위정자들은 이들을 도적떼로 몰고 갔지만, 실제로는 자신의 이익만을 추구하며 가렴주구苛斂誅求를 일삼는 위정자에 대한 농민의 저항이자 신분해방의 부르짖음이 담긴 의적義賊이라는 시각이 담겨있었다.

임꺽정의 난은 역대 반란 가운데서도 상당히 장기적으로 지속되었고 조선 전체를 뒤흔들었다. 영의정 상진, 좌의정 안현, 우의정 이준경, 중추부 영사 윤원형 등 당대 최고의 실권자가 모여서 황해도를 휩쓰는 도적떼를 없앨 대책을 세운 것이 1559년(명종 14) 3월 27일이었다. 이후 관군에 의해 소탕된 것이 1562년(명종 17) 1월 초였으니 무려 3년이 넘게 관군의 추적을 받았음에도 불구하고 황해도를 중심으로 오랜 기간 지속되었다.

실제 명종대의 진정한 대도는 임꺽정이 아니라 실권자였던 문정왕후의 혈육 윤원형尹元衡이었다. 윤원형은 명종의 외삼촌이자 문정왕후의 동기간이라는 지위를 이용하여 사리사욕을 채우고 있었다. 임꺽정은 우연하게 출연한 도적이 아닌 것이다. 사실, 임꺽정이 활약했던 황해도 지역의 지방 관리들은

임꺽정의 활동근거지로
전하는 고석정. 강원 철
원군 동송면 장흥리에
있다.

명종의 모후인 문정왕후의 친정붙이들이었다. 임꺽정 난이 기록상 보이기
시작하는 1559년 황해도 지역은 극심한 흉년과 전염병으로 죽은 시체가 들
판에 가득할 지경이었다. 가난과 전염병으로 쪼들린 농민들은 살 곳을 잃고
떠돌아다니다가 도적이 되는 것이 기본 수순이었다.

난의 주동자였던 임꺽정은 백정 출신이었지만, 그와 뜻을 같이 했던 사람
들은 다양했다. 상인, 대장장이, 노비, 아전, 역리 등 실로 다양한 직업을 가진
인물들이 포진하고 있었고 임꺽정은 자신만의 리더십으로 이들을 이끌었다.

임꺽정의 활동 무대는 처음에는 구월산·서흥 등 산간지대였으나 점차 시
간이 흐르고 따르는 무리들이 많아지면서 평안도와 강원도, 안성 등 경기 지
역으로까지 확대되어 갔다. 관군들이 일찍이 임꺽정의 세력이 커질 때까지
제대로 파악하지 못한 것은 황해도 일대의 아전과 백성들이 임꺽정과 비밀
리에 결탁되어 관에서 잡으려고 하면 그 사실을 미리 알려주었기 때문이다.
결국 관에서는 선전관宣傳官이라는 무장을 내세워 추적하게 했지만, 임꺽정
과 그의 무리들은 신발을 거꾸로 신고 다니면서 들어가고 나간 것을 헷갈리
게 만들어 추적을 불가능하게 했다. 결국 추적에 나선 선전관은 구월산에서
임꺽정 무리들의 발자국을 발견했지만, 들어간 것을 나간 것으로 잘못 알고
는 상대편 화살에 맞아 그 자리에서 죽고 말았다.

임꺽정 무리들의 약탈 대상은 이른바 부자들이었다. 관청이나 양반, 토호

의 집을 습격하여 백성들로부터 거둬들이는 재물을 도로 가져갔고, 심지어 과감하게 관청을 습격하는 등 공권력을 향해 항거하기도 했다. 이는 임꺽정 무리들이 일개 좀도둑이 아닌 농민저항 수준의 반란이었음을 말해준다. 민중들이 관군의 동향을 미리 알려주고 그들의 활약에 환호를 지른 것은 그들이 단순한 도적떼만은 아니었기 때문이다.

당시 왕이었던 명종은 이들을 '반적叛敵'이라 부르며 반란군으로 규정했다. 단순한 도적이 아닌, 체제도 뒤엎을 수 있는 존재로 본 것이다. 왕의 특명에도 불구하고 임꺽정을 잡기란 쉽지 않았다. 신출귀몰한 임꺽정이 잡히지 않자 그에 대한 현상금은 높아만 갔다. 《명종실록》에 실려 있는 임꺽정 기사는 상당부분 가짜 임꺽정을 진짜로 둔갑시켜 출세를 해보려는 자들의 이야기로 채워져 있다.

명종은 선전관과 금부 낭청에게 임꺽정을 잡아오라고 특명을 내릴 정도로 그를 두려워했다. 조선 땅을 떠들썩하게 했던 임꺽정의 난이 진압된 것은 1562년 1월, 토포사 남치근南致勤이 이끄는 관군에 의해서였다. 남치근이 구월산 아래에 진을 치고 군사와 말을 대대적으로 모아 임꺽정 무리들이 산에서 내려오지 못하게 하며 궁지로 몰아넣었다. 이어서 임꺽정 무리 가운데 일찍이 체포되었던 서림徐林이 길잡이에 나서면서 본격적인 체포 작전이 시작되었다.

서림의 배반으로 궁지에 몰린 임꺽정은 산을 넘어 도망을 치고 급기야 한 촌가로 숨어들었다. 촌가를 관군이 포위하자 임꺽정은 집 주인인 노파에게 집 밖으로 뛰쳐나가라고 위협했다. 노파가 "도적이야"하고 외치며 문 밖으로 나가자 군인 차림으로 변장을 한 임꺽정이 노파를 뒤쫓으며 "도적은 벌써 달아났다"고 외쳤다. 임꺽정을 알아보지 못한 군사들은 일제히 가리킨 방향으로 뛰어갔다. 그러는 북새통에 임꺽정은 군사가 탄 말을 빼앗아 타고 달아났지만 심한 상처를 입어 멀리 가지 못했다. 멀리서 임꺽정을 알아본 서림이 "임꺽정이다"라고 외쳤고 이후 관군들은 수많은 화살을 그를 향해 날렸다.

1562년 1월 8일, 임꺽정이 체포되었다는 소식을 들은 명종은 "국가에 반역한 임꺽정 무리가 모두 잡혀 내 마음이 몹시 기쁘다"고 말하며 공을 세운 자들에게 큰 상을 내렸다.

임꺽정은 사실 소설이나 드라마로 더 친숙한 인물이다. 그러나 그 이전 《명종실록》을 비롯한 역사 기록물들은 임꺽정과 그 무리들을 약탈과 살인, 방화를 서슴지 않는 인간들로 묘사했다. 의적은커녕 대낮에 민가 30여 곳을 불태우고 많은 사람을 살해하거나 심지어 배를 갈라 위엄을 보이는 잔혹한 무리들이었다.

임꺽정이 의적으로 부활한 데는 벽초 홍명희(1888~1968)의 공이 가장 컸다. 사회주의자이자 독립투사였던 홍명희는 신간회 부회장을 역임한 인물로 분단된 이후에는 북한에서 부수상을 역임할 만큼 정치적인 인물이었다. 식민지 시기에 홍명희는 민족을 구원할 수 있는 방편으로 민중의 결집을 원했고 그런 의식 속에서《임꺽정》이라는 대하소설을 썼다.

홍명희가 생각한 임꺽정은 도적이 아닌 민중의 영웅이었다. 실존하는 인물에 역사적 해석을 달리하여 새로운 역사 인물을 재창조한 것이다. 1928년부터 10년간 조선일보에서 연재된 소설 임꺽정은 민족해방운동이자 현실적 저항 운동의 일환이었다.

방계 출신의 왕과 사림시대의 개막
: 선조와 동서분당
(16~17세기 초)

　조선왕조 500여 년간 왕위에 오른 사람은 모두 27명이다. 이 가운데 왕의 적장자 혹은 적장손 출신으로 정통성에 아무런 문제가 없었던 사람은 겨우 10명에 불과했다. 나머지 17명의 왕은 세자의 책봉과정이나 왕위계승에 있어서 원칙에 맞지 않는 비정상적인 계승자였다.

　조선왕조에서 왕의 직계가 아닌 왕실의 방계에서 처음 왕위를 계승한 사람은 조선 제14대 왕 선조였다. 선조는 중종中宗의 서자였던 덕흥군德興君의 셋째 아들이었으니 아마도 태어나는 순간엔 왕이 될 운명이라고는 누구도 생각하지 못했을 것이다. 친부인 덕흥군은 제11대 왕 중종의 일곱째 아들로, 중종의 후궁인 창빈안씨昌嬪安氏의 소생이었다.

　선조가 왕위에 오를 수 있었던 것은 명종이 34세라는 젊은 나이로 후사 없이 세상을 떠났기 때문이다. 문정왕후와 윤원형 일파의 득세로 왕다운 노릇 한번 제대로 못했던 명종에게는 일찍이 순회세자가 있었지만, 1563년(명종 18) 13세의 어린 나이로 죽는 바람에 후계자가 없었다.

　조선시대에 후계자가 공식적으로 정해지지 않은 상태에서 왕이 사망했을 경우 후계자를 지목할 권한은 대비나 중전에게로 넘어가는 것이 수순이었

선조의 그림. 사군자 중 난
과 죽.

다. 당시 하성군뿐만 아니라 풍산도정 이종린, 하원군 이정, 전 하릉군 이인
등 후보들이 있었지만, 나이 어린 하성군은 두 명의 친형을 비롯하여 여러
왕손들을 제치고 왕위에 올랐다. 표면적으로는 명종의 총애를 받았다고 역
사는 기록하고 있지만, 진정 그를 총애한 사람은 명종의 비인 인순왕후仁順王
后였을지도 모른다.

선조가 즉위한 이후 조정에는 새로운 바람이 불었다. 조광조趙光祖를 비롯
한 신진사류들이 숙청된 이른바 기묘사화己卯士禍 이후 물러나 있었던 인물
들이 정계에 속속 복직하기 시작했다. 명종이 불러도 좀처럼 움직이지 않던
퇴계退溪 이황李滉이 선조가 즉위한 다음 달인 7월에 예조판서 겸 지경연사
로 임명되었고 조광조의 제자인 백인걸白仁傑이 직제학이 되었다. 반면에 명
종과 문정왕후의 비호 아래 정권을 농락하던 윤원형 등 권신들은 몰락의 길
을 걸었다.

선조의 등극으로 신진사류인 사림세력이 정권을 잡았지만, 선조 초반에는
명종의 고명을 받은 이준경과 인순왕후의 아우로 외척을 대표하는 심의겸이
핵심 세력이었다. 결국 이들 간의 알력은 향후 정치적 파란을 몰고 올 수밖
에 없었다.

1572년(선조 5) 2월 이조전랑 오건吳健(1521~1574)이 자신의 후임으로 신진
사림을 대표하는 김효원金孝元(1542~1590)을 추천했다. 김효원은 이황과 조식

병풍석과 난간석을
두른 선조 왕릉. 병
풍석에는 십이지신
상과 구름무늬가
조각되어 있다.

의 문인으로 문과에 장원급제한 수재였다. 그 당시 심의겸은 이조참의로 있
었는데 김효원이 이조전랑 자리에 오르는 것을 반대했다. 심의겸이 김효원
을 반대한 이유는 과거에 그가 권신인 윤원형의 집을 들락거렸다는 사실 때
문이었다. 심의겸은 김효원이 권신에게 아첨이나 하는 소인배라 여기며 못
마땅하게 생각했다. 김효원이 낙마하자 그를 추천한 오건이 관직을 버리고
낙향하면서 파문은 커지기 시작했다.

이조전랑은 정5품의 관직으로 비록 품계는 낮은 자리이지만 인사 행정을
담당한 요직 중의 요직이었다. 말하자면, 인사권이 이조판서에게 있지 않고
이조전랑에게 있었던 것이다. 당상관도 이조정랑을 만나면 말에서 내려 인
사를 했을 정도로 이조전랑의 자리는 막강했다. 이조전랑은 자신의 후임자
를 지명할 수 있는 특권이 있었고, 전랑직을 어디에서 차지하느냐에 따라 권
력이 움직였다.

자신을 줄기차게 반대하는 심의겸에 대해 김효원도 앙심이 없을 리가 없
었다. 김효원의 눈에 비친 심의겸은 정치 일선에서 물러나야 할 척신일 뿐이
었다. 그러던 사이 김효원은 그토록 소망하던 이조정랑 자리에 올랐다. 이조
정랑에 오른 김효원은 심의겸을 가리켜 "미련하고 거칠어서 중용할 때가 없
다"며 모욕적인 언사를 서슴지 않았다. 심의겸과 김효원의 악연은 여기서 그
치지 않았다. 김효원의 후임으로 심의겸의 아우 심충겸이 거론되자 발끈한

김효원이 이중호의 아들 이발을 자신의 후임으로 추천했다. 심의겸과 김효원의 대립은 결국 선배사림과 후배사림의 분열이라 일컬어지는 '동서분당'으로 이어졌다.

김효원은 서울의 동쪽에 있는 건천동에 살았기 때문에 그를 추종하는 세력을 동인이라 불렀고, 심의겸은 서쪽의 정릉동에 살았기 때문에 그를 추종하는 세력은 서인이라 했다. 동인들은 유성룡·김성일·이발·이산해·이덕형 등 대체로 이황과 조식의 문인들이 많았고 서인은 정철·송익필·윤두수·신응시 등 이이와 성혼의 제자들이 많았다. 동서분당 이후 율곡 이이가 동인과 서인의 조정에 앞장서기도 했으나 실패하고 서인 세력들이 일으킨 인조반정이 있기 전까지 조선은 '동인천하'의 세상이 되었다.

정여립과 기축옥사

동서분당 이후 일어난 최대의 옥사가 정여립 반역사건을 기화로 일어났으니 이것이 기축옥사己丑獄死이다. 옥사의 발단이 된 정여립 사건이 조작된 것인지, 아닌지에 대해서는 지금까지도 의문으로 남아 있다.

전주 출신이었던 정여립은 1570년(선조 3)에 25세의 젊은 나이로 문과에 급제한 인재였다. 이십대에는 이이와 성혼 문하에 있으면서 벼슬길에는 나가지 않았다. 정여립이 문제의 인물로 등장하기 시작한 것은 서인에서 동인으로 전향하면서부터이다. 이이의 문하에 있으면서 "공자는 익은 감이고 율곡은 덜 익은 감이다"라며 극찬하던 정여립은 동인으로 전향한 뒤로는 이이를 소인배라며 공공연히 비난했다. 정여립의 거친 언사는 당시 왕인 선조 앞에서도 이어졌다. 선조의 눈 밖에 난 정여립은 계속되는 천거에도 불구하고 등용되지 않았다.

낙향한 정여립은 재기를 노리면서 진안군의 죽도竹島에 서실書室을 세워 활쏘기 모임射會을 여는 등 사람들을 규합하여 대동계를 조직했다. 그러던 중 1589년(선조 22) 10월 2일 황해도 관찰사 한준과 안악군수 이축, 재령군수 박충간 등이 연명하여 정여립 일당이 그해 한강이 어는 겨울을 틈타 서울을 침범하려 한다며 고발했다. 관련자들이 차례로 잡혀가자 정여립은 아들 옥남과 함께 죽도로 달아났다가 관군에 포위되자 스스로 칼자루를 땅에 꽂아 놓고 자결했다.

동서분당 이후 벼슬자리에 서지 못한 서인 세력은 정여립 사건을 계기로 주도권을 장악하고자 했다. 서인의 실세 정철이 우의정에 임명되었고 이 사건의 조사관이 되면서 사건의 진위와 상관없이 동인의 유력인사들이 줄줄이 처벌되었다. 정철은 평소 사감이 있었던 사람도 모두 역당으로 몰아 처단하였고 이 사건으로 죽은 자만도 1천여 명이 넘었다.

정여립 사건으로 연루되어 처단당한 세력들은 선조의 실정에 대해 비판적인 사람들이었다는 한 가지 공통점이 있었다. 이발은 "선조 임금 아래에서는 아무런 일도 할 수 없다"고 통탄했었고, "임금이 시기심이 많고 모질며 고집이 세다"며 선조를 비판하고 있었다. 이를테면 괘씸죄가 역모죄로까지 비화된 것이다.

동양 3국을 뒤흔든 7년 전란
: 임진왜란·정유재란 발발
(1592년, 1596년)

16세기 후반 오다 노부나가를 이어 일본을 통일한 도요토미 히데요시는 '조선 출병'을 표명하고 1592년 4월 임진왜란을 일으켰다. 부산과 동래를 함락하고 파죽시세로 궁궐이 있는 수도까지 올라오고 있었다. 선조는 류성룡을 도체찰사都體察使로 삼고 그의 천거로 신립申砬을 도순변사都巡邊使로 삼았다. 선조는 신립에게 보검을 하사하면서 "누구든지 명을 듣지 않는 자는 모두 처단하라"고 격려했다. 신립은 비장한 심정으로 배수진을 치고 북상하는 왜구와 일대 결전을 벌였지만 중과부적衆寡不敵이었다. 몽진길에 오르기 전, 선조는 도순변사 신립의 승리를 믿어 의심치 않았다. 4월 29일 신립의 패보를 접한 선조는 피난을 결심했다.

조선 선조(재위 1567~1608) 때에는 많은 문인 학자들이 배출된 시기였다. 국초의 훈구세력들은 사라지고 성리학으로 무장한 사족들이 정계에 속속 진출했다. 이들은 '사림'이라고 불리는 계층을 형성하면서 정권을 장악했다. 그러나 문인 중심의 정치와 장기간의 평화는 자연스럽게 국방문제를 소홀히 하게 되는 경향을 띠게 마련이었다.

1592년은 아이러니하게도 조선이 건국된 지 200년이 되는 해였다. 200년

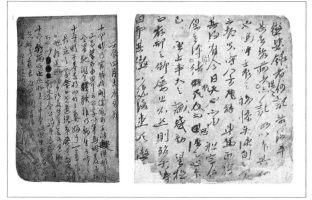

임진왜란의 기록들. 이
순신의 〈난중일기〉(왼쪽,
현충사 소장)와 유성룡의
〈징비록〉(오른쪽)

간 조선은 너무도 평화로웠다. 그러나 오랜 기간 지속된 평화는 국방체계를
무너뜨렸고, 국력에 기울여야 할 에너지는 동서분당 등 정권 다툼에 쏟아붓
고 있었다.

율곡 이이는 이러한 문제점을 일찍이 간파하고, 임란 발발 10년 전인
1583년(선조 16) 국왕을 모신 경연에서 "10년이 못 가서 토붕와해土崩瓦解하는
화가 있을 것이니, 미리 10만 병력을 양성하여 도성에 2만 명, 각 도에 1만
명씩 배치하소서"하고 건의했으나 이를 귀담아듣는 사람이 없었다. 당시 일
본은 도요토미 히데요시豊臣秀吉가 일본 천하를 손에 넣은 다음 대륙에 야심
의 눈길을 돌리고 있었다. 일본은 오랜 전란기에 양성된 소위 무사세력들이
봉건영주화하여 위협세력으로 성장해 있었다. 도요토미는 이들의 관심을 전
장으로 돌려 불만을 무마시키고, 더불어 한반도 및 대륙의 명나라까지 손아
귀에 넣고자 했다.

드디어 1592년(선조 25) 4월 13일, 왜군 선봉장 고니시 유키나가小西行長가
이끄는 5백여 척의 왜군 병선이 부산포 앞 바다에 나타났다.

왜군은 정발과 송상현이 사수하던 부산과 동래성을 공격하여 함락시켰다.
당시 왜군은 "명나라를 원정할 계획이니 우리에게 길을 빌려달라"라며 협박
했다. 동래 부사 송상현은 "죽기는 쉽다. 그러나 길을 빌려주기는 어렵다"고
응수하며 끝까지 싸우다 장렬하게 전사했다.

조총이라는 신식무기 앞에서 조선군은 그야말로 떨어지는 낙엽이었다. 당

부산진 순절도. 1592년 4월 14일 왜장 고니시의 제1번대가 부산진을 공격하는 모습. 부산진첨사 정발은 끝까지 성을 지키다 순절했다.

시 조정에 왜군침입을 알리는 급보 내용에는 조총을 표현할 길이 없어 '고목나무 작대기 하나가 사람을 향하기만 하면 사람이 죽더라'고 적었다고 한다.

고니시 부대와 가토오加藤淸正 부대, 그리고 구로다黑田長政를 대장으로 하는 왜군은 3갈래 길로 나누어 서울로 진격했다. 연이어 들려오는 패전 소식에 당황한 선조는 비빈 및 세자, 백관들과 함께 백성은 아랑곳 없이 도성을 버리고 피난길에 올랐다. 파죽지세로 밀고 올라온 왜군은 부산포 상륙 이후 2주 만인 5월 2일 서울을 함락시켰다.

육지에서 연전연패하는 동안 바다에서는 이순신이라는 탁월한 지휘관의 전략으로 연전연승을 거두고 있었다. 이순신은 옥포에서 첫 승전을 거둔 후, 당포 · 당항포 · 한산도 · 부산 등지에서 계속 왜선을 격파, 승리하여 전세를 뒤바꾸었다. 이 때문에 왜군은 보급로를 차단당하여 큰 곤란을 겪었다.

이와 함께 각지에서 양반 · 농민 · 노비 · 승려 할 것 없이 의병이 일어나 일본의 배후를 공격했다. 조헌은 호서지방, 곽재우는 경상도 의령, 고경명은 전라도 장흥, 김천일은 수원에서 각각 거병했고, 승려 유정과 휴정은 각각 묘향산과 관동지방에서 승병을 일으켰다.

한편 명나라는 이여송을 지휘관으로 한 4만 5천의 지원군을 조선에 파견했다. 명군과 합세한 관군은 1593년 평양성을 수복하는 등 각지에서 전과를 올렸다. 왜군은 점차 수세에 몰리기 시작했고, 포로가 된 조선왕자 임해군과 순화군을 돌려보내기까지 했다. 그러나 5년간 계속된 명 · 일 간의 강화회의가 결렬됨으로써 1596년 다시 정유재란이 일어났다.

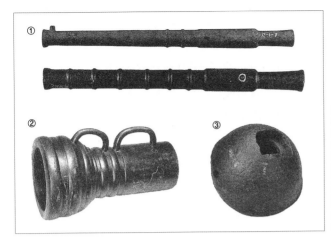

임진왜란 때 사용한 무기들. ①총통, ②지름 30cm의 쇠나 돌로 만든 둥근 탄알을 발사하는 화포인 대완구, ③대완구에 넣고 쏘는 비격진천뢰. 쇳조각·뇌간을 속에 넣고 쇠로써 박처럼 둥글게 썼다. 선조 때 이장손이 발명.

이때는 산성을 수축하고 군사를 새롭게 편성한 뒤였으므로 왜군의 공격을 어렵잖게 막아낼 수 있었다. 직산대첩 이후 왜군은 더이상 북진하지 못하고 있다가 1598년 8월 도요토미가 죽자 총퇴각을 시작했다. 이로써 7년 간의 전쟁은 마침내 끝나게 되었다.

7년 전쟁의 주전쟁터였던 조선은 인명피해는 말할 것도 없거니와 전국토가 초토화되었다. 당시 전쟁에 참여했던 명나라 장수는 "이 나라 백성은 실오라기 하나 걸치지 못하고 알몸뚱이로 죽음만을 기다리고 있다"고 전쟁의 참혹함을 표현했다. 전란으로 전국토는 황폐화되고, 농사를 지을 수 있는 경지면적은 전전에 비해 20%로 줄어들었다. 이로 인해 굶어 죽는 사람들이 즐비했다.

이외에 문화재 파괴 또한 극심했다. 불국사·경복궁이 불에 타 파괴되고, 많은 서적과 미술품들이 약탈 또는 소실되었다. 특히 《조선왕조실록》은 전주사고만 남고 전부 불타고 말았다. 한편으로 전쟁을 치르는 동안 화차 등 각종 무기가 발명되고, 왜란으로 인한 질병을 퇴치할 목적으로 허준의 《동의보감》이 편찬되었다. 전란으로 인한 피해를 복구하기 위해 새로이 비변사의 기능이 강화되었고, 군사제도도 개혁되었다.

한편, 일본은 왜란을 통해 조선으로부터 많은 문화재를 약탈했을 뿐 아니라, 수많은 전쟁포로들을 데리고 갔다. 이를 계기로 조선의 공예·인쇄술이 일본에 영향을 주어 에도江戸문화의 밑거름이 되었다.

임진왜란은 조선뿐만 아니라 동양 3국을 뒤흔든 대전란이었다. 전쟁을 치른 후 명은 얼마 안 가 누르하치에 의해 멸망되었는데, 전쟁으로 인한 국력의 소모가 가장 큰 원인이었다. 일본 또한 도요토미 가문이 몰락하고 도쿠가와 이에야스德川家康가 정권을 잡았다. 이후 일본에서는 도쿠가와 막부시대가 2백여 년간 지속되었다.

임진왜란 후 국가 시스템이 완전히 붕괴된 조선은 멸망의 길로 들어서거나 아니면, 국가 재건에 온 힘을 기울여야 했다. 그러나 멸망도 없었고 국가 재건도 없었다. 새로운 왕조를 세울 힘마저도 잃어버린 조선은 원천적인 쇄신 없이 이어져 갔고, 지배세력들은 기득권을 여전히 유지했다.

DIGEST

52

KOREA

서인의 세상을 만들다
: 인조반정
(1623년)

조선시대 이른바 쿠데타로 왕위에서 쫓겨난 왕은 노산군(후에 단종), 연산군, 광해군 등 세 명이었다. 이 가운데 '반정反正' 즉, 잘못된 것을 바로잡는다는 명분을 내세워 왕이 교체된 것은 연산군을 폐한 중종반정과 광해군을 폐한 인조반정이다. 그런데 반정이라는 이름은 같지만 왕위에 오른 과정을 보면 중종과 인조는 아주 달랐다. 중종이 정변을 일으킨 공신들의 추대로 갑자기 왕위에 올랐다면, 인조는 왕이 되고자 몸소 정변을 준비하고 앞장선 인물이다.

조선 16대왕 인조는 선조의 다섯째 아들인 정원군定遠君(뒤에 '원종'으로 추존됨)과 좌찬성 구사맹의 딸(뒤에 '인헌왕후'로 추존) 사이에서 맏아들로 1595년 11월 7일에 황해도 해주에서 태어났다. 인조가 해주에서 출생한 것은 왜구의 침입으로 왕족들이 해주에 피신 중이었기 때문이다.

인조의 조부가 되는 선조는 14명의 아들을 두었으나, 늙어서 얻은 영창대군 외에는 모두 후궁의 소생이었다. 광해군이 왕위에 오른 후 인조의 친부인 정원군은 광해군의 견제를 상당히 받았다. 후궁 인빈 김씨의 소생인 정원군은 4명의 아들을 두었는데 자식으로는 인조(능양군) 외에도 능원대군 보, 능

1892년경의 세검정. 인조 반정 당시 이괄(1587~1624) 등이 광해군 폐위를 논하면서 칼을 씻은 데서 '세검'이란 이름을 붙여졌는데, 정자는 영조 때 세워졌다.

창대군 전, 능풍군 명이 있었다. 아들 덕분에 죽어서 왕으로까지 추존된 정원군은 생전에 천수를 누리지 못했다. 아들인 능창군이 모반죄로 모함을 받아 17세의 나이로 죽임을 당하자, 그 뒤로 몸과 맘이 상하여 40세에 세상을 떠났다. 이들의 죽음은 후일 인조가 반정을 일으키는 배경이 되었을 것이다.

장남이었던 능양군 대신 동생인 능창군이 역모로 죽게 된 것에는 아마도 성품이 영향을 끼쳤을 것이라 짐작된다. 평소 무예에 능하고 인망도 높았던 능창군과 달리 능양군은 어려서부터 말이 별로 없고 감정을 잘 표현하지 않았다. 선조의 총애를 받았다고 하지만, 조용한 성품 탓에 크게 눈에 띄는 인물은 아니었을 것이다.

왕이 된 이후에도 인조는 분위기가 매우 무겁고 말이 없어 측근에 모시던 궁녀들도 왕이 하루 종일 한마디도 하지 않아 목소리를 잘 듣지 못할 정도였다고 한다. 표현이 적으니 신하들은 왕의 뜻을 제대로 헤아리지 못하고 추측으로 일관할 뿐이었다. 게다가 글을 아주 잘 지었으나, 어떤 글도 잘 쓰지 않았고 신하들의 상소문에 대답하는 비답批答도 내시에게 베껴서 쓰게 하여 자신의 필적을 남기려 하지 않았다. 아들과도 거리를 두어 봉림대군과 인평대군이 장성하여 출궁한 뒤 입궐해 들어오면 시중들던 젊은 궁녀들을 피신시켜 자식 앞에서도 흐트러진 모습을 보이지 않았다.

인조반정의 주모자는 인조 자신과 신경진 · 구굉과 같은 인조의 외척세력,

이귀 · 이서 · 김류 · 장유 · 심기원 · 김자점 등 소외된 서인 문신집단이 중심 축이었다. 이들은 평소 광해군에 대해 못마땅하게 생각하고 있었기 때문에 일찍감치 반정의 꿈을 키우고 있었다.

인조는 반정이라는 거사를 직접 진두지휘를 했다. 인조는 계획이 여러 사람들 입을 통해 누설될 위기에 처해지자 서두를 수밖에 없었고 조바심에 가만히 있을 수도 없었다. 인조는 예정일보다 일찍 반정을 일으켰고 이런 탓에 치밀하지도 못한 느낌이지만, 군왕이었던 광해군은 무방비 상태였다.

궁궐에 불길이 솟자 이를 본 광해군은 옆에 있던 내시에게 '타성他姓이 역모를 했으면 종묘에 불을 질렀을 것이니 올라가서 살펴보라'고 했다. 내시는 함춘원含春苑(창경궁 홍화문 밖 동쪽에 있는 정원)에 불이 난 것을 종묘로 착각하고는 '종묘에 불이 붙었나이다'라고 보고했다.

'내 대에 와서 종묘사직이 끝나는구나.'

광해군은 긴 한탄과 함께 북문 담을 넘어 도망쳤다. 사실 궁궐에 불이 나기 전에 광해군은 반정의 고변을 보고 받았으나, 심각성을 몰랐고 위급함을 알았을 때는 이미 때가 늦었다.

광해군이 도망간 이상, 인조는 왕위에 오른 것이나 진배없었다. 그러나 할머니인 인목대비의 윤허가 없다면 왕위에 오른들 오래갈 수 없는 노릇이었다. 인조의 측근들은 대비가 있는 서궁으로 달려갔다. 처음에 인목대비는 반정을 믿지 않았다. 대비는 내가 "죄인(광해군)을 직접 봐야 너희들의 말을 믿겠다"라고 고집을 피웠다. 수색 끝에 민가에 숨어있던 광해군이 잡히자 인조는 직접 광해군을 데리고 대비전으로 갔다. 대비는 옥새를 가져오라 명령한 후 왕으로 책립할 준비를 갖추게 했다. 윤허만 내려 주면 될 것이라 생각했던 대비가 새삼스레 옥새를 가져오라고 하자, 인조를 포함한 주모자들은 속이 타들어 갔다. 대비가 인조가 아닌 선조의 다른 왕자나 손자에게 옥새를 내어준다면 정변은 물거품이 되기 때문이었다. 손쉽게 정변에 성공했지만, 마지막 대비의 윤허를 받기까지의 시간은 그들에게는 너무도 긴 시간이었다.

도덕적 가치를 내세우며 성공한 인조반정이었지만, 인조의 치세를 보면 그의 왕위등극과 함께 백성의 고난이 시작되었다고 해도 과언이 아니다. 물론 인조 또한 마음 편히 왕위에 있었던 것은 아니다. 병자호란이 일어나기 이전에는 정통성 문제로 고민을 겪었고, 병자호란 뒤에는 청국의 요구로 왕위를 세자에게 물려주게 되지 않을까 불안했다.

8여 년의 인질생활을 끝으로 소현세자가 귀국했지만 인조는 냉담하게 대했고, 귀국한 지 두 달 만에 돌연사한 소현세자에 대해 사인조차 관심을 보이지 않았다. 이런 정황으로 소현세자가 독살되었다는 의혹은 아직까지도 불씨처럼 남아 있지만, 그가 설사 죽지 않고 살았다 해도 인조는 그를 후계자로 생각하지 않았을 것이다.

백성의 사랑을 받지 못한 왕

광해군의 패륜행위와 실정을 명분으로 내세웠지만, 인조반정의 실제 목적은 따로 있었다. 인조 개인으로는 광해군에 대한 원한이 왕위 찬탈로까지 이어진 것이고 그를 도운 서인 세력은 대북 일당독재로 권력에서 소외되었기 때문이다. 그들이 내세운 명분을 믿어 줄 어리석은 백성은 없었다. 당시 여론은 이들에게 그리 호의적이지 못했다. 이후 반란을 일으킨 이괄이 서울에 입성할 때 백성들의 열광적인 환영을 받았다는 사실은 이를 잘 말해준다. 이괄의 난으로 인조가 서울을 떠나던 날, 그를 따르던 백성은 하나도 없었고 한강 변에서 배를 타려 했을 때 백성들은 인조가 탈 배를 숨겨놓기까지 했다.

파죽지세였던 이괄의 난이 실패로 끝나자 인조는 여전히 왕으로 지낼 수 있었다. 그러나 정당한 왕위 계승권자가 아니었던 그의 처지는 늘 그를 불안하게 만들었다. 이를 해결하고자 인조와 그를 추대한 공신들은 사림의 완강한 저항에도 불구하고 생부인 정원군을 왕으로 추숭追崇했다. 겉으로는 효심에 찬 행동이었지만, 실제는 종법宗法적 정통성을 만들어 약했던 권력 기반을 다져볼 목적이 더 컸다.

치욕적인 삼전도 굴욕
: 병자호란 발발
(1636~1637년)

명나라는 16세기 중엽 이후 내우외환으로 국력이 쇠퇴되어가다 임란 때 조선에 지원병을 보내 더욱 국력이 기울어졌다. 그 무렵 만주족의 누르하치는 여러 부족을 통일하고 1616년에 후금을 세웠다. 후금의 등장은 동아시아 정세에 있어 새로운 변수로 작용했다.

1619년 후금이 명나라를 공격하자 명은 조선에 지원군을 요청했다. 이에 조선은 명에 1만 3천 명에 달하는 지원군을 보냈으나 참패하고 말았다. 이로 인해 조선과 후금의 관계는 더욱 악화되었다.

선조를 이은 광해군은 명과 후금 사이에서 실리적인 중립외교정책을 취했다. 따라서 이 시기 조선은 후금과 그다지 사이가 나쁘지 않았다. 그러나 인조반정으로 집권한 서인 세력들은 숭명배금崇明排金 정책을 노골적으로 내세웠다. 그리하여 후금은 중국 본토에 진출하기 앞서 조선을 견제할 필요가 있었다.

임란의 후유증이 채 가시지 않은 1627년(인조 5) 1월, 후금은 마침내 이괄의 난을 핑계로 압록강을 넘어 조선을 침략했으니, 이것이 정묘호란이다. 인조는 강화도로 피난을 가는 등 전국은 또다시 전쟁터로 변했다. 명의 눈치를

삼전도비. 1636년 12월 청태조의 대군을 이끌고 침공했을 때 인조가 삼전도에 나아가 항복함으로써 백성이 큰 화를 면했던 사실을 담은 '대청황제공덕비'. 몽고문 · 만주문 · 한문의 3종 문자로 같은 내용을 담은 것은 이 비뿐이다. 높이 395cm, 너비 140cm. 사적 101호.

살피던 후금은 더이상의 공격은 피하고 강화성 안에서 '후금은 형이요, 조선은 아우'라는 형제의 맹약을 체결한 다음 철군했다.

정묘호란 뒤에도 조정은 국방에는 별 신경을 기울이지 않을 뿐 아니라 중국대륙의 정세에도 어두웠다. 조선의 집권자들은 오로지 존주대의尊主大義만을 외치며 명나라만을 섬기고자 했다.

1636년(인조 14) 후금은 국호를 청이라 고치고, 조선에 대해 '형제의 예'에서 '군신의 예'로 바꿀 것을 강요했다. 게다가 수시로 막대한 액수의 예물을 요구했다. 게다가 서인 집권층들은 청을 오랑캐 나라가 건국한 나라라 하여 멸시하는 입장을 가지고 있었다. 인조 또한 서인의 도움으로 왕위에 올랐으므로 청에 대해 강경한 자세를 취할 수밖에 없었다.

청태종은 마침내 조선 정벌을 결심하고 병자년인 1636년 12월 9일 직접 군사를 이끌고 쳐들어왔다. 조정은 정묘호란 때처럼 청군이 깊숙이 들어오지는 않을 것이라는 안일한 생각을 갖고 있었다. 그러나 청군이 1주일도 못되어 장단을 통과, 서울 근방에까지 접근해오자 인조는 그제서야 허겁지겁 강화도로 피난하려 했다. 그런데 강화로 가는 길은 이미 청군에게 가로막힌 후였다. 인조는 부득이 남한산성으로 들어갈 수밖에 없었다. 청군은 압록강을 건넌 지 불과 10일도 못되어 서울을 점령하고, 인조가 있는 남한산성을 포위했다.

이때 남한산성에는 군사 1만 5천여 명과 관원 3백여 명이 있었고, 50일쯤 버틸 수 있는 식량이 있을 뿐이었다. 더구나 김상헌 · 정온 그리고 3학사(홍익한 · 윤집 · 오달제)를 중심으로 한 주전파들은 결사항전을 고집했다. 반면, 김

인조가 난을 피했던 남한산성. 척화파와 주화파의 대립으로 화전 양론이 분분하다가 마침내 송파 삼전나루에 나가 치욕적인 항복의 예를 올리고 말았다.

류 · 최명길 등의 주화파는 적극적으로 화의를 주장했다.

이듬해 정월, 강화도가 함락되고, 강화도에 피난 중이던 봉림 · 인평 두 왕자와 빈궁 등 2백여 명이 잡히자 남한산성은 더욱 불안감에 휩싸였다. 결국 많은 백성들은 "척화인(주전파)을 청진에 보내기 어려우면 그들을 장수로 삼아서 적을 물리치도록 하시오"라며 화의를 외쳤다.

더이상 버티기가 힘들어지자 인조는 출성 항복하겠다는 글을 청군 진영에 보냈다. 마침내 인조는 세자를 비롯한 500여 명의 신하들이 지켜보는 가운데 청태종을 향해 삼배구고두三拜九叩頭의 예를 올렸다. 삼배구고두는 여진족이 천자를 뵈올 때 세 번 절하고 아홉 번 머리를 조아리는 의식이었다. 예식이 끝난 후 인조는 소파진을 경유하여 배를 타고 한강을 건넜다. 당시 사공은 모두 죽고 빈 배 두 척만이 있었는데 서로 건너려는 신하들이 몸싸움을 일으켜 왕의 옷소매까지 붙잡기도 했다. 청의 장수 용골대가 인조를 호위하며 강을 건너자 1만 명에 달하는 백성들이 강 옆 길가에서 "우리를 버리고 가십니까"하며 울부짖었다.

1637년 1월 30일에 있었던 삼전도 굴욕은 그야말로 치욕적이었다. 항복을 받아낸 청태종은 출발하기 앞서 소현세자와 봉림대군을 볼모로 대동하고 척화파의 김상헌과 3학사 등을 잡아서 귀국했다. 이로써 전쟁은 막을 내렸다.

16세기 말과 17세기 초 임란과 호란을 겪은 조선왕조는 그 존립이 위협받을 정도로 큰 타격을 받았다. 어느 의미에서 이들 전쟁은 조선왕조의 지배체제 및 양반계층의 지배능력이 한계점에 이르렀음을 보여준 전쟁이었다. 그러나 임란을 겪은 중국과 일본이 왕조 및 정권교체를 이룬 것과 대조적으로 조선은 개혁성을 잃어버린 정부가 그대로 지속됨으로써 뒷날 더 큰 국가적인 불행을 맞게 되었다. 정치·사회 기강의 문란 속에 위정자들은 대동법과 균역법 등 수취체제의 개편으로 무너져가는 왕조를 일으켜보려 했으나, 일시적인 대책일 따름이었다.

혈통이냐! 명분이냐!
: 예론과 당쟁의 시대
(17~18세기)

조선왕조의 지배층은 주자학을 신봉하는 양반 사대부들이었다. 따라서 국가의 지배사상으로서 주자학의 영향력이라는 것은 막대했다. 14, 15세기 주자학이 국가통치 이데올로기로 자리잡으면서 조선시대는 이전의 불교 이데올로기가 지배하던 고려시대와는 상당히 다른 사회로 변화해갔다. 가묘家廟 · 가례家禮 · 소학 등이 보급되면서 이전의 불교윤리는 유교윤리로 대체되고, 전국에 퍼져 있던 불교사원들이 사라지는 대신 점차 서원이 발달했다.

주자학을 신봉하고 지방에 경제적 기반을 둔 이들 사림士林세력들은 15세기 중종대 조광조의 등장을 계기로 정계에 본격적으로 진출하기 시작했다. 이들은 자신들의 기반인 지방에 향촌 자치규약인 향약을 전파하여 향촌을 교화 · 지배하고자 했다. 그 과정에서 일어난 '사화士禍'는 중앙세력인 훈구파와 지방세력인 사림파 간의 지배권 다툼이었다. 그러나 선조 이후 사림세력이 정권을 잡은 뒤에는 사림들 간의 정권다툼인 이른바 당쟁이 일어나기 시작했다.

조선전기는 당파를 만드는 것은 망국의 원인이라 하여 이를 엄금했다. 그러다가 사림이 집권하면서 "소인은 붕당이 없고 군자는 당이 있다"고 한 구

소수서원. 우리 나라 최초의 서원으로, 풍기군수 주세붕이 이곳 출신 유학자인 안향을 배향하기 위해 세웠다. 처음 이름은 백운동서원이었으나 임금에게 '소수서원'이란 사액을 받았다.

양수의 붕당론과 "모든 당을 군자당으로 보고 그중에서 선류善類만을 쓰면 된다"고 한 이이의 붕당론을 바탕으로 새로운 붕당관이 정립되었다. 이로부터 동인·서인, 노론·소론, 남인·북인 간의 밀고 당기는 당쟁이 전개되었다. 그러나 당쟁은 단순한 당파 간의 이해관계에서 출발한 권력투쟁만은 아니었다. 성리학으로 무장한 지식 엘리트 관료들의 물러설 수 없는 명분 논쟁이며 정쟁이었던 것이다.

16세기 이후 성리학은 이기심성론理氣心性論 등이 전개되면서 이론적 심화를 이루었다. 이를 바탕으로 17세기에 들어와서는 현실에 대한 구체적 적용이라 할 수 있는 예학이 발달했다. 당쟁은 이러한 예학의 발달을 기반으로 한 왕실의 예론문제였다. 따라서 예론의 핵심은 왕실의 예를 왕조례인 '오례五禮'에 맞출 것이냐, 사대부례인 '사례四禮(관혼상제)'에 맞출 것이냐의 대립이었다.

예컨대 인조는 반정으로 왕위에 등극하여 선조를 계승했는데, 선조는 그의 할아버지였다. 그런데 성리학의 종법宗法상으로 손자가 할아버지를 바로 계승할 수 없었다. 그러므로 자연히 인조와 선조 간의 관계설정이 문제가 되었다. 이때 예학의 거두 김장생은 왕조례의 특수성을 강조하여 "선조대왕을 직계승했으므로 선조를 '아버지'라 부르고, 생부인 '정원군'을 백숙부로 불러야 합니다"라 주장했다. 반면, 박지계는 혈통을 중시하여 "사대부가와 마찬가지로 정원군을 '아버지'로 불러야 합니다"라며 맞섰다. 그런데 박지계의 말대

조선의 분청사기. 분청사기는 고려 말 청자로부터 변모, 발전하여 조선 태종 때 특색이 현저해져서 15~16세기의 약 2백여 년간 많이 제작되었다. ①분청사기 인화문태호, 15세기, 국보 177호, ②분청사기 철화모란문 대접, 16세기, ③분청사기 철화당초문호, 16세기, ④분청사기 조화어문편병, 16세기, ⑤분청사기 상감용문호, 15세기, ⑥분청사기 상감초화문사이태호

로 하자면 자연히 정원군을 왕으로 추숭하여 종묘에 모시고 선조와 인조 사이를 잇게 해야만 했다.

반정으로 왕위에 오른 인조는 명분을 획득하여 자신의 지위를 안정시키고 싶었다. 따라서 인조는 내심 아버지 정원군을 원종으로 높이고자 했다. 왕의 의중을 읽은 반정공신들은 인조를 지지했고, 정원군이 원종으로 추숭됨으로써 이 논쟁은 일단 종결되었다.

김장생 등의 사림계 서인들이 정권을 좌지우지하던 17세기 중엽 이후 예론은 '혈통'보다는 주자학적인 '명분'이 더욱 중요시되었다. 예학 논쟁은 이른바 예송禮訟으로 이어졌는데, 예송은 권력투쟁의 한 양상이었다. 왕위 계승·왕세자 책봉·국혼 등 정치적 이해관계와 밀접한 관계가 있었고, 이것에 따라 정국의 판도가 뒤바뀌어갔다.

이러한 권력다툼 속에서 오히려 숙종은 서인과 남인 등 당파들 간을 상호 견제시킴으로써 왕권을 강화하고자 했다. 그의 의지는 영·정조대 탕평정책으로 이어져 노론과 소론을 공평히 등용하는, 보다 완숙한 붕당정치가 이루어지는 데 바탕이 되기도 했다. 그러나 정조가 죽고 어린 순조가 즉위하면서 몇몇 노론가문만의 세도정치가 시작되어 조선조 당쟁도 막을 내렸다.

당쟁은 그동안 일제시기 식민사학에 의해 망국의 요인으로 설명되었다. 따라서 조선시대 극심한 당쟁은 파당적인 민족성에서 비롯된 것으로 이해되었다. 그러나 당쟁연구가 심화되면서 긍정적인 해석이 나오기 시작했다. 당쟁을 성리학의 이념 아래 정치적 갈등을 해소하고자 한 문신들의 공론정치로 파악한 것이 그것이다. 조선후기 당쟁이 긍정적인 기능을 했는지, 또는 부정적인 기능을 했든지 간에 당쟁은 주자학적 명분을 중시했던 조선시대 문치주의의 한 단면이었다.

출세의 디딤돌 '과거'

조선시대 양인들이 관리로 나가기 위해서는 '과거'라는 시험을 거쳐야 했다. 당시 과거에는 여러 종류가 있었는데, 생원진사를 선발하는 소과 시험과 문관을 뽑는 문과 시험, 무관을 뽑는 무과, 의관·역관 등 기술관을 뽑는 잡과가 있었다. 이들 시험은 3년마다 정기적으로 실시되어 일정 인원을 뽑고(식년시), 그밖에 왕실 경사가 있었을 때 이를 기념하는 부정기적인 별시가 있기도 했다.

이들 과거시험 중 가장 중요한 것은 문반관료를 선발하는 문과였다. 특히 관료로 나가는 문과시험의 최종합격 인원은 33명으로, 문과에 최종합격하는 것은 가문의 영광이요, 입신출세의 디딤돌이었다. 문과시험은 초시나 복시를 막론하고 경학에 대한 이해를 중시하고, 사서오경에 대한 이해를 필기시험과 구두시험으로 평가했다. 그리고 문학을 시험하는 부와 논술 등을 보았다. 문무과 합격자들이 선발되면 국가는 곧 바로 은영연이라는 축하연을 베풀어주고, 합격자들은 국왕에게 사은례를 올린다. 이어서 사흘 동안 시가행진도 한다.

이렇듯 과거급제는 조선시대를 살아가는 양인 남성들의 일생과업이었다. 따라서 합격동기생들의 연령도 천차만별, 십대의 젊은이부터 60세가 넘은 노인에 이르기까지 다양했다.

국가는 모든 양인은 과거시험을 치를 수 있다고 정해놓았으나, 사시사철 바쁜 농민들이 사실상 과거시험을 보기란 상상할 수 없는 일이었다. 게다가 여자와 노비는 과거시험을 볼 수 있는 자격조차 없었다.

대동법에 일생을 바친
조선 최고의 경세가
: 김육과 대동법의 실시 (1580~1658년)

  김육은 임진왜란과 병자호란이 발발했던 조선 초유의 국난 시기를 살았던 인물로 그의 현실 개혁은 조선이 처해있던 위기 상황과 무관하지 않았다. 왜란과 호란은 백성을 도탄에 빠지게 했고, 정부는 국가 재정을 비롯한 전후 복구 문제가 급박한 실정이었다. 전란 후 재정복구책이 실시되는 과정에서 가장 영향력을 발휘하였던 인물이 바로 김육이었다. 당시의 위정자들은 파탄이 난 국가 재정만을 생각했지만, 김육은 백성들을 구제하는 것이 첫 번째 일이라 생각했다. 10여 년간 농사꾼으로 살았던 김육이야말로 도탄에 빠진 백성들을 구제할 최고의 적임자였다.

  김육은 1580년 7월 14일 한양(옛 서울) 마포에 있는 외조부 조신창趙新昌의 집에서 태어났다. 자는 백후伯厚, 호는 잠곡潛谷 혹은 회정당晦靜堂이다. 김육은 다섯 살 때 이미 천자문을 외우는 비상한 자질과 함께 성실함도 타고난 인물이었다. 1588년 조부인 김비金棐가 강동 고을 수령이 되자 부친과 함께 그곳에서 생활했다. 여기서 퇴계의 제자인 조호익 밑에서 공부를 했다. 조호익은 1575년 최황崔滉의 무함을 받아 가족과 함께 변방에 이주해야 하는 전가사변全家徙邊의 벌을 받고 이듬해 유배되어 강동 고지산 자락 아래에 살면

君子觀之是無不識
雪賢愛儀外形內德
右孟水先嗚真讚

領議政潛谷金公真

김육의 초상화. 중국화가가 그린 것으로 실학박물관에
소장되어 있다.

서 학사를 열어 후학을 양성하고
있었다. 김육은 1589년 강동으로
간 후, 이듬해 봄까지 안국사安國
寺에서 학문에 열중했다.

　김육은 어린 시절 문학청년이
었다. 12세에 〈육송처사전〉과 〈귀
산거부〉를 지어 글솜씨를 뽐냈고,
《소학》을 읽다가는 '낮은 벼슬아
치라도 진실로 사물을 사랑하는
마음을 두어야지 사람들을 구제
할 수 있다'는 정자의 글을 읽고
백성 구제의 큰 뜻을 품기도 했
다.

　김육은 13세에 임진왜란을 경
험했다. 피난 중에도 옷소매에 항
상 책을 지녀 손에서 책이 떨어지지 않게 했다. 어린 김육을 고달프게 한 것
은 전쟁만이 아니었다. 부친인 김흥우가 31세의 젊은 나이로 요절하면서 가
세가 기울기 시작한 것이다. 임종 당시 부친은 김육을 불러서 가문을 일으킬
것을 명하고 평생 술을 입에 대지 말라고 유언했다.

　부모를 일찍 여읜 슬픔 속에서도 김육은 열심히 과거 준비를 했으며,
1604년 한성의 사마시 초시와 회시에 급제하고 성균관시에서 수석을 차지
했다. 소과를 통과한 후에는 본격적으로 벼슬길에 나가기 위해 문과시험 준
비를 했다. 그러나 당시는 광해군대로 정인홍鄭仁弘 등 대북파가 득세하던 시
기였다. 서인의 정통을 계승한 김육으로는 조정에서 벼슬하고 싶지도 않았
고 기회도 없었을 것이다. 김육은 1611년 별시 초시와 증광별시 등에 합격하
였지만, 광해군의 조정에 나갈 뜻을 접고 1613년 가평의 잠곡 청덕동화개산
아래에서 가족과 함께 농사를 지으며 안빈낙도安貧樂道의 생활을 시작했다.
처음에는 거처할 집이 없어 굴을 파고 헛가래를 얽어 살며 낮에는 땔감을 구

하고 저녁에는 송진으로 불을 밝혀 책을 읽었다. 김육은 이곳에서 잠거潛居했다. 세상이 어려우면 몸을 숨겨 때를 기다려야 한다고 생각한 것이다.

경세에 뜻을 둔 김육으로서 산골짜기에 몸을 숨기고 평생을 살아야 할 체질은 아니었다. 1623년 인조반정으로 서인이 집권하자, 곧바로 6품직의 벼슬을 받아 의금부 도사가 되었다. 마흔 넷의 나이에 처음 얻은 벼슬이었다. 그러나 벼슬을 그만두고 과거시험에 응시하여 정식으로 벼슬 생활을 시작했다. 인조대에 김육이 빠르게 벼슬길에 나간 것은 광해군대에 과거 응시의 뜻을 접고 산골짜기에서 몸소 농사를 지은 그의 행실이 크게 평가를 받았기 때문이다.

1627년 정묘호란이 일어나자 세자시강원으로 있었던 김육은 세자를 따라 피난을 갔고 오십을 바라보는 나이에도 자신의 소신을 굽히지 않는 시무책을 올리기도 했다. 김육의 강직한 성품은 왕을 능멸하는 것으로도 비춰졌다. 1629년에 관직을 삭탈당하자 한강을 바라보는 경기도 양근 소천에서 우거하며 때를 기다렸다.

김육이 중앙으로 다시 진출한 것은 1632년 5월이었다. 홍문관 부수찬, 이조정랑, 사간원 사간 등을 지냈고 인조의 깊은 신임을 받아 승정원에서 근무하기도 했다. 중앙에서의 관직도 화려했지만, 목민관으로서의 치적도 탁월했다. 1635년 안변도호부사 시절에는 안변 관아의 무기고를 정비했고, 관북 지역 유생들의 학풍을 진작하고 병사들을 조련했다. 이 시기에 생활이 안정되자 그는 자신의 집안 문적을 정리하여《청풍세고淸風世稿》를 엮었다.

김육의 생애는 광해군대 10년 간의 은거 생활과 인조 · 효종 년간의 중국 사행 체험이 그의 경세적 학풍에 큰 영향을 끼쳤다. 1613년부터 1623년 인조반정 직전까지 10년 동안 경기도 가평의 잠곡에서 주경야독하던 생활을 통해 백성들의 어려움을 몸소 체험하였고, 네 차례에 걸친 중국 사행을 통해 중국 문물을 접할 수 있었던 경험이 대동법과 용전론用錢論이라는 김육 경세학의 두가지 축을 이루었다.

대동법은 조선후기 시행되었던 가장 합리적인 세법稅法이었다. 대동법은 토지 1결당 백미 12두만을 납부하게 하는 세법이다. 이 제도로 인해 공물 ·

진상 · 관수官需 · 쇄마刷馬 등 각종 명목으로 잡다하게 거둬들이던 여러 가지 세목이 단일화되었다. 이원익과 한백겸의 건으로 1608년(광해군 원년) 경기도에 처음 실시하였지만, 전국적으로 확대되지는 못하고 있었다. 이러한 상황에서 1638년(인조 16) 김육이 충청감사로 제수되면서 대동법 시행을 강력하게 건의했다. 김육은 대동법의 실시가 백성을 구제하는 방편이면서 국가 재정확보에도 도움이 되는 시책이라 생각했다. 그러나 대동법이 국가 재정을 부족하게 만드는 세법이라 생각하는 이들이 많아 실제 운영에 있어 진전이 없었다. 그러나 효종의 등극과 함께 김육이 우의정에 제수되면서 대동법 실시의 전기를 마련하게 되었다.

김육은 효종에게 충청도와 전라도의 대동법 실시를 건의하였고 대동법이야말로 곤궁에 빠진 백성을 구제할 구민책이라 주장했다. 결국 김집金集 (1574~1656) 등 산림 출신들과 불화를 낳기도 했지만 결국 효종 2년 호서지방에서 대동법이 실시되었다. 김육은 호서대동법에 만족치 않고 호남으로 확대실시를 꾀하였고, 호서대동법의 성공적인 시행에 힘을 얻어 1658년(효종 9)에 호남지역에도 대동법이 실시되었다.

조선의 주자가 되고 싶었던 송자宋子
: 송시열과 노소분당
(17세기)

 조선을 '송시열의 나라'라고까지 연상하게 만든 우암尤庵 송시열宋時烈 (1607~1689)은 조선후기 정치계와 사상계를 호령했던 인물이다. 조광조와 더불어 조선을 유교의 나라로 만든 장본인이었던 그는 우리나라 학자 중 '자子'자를 붙인 유일한 인물로 역사상 가장 방대한 문집인 일명 《송자대전宋子大全》을 남겼다. 물론 그에 대한 역사적 평가는 개개인마다 시대마다 다르겠지만, 그가 조선사회에 끼친 영향력에 대해서는 이의가 없을 것이다.

 《조선왕조실록》에 3천 번이나 그 이름이 등장하는 인물. 사약을 받고 죽었음에도 유교의 대가들만이 오른다는 문묘文廟에 배향되었고, 전국 23개 서원에 제향되었다. 그의 죽음은 신념을 위한 순교로 이해되었고, 그의 이념을 계승한 제자들에 의해 조선사회는 움직였다.

 송시열은 은진恩津 송씨로 아버지는 송갑조宋甲祚이며 어머니는 선산 곽씨이다. 그의 집안이 회덕에 뿌리를 내리게 된 것은 9대조인 송명의宋明誼가 회덕으로 장가들면서부터다. 송시열은 외가가 있는 옥천 적등강가 구룡촌에서 태어났다. 송시열이 친가가 있는 회덕으로 간 것은 여덟 살 되는 1614년이다. 이 때 친족인 송이창 집에서 송이창의 아들이자 쌍청당의 7대손인 송준길 宋浚吉(1606~1672)과 함께 수학했다.

송시열의 학문에서 가장 중요한 인물은 주자와 율곡이었다. 그렇게 된 데는 부친의 영향이 컸다. 송갑조는 송시열이 열두 살 때 "주자는 훗날의 공자다. 율곡은 훗날의 주자다. 공자를 배우려면 마땅히 율곡으로부터 시작해야 한다"라며 주자와 이이, 조광조 등을 흠모하도록 가르쳤다.

1630년에 송시열은 율곡의 학문을 계승하기 위해 율곡을 정통으로 계승한 김장생金長生의 문하에 들어가 수학했고, 이듬해 김장생이 죽자 그 아들 김집金集의 문하에 들어갔다.

1633년(인조 11) 송시열은 27세의 나이로 '일음일양지위도一陰一陽之謂道'를 시제試製로 논술하여 생원시에 장원급제하였고, 최명길의 천거로 경릉참봉에 제수되었으나 곧바로 사직하고 송준길과 영남을 유람하며 세월을 보냈다. 그러다가 1635년 11월에 훗날 효종이 되는 봉림대군의 사부로 임명되었다. 이후 약 1년간에 걸친 사부생활은 효종과의 깊은 유대와 함께 북벌 계획을 도모하는 계기가 되었다.

정묘호란과 병자호란의 비극은 송시열의 전 생애에 걸쳐 결정적인 영향을 끼쳤다. 절친한 동문인 윤선거尹宣擧와도 갈등을 빚었고, 윤선거의 아들이면서도 그가 총애한 제자 윤증과도 결별함으로써 노론과 소론의 분쟁도 일어났다.

1636년 병자호란이 일어나 청과 굴욕적인 강화를 맺게 되자 송시열은 관직 생활의 뜻을 접고 충북 황간으로 낙향하여 한천정사寒泉精舍를 짓고 북벌 계획을 구상하며 강학에 힘을 기울였다. 낙향한 그를 인조가 여러 차례 불렀지만 부름에 응하지 않았다.

송시열의 나이 43세인 1649년에 효종이 즉위하자, 효종은 대군으로 있을 때 사부였다는 인연으로 송시열을 불러 곁에 두고 싶어했다. 효종은 즉위하면서 재야에서 학문에만 전념하던 산림山林들을 대거 중앙 정계에 등용하고자 했고, 대표적인 인물이 스승인 송시열이었다. 송시열은 1649년 〈기축봉사己丑封事〉를 올려 북벌론의 합당함을 제시하고 북벌이야말로 국가대의라는 것을 표방했다.

송시열에게 중국의 주인은 여전히 청이 아닌 명이었다. 청의 존재를 인정해야 한다는 현실인식은 송시열에게는 패륜이자 반역과 같은 것이었다. 효종이 즉위하자마자 송시열은 현실로 굳어진 국제 관계를 무시하고 유교적인 가르침대로 명을 위해 복수해 줄 것을 당부하고자 했다.

송시열에 대한 효종의 대우는 지극했다. 왕이 청에 대한 북벌을 계획할 때면 사관이나 승지마저 멀리한 채, 독대로 의논할 정도였다. 송

북벌 문제를 놓고 효종과 첨예하게 의견이 맞섰던 송시열.

시열이 조정의 대신으로 효종과 국사를 의논한 기간은 너무 짧았고, 효종의 갑작스런 죽음과 함께 서인의 영수로서 정치적 부침이 시작되었다.

송시열은 주자朱子를 신앙으로 삼을 정도로 '주자 제일주의자'였다. 송시열은 주자의 남송시대가 자신의 시대와 유사하다고 믿은 인물이었다. 내우 외환이라는 주자가 당면했던 문제가 조선의 당면 문제와 유사한 것으로 보았고, 그로 인해 주자가 제시했던 대책은 지금에도 적용된다고 생각했다.

송시열은 유학의 정맥이 윤휴 등에 의하여 심하게 훼손되었다고 생각했고, 주자의 학설을 비판한 윤휴를 사문난적斯文亂賊으로 몰았다. 윤휴에 대한 송시열의 반감은 훗날 그가 총애하던 제자 윤증과 불화하는 이른바 '회니시비'라는 노소분당으로까지 비화되었다. 회덕에 살던 송시열과 니산尼山에 살던 윤증은 사제지간이었고, 윤증의 부친인 윤선거는 사계 김장생 문하에서 동문수학한 사이였다. 생전에 율곡의 연보를 편찬하는 과정에서 윤선거가 윤휴의 논지를 인정하는 뜻을 비춘 적이 있었는데, 윤선거는 송시열과 윤증 사이를 원만하게 이끌려는 것이었지만, 송시열은 윤선거가 윤휴를 두둔해주었다고 생각했다.

윤선거는 병자호란 때 가족을 이끌고 강화도에 피난해 있었는데, 강화가 함락되려 하자 부인을 비롯한 주변 사람들이 순절했다. 이때 윤선거는 부친 윤황을 만나기 위해 강화도를 탈출하였고, 부득불 혼자만 살아남게 되었다. 이 일을 부끄럽게 여긴 윤신거는 폐인을 자처하며 벼슬길을 사양하고 재혼도 하지 않은 채 은둔생활을 했다.

윤선거가 1669년 66세의 나이로 별세하자, 그의 아들 윤증은 박세채가 써준 행장을 가지고 송시열에게 부친의 묘갈명을 써줄 것을 부탁했다. 윤증의 부탁을 받은 송시열은 마지못해 '박세채가 윤선거를 칭송하는데 나는 박세채를 믿으니 그의 말을 술이부작述而不作한다'고 했다. 박세채의 말을 인용하되述而, 윤선거를 칭송하는 글을 쓰지 않겠다不作는 말이었다. 송시열은 묘갈명을 지어 윤선거를 칭송할 마음이 없었던 것이다. 몇 차례에 걸친 윤증의 간곡한 부탁에도 송시열은 글자 몇 자만 고칠 뿐이었다. 윤선거의 묘갈명을 계기로 스승인 송시열과 제자 윤증의 사이는 멀어져 갔다.

1660년 송시열은 효종의 장지를 잘못 옮겼다는 탄핵을 받았고, 국왕 현종에 대한 실망감으로 벼슬을 버리고 화양동으로 은거했다. 1666년 8월에 화양동으로 거주지를 옮긴 송시열은 이후 1688년까지 화양동을 출입하며 산수를 즐겼고, 강학을 하며 제자들을 길렀다. 화양동으로 삶의 터전을 옮긴 뒤에도 1668년 우의정에 올랐으나, 좌의정 허적과의 불화로 사직하였고, 1674년 2월 효종비 인선왕후의 복제문제로 실각을 경험하기도 했다. 결국 이듬해 송시열은 유배되었다가 1680년 경신환국으로 서인이 재집권하자 석방되었다.

송시열의 나이 83세인 1689년 1월, 숙의 장씨가 아들(훗날의 경종)을 낳자 원자의 호칭을 부여하는 문제로 서인이 실각하고 남인이 재집권했다. 송시열은 왕세자가 책봉되자 시기상조라며 반대하다가 결국 제주도로 유배되었다. 송시열은 다시 정계로 복귀하지 못하고 서울로 압송되던 중, 사약을 내리려고 오던 금부도사 행렬과 6월 3일 정읍에서 마주쳤다. 송시열은 사약 두 사발을 자진하여 마시고는 영욕이 교차하는 파란만장한 생애를 마감했다. 이때 자손에게 남긴 친필유서가 아직도 세상에 전해지고 있다.

실학을 집대성하여
부국강병의 꿈을 꾸다
: 정약용과 실학사상의 집대성 (18세기)

　임진왜란과 병자호란을 겪으면서 조선왕조는 점차 정치·사회질서가 와해되기 시작하고, 서민들의 생활은 더욱 어려워졌다. 게다가 조선조 성리학의 형식적이고도 공리공담적인 성격은 유학자들 사이에도 비판의 대상이 되었다. 현실의 부조리와 모순, 그리고 양반층의 부패에 대한 자성의 움직임이 일어난 것이다.

　조선후기 성리학을 배격하고 실천윤리와 도덕을 주창함으로써 사회현실에 대해 비판적인 학자군들이 등장하기 시작했다. 소위 실학자라고 불리는 이들은 기존 양반들과 달리 주자학만의 사유에서 벗어나고자 했으며, 사회부조리를 해결하고자 했다.

　실학은 17세기 유형원·이수광 등으로부터 시작되어 18세기 이익·안정복·이중환 등 성호학파를 거쳐 홍대용·박지원·박제가·유득공 등 북학파들에 의해 더욱 발전했다. 이들 실학자들은 사회현실에 대한 비판뿐 아니라, 각 분야의 학문을 발전시키며 인간과 세계에 대한 인식을 새롭게 했다.

　실학사상은 다산 정약용에 와서 더욱 구체화되었다. 실학사상을 집대성한 것으로 알려져 있는 다산 정약용은 한국 최대의 실학자이자 개혁가이다. 실

다산초당(강진군). 다산학의 산실로 다산이 유배생활 중에 제자들을 길러낸 곳이다.

학자로서 그의 사상을 한마디로 요약하면, 개혁과 개방을 통해 부국강병富國強兵을 주장한 인물이라 평가할 수 있다. 그가 한국 최대의 실학자가 될 수 있었던 것은, 자기시대의 문제점을 정확히 파악하고 그에 대한 개혁 방향을 제시할 수 있었기 때문이다.

정약용을 떠올리면 오랜 시간 동안 겪어야 했던 귀양살이를 말하지 않을 수 없다. 귀양살이는 그에게 깊은 좌절도 안겨주었지만, 최고의 실학자가 된 밑거름이기도 했다. 정약용은 23세에 이벽李檗으로부터 서학西學에 관하여 듣고 관련 서적들을 탐독했다고 전한다. 하지만 서학에 심취했던 과거로 인해 순탄치 못한 인생을 살아야 했다. 정약용은 20대 초반에 서학에 매혹되었지만, 이후 제사를 폐해야 한다는 주장과 부딪혀 끝내는 서학에 손을 끊었다고 고백했지만, 천주교 관련 사건이 일어날 때마다 오해를 받았다.

천주교 문제가 터지기 전, 그의 관료생활은 탄탄대로였다. 정조의 최측근으로서, 관직은 희릉직장禧陵直長으로부터 출발하여 가주서假注書, 지평持平, 교리校理, 부승지副承旨 및 참의參議 등으로 승승장구했다. 주교사舟橋司의 배다리 설계, 수원성제와 기중가起重架 설계 등 빛나는 업적도 많았다. 한때나마 외직으로 내몰리기도 했으나 좌절하지 않고 고마고雇馬庫 개혁, 가좌부家坐簿 제도 개선, 《마과회통麻科會通》저작 등 훌륭한 치적을 남겼다.

정약용은 가장 이상적인 관료가였다. 배다리와 기중가의 설계에서 이미 재능을 펼쳤지만, 그의 저작에서 엿보이는 정치관은 기본적으로 민본民本이었다. 정약용은 왕정시대에도 주민 자치가 실현되기를 소원한 인물이다. 조선후기를 살았던 인물이었지만, 소박하게나마 민주주의를 지향한 인물이었지 않았을까.

정약용의 가장 큰 후견인은 정조였다. 정조가 살아있는 동안에는 큰 환란이 없었지만, 1800년에 정조가 갑자기 세상을 뜨면서 고난이 시작되었다. 승승장구하던 정약용도 정조 사후에 완벽히 정계에서 배제되고 잊혀져 갔다. 사실 정약용은 관직에 나간 지 2년 만에 당색黨色으로 비판된 것에 불만을 품었다가 해미에

실학자 다산 정약용은 《여유당전서》에서 고려가 소금세를 매겨 백성들이 소금을 먹을 수 없는 현실을 비판했다.

유배되었으나 정조의 배려로 열흘 만에 풀려났다. 하지만 정조가 승하한 이 듬해 1801년(순조 1) 신유사화가 일어나면서 주변 인물들이 참화를 당했고, 손위형인 정약종도 참수를 당했다. 겨우 목숨을 부지한 정약용은 그해 2월에 장기로 유배되었다가 11월에는 강진으로 옮겨졌다. 18년 동안 긴 강진 유배 생활의 시작이었다.

처음에는 천주교도라고 하여 사람들에게 배척을 받아 어려움을 겪기도 했다. 천주교인이라는 소문으로 나자 모두 정약용을 모른 척했다. 유배지의 어려움 속에서도 승려 혜장惠藏 등과 교유하고, 제자들을 키우며 저술활동에 전념했다. 담배 역시 유배의 시름을 덜어주는 벗이었다. 정약용이 유배에서 풀려나 고향인 마현으로 돌아온 것은 1818년 가을, 그의 나이 57세 때였다. 57세에 해배되어 1836년 75세의 나이로 세상을 뜰 때까지 고향인 마현에서 자신의 학문을 마무리하여 실학사상을 집대성했다.

정약용은 주자학적 이데올로기로 무장한 조선시대의 모든 질서를 비판하고 탈주자학을 선언했다. 그의 학문은 주자 제일주의에 대한 비판이며, 반성이며, 실천유학으로의 회귀였다.

귀양살이에서 풀려나기 직전 정약용은《경세유표》를 지어, 땅은 농사짓는 농민들의 땅임을 주장했다. 또한 고을 수령들의 선정을 위한 지침서를 적은 《목민심서》를 저술했다. 귀양에 풀린 다음에는《흠흠신서》를 지어 고을 수령이나 관리가 재판을 할 때 억울한 백성이 없도록 알아두어야 할 것들을 기록했다.《경세유표》,《목민심서》,《흠흠신서》는 이른바 '1표2서'라 하여 정약용의 대표적 저술로 꼽힌다.

실학자들이 활동했던 조선후기는 말기적 병폐를 드러내던 시기로, 대대적인 사회혁신이 필요했다. 무너져 내리는 사회질서를 바로 세우고자 했던 실학자들은 이를 위해 우리나라의 역사와 제도, 말과 풍속, 자연 등을 연구했다. 그러나 현실은 너무나 높은 벽이었다. 개혁의지에도 불구하고 미약한 정치기반으로 인해 사회를 변화시키는 데까지는 이르지 못했다. 이 시기 실학정신의 명맥을 잇지 못한 조선왕조는 구한말 열강들의 서세동점 앞에서 힘없이 무너져 내리고 말았다.

화이華夷의 경계를 허문
세계주의자
: 홍대용과 의산문답 (1731~1783년)

1765년(영조 41) 초겨울날 홍대용은 서른다섯의 나이로 중국 땅을 밟기 위해 압록강을 건너고 있었다. 평소 시 짓는 것을 그리 좋아하지 않았지만, 이 순간만은 예외였다. 평생의 소원이 하루아침의 꿈같이 이루어져 얼어붙은 압록강을 건너는 순간, 말고삐를 움켜쥐며 미친 듯이 노래를 불렀다.

하늘이 사람을 내매 쓸 곳이 다 있도다.
나와 같은 궁색한 인생은 무슨 일을 이루었던가?
(중략)
간밤에 꿈을 꾸니 요동 들판을 날아 건너
산해관 잠긴 문을 한 손으로 밀치도다.
망해정 제일층 취후에 높이 앉아
묘갈墓碣을 발로 박차고 발해를 마신 뒤에
진시황의 미친 뜻을 칼 짚고 웃었더니
오늘날 초초한 행색이 누구의 탓이라 하리오.

《을병연행록》중에서

중국학자 엄성이 그린 홍대용의 모습.

서른다섯의 나이로 머나먼 중국 땅에 가게 된 홍대용. 좁은 조선 땅 안에서 우물 안 개구리 마냥 입신양명立身揚名이 인생의 전부인 것으로 아는 대부분의 조선 유자층들과는 전혀 다른 인물이었다. 그에게서 중국 여행은 세계관을 변화시킨 큰 경험이었다. 중국을 다녀온 뒤 쓴《을병연행록》은 연암 박지원의 《열하일기》, 그리고 김창업의 《노가재연행일기》와 함께 조선시대 3대 중국견문록으로 꼽힐 정도로 많은 사람들에게 읽혔고, 중국견문의 붐을 일으켰다.

홍대용은 원리 원칙을 중요하게 여기는 전형적인 선비 타입의 인물이다. 세속적인 선비가 아닌 진실한 선비가 되는 것이 인생의 목표였다. 그가 동시대를 살았던 선비들과 다른 점이라면, '명明'이여야만 된다는 아집에만 젖어 있지 않았다는 것이다. 병자호란 뒤 조선사회는 북벌北伐과 함께 청에 대한 복수심에 불타올랐다. 전통적인 화이관華夷觀에 젖은 조선 유학자들은 청을 중화中華로 인정하지 않았다. 그러나 18세기에 들어와 중국 연행燕行을 다녀온 사람들을 중심으로 청의 문물을 받아들여야 한다는 주장들이 조금씩 생겨나기 시작했고 그 중심에 선 인물이 홍대용이다.

홍대용이 북경을 가게 된 것은 공식적인 업무로 간 것은 아니고, 서장관으로 북경 사행에 참여한 작은아버지 홍억의 수행군관, 즉 자제군관子弟軍官이라는 이름으로 동행한 것이다. 중국 사행단에서 사신의 임무를 띤 대표적인 관원은 삼사三使라 하여 정사正使 · 부사副使 · 서장관書狀官이 있었다. 이들은 사신으로서의 공식 일정을 완수하느라 바쁠 뿐만 아니라 행동에도 제약이 따랐다. 그러나 삼사의 친인척 중에서 주로 임명되는 자제군관들은 특별한 임무가 없었던 관계로 상대적으로 자유로웠다. 홍대용, 박지원, 박제가,

김정희 등이 자제군관 신분으로 북경을 다녀오면서 많은 중국지식인들과 교류할 수 있었던 것도 그러한 이유였다.

홍대용이 북경에서 60여 일간 머물면서 서양 선교사들을 찾아가 서양 문물을 구경하고 필담을 나눈 경험은 이후 자신의 사상을 살찌우는 산 경험이 되었다. 특히 홍대용의 과학사상이 고스란히 담겨져 있는 소설 《의산문답醫山問答》은 실제로 북경 방문길에 들른 의무려산醫巫閭山을 배경으로 하고 있다.

박지원의 초상화. 실학박물관 소장.

《의산문답》은 모든 사람이 진리라고 믿는 것을 풍자한 과학소설이라는 점에서 1623년 갈릴레이가 쓴 천동설과 지동설에 대한 오디세이, 즉 《두 우주 체계에 관한 대화》에 비견되는 글이다. 《의산문답》은 의무려산을 배경으로 세속적인 허례허식과 공리공담만을 일삼는 허자의 물음에 실학적인 인물인 실옹이 답하는 대화체의 글로, 30년간 성리학을 익힌 허자가 자신의 학문을 자랑하다가 의무려산에서 실옹을 만나 자신이 그동안 배운 학문이 헛된 것이었음을 풍자한 놀라운 작품이다.

그렇다면 홍대용은 왜 의무려산에서 지전설과 우주무한론을 주장했을까? 북경 방문길에 들렀던 소설 속 배경인 의무려산은 화이華夷의 구분을 짓는 상징적인 공간이었다. 그가 의무려산에서 무한우주관을 제시한 것은 최종적으로 중국과 오랑캐, 즉 화와 이의 구분을 부정하는 데 있었다. 북경 방문을 계기로 홍대용은 기존의 우주관에 회의를 품으며, 그를 유명하게 만든 중요한 이론인 지전설과 무한우주관을 제시하기에 이르렀다.

1636년 병자호란 이후 한 세기 이상이 지났지만, 조선사회는 여전히 중화주의적 명분론에 사로잡혀 있었다. 청나라는 여전히 야만국이었고 명나라의 제도를 보존하고 있는 조선은 사라진 중화의 적통이었다. 홍대용의 북경 여행은 조선 유자들이 사로잡혀 있는 명분론이 비현실적인 것임을 깨우쳐 주는 계기가 되었다.

"지구로 태양계의 중심이라 한다면 옳은 말이지만, 이것이 바로 여러 성계 星界의 중심이라 한다면 이것이야말로 우물에 앉아 하늘 보는 소견이다." 홍대용의 우주관은 탈지구중심론이라는, 실로 대담하기 이를 데 없는 인식론적 대전환을 제기했다는 측면과 함께 과학적으로 상당한 평가를 받고 있기도 하지만, 폄하되는 면도 없지 않다. 과학자로서의 평가는 차치하고서라도 그가 동양의 지성으로서 중국 중심의 세계관을 비판하고 새로운 문명지도를 그린 선각자였음은 부인하기 힘들다.

조선후기를 빛낸 왕과 그 어머니
: 정조와 혜경궁 홍씨
(18세기)

세종이 조선전기를 빛낸 왕이라면, 정조는 조선후기를 빛낸 왕이라 할 수 있다. 조선왕조의 문예부흥기라 할 수 있는 18세기는 영조와 정조의 시대라 해도 과언이 아니다. 그러나 그 이면에는 사도세자의 죽음이 있었고, 영조의 끊임없는 왕위계승의 논란 그리고 정조의 취약한 정통성으로 인한 신변 불안이 있었다.

조선의 제22대 왕 정조는 우리 역사에서 위대한 개혁군주로 평가받고 있는 왕이다. 임진왜란과 병자호란을 거치면서 국토는 황폐화되고, 인조반정 이후 분열된 정치는 조선왕조에 큰 그림자를 드리우고 있었다. 정치적 분열로 인한 폐단이 백성들의 삶 전체에 미친다고 생각한 정조는 국왕으로서 이러한 난제를 헤쳐 나가는 것이 급선무였다.

정조는 왕위에 오른 뒤 해이해진 기강을 바로잡고 끊임없이 신하들을 각성시켰다. 즉위초반부터 서얼허통을 통한 신분제도의 개혁과 신해통공辛亥通共을 위시한 상업 개혁 등 다양한 개혁정책을 추진하여 백성들의 절대적인 지지를 받았다. 본인 또한 학문 연마에 게을리하지 않아 최고통치자뿐만 아니라 학자로서도 손색이 없었다. 그는 문치주의를 지향한 조선왕조의 전형

《선원보감》에서 정조 어진.

을 보여준 군주였다. 역대 왕 중에서 유일하게 《홍재전서弘齋全書》라는 문집을 남긴 것만 봐도 그가 지향한 삶이 무엇이었는가를 짐작할 수 있다.

정조는 생전에 수많은 치적을 남겼다. 재위 5년째인 1781년 규장각 제도를 일신하였고, 초계문신抄啓文臣을 통해 정약용 등 인재들을 길러냈다. 군사제도를 개혁하여 장용위壯勇衛, 장용영壯勇營 등 친위군영을 창설했다. 또한 왕릉 참배를 구실로 100회 이상이나 도성 밖으로 나와 백성들의 삶을 직접 눈으로 확인하기도 했다.

그가 최후로 실현하고자 했던 신도시, 즉 화성을 건설하였고 이곳에 행궁과 장용영 외영을 두었다. 과거시험의 폐단을 없애고자 규장각에서 직접 과거시험을 주관하기도 했다.

조선왕조의 중흥을 이루고자 한 정조. 그가 할아버지인 영조를 이어 왕위를 계승할 수 있었던 것은 어머니인 혜경궁 홍씨의 노력이 절대적이었다.

사도세자와 혜경궁 홍씨는 1735년생으로 동갑내기였다. 홍씨가 궁궐로 들어가 세자빈이 된 것은 1744년으로 불과 10세의 어린 나이였다. 시아버지인 영조는 여리면서도 감정 기복이 심했다. 특정 자식들에 대한 편애가 심한 아버지였고, 특히 사랑하던 딸 화평옹주가 죽은 뒤로는 의지해야 할 아들인 세자를 오히려 멀리했다. 사도세자는 사실 영조가 42살이라는 늦은 나이에 얻은 귀한 아들이었다. 그런 아들을 처음부터 영조가 싫어할 리 만무했다. 당시 영조는 경종을 모셨던 궁녀와 환관들에게 아들을 맡겨 결백을 증명하고 싶었다. 그러나 그들은 도리어 왕과 세자 사이를 이간질했다. 사도세자는 속죄양 신세였다. 사도세자는 부친인 영조를 원망했고, 불만을 가졌다. 〈승정원

일기〉에 따르면, 세자는 울화증이 생겨 잠도 못 자고 식사도 잘 못했다고 한다.

시아버지와 남편 사이에서 세자빈 홍씨는 이러지도 저러지도 못했다. 그러던 중 1755년(영조 31)에 친정어머니마저 세상을 떠났고, 세자편이었던 대비 김씨와 왕비 서씨마저도 승하했다. 이제 세자 곁에는 완충 역할을 해줄 사람이 아무도 없었다. 영조는 급기야 공공연히 세자에게 면박을 주었고, 세자의 울화증은 깊어 갔다. 영조와의 불화로 세자의 상태는 점점 나빠져 마침내 내시 김한채를 밀고자로 의심하여 그의 머리를 베어 버리는 일이 생겼다.

안타깝게도 세자빈 홍씨는 남편의 살인 행각을 힘없이 지켜보고 있어야 했다. 평소에는 멀쩡하던 세자는 발작이 오면 전혀 다른 사람이 되었다. 마침내 세자의 생모 선희궁은 세자의 살기가 부친마저 위협할 수 있으리라 생각했다. 선희궁은 영조에게 아들 사도세자의 행태를 모두 밝혔다. 선희궁은 아들을 버렸고, 세자빈 홍씨는 아들을 지키기 위해 남편을 버렸다. 삼복더위가 한창이던 날, 사도세자는 뒤주에 갇혀 불우한 삶을 마감했다.

16살이 된 세자빈 홍씨는 1750년(영조 26)에 첫째 아들을 낳았다. 이가 의소세손懿昭世孫(1750~1752)이다. 영조에게는 첫 손자였지만, 전혀 기쁜 내색을 하지 않았다. 아들을 낳다 죽은 딸 화평옹주를 생각하며 오히려 슬픔에 젖었다. 그래서인지 의소세손은 일찍 세상을 떠나고 말았다. 18세 어린 나이에 아들을 잃는 고통을 겪은 세자빈 홍씨는 그해 가을에 둘째 아들을 낳았다. 이 아들이 정조이다. 잃어버린 아들과 새로 얻은 아들, 20살도 안 된 나이에 그녀는 이미 세상의 이치를 모두 깨달은 여인이 되어갔다.

영조는 죽은 세자를 폐서인했다. 폐서인이란 세자를 폐위하여 평민으로 만든다는 의미이다. 세자빈 홍씨도 더 이상 세자빈이 아니었다. 어느덧 28살의 나이가 된 홍씨는 아이들을 데리고 친정으로 갔다. 그러나 얼마 안 가 사도세자가 복위됨에 따라 다시 세자빈 신분을 되찾았고 궁궐로 들어갔다. 이제 홍씨에게 남은 희망은 아들을 잘 키워 훌륭한 왕으로 만들어야 한다는 것뿐이었다. 그러기 위해서는 시아버지 영조와 불화한 남편 사도세자의 길을 따라가서는 안 되었다. 홍씨는 시아버지 영조의 성품을 누구보다 잘 알고 있었다.

홍씨는 궁궐로 재입궁한 뒤 몇 개월이 지나 만난 영조에게 "저희 모자가 보전함은 모두 전하의 성은이로소이다"라며 원망과 비난 대신 고맙다는 인사를 했다. 자신을 원망하지 않는 홍씨의 대도에 영조는 "내가 너를 볼 마음이 어려웠는데 내 마음을 편하게 해주니 아름답구나"라며 감격해했다. 영조는 그녀의 효행을 칭찬하고 표창까지 내렸다. 시아버지의 신임을 얻은 것이다. 홍씨의 희망대로 영조와 세손 사이에는 유대감이 쌓이기 시작했다.

화완옹주와 젊디젊은 왕비 김씨의 도전에도 홍씨는 세자를 잘 지켜냈다. 1776년 3월 마침내 혜빈 홍씨의 아들이자 조선의 제22대 왕 정조가 왕위에 올랐다. 정조는 왕위에 오르자 마자 생모인 혜빈 홍씨를 혜경궁惠慶宮으로 높이고 지성으로 효도를 다했다.

《조선왕조실록》의 기록에 따르면, 혜경궁은 젊은 시절부터 몸에 종기가 자주 나는 지병이 있었다고 한다. 정조는 모친이 부스럼으로 고통으로 받자 궁중 내의원들을 물리치고 밤새 손이 퉁퉁 부을 때까지 약을 발라주었고 이런 효성에 씻은 듯이 낫기도 했다고 한다.

혜경궁이 환갑이 되던 해에 정조는 어머니를 모시고 사도세자의 무덤이 있는 수원으로 행차했다. 사도세자가 죽은 지 32년 만에 남편의 무덤인 현륭원顯隆園에 간 것이다. 실로 모진 세월을 이겨내고 얻은 보상이었다.

혜경궁 홍씨는 정조 사후에도 15년을 더 살았다. 그리고 1815년(순조 15) 12월 15일에 81세의 나이로 창경궁에서 사연 많은 삶을 놓아두고 세상을 떠났다.

풍자와 해학의 시대
: 서민문화의 등장
(18세기)

양란을 겪으면서 조선의 기존 사회체제는 크게 동요되었다. 또한 농업생산력의 발전과 상품경제가 발달함에 따라 봉건적인 지배체제는 점차 해체되어갔다. 이러한 사회 경제적 변화는 성리학 중심의 인식체계에서 탈피하여 실학을 형성시키는 등 여러 현실적인 문제에 눈을 돌리는 계기를 마련했다. 현실문제에 비판을 가지는 경향은 문화면에도 예외가 아니었다.

18세기에 일어난 새로운 문학과 예술은 서민들의 적극적인 참여에 의해서 이루어졌다. 이들은 날카로운 현실비판과 시대감각으로 사회에 대한 자신들의 꿈과 이상을 표현했다.

우선 이 시기 문학에서 나타나는 가장 큰 특징은 한글로 된 문학작품들이 쏟아져 나왔다는 사실이다. 이것은 그동안 양반 사대부들만의 전유물이던 문학창작이 여러 계층으로 퍼져나갔음을 뜻한다. 문학담당자의 확대는 문학 형식과 내용에 있어서도 질적인 변화를 가져와 한글소설 · 사설시조 · 서민가사 · 판소리 등 새로운 장르가 나타나기 시작했다. 내용에 있어서도 유교적 이념과 윤리를 거부하고 자유로운 인간상과 가치관을 그려냈다.

한글소설은 허균이 지은 《홍길동전》을 시작으로 하여 숙종 이후 무더기로

〈기산풍속도첩〉의 탈춤. 탈춤은 서민들의 현실풍자 · 해학 · 억눌린 감정을 자유롭게 발산하는 출구였다.

쏟아져 나왔다. 그리고 이들 소설은 양반뿐 아니라 일반서민들에게까지 널리 읽혔다. 이처럼 널리 애호된 한글소설은 그 내용에 있어서도 당시 사회의 부조리를 고발한 것이 많았다. 특히 연산군 때 활약한 도적 홍길동을 모델로 한 《홍길동전》에는 적서차별의 폐지, 탐관오리의 응징, 새로운 이상향의 개척 등 현실참여와 개혁의식이 담겨 있다.

《홍길동전》을 지은 허균은 이름난 가문에서 태어나 순조롭게 벼슬길에 올랐으나, 반골 기질 때문에 지배체제에 불만을 품고 있었던 인물이었다. 그는 서자 출신들이 벼슬길에 제약을 받는 현실을 비판했고, 급기야 불만세력을 모아 반란을 꾸미다가 발각되어 처형당했다. 따라서 《홍길동전》은 허균이 아니고서는 짓기 어려운 작품이라 하겠다.

《운영전》, 《숙향전》과 같은 소설 등에서는 '남녀상열지사男女相悅之詞'라 하여 유교에서 금기시했던 남녀간의 애정이 과감하게 묘사되기도 했다.

이외에도 서민사회에 전래되어온 민담을 소재로 한 소설들이 등장했다. 《두껍전》, 《콩쥐팥쥐전》, 《심청전》, 《흥부전》, 《토끼전》, 《장끼전》 등은 서민의 생활감정을 솔직하게 표현한 작품들이다. 특히 판소리로 유명한 《춘향전》은 서민들이 바라보는 현실의 본질과 모순을 묘사하여 많은 대중들의 사랑을 받았다.

"남원부사 말을 마오, 욕심이 어떠한 도적놈인지 민간 미전米錢 목포木布를 고래질하여 백성이 모두 상을 당할 지경이라."

《춘향전》은 부정한 지방관의 전형인 변학도, 그리고 그의 수청을 거부하

여러 가지 탈. ①양주별산대놀이의 눈꿈적이탈, ②송파산대놀이의 옴중탈, ③봉산탈춤의 목중탈, ④강령탈춤의 소무탈, ⑤은율탈춤의 할미탈, ⑥하회별신굿탈놀이의 양반탈

는 춘향을 등장시켜 지배체제에 대한 서민들의 반항의식을 표현했다. 특히 기생의 딸 춘향과 양반 자제 이몽룡이 신분을 뛰어넘는 부부연을 맺는 장면에는 조선후기 신분해방과 자유연애를 향한 서민들의 뜨거운 바람이 담겨있다.

이밖에 봉건체제나 이념을 어떤 소설보다 신랄하게 비판한《토끼전》은 우화형식의 장점을 취했기 때문에 보다 노골적인 풍자가 가능했다. 용왕은 봉건체제의 정점인 왕을, 자라는 맹목적 충성을 바치는 간신, 토끼는 지혜로운 민중을 상징한다. 민중들은 그동안 자신들을 괴롭혀온 지배세력에 대해 신랄한 풍자를 함으로써 맺힌 응어리를 풀었다.

《토끼전》의 용왕과 여우,《춘향전》의 변학도,《흥부전》의 놀부,《심청전》의 뺑덕어미,《적벽가》의 조조는 바로 서민들의 풍자의 대상이었다.

또한 판소리와 함께 조선후기 탈춤은 서민들의 현실풍자와 해학의 수단이었다. 농민들의 애환과 설움이 담겨 있는 탈춤은 민중들의 억눌린 감정을 자유롭게 발산하고, 양반들의 허위성을 비웃어주는 놀이판으로 발전했다.

《하회별신굿》의 다음과 같은 대목은 이러한 비판의식을 잘 보여주고 있다.

양반 : 나는 사대부의 자손인데…….

선비 : 뭣이, 사대부? 나는 팔대부의 자손일세.

양반 : 팔대부는 또 뭐냐?

선비 : 팔대부는 사대부의 갑절이지.

양반 : 우리 할아버지는 문하시중이었거든.

선비 : 아 문하시중, 그까짓 것, 우리 할아버지는 바로 문상시대門上侍大라네.

양반 : 문상시대, 그것은 또 뭔가?

선비 : 문하보다 문상이 더 높고, 시중보다 시대가 더 크다네.

양반 : 그것 참 별꼴 다 보겠네.

선비 : 지체만 높으면 제일인가?

양반 : 그러면 또 뭣이 있어야 한단 말인가?

선비 : 첫째, 학식이 있어야지, 나는 사서삼경을 다 읽었네.

양반 : 뭣이, 사서삼경, 나는 팔서육경을 다 읽었네.

선비 : 도대체 팔서육경이 어디 있으며, 대관절 육경이 뭐야?

초랭이 : 나도 아는 육경! 그것도 몰라요? 팔만대장경, 중의 바래경, 봉사 안경, 약국의 질경, 처녀 월경, 머슴 새경.

유교적 권위주의와 양반중심의 사회에 대한 풍자정신은 탈춤을 계기로 보다 적극적으로 표현되었다. 급기야 봉산탈춤에서는 양반을 개잘량이라는 '양'자에 개다리소반이라는 '반'이라고 조롱했다.

한편, 그림에서도 김홍도와 신윤복이 일반서민들의 모습을 화폭에 담았다. 이들은 민중들의 생동감 있는 생활을 대담하고 자유롭게 표현했다.

이와 같이 조선후기 서민문화는 봉건체제가 해체되어가던 당시의 역동적 사회현실을 반영하고 있다. 이것은 바로 일반 민중들이 역사의 주체로 등장하는 근대로의 이행과정에서 발생한 문화적 현상이기도 했다.

조선의 3대 도적

16세기 중엽부터 피지배계층들 사이에 자신들의 자리를 자각하고 그 자리매김을 높이고자 하는 움직임들이 일어나기 시작했다. 17세기에 들어서면서부터는 신분이나 지역차별을 없애고 평등사회를 이루고자 하는 무리들이 직접 행동을 통해 그 뜻을 이루고자 하는 일들이 두드러졌다. 장길산 부대가 그 대표적인 것으로 1687년(숙종 13)부터 본격적인 활동을 전개해 나갔다.

장길산은 황해도 구월산을 중심으로 활동하다 점차 큰 세력으로 커나가, 평안도 운산의 군기고를 약탈하는 등의 활약을 보이기도 했다. 장길산은 황제를 상징하는 황색을 부대 상징색으로 삼고 1705년 거사를 일으키고자 했는데, 정몽주의 후손 정진인의 영입을 꾀하는 한편, 최영의 후예 중에 중원을 지배하게 될 자를 뽑을 계획을 세우기도 했다.

장길산의 활약은 하층천민들 사이에 강한 희망을 불러일으켰다. 숙종의 특명으로 거액의 현상금을 걸었음에도 불구하고 광대 출신인 장길산은 끝내 체포되지 않았다. 하층 천민들의 이해를 대변하는 인물로 그들의 비호 속에서 활동했기 때문이다. 조선후기 실학자 성호 이익은 조선의 3대 도적으로 홍길동, 임꺽정 그리고 장길산을 들었다.

한국적 화풍의 개척자,
정선·김홍도·신윤복
: 정선의 진경산수, 김홍도의 풍속화 (18세기)

18세기에 들어와 미술은 중국적 화풍에서 벗어나, 자아의 각성이 뚜렷하고 서민적인 생활의식을 담아내는 경향을 보이기 시작했다. 이런 새 경향을 대표하는 화가가 정선·김홍도·신윤복이었다.

겸재 정선(1676~1759)은 조선후기 미술의 새로운 경지를 열어간 인물이었다. 중국의 산수나 상상의 세계를 그린 종래의 화풍을 벗어던지고, 이 땅의 자연을 직접 눈으로 보고 화폭에 담아내어 이른바 '진경산수眞景山水'라는 독특한 경지를 이루었다.

조선의 많은 예술가가 그러하듯이 정선에 대한 기록은 현재 거의 전해지는 것이 없고, 단지 그의 단편적인 생애와 작품만이 전해질 뿐이다. 양반계급 출신이었던 정선이 본격적으로 그림에 정진하던 시기는 1706년경, 즉 그의 나이 30이 되던 해인 것으로 어림된다. 그런데 이때는 실학이라는 새로운 사조가 사회 전반에 움트기 시작한 바로 그 시기이도 했다.

이 당시 회화계에서는 중국그림의 복사나 그 방법을 그대로 베끼는 이른바 관화官畵가 유행했다. 물론 정선도 초창기에는 중국그림을 모방했다. 30세를 전후하여 그가 남긴 중국식 그림은 주로 남종화였다. 남종화는 명·

청시대 유행한 화풍으로, 자연의 경관을 반점을 사용하여 부드러운 선으로 묘사하는 화풍을 말한다. 따라서 다분히 상상화적인 수법이 강했다.

이러한 남종화에서 출발한 정선은 이후 수많은 여행을 다니면서 점차 한국 자연경관의 아름다움을 그리기 시작했다. 그러나 한국의 산천은 중국의 산천과 달라, 한국의 자연을 묘사하기 위해서는 이제껏 그리던 방식을 과감히 바꾸어야만 했다. 정선은 종래의 남종화의 상상화적 수법을 벗어던지고 사실주의적 기법을 사용했다.

정선은 만년에 이르러 자주적

정선의 진경산수화인 〈금강산만폭동〉. 진경산수화란 조선 후기 한국의 산천을 소재로 사실적으로 표현, 높은 회화성과 함께 한국적인 화풍을 뚜렷이 드러낸 산수화를 일컫는다.

한국 산수화의 정수라 할 수 있는 진경산수를 그렸다. 정선은 실재하는 경치를 묘사한 데 그치지 않고 하나의 한국적인 전형미를 발굴해낸 것이다.

압록강을 건너서 우리나라의 강토에 들어선 중국의 한 사신은 "조선의 산천을 보니 비로소 정선의 그림이 신묘하다는 것을 알겠노라"고 했다. 이러한 진경산수의 진면목을 보여주는 정선의 대표작으로는 〈인왕재색도〉, 〈금강전도〉 등이 있다.

또한 이 시기에는 문학이 서민생활을 주제로 삼았던 것과 궤를 같이하여 미술에서도 풍속화가 유행했는데, 대표적인 풍속화가로는 단연 김홍도와 신윤복을 꼽을 수 있다.

단원 김홍도는 정선과 더불어 〈진경산수화〉에 있어서도 독특한 경지를 개척했으나, 역시 그의 진면목은 현실적인 서민들의 일상생활을 사실적으로

묘사한 풍속화에서 찾아볼 수 있다. 그의 《풍속화첩》에는 밭 가는 광경, 추수하는 모양, 대장간의 모습 등 주로 일하는 사람들의 일상 풍속이 담겨져 있는데, 서민사회의 구수하고도 익살스러운 흥겨움이 화면 가득 넘치고 있다.

당시 천민으로 멸시받던 대장장이, 풍악장이 또는 마부나 머슴들의 생활을 생생히 그릴 수 있었던 것은 김홍도가 서민사회의 생태를 너무도 잘 알았고, 또 그

김홍도의 〈빨래터〉. 보물 527호. 김홍도는 영조 때의 화가로, 호는 단원(檀園). 특히 서민의 생활과 정서를 절묘하게 표현한 그의 풍속화는 정선의 진경산수화의 전통과 더불어 조선후기 화단의 새 흐름을 대표한다

것을 사랑했기 때문이었다. 단원 풍속화의 주인공들은 얼굴이 둥글넓적한 순수한 조선인이며, 상투를 틀고 흰 바지와 흰 저고리를 입은 서민들이었다.

김홍도는 일찍부터 재능을 인정받은 화가였다. 이미 나이 11, 12세 때 태자시절의 정조 초상을 그렸다고 전한다. 물론 이렇게 어린 나이에 태자의 초상을 그릴 수 있겠는가 하여 출생 연대가 의심받고는 있다. 아무튼 김홍도의 천재성에 대해서는 많은 일화가 전해오는데, 특히 정조 때 궁궐 큰 벽면에 〈해상군선도〉를 그린 일화는 유명하다. 김홍도는 시중드는 사람에게 먹물 몇 되를 단번에 갈아 받들게 하고는 의관을 벗은 다음 두 팔을 걷어붙이고 붓을 들어 질풍처럼 그려나갔는데, 몇 시간이 못 되어 그림이 완성되었다 한다.

김홍도와 풍속화의 쌍벽을 이루는 혜원 신윤복은 단원과 달리 도시풍의 세련된 서민사회의 성풍속도를 그렸다. 곧 그네 뛰는 아낙네, 빨래하는 부인들, 술 파는 여자, 희롱하는 난봉쟁이 등 에로틱한 장면들과 무속이나 주막의

신윤복의 〈월하정인〉. 조선후기의 화가 신윤복은 호가 혜원(蕙園)으로, 김홍도와 더불어 조선후기 풍속화를 개척한 대표적 화가다. 대표작으로 〈미인도〉, 〈단오도〉, 〈연당의 여인〉 등이 있다.

정경 등 서민사회의 정취를 보여주는 그림을 그렸다.

그의 출생시기는 정확히 알 수가 없는데, 대략 영·정조 내지는 순조 연간에 살았다고 전해질 뿐이다. 유명한 화가집안의 출신인 신윤복은 직업화가였다. 그리고 여속女俗과 춘의도春意圖를 잘 그린 속화의 명수였다. 따라서 능란한 필치로 풍속화를 그린 김홍도에 비해 크게 인정받지는 못했다.

신윤복은 에로틱한 여속화를 통해 조선사회의 폐쇄적이고도 유교적 규범성을 역으로 비판하려 했는지도 모른다. 신윤복은 당대의 쟁쟁한 화가들인 김홍도나 김득신 등의 영향을 배제하고 스스럼없이 자신만의 개성 짙은 속화를 그렸다. 기성예술과 기성사회에 대한 과감한 도전이었던 것이다.

조선후기 미술은 정선, 김홍도, 신윤복으로 이어지면서 중국회화의 영향에서 벗어나 우리의 것을 비로소 그리기 시작했다. 그것은 곧 자기 것에 대한 자각과 양반 중심적인 유교주의 사회에 대한 비판이라는 시대적 요청이 있었기에 가능한 것이기도 했다.

세계 최대의 순교지

: 천주교 전래와 박해
(18세기 말~19세기 중반)

"서학 죄인 김대건의 목을 베어 달아 모두 이를 경계할 것을 명하노라."

1846년 9월 16일 우리나라 최초의 천주교 신부인 수선탁덕首先鐸德(첫 번째 성직자라는 칭호) 김대건(1822~1846)은 한강 새남터(지금의 노량진 백사장)에서 순교의 피를 뿌렸다. 김대건은 독실한 천주교 집안 출신으로, 그의 부친인 김제준도 1939년 기해박해 때 순교했다.

오늘날 한국천주교회는 김대건 신부를 비롯한 103위의 성인과 250만에 가까운 신자를 자랑하고 있다. 이러한 한국천주교회의 발전은 신앙의 자유를 부르짖으며 기꺼이 목숨을 바친 많은 순교자들의 피흘림 위에 이루어진 것이다.

근대 초기 지리상의 발견과 이에 따른 탐험여행은 이른바 서세동점西勢東漸을 가져왔다. 이와 함께 천주교를 비롯한 서양의 학문, 즉 서학이 동양에 전해졌다. 서학은 천주교 및 서양학술 모두를 포괄하는 의미로 쓰이지만, 좁은 의미로 천주교만을 가리키기도 한다. 미지의 세계였던 서양의 천주교 및 학술의 전래는 비록 중국을 거쳐온 데 따른 제한성은 있었으나, 조선후기 사상사 및 과학사에 있어 커다란 변화를 가져왔다.

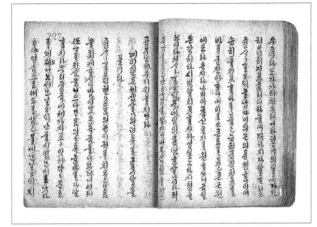

《천주실의》. 이탈리아 예수회 선교사 마테오 리치가 1603년에 지은 한역 서학서로, 원제목은 '하느님에 대한 참된 토론'이다. 대화형식을 빌어 유교적 교양을 바탕으로 천주교 입장을 이해하도록 유도한다. 18세기 중엽 한글 고사본이 많이 나왔다. 절두산 순교자박물관 소장.

　조선이 처음 서양에 관한 지식을 접한 것은 야소회 선교사 마테오 리치의 저서를 통해서였다. 1603년 연경(북경)에서 돌아온 사신들이 마테오 리치의《천주실의》와 곤여만국지도를 가지고 온 것이 그 첫 대면이었다. 또한 1631년(인조 9) 진주사로 연경에 간 정두원은 신부 로드리게스를 만나 과학기구와 서적을 얻어가지고서 귀국했다. 특히 청에 볼모로 잡혀가 있던 소현세자도 연경에 머무는 동안 중국의 서양선교사들을 접촉하면서 서양학문을 접했다. 그러나 무엇보다도 한문으로 저술된 한역 서학서가 17세기 무렵 조선에 흘러들면서 지식인들 사이에 서학이 크게 퍼졌다. 이 서학은 이후 실학 형성에도 큰 영향을 끼쳤다.

　조선후기 실학자 성호 이익의 제자들 중에는 서학을 사학邪學으로 몰아내치는 파가 있었던 반면, 학문적인 관심에서 이를 신앙으로 받아들이려는 파도 있었다. 예컨대 신후담과 안정복은 천주교의 창조설과 불멸설을 비판하여 강력히 서학을 내쳤으나, 홍유한·권철신·정약전·이벽 등은 천진암 등에서 강학회를 열고 서학을 연구하는 가운데 천주교에 귀의했다. 이처럼 외부의 전도도 없이 자발적으로 그리스도 교에 입교한 예는 역사상 조선에서 처음 일어난 일이었다.

　이같이 학문적인 관심에서 시작된 천주교는 1784년(정조 8) 이승훈이 북경에서 영세를 받고 돌아와 한국 최초의 교회를 세우면서 새로운 전기를 마련

절두산의 김대건 동상. 양화진을 끼고 한강으로 불쑥 고개 내민 봉우리 모양이 누에와 용 같다고 하여 잠두 봉·용두봉이라 불렸지만, 병인양요 때 여기서 1만 명 넘는 교인들이 참수당해 그 머리를 한강으로 굴러 떨어 뜨렸다 하여 끔찍한 이름의 절두산이 되었다.

했다. 교회 창설을 계기로 천주교는 본격적으로 신앙되기 시작했으나, 한편에서는 천주교뿐 아니라 서양학문 전체를 배격하는 척사론이 제기되었다.

마침내 1785년(정조 9) 을사추조 적발사건을 시작으로 천주교는 시련기로 접어들었다. 1791년 호남 진산의 천주교인 윤지충이 천주교 의식에 따라 모친상을 치른 것이 발단이 되어 이른바 진산사건으로 불리는 신해박해가 일어났다. 이승훈·권일신·최필공 등이 이 사건에 연루되어 문초를 받았다. 그리고 서학서의 구입이 금지되고 불살라지는 등 서학탄압은

더욱더 극심해졌다.

1794년 중국인 신부 주문모가 입국하면서 명도회明道會를 중심으로 한 정약종과 황사영의 전교활동, 강완숙 등 여교우들의 헌신적인 노력으로 조선교회는 다시 발전의 길에 올랐다. 그러나 정조가 승하하고 순조가 즉위한 1801년(순조 1)에 또다시 대대적인 박해가 시작되었다.

이해 정월 정순왕후 대왕대비 김씨의 금교령을 시작으로 신유박해가 일어났다. 정부는 전국에 오가작통법五家作統法을 세워 천주교도를 빠짐없이 고발, 처벌하도록 했다. 이때 이가환·권철신·이승훈·정약종·홍낙민 등 남인南人계통의 사람들과 주문모 신부, 황사영 등 모두 1백 명이 죽음을 당했으며, 4백 명이 유배를 당했다. 특히 황사영은 신유박해의 사실을 알리는 소위 '황사영 백서帛書'를 북경에 전달하려 했으나 실패하고 처형당했다.

이러한 신유박해는 천주교를 타도함으로써 천주교도가 많았던 남인 시파

時派를 제거하고자 한 정치적 복선이 깔려 있는 사건이었다. 세도정치 시기에 실학이 크게 위축된 것은 이때 남인들에 대한 대대적인 탄압과도 연관이 있다.

새남터. 한강변 모래사장으로 조선시대 형장이었던 이곳은 김대건뿐만 아니라 일찍이 사육신을 비롯, 신유박해 때 주문모, 기해박해 때 앵베르 등 수많은 의인들이 목을 베인 통한의 땅이다. 지금은 새남터순교기념 대성전이 섰다. 용산을 지나는 1호선 전철 노선이 보인다.

신유박해 후 천주교는 세력을 다시 회복하는 듯했으나 1839년(헌종 5) 기해년에 다시 모진 박해가 몰아쳤다. 이 기해박해는 이전의 박해보다 더욱 광범위하고 전국적이었다. 이 박해로 모방 신부 · 샤스탕 신부 · 앵베르 주교가 모두 순교했다.

계속되는 천주교인들의 순교에도 불구하고 1845년 김대건이라는 한국 최초의 신부가 탄생했다. 김대건은 1831년 최방제 · 최양업과 함께 15세 때 마카오에 있는 파리외방전교회 동양경리부로 유학을 떠나 1845년에 신부가 되어 돌아왔다. 활발한 전교활동을 벌이던 김대건 신부는 1846년 5월 서양 성직자 잠입해로를 개척하다 황해도 웅진군의 순위도巡威島에서 체포되었다. 그는 죽기 전 혹독한 고문을 받고도 시종일관 다음과 같이 대답했다고 한다.

"한 번 나고 한 번 죽는 것은 사람이 면하지 못하는 것이거늘, 이제 천주를 위하여 죽는 것이 도리어 나의 소원이니, 오늘 묻고 내일 물어도 이 같을 뿐이요, 때리고 죽여도 역시 이 같을 뿐이니 빨리 때려 죽여달라."

이렇듯 천주교는 박해 때마다 지도자층을 잃었지만, 점차 도시 중심, 엘리트층 중심에서 농촌 서민층으로 그 저변이 넓어져 갔다. 그러나 구사회의 악폐를 제거하고 새로운 사회로 개혁해보려는 초창기 때의 열망은 차츰 식어 갔다.

삼정 수탈 속에 굶주리는 농민들
: 진주민란 발발
(1863년)

1800년 정조의 뒤를 이어 11세의 어린 순조가 즉위했다. 그런데 왕위에 오른 순조가 너무 어렸으므로 영조의 계비였던 정순왕후 김씨가 섭정을 했다.

김대비가 수렴청정하는 동안 대비의 보살핌을 받은 외척 안동김씨들은 세력을 형성하면서 정권을 쥐락펴락했다. 특히 대비의 후광을 업고 등장한 김조순은 그의 딸을 순조에게 시집보내고는 왕의 장인이 되어 정권을 쥐었다. 김조순을 비롯한 안동김씨들이 권력을 독차지하는 동안 중앙이건 지방이건 부정부패가 질펀했고, 탐관오리들이 날뛰었다. 이후 순조·헌종·철종 3대 60여 년간 안동김씨 가문이 모든 권력을 손아귀에 틀어쥔 세도정치가 이어졌다.

조선시대 나라의 주요 재정 수입원은 전정田政·군정軍政·환곡還穀의 이른바 삼정三政이었다. 조선시대 양인들은 토지세와 군복무의 의무를 지니고 있었다. 그런데 이 삼정은 지방관리의 속임수 등으로 갖가지 부패의 온상이었다. 세도정치 시기에 와서 정치가 어지러워지자 삼정의 부패에 따른 폐해는 더욱 심해졌다.

흉년이 들어도 지방수령들은 농민들에게 풍년 때와 똑같이 세금을 매겼다. 16세에서 60세까지의 남자들은 군역의 의무를 지고 있었는데, 대부분의 사람들은 군대에 나가는 대신 베나 돈을 갖다 바쳤다. 이것을 '군포'라고 한다. 그런데 이 시기 서리들은 군역을 늘리려고 뱃속에 있는 아이에게까지 군포를 매기는 등 착취를 일삼았다. 이 군포에 대한 폐해는 삼정문란 중 가장 심했다.

환곡은 봄철 보릿고개에 농민들에게 곡식을 빌려주었다가 가을철에 갚도록 하는 것이다. 그러나 오히려 의도와는 달리 농민들에게 피해만 줄 뿐이었다. 강제로 곡식을 빌려주고는 높은 이자를 물게 하는 식이니, 농민들은 어쩌지 못해 농토를 버리고 유랑할 수밖에 없었다. 내일이 없는 농민들은 마침내 고향을 버리고 산속에 들어가 화전민이나 산적이 되거나, 그도 아니면 민란을 일으키기도 했다.

마침내 전국에 큰 흉년이 들었던 1811년 (순조 11) 홍경래란을 기점으로 1862년까지 70개 군 이상에서 농민들이 들고일어났다.

〈경직도〉. 〈경직도〉란 농사짓는 일과 누에 치고 비단 짜는 일을 그린 그림으로, 안락에 젖은 통치자에게 백성의 어려움을 일깨워 바른 정치에 힘쓰도록 하기 위한 교훈적인 뜻으로 그려졌다. 18세기 초~중엽. 비단에 채색.

1863년 2월에 일어난 진주민란은 관리들의 부정부패에 더 이상 견디지 못한 농민들의 대표적인 항거였다. 진주민란은 경상도 우병사 백낙신의 지나친 탐욕과 착취가 그 원인이었다. 주모자인 유계춘은 몰락한 양반출신인 이계열을 부두령으로 삼고 민란을 이끌었다.

2월 14일 새벽 분노한 농민들은 머리에 흰 수건을 동여매고 각자 손에 몽둥이를 움켜쥔 채 모여들었다.

"우―"하는 구호와 함께 농민들은 진주감영으로 몰려갔다.

조영석의 〈새참〉. 고된 농사일을 하다 보면 3끼 식사 외에 먹게 되는 것을 새참이라 한다. 이처럼 고된 노동을 해도 벼슬아치들의 삼정 수탈에 백성들은 헐벗어야 했다.

"세금을 함부로 걷지 말라!"

"서리들이 빼돌린 것을 농민에게 물리지 말라!"

분노에 가득 찬 농민들은 관아를 습격하여 관문서를 불태우는 한편, 부정 관리와 향리들을 붙잡아 처치했다.

진주민란은 "우──"하는 구호와 함께 노래를 부르며 휩쓸었다 하여 '진주우통'이라고도 한다. 진주민란은 급기야 인근의 단성·함양·거창에 영향을 주었고, 이어 민란의 물결은 삼남三南 각지로 퍼져나갔다. 정부는 박규수를 진주 안핵사로 파견하여 무마케 했으나, 민란은 3개월 이상 삼남지방을 휩쓸었다.

농민대중의 봉기가 걷잡을 수 없이 확대되자 정부는 사태를 수습하고자 노력했다. 민란의 원인인 삼정의 문란을 바로잡고자 이정청釐整廳을 신설하고 전국의 관리들에게 시정책을 올리도록 했다. 그렇지만 민란에 대한 근본적인 시정책은 세우지 못했다.

삼정문란으로 발발한 19세기 민란은 동학이라는 보다 분명한 이념과 조직을 갖고 발생한 갑오농민전쟁으로 이어졌다. 이 같은 민심의 떠남은 곧 왕조의 멸망을 뜻하는 조짐이었다.

참혹한 조선시대의 민란

　민중항쟁의 시기라 할 수 있는 19세기. 평안도 지역의 몰락양반 홍경래는 계속되는 과거 낙방의 쓴 잔을 마셨다. 그가 낙방한 것은 실력 때문이 아니라 평안도 출신이라는 점이었다. 그 당시 평안도 사람에 대한 차별은 불문율이 되어 있어 이 지역인이 과거에 급제하기란 하늘의 별따기였다.

　과거를 단념한 홍경래는 전국을 떠돌며 풍수사 노릇을 하면서 많은 사람들과 친분을 맺었다. 그리고 이들을 기반으로 당시 정권을 휘두르던 안동김씨 세력에 대항하고자 했다. 10년간 치밀한 계획을 짠 홍경래는 1811년 마침내 가산 군아를 공격하는 것을 시작으로 봉기했다.

　열흘 만에 봉기군은 곽산 · 정주 · 선천 등을 점령했으나, 이윽고 관군의 반격으로 정주성으로 쫓겨갔다. 정주성의 농민군 2천여 명은 서울에서 파견한 1천여 명을 포함하여 8천여 명에 이르는 관군의 포위공격을 끈질기게 막아냈다. 그러나 포위된 상태에서 시간이 흐를수록 사정은 점차 나빠져갔다. 정면공격에 실패한 관군은 땅굴을 파서 성벽을 폭파시켜 공격로를 열었다.

　넉 달 동안의 정주성 싸움은 봉기군의 패배로 끝이 나고, 지역차별 타파를 꿈꾸었던 홍경래도 여기서 최후를 맞았다. 성을 함락시킨 관군은 사로잡은 2천 938명 가운데 여자와 어린이를 제외한 1천 917명을 모조리 학살했다.

제4장
근대사회의 성립

KOREA

세상과 백성을 구하지 못하면
다시 얼굴을 내밀지 않으리
: 최제우, 동학 창시 (19세기)

19세기 세도정치를 겪으면서 조선사회는 정치·경제적 부패와 혼란이 겹쌓이고 있었다. 게다가 구미열강 세력들이 밀어닥치면서 조선은 나라 안팎으로 힘겨운 도전에 맞닥뜨렸다. 이러한 내우외환 속에 고통받던 민중에게는 마음의 피난처로서 구원적인 새로운 사상이 필요했다. 이러한 필요에 따라서 나온 것이 바로 '동학'이었다.

동학은 수운 최제우(1820~1864)가 서학, 즉 천주교를 능가하겠다는 작정으로 내세운 사상으로서, '동학'이라는 이름도 그에서 나온 것이다. 그가 대오득도한 것은 1860년 4월 5일 새벽이었다. 그리고 이때는 19세기 중반 안동 김씨를 중심으로 한 세도정치의 폐해가 극심하여 각지에서 민란이 극에 달했던 시기였다.

동학을 창시한 최제우는 엄격한 신분제 사회에서 푸대접받는 서자로 태어났다. 부친 근암공 최옥이 방물장수인 한씨를 취하여 세상에 태어난 그는 제도적인 모순 속에서 자신의 능력과 큰 뜻을 펼칠 기회를 잡지 못했다. 그러나 늘 "창조와 개혁 없이는 결코 전진할 수 없다"고 하여 자신의 처지를 비관하지만은 않았다.

최제우는 득도하기 전, 처가가 있는 울산 유곡 고암동에 초가삼간을 짓고 밤낮으로 진리를 탐구했다. 그리고 오랜 고행 끝에 고향에 돌아온 후 계속 수련하여 마침내 개벽의 이치를 깨닫고 득도한 곳이 바로 구미산 용담정이다.

"광제창생·제폭구민·보국안민의 뜻이 이루어지지 않으면 다시 얼굴을 내밀지 않으리."

최제우의 결의에서 보이듯이 동학의 교리는 부패한 양반정치를 개혁하고 시운時運에 따라 새로운 사회, 즉 후천後天이 개벽한다는 내용

최제우. "세상과 백성을 구하지 못하면 다시 세상에 얼굴을 내밀지 않으리"라고 큰 뜻을 품고 고행 끝에 동학을 창도했다.

을 담고 있다. 이러한 반침략적이고도 반봉건적인 사상에 동학은 일반민중 속에 쉽게 파고들었다.

또한 최제우는 "우습다. 저 사람은 지벌이 무엇이게 군자를 비유하며 문벌이 무엇이게 도덕을 의논하뇨"라며 유교적 질서, 즉 지벌과 문벌의 철폐를 주장했다. 그리고 동학에 들어오면 누구나 그날부터 군자가 된다는 인간화의 길을 만인 앞에 드러내 보였다.

최제우는 1863년부터 경상도 각지에 교단의 지부라 할 수 있는 접소를 설치하고 명망 있는 사람을 접주로 앉힘으로써 교세를 크게 떨칠 수 있었다. 그리고 그 자신은 민중의 아버지요, 구원의 손을 가진 신묘한 인물로 부각되었다.

"동학을 믿으면 질병을 고칠 수 있고 나라를 안전하게 한다."

그의 신묘한 이야기가 퍼지면서 3년 만에 동학은 전국적인 규모로 확산되었다. 그러나 정부는 동학도들이 암송하는 축문이나 교리 중에 '천주'나 '상제'라는 천주교 용어가 나타나고, 동학의 교세가 날로 커짐을 보자 탄압하

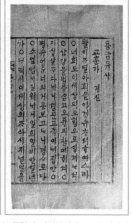

《동경대전》(왼쪽)과 《용담유사》(오른쪽). 동학의 경전들이다. 그 중심사상은 '사람이 곧 한울이다'라는 '인즉천(人卽天)'사상이다.

기 시작했다. 1863년 최제우와 그의 제자 20여 명은 경주에서 체포되어 다음 해 봄, 혹세무민의 죄로 최제우는 대구 장대에서 사형당하고 말았다. 41세의 한창때였다.

교조의 희생으로 동학은 큰 타격을 받았지만, 일반민중 속으로 깊이 침투한 동학의 교세는 쉽게 무너지지 않았다. 한때 산속으로 도피한 제2대 교주 최시형(1827~1898)이 포교에 힘쓰는 한편, 구전되어온 교리를 정리한《동경대전》이 편찬되면서 동학은 그 기반을 더욱 단단히 다졌다. 동학교도들은 1892년 11월 포교의 자유를 위해 교조 최제우의 누명을 씻기 위한 교조신원운동을 시작으로 동학운동을 전개해 나갔다.

최제우가 제시한 후천개벽 즉, 동학의 현실변혁 방법은 사실 지극히 관념적이고 환상적이었다. 그러나 동학은 농민층의 입장을 대변하고 새로운 세상을 제시했다는 점에서 큰 의미를 지닌다. 동학을 접한 농민들은 현실의 수탈에 대해 보다 구조적인 문제제기를 할 수 있게 된 것이다.

이러한 개혁성에도 불구하고 동학은 현실세상을 전면적으로 부정하는 이른바 '상제의 세상'에 개혁의 구체적인 내용을 담아내지는 못했다. 새로운 세상은 상제의 의지와 조화 속에 이루어진다고 믿었기 때문이다. 그러나 민중의 고통이 사라지는 후천개벽 세상이 상제에 의해 '저절로 이루어진다無爲而化'라는 초기사상이 부정되면서 동학운동은 급격히 반봉건·반침략 투쟁으로 옮겨갔다.

몰락 왕조의 마지막 개혁가 '궁도령'
: 대원군의 집권
(1864~1874년)

1863년 12월, 조선 왕조 25대왕 철종이 재위 14년 만에 승하했다. 철종은 강화도에 농사를 짓던 불우한 왕족 출신으로, 안동김씨 세력의 갑작스러운 옹립으로 왕위에 올랐다. 안동김씨의 세도정치 속에서 철종은 정치적 실권도 없었고 게다가 뒤를 이을 후계자도 없었다.

후계자 없이 왕이 승하했을 경우 후계자의 지명권은 대비에게 있었다. 당시 대왕대비 조씨는 철종이 후사 없이 운명하자 흥선군 이하응의 둘째아들 명복을 왕으로 지명했다. 이가 바로 고종으로, 당시 나이가 12살에 불과한 소년이었다.

흥선군 이하응은 일찍이 척신들에게서 '궁도령'이란 별명을 얻을 만큼 천대받던 몰락 왕족이었다. 따라서 안동김씨들은 조대비가 이하응의 아들을 지명했을 때도 별로 거부하지

흥선대원군 기린흉배. 중요민속자료 65호. 국립민속박물관 소장.

않았다고 한다. 그러나 안동김씨의 적극적인 후원 속에 왕위계승이 이루어졌다고 황현의《매천야록》은 이 사실을 다르게 전한다.

왕의 아버지인 대원군 지위에 오른 흥선군은 고종이 어린 관계로 섭정을 하기 시작했다. 섭정으로 정권을 잡은 대원군은 파락호로 시정을 떠돌 때의 인물이 아니었다. 이후 대원군은 안동김씨 세력의 타도와 약해진 왕권을 확립하고 온갖 부패의 온상들을 제거해 나갔다.

대원군은 70년간 세도를 누린 안동김씨 일족을 몰아내고 당색의 구별 없이 유능한 인재를 등용했다. 그리고 국가의 세원을 늘리고자 "국가에 공헌한 충신의 후예가 양반으로 면세 특권을 누려 일반 백성을 억울한 과중부담에 시달리게 함은 충신들의 영혼으로 하여금 오히려 부끄럽게 할 것이다"라고 하며 양반들에게 호포제라는 명목의 세금을 물렸다.

또한 대원군은 양반세력의 근거지인 서원을 대대적으로 정비했다. 조선 후기 서원은 면세와 특혜를 누린 각종 폐해의 온상이었다. 대원군은 마침내 1864년부

흥선대원군 이하응의 초상화와 그가 그린〈난초〉.

터 1871년까지 47개의 서원만 남기고 전국 6백여 개의 서원을 철폐시켰다. 서원철폐가 단행되자 근거지를 잃어버린 전국의 유생들이 궐문 앞에 몰려 상소하고 소란을 피웠다. 이에 대해 대원군은 "우리 백성 생활을 해롭게 하는 자라면 비록 공자가 되살아와도 용서하지 않겠거늘, 하물며 서원은 유림

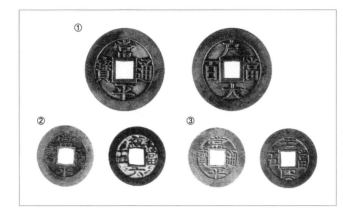

조선말기의 엽전.
①상평통보 당백전, 1866년, 금위영 제조, ②상평통보 당오전, ③상평통보 당오전, 1883년, 호조 제조.

의 선현들을 제사 지내는 곳임에도 불구하고 도적의 소굴처럼 되어가고 있음을 어찌 용서할 것이냐"라고 하며 유생들을 강제 해산시켰다. 그런데 대원군이 서원철폐를 단행한 것은 다른 이유도 있었다. 대원군이 흥선군이던 시절, 만동리의 한 서원에서 제사를 참관하고 있었는데 아무 생각없이 부채를 손에 든 채 돌계단을 올랐다. 이에 옆에 있는 서원유생들은 불경하다 하여 흥선군을 꾸짖었다. 흥선군은 폐단 많은 서원을 없애면서 또한 자신이 그때 받았던 모욕을 되갚고자 했던 것으로 보인다.

대원군은 왕실의 위엄을 되찾기 위한 노력의 일환으로 임진왜란 때 불타버린 경복궁을 다시 지었다. 처음 착공했을 때 농번기임에 도 불구하고 20일 내에 3만 5천여 명이 동원되었다고 하니, 이 공사의 규모를 짐작할 수 있겠다. 거창한 공사에 필요한 재정을 충당하기 위해 원납전과 결두전을 거두고, 서울 도성에 들어오는 물건에 대해 통행세도 물렸다.

대원군은 경복궁의 중건 이외에 의정부·종묘·종친부·육조 이하 각 관서 및 도성 그리고 북한산성의 수축을 끝냄으로써 수도 서울의 모습을 새롭게 했다.

무역을 요구하며 밀어닥치는 서양세력에 대해 대원군은 강력한 쇄국정책을 썼다. 척화비를 세우면서까지 쇄국의 의지를 다졌던 대원군 집권시절에는 외세가 감히 침범하지 못했다.

대원군의 집권도 오래 가지는 못했다. 경복궁 중건에 따른 백성들의 원성이 높아가고, 서원철폐 등으로 인한 양반들의 불만이 쌓이면서 대원군의 권력은 흔들리기 시작했다. 급기야 유림세력의 수장 최익현이 〈대원군 하야상소〉를 고종에게 바치면서 결국 대원군은 집권 10년 만에 물러나고 말았다. 몰락해가는 왕권과 조선왕조의 부흥을 기치로 내건 대원군의 개혁정치는 이로써 막을 내린 것이다.

대담한 개혁정치에도 불구하고 강력한 쇄국정치로 인해 대원군은 그동안 개화를 막은 장본인처럼 인식되어 왔다. 그러나 당시 불안정한 국내외 정세 속에서 쇄국이라는 극단적인 대책은 불가피한 선택이었는지도 모른다.

서양 제국주의 침략의 신호탄
: 병인양요와 신미양요
(1866년, 1871년)

1866년(고종 3) 천주교는 극심한 박해를 받았다. 그 당시 조선에는 12명의 프랑스 선교사들이 있었는데, 그중 9명이 체포되어 희생당했다. 무사히 박해를 피해 탈출에 성공한 페론·리델·칼레 등 프랑스 신부 3인은 북경으로 가 천주교 박해 소식을 전했다. 이 소식을 들은 북경의 벨로네 공사와 로즈 제독은 조선을 징벌하기로 결심했다. 이들은 1866년 8월 10일 군함 3척을 이끌고 한반도 연해로 출발했다.

이들이 남양만에 나타난 것은 8월 12일이었다. 그러나 첫 번째 침범은 예비적인 탐사원정으로, 서울의 양화진·서강까지 올라와 수로와 지형을 조사, 지도 3장을 만들어 돌아갔다.

한 달 후 로즈 제독이 이끄는 7척의 프랑스 함대가 위세를 떨치며 강화도 근해에 다시 나타났다.

"너희 나라가 왜 우리 선교사 9인을 죽였느냐! 이제부터 너희들도 죽을 것이다!"라는 말과 함께 무차별 공격이 시작되었는데, 이것이 이른바 병인양요의 시작이었다. 프랑스 함대는 10월 16일 강화성을 점령하고 30일 동안 체류하면서 온갖 횡포를 일삼았다. 이들은 선교사 살해의 책임자를 밝히고, 조약

신미양요 때 조선군으로부터 빼앗은 수자기(帥字旗)를 군함 위에 걸어놓고 그 앞에 부동자세를 취하고 있는 미군. 이들은 제너럴 셔먼 호 사건의 책임을 묻기 위해 쳐들어왔다.

을 체결하기를 요구했다.

병인양요가 터질 무렵 조선은 대원군이 집권하던 시절이었다. 대원군은 이들의 요구를 거부하고 강경한 태도로 일관했다. 찬 바람이 부는 10월, 로즈 제독은 단시일 내에 조선을 굴복시킬 수 없음을 깨닫고, 일단 강화섬의 요새인 정족산성을 공격하기로 했다.

10월 3일 프랑스 군은 안일하게 대포도 없이 소풍 놀이하듯 정족산성을 향해 진격했다. 이들이 산성 동문을 눈앞에 둘 즈음, 잠복하고 있던 조선군들이 일제히 총격을 가했다. 피할 곳도 채 찾지 못한 프랑스 군은 순식간에 큰 타격을 입고 말았다.

전의를 상실한 로즈 제독은 대량의 서적과 보물들을 약탈한 후 다음 날 아침 갑곶진에서 닻을 감춘 채 도주했다. 이때 약탈당한 보물들은 현재까지 프랑스에 남아 있다. 프랑스 군함이 물러간 후 대원군은 더욱 쇄국 정책을 강화했다.

병인양요를 치른 지 5년째 되는 1871년(고종 8)에 조선은 또다시 미국과 충돌하게 되었으니, 곧 신미양요다.

신미양요 이전에도 미국과의 충돌은 여러 번 있었다. 1866년 미상선 제너럴 셔먼 호가 대동강을 거슬러 올라와 통상을 요구하다 평양 주민들과 충돌한 끝에 불타 침몰한 사건도 있었다.

제너럴 셔먼 호의 격침 소식을 들은 미국정부는 셔먼 호 사건에 대한 문책과 통상조약을 맺고자 해군함대를 출동시켰다. 1871년 미국 그랜트 대통령은 마침내 아시아 함대 로저스 제독으로 하여금 군함 5척을 이끌고 한반도

수역으로 출동하도록 명령했다.

로저스 제독의 미함대는 4월 8일 강화 근해 부평부 물치섬 해안에 아무런 예고도 없이 나타났다. 4월 14일 미함대는 손돌목을 지나 광성진에 접근했다.

"이 기회에 서울까지 진격하여 이교도들의 골수에 사무친 버릇을 가르쳐 주어라!"

광성진에 미함대가 다가오자 광성진을 지키던 어재연은 정예한 군사를 거느리고 공격을 개시했다. 그러나 우수한 무기로 무장한 미해군을 당할 수는

척화비. 대원군의 명령으로 종로 네거리를 비롯하여 전국 곳곳에 세워졌다.

없었다. 미군의 함포사격에 성벽이 무너지고 마침내 지휘관 어재연의 전사와 함께 광성진은 함락되었다.

당시 미군 지휘관이었던 브레이크 중령의 회상기에 의하면 약 450명의 조선군인이 무참하게 죽었다고 한다. 48시간 전쟁의 결과였다. 그러나 미군에게도 이 광성진 전투는 과히 자랑스러운 전투는 아니었다고 한다. 미군은 더이상 공격하는 것은 손해라 생각하고 물치섬 해역에서 서둘러 빠져나갔다.

두 양요를 치르면서 조선은 외세에 대한 경계를 더욱 굳게 했다. 대원군의 명령으로 종로 네거리를 비롯한 전국 방방곡곡에는 양이배척의 '척화비'가 무수히 세워졌다.

서양 오랑캐가 쳐들어오는데 洋夷侵犯
싸우지 않으면 화친하는 것이요. 非戰則和
화친을 주장하는 것은 나라를 팔아먹는 것이다. 主和賣國

쇄국에서 개항으로
: 강화도조약 체결
(1876년)

신미양요를 겪은 지 3년을 못 넘기고 대원군은 1873년(고종 10) 11월 일선
정치에서 물러났다. 이후 왕비 민씨를 중심으로 한 척족세력들이 정권을 쥐
었다. 대원군의 몰락은 조선 쇄국정책의 큰 변화를 예고하는 일이었다.

신흥 제국주의 일본은 대원군의 몰락과 때를 맞춰 1875년 운요 호雲揚號를
파견하여 강화도 앞바다를 공격했다. 일본은 운요 호를 앞세워 인천 근해의
영종도를 불법 포격하고는 방화와 살인 · 약탈행위를 서슴지 않았다. 그러나
이같은 일본의 공격에 대해 조선정부는 무기력하게 대처할 뿐이었다.

운요 호 사건은 조선침략을 꾀하는 일본의 야심을 살짝 보여준 예고편에
불과했다. 이 사건으로 더욱 자신감을 얻은 일본은 1876년 정월 일본 육군
중장 구로다 기요타카黑田淸隆를 지휘관으로 한 6척의 함선(군함 3척, 수송선
3척)을 파견, 조선을 위협했다. 그런데 이것이야말로 페리 함대의 일본판이었
다. 1853년 미국은 페리 함대를 일본에 파견하여 함포 위력을 과시하고는 일
본의 문호를 열게 했다. 일본은 재빨리 이 수법을 배워 조선을 상대로 그대
로 실험했던 것이다.

구로다 일본함대는 강화도 갑곶진 앞바다에 정박하고 강화 성내로 들어

왔다. 이 사건을 통고받은 정부는 어영대장 신헌을 파견하여 다음 날 회담을 열도록 했다. 이 회담은 조일 병자수호조규(일명 강화도조약)가 체결되기까지 계속되었다.

다음은 회담 첫날의 광경이다.

강화도조약 체결 당시의 강화부 정문의 모습.

두 나라 대표들이 자리를 정돈하고 회담을 시작하려던 순간 갑곶진으로부터 함포사격 소리가 나자 신헌은 물었다.

"두 나라 사신이 평화회담을 하는데 이 무슨 함포사격이오?"

"오늘이 우리의 기원절이라 이를 축하하기 위해 예포를 쏘는 것입니다. 포성은 커도 탄환은 없으니 두려워하지 마시오."

항의할 수 없는 대답이었다.

일본은 이 회담에서 오히려 운요 호 사건의 책임을 우리에게 지웠다. 국제 외교에 무지한 조선은 일본의 작전에 말려들 따름이었다. 조선은 일본이 제시하는 조건을 그대로 받아들일 수밖에 없었다.

1876년 2월 3일 마침내 연무당(현재 서대문 옆)에서 12개 조항으로 된 강화도조약이 체결되었다. 그러나 강화도조약은 조선으로서는 그야말로 수치스러운 불평등조약이었다.

일본은 제1조 '조선국은 자주국이니 일본국과 더불어 평등한 권한을 갖는다'라는 조항 외에는 애매하고도 모호한 문구를 사용하여 불평등조약을 만들어 놓았다. 그러나 이것 또한 조선에서의 청국세력을 의식한 문구에 불구했다. 일본은 이 조약에서 부산항 외에 2개의 항구를 개방케 했고, 우리나라 해안의 측량권과 해도작성권도 요구했다. 그리고 영사관을 설치하고 치외법권 지역을 인정하도록 했다.

이같은 강화도조약은 조선이 외국과 체결한 최초의 근대적인 조약이었고,

광화문. 강화도조약 체결 당시의 광화문과 그 앞의 육조거리 풍경. 일제에 의해 헐리기 전의 모습으로, 1865년 대원군의 경복궁 중창 때 지어진 것이다.

이로써 조선은 쇄국을 깨고 개항하게 되었다. 이 타율적이고도 불평등한 조약은 조선인이 일본에서 누릴 권리는 거의 없고, 일본인이 조선에서 누릴 권리만이 상세하게 규정되어 있을 따름이었다.

일본으로서는 타국에게 강요한 최초의 불평등조약을 체결한 셈이었는데, 이 조약의 내용은 1858년 영일조약을 그대로 모방한 것이었다. 그동안 일본은 구미 나라들에게 불평등조약을 강요받아 왔는데, 이번에는 자신들이 당한 것을 그대로 조선에게 덮어씌웠던 것이다.

일본은 조약을 체결한 뒤 축하연을 베풀어 자축하고 돌아갔다. 조선은 일본의 공격이 조용히 끝난 것에 안도할 뿐이었다. 조선은 김기수를 수신사로 임명하여 일본에 보냈다. 이때 일본을 방문한 김기수를 비롯한 수행원들은 '메이지 유신' 이후의 일본의 발전상을 보고 감탄을 금치 못했다. 김기수는 귀국보고문에 "저 나라가 부국강병에 힘써서 사람마다 직업이 있고 무위도식하는 자가 없으며, 모든 기술을 장려하여 온갖 기계를 만들어 사용하며, 군사면의 교련도 놀람을 금할 수 없다"고 하여 일본에 강한 호감을 보였다. 일본은 수신사 일행을 초청하여 호감을 얻음으로써 초청외교에 성공을 거두었다. 이후 조선은 일본과의 평등관계를 잃고 일본의 영향력 안으로 점차 휘말려갔다.

개화에 대한 최초의 민중항거

: 임오군란 발발
(1882년)

강화도조약 체결로 조선은 아무런 거침없이 개방의 물결 속으로 쓸려 들어갔다. 조약 이후 일본은 무역규정을 협의하면서 조선의 관세권을 부정, 1876년부터 1883년까지 7년간 무관세로 조선과 교역했다.

조선의 쌀값은 일본 쌀값의 3분의 1 가격이었다. 이 차액을 노린 일본상인들이 대량의 쌀을 일본으로 수출하면서 조선의 쌀값은 하늘로 치솟았다. 게다가 임오년인 1882년(고종 19)에 가뭄으로 큰 흉년이 들어 나라살림은 거덜이 날 지경이었다. 당시 궁정 민씨 척족들의 낭비 또한 나라살림을 더욱 어렵게 했다.

급기야 군인들에게 제대로 녹봉을 주지 못하는 재정난에 부딪혔을 즈음, 정부는 봉급도 받지 못하고 있던 군인들의 분노에 기름을 끼얹은 사건을 일으키고 말았다.

정부는 1881년 신식군대를 양성한다는 미명 아래 별기군을 창설했고, 5군영을 무위 · 장어 2영으로 개편했다. 이후 신식군대인 별기군은 후한 대우를 받았지만, 구식군인들은 녹봉도 제대로 받지 못하는 차별대우를 받았다. 게다가 박봉조차 열 석 달치나 받지 못하고 있어 그 고통은 이루 말할 수 없

도망가는 일본공사관원. 임오군란 때 구식군대의 공격을 받은 일본공사관은 일본기를 앞세우고 위협발사를 하며 인천으로 도망하고 있다. 왼쪽에는 겁먹고 쫓기는 구식군대

을 정도였다.

1882년 6월 5일 때마침 전라도에서 미곡이 올라와 정부는 군인들에게 몇 달치의 녹봉을 지급하려 했다. 선혜청 도봉소(창고) 앞에는 이른 아침부터 수많은 군졸들이 각기 푸대자루를 들고 창고문이 열리기만을 기다렸다.

"열 석 달을 굶기다가 이제 겨우 한 달치냐!"

그러나 굶주린 처자식들 때문에 이것이라도 받아가야 했다.

그런데 한참 후 척족 민겸호의 하인 창고지기가 나와서 쌀을 나눠주는데, 겨와 모래가 반이나 섞인 쌀이었다. 군졸들은 "이것을 먹으라고 주는 것이냐"며 항의했으나, "싫으면 관둬라"는 식의 핀잔만 돌아올 뿐이었다. 군졸들은 더 이상 울분을 참을 수가 없었다.

"고지기 저놈부터 때려죽여라!"

군졸들에게 몰매를 맞아 다친 고지기들은 상전 민겸호에게 달려가 상황을 아뢰었다. 보고를 받은 민겸호는 노발대발하며 수십 명의 포교를 풀어 김춘영, 유복만 등 주모자들을 잡아들였다. 녹봉으로 지급할 쌀을 중간에서 가로챈 민겸호의 적반하장賊反荷杖이었다.

사태가 이렇게 흘러가자 군졸들은 민겸호의 집으로 달려가 동료들을 구명하고자 했으나, 민겸호는 대궐로 들어가 만날 수도 없었다. 흥분한 군졸들은 민겸호의 집을 부숴버렸다. 민겸호의 보복을 예상한 군졸들은 대원군이 있는 운현궁으로 달려갔다. 때마침 대원군도 민씨 척족세력에게 밀린 끝에 정

1908년 성벽을 헐기 전의 동대문 모습. 개화바람 덕에 중절모가 갓과 함께 보인다. 가게 현수막에 복덕방·채종상이 씌어 있다. 채종상은 오늘날의 종묘상으로, 지금 동대문 종묘상가의 선조쯤 된다.

치에서 은퇴하여 불우한 나날을 보내고 있던 중이었다.

대원군은 이들을 은근히 무마하는 한편, 척족세력들의 횡포를 비난하고 이후의 행동방향을 넌지시 지시했다. 대원군을 만난 뒤 군졸들의 행동은 더욱 대담해졌다.

군인들은 무기를 들고 서대문 밖 경기감영을 습격하는 한편, 일본공사관을 포위공격했다. 공사관원들은 대항하다 형세가 불리함을 느끼고 공사관 건물에 불을 지른 후 줄행랑을 놓았다. 다음 날 군졸들은 주민 일부와 합세하여 창덕궁으로 밀고 들어갔다. 변을 듣고 궐 안에 들어오던 민겸호는 붙잡혀 죽고, 민비는 요행히 왕궁 숙위를 담당한 홍재희의 기민한 계책으로 왕궁을 탈출, 충주 장호원 산속으로 숨어들었다.

임오군란이 발발하자 고종은 사태를 수습하고자 대원군을 불러 전권을 위임했다. 다시 정권을 잡은 대원군은 군인들의 요청에 따라 5군영으로 재편하고 녹봉비를 제대로 지급하겠다고 공약했다. 그리고는 "민중전이 오늘 승하했다"고 선포했다.

대원군은 장남 이재면을 훈련대장에다 호조판서와 선혜당상까지 겸임시키고, 어영대장에 신정희, 영의정에 홍순목, 우의정에 신응조 등을 임명했다. 그러나 대원군의 시국수습 인사는 자신이 조종할 허수아비를 세운 것에 불과했다. 나아가 개항정책을 규탄한 유림인사들을 모조리 석방시키면서 보수세력들은 활기를 되찾게 되었다.

대원군이 집권한 지 열흘 만에 일본은 하나부사 공사를 다시 호송한다고 주장하며 군함 및 육군병력을 끌고 인천항에 상륙했다. 게다가 청나라는 7월 12일 광동수사제독 오장경을 앞세워 4천 병력을 끌고 서울로 진입했다.

13일 운현궁을 방문한 청군은 대원군을 강제로 납치하여 중국 천진으로 압송해 이후 4년 동안 가둬두었다. 이로써 대원군의 재집권은 불과 33일 천하로 끝나고 말았다. 잠시 은거했던 민비는 다시 돌아와 정권을 되찾았다.

수도 서울은 청국군대에 점령당하고 일본은 재빨리 조선과 '제물포조약'을 맺었다. 제물포조약의 골자는 임오군란으로 입은 피해액 50만 원의 지불과, 이후 일본군의 장기 주둔권을 인정하라는 것이었다. 일본은 조약을 맺으면서 아울러 대원군이 세웠던 척화비를 없앨 것을 요구했다. 이와 함께 일본과 조선에서 각축전을 벌이던 청은 조·중상민수륙무역장정을 체결하고는 1894년 청일전쟁이 일어날 때까지 12년간 서로 질세라 조선내정을 간섭했다.

개화파의 3일천하
: 갑신정변 발발
(1884년)

19세기에 접어들면서 한국사회는 자본주의 열강의 침략이 본격화되고, 안으로는 사회체제가 점차 동요되어 갔다. 일본과 중국을 왕래하며 무역하던 외국상선들이 나타나면서 서양은 더이상 외면할 수 없는 존재가 되었다. 이와 같이 세계정세가 급변하던 19세기 중엽부터 조선사회의 문호를 개방시키고자 하는 '개화사상'이 지식인들 사이에 움트기 시작했다.

박규수와 오경석은 이 시기 개화청년들에게 막강한 영향력을 끼친 인물들이다. 박규수는 연암 박지원의 손자로, 제너럴 셔먼 호 사건 때 평양감사로 있으면서 셔먼 호를 불태워버린 장본인이다. 이후 박규수는 서양문명에 긍정적인 태도를 보이기 시작했는데, 그의 사랑방에는 박영효, 김옥균, 김윤식, 유길준 등 명문양반가 출신의 진보적인 지식인들이 드나들었다. 오경석은 역관 출신의 중인으로, 청나라에 오가면서 국제정세를 많이 알고 있어 일찍부터 개화에 눈을 떴던 인물이었다.

소위 '개화당'은 바로 이들을 중심으로 엮어졌다. 특히 개화세력들은 신사유람단으로 일본을 방문하거나 혹은 유학을 갔다 오면서 일본을 모델로 한 개화를 추진하고자 했다. 개화당의 핵심인물이라 할 수 있는 김옥균, 박영효 등은 일본의 계몽사상가 후쿠자와 유키치福澤諭吉와 접촉하면서 일본의 개화사상을 흡수했다.

일본의 발전상을 목격한 개화당 인사들은 일본의 힘을 빌려서라도 정권을 쥐고 이 땅을 개화시키고 싶었다. 마침 베트남 문제로 칭프전쟁이 일어나자 청국이 조선의 문제에 관심을 쓸 겨를이 없다고 판단한 이들은 우정국 낙성식을 기화로 쿠데타를 일으켰다.

1884년(고종 21) 12월 4일 우정국 낙성식 축하연에는 홍영식의 초청을 받고 온 서울 주재 각국 외교관과 정부요인으로 가득 찼다. 예정된 식사가 거의 끝나갈 무렵 우정국 북쪽 창문 밖에서 "불이야!"하는 소리가 들렸다. 그 순간 연회석은 아수라장이 되고, 민씨 척족인 민영익이 몸에 칼을 맞고 비명을 지르며 달려들어왔다. '3일천하'로 끝난 갑신정변은 이렇게 시작되었다.

개화당 인사들은 이조연, 한규직, 유재현, 조영하, 민태호 등 수구파 거물들을 제거하고 다음 날 아침 신정부 구성을 발표했다. 정변을 일으킨 개화파들은 14개 조항에 걸친 개혁안을 제시했다.

개혁 요강 14개조

1. 대원군을 즉각 환국케 하고, 청에 대한 조공을 폐지할 것
2. 문벌을 폐지하고, 인민평등권을 제정하고, 재능에 의해 인재를 등용할 것
3. 지조법을 개혁하여 간리奸吏를 근절하고 궁민窮民을 구제하며 국가재정을 충실히 할 것
4. 내시부를 폐지하고, 그중 재능 있는 자를 등용할 것
5. 국가에 해독을 끼친 탐관오리를 처벌할 것
6. 각도의 환상還上을 영구히 폐지할 것
7. 규장각을 폐지할 것
8. 급히 순사를 두어 도적을 방지할 것
9. 해상공국을 혁파할 것
10. 유배·금고된 죄인을 다시 조사하여 석방할 것
11. 4영營을 합쳐 1영으로 하고, 그중 장정을 선발하여 근위대를 설치할 것
12. 모든 국가재정을 호조에서 관할케 하고, 그밖의 재무관청은 혁파할 것

13. 대신과 참찬은 매일 의정부에서 회의하여 정령을 공포, 시행할 것

14. 의정부 6조 외 일체 불필요한 관청을 혁파하고 대신과 참찬이 협의 처리할 것

개화파의 예상과 달리 청군은 궁궐에 들이닥쳐 단숨에 신정부를 무너뜨려 버렸다. 이로써 갑신정변은 3일 만에 실패로 돌아갔다. 청국군과 수구당의 반격으로 박영교, 홍영식, 신복모 등은 처참하게 죽음을 당했으며, 다케조에 竹添進一郞를 비롯한 일본공사관의 모든 직원과 김옥균, 박영효, 서광범, 서재필, 신응희 등 개화당 인사들은 인천을 거쳐 일본으로 망명했다.

갑신정변은 일부층에 한정된 개혁이었으며, 민중의 참여가 없었던 쿠데타였다. 따라서 정변의 실패는 예고된 것이었다. 갑신정변에 참여했던 서재필은 회고담에서 이렇게 말했다.

"원세개의 간섭으로 독립당의 3일몽은 깨지고 말았는 바, 그 독립당 계획에는 부실한 것도 많았지만, 무엇보다도 제일로 큰 패인은 그 계획도 모르고 반대하는 일반민중의 무지 · 몰각이었다."

개혁세력들은 민중의 지지기반이 없는 쿠데타는 결코 성공할 수 없음을 깨닫지 못했다.

정변이 실패한 후 처리문제를 둘러싸고 조선과 일본 사이에 한성조약이 맺어졌다. 이 조약에서 일본 측은 갑신정변에 대한 모든 책임을 조선 측에 떠넘겼다. 일본인의 신체상 · 재산상 손실에 대한 보상으로 11만 원과 아울러 공사관 건축비 20만 원을 지불할 것도 요구했다.

갑신정변을 계기로 청 · 일의 대립은 첨예화되었다. 두 나라 대표 이홍장과 이토 히

김옥균의 주검. 본국에서 보낸 자객 홍종우에게 상해에서 암살당해 그 주검은 본국으로 보내져 양화진에서 능지처참되었다. 홍종우는 그 공으로 벼슬과 집을 하사받아 호사를 누렸다.

로부미는 6회에 걸친 회담 끝에 1885년 양국군의 철수, 파병시 상대국에게 사전 통보할 것 등을 규정한 천진조약을 맺었다. 이러한 천진조약은 갑오농민전쟁이 일어났을 때 양국의 군대가 출동하는 빌미가 되었다.

서면 백산, 앉으면 죽산

: 동학농민전쟁
(1894년)

1862년 삼남일대를 휩쓴 민란 이후에도 민중의 동요가 아주 사라진 것은 아니었다. 농민들의 생명줄인 농지에 대한 개혁이 시도되지 않고, 삼정의 폐단과 지방관리들의 횡포는 여전했기 때문이다. 특히 가뭄이 심했던 1888년 (고종 25)을 기점으로 민란은 더욱 크게 번져갔다. 그러나 이 시기 농민들의 항쟁은 국지적이며 일회적인 형태로 진행되었다.

단발적이던 농민항쟁이 동학의 포교조직으로 흡수되면서 조직적으로 전개되기 시작했다. 반봉건·반침략적 요소를 지닌 동학은 농민들 속으로 급속히 파고들었다. 특히 전봉준·서장옥 등의 동학지도자들은 농민들의 세력을 업고 조직을 확대시켜 대농민항쟁을 예고했다.

"고부성을 격파하고 군수 조병갑을 효수한다."

"전주성을 함락하고 서울로 직행한다."

손에 괭이, 쇠스랑, 죽창을 들고 말목 장터에 모인 수천 명의 농민들은 고부관아를 들이쳤다. 1894년 1월 10일, 고부군수 조병갑의 수탈에 견디다 못한 농민들이 전봉준의 지휘하에 고부성을 깨뜨리면서 갑오농민전쟁은 시작되었다.

서울로 잡혀가는 전봉준.
1894년 12월 30일 전라도 순
창에서 체포되어 서울로 압
송, 이듬해 4월 23일 처형되
었다.

곡창지대에 자리한 전라도는 타지방에 비해 농민에 대한 수탈이 더욱 심
했다. 개항 이후에는 쌀 수출과 관련하여 일본상인의 착취까지 덧씌워졌다.
그러나 이것은 단순히 전라도 농민들만의 문제가 아니었다. 따라서 고부농
민봉기는 기름에 불을 붙인 듯 전국으로 퍼져나갔다.

전봉준은 고부항쟁의 승리에 만족치 않고 농민을 위해 계속 투쟁할 것을
결심했다. 백산에서 폐정弊政 개혁을 요구하는 격문을 전라도 각 고을의 동
학교도에게 비밀리에 보냈다. 백산은 조그마한 산이나, 일단 산 정상에 올라
서면 널찍한 들판이 있어 전투에 더할 나위 없이 좋은 지형이었다. 이곳에서
농민들은 흰옷을 입고 죽창을 들고 진을 쳤다.

"서면 백산이요, 앉으면 죽산이라."

농민군이 모두 서면 흰옷 때문에 산이 모두 하얗게 보이고, 앉으면 죽창이
머리 위로 덮여 죽산을 이룬 듯이 보였기 때문에 나온 말이다. 농민군은 태
인, 흥덕, 고창, 금구, 부안, 김제, 무장 등으로 퍼져나갔다.

사태의 심각성을 파악한 정부는 군대를 파견하여 농민군을 진압하고자 했
다. 농민군과 전라 감영군은 드디어 황토재에서 결전을 벌이게 되었다. 농민
군은 후퇴하는 척하면서 관군을 유인하여 매복한 군사로 이를 공격했다. 결
과는 농민군의 대승으로 끝났다. 사기가 오른 농민군은 전라군현들을 차례
로 장악해 나가고, 이 소식을 들은 충청·경상도의 농민들도 호응하기 시작

청일전쟁 때의 청군포로. 일본
은 우리 군졸을 강제차출해 포
로감시 일을 떠맡겼다

했다. 1894년 4월 27일 전주성이 농민군의 손에 떨어졌다.

농민군과 이를 쫓아온 관군은 성 밖에서 여러 차례 교전을 벌이다 협상을 하기로 합의했다. 마침 농민군은 모내기 철이기도 하고 게다가 관군의 공격으로 많은 피해를 입은 터였다.

협상에 나선 농민군은 12개 조항의 폐정개혁을 요구하고, 그 뒤 전라도 53읍 관청에 집강소를 설치하는 쾌거를 이루었다. 각 읍의 집강소는 마치 지방의 행정관청이나 다름없었다. 집강 한 사람을 두고 그 밑에 서기 등의 임원을 두었다. 군수나 현감은 이름뿐이고, 서리들도 모두 동학당에 입적을 하지 않으면 안 되었다.

전봉준은 전주에서 수천의 농민을 거느리고 전라우도를 총관할했고, 김개남은 남원에서 수만의 민중을 거느리고 전라좌도를 총관할했다. 이로써 농민들이 주도하는 지방자치가 실시되었고, 농민군의 세력은 크게 확대되었다.

농민전쟁이 시작되자 민씨정권은 청에 원병을 요청했다. 파병요청을 받은 청은 텐진조약에 의해 이 사실을 일본에 알리고 일본도 같이 군대를 보냈다. 그러나 농민군이 해산된 뒤에도 이 양국군대는 철수는커녕 서로 대립하다가 급기야 7월 25일 일본의 선제포격으로 청일전쟁이 발발했다. 이리하여 조선은 양국의 애꿎은 전쟁터가 되었다.

일본이 내정을 깊이 관여하고 청일전쟁을 일으키자, 일본군의 축출을 위해 농민군은 다시 들고일어났다. 이때에는 1차봉기 때와는 달리 전봉준을 중심으로 한 전라도 동학(남접)과 최시형을 중심한 충청도 동학(북접)이 연합하여 일어났다.

남접의 농민군과 북접의 농민군은 논산에서 합쳐 공주를 향해 북진했다. 그러나 농민군이 대적한 군대는 신식무기로 무장한 일본군이었다. 공주성의 관문인 우금치에서 농민군은 관군과 일본군 연합부대에 의해 크게 패하고 후퇴하기 시작했다. 전주, 순창, 장흥을 거쳐 해남까지 후퇴하면서 농민군의 대부분은 흩어지고 말았다. 전봉준도 순창에서 체포되어 서울로 압송된 후 사형당하고 말았다. 이로써 농민군의 주력부대는 붕괴되었다. 그러나 잔여세력은 강원도 · 황해도 · 평안도 지방으로 흩어져 1895년 가을까지 투쟁을 계속했다.

정치 · 경제 등 제반모순에 항거하여 일어난 동학농민전쟁은 우리나라 역사상 최대의 농민운동이었다. 또한 개항 이후 밀어닥친 열강의 침입에 항쟁한 반제국주의 운동이기도 했다. 정부와 청 · 일 양국 군대의 진압으로 농민에 의한 개혁은 더 이상 이루어질 수 없게 되었지만, 이들의 개혁정신은 갑오개혁으로 이어졌고, 또한 이들의 반봉건 · 반침략 투쟁은 항일운동으로 계속 그 맥을 이어갔다.

반침략·반개화 투쟁
: 항일의병전쟁의 전개
(1895~1910년)

1894년 일제는 한국에 갑오농민전쟁이 일어난 것을 구실삼아 청일전쟁을 일으켰다. 이 전쟁의 승리로 한반도에서 주도권을 잡은 일본은 조선에 대한 내정간섭을 본격적으로 하기 시작했다.

일제는 친일내각을 세워 그들로 하여금 갑오개혁을 단행하게 함으로써 일본의 침략을 쉽도록 했다. 뿐만 아니라 한국 왕실 안의 친청세력을 몰아내기 위해 민비를 살해하고 단발령을 반포했다.

개화파 내각의 개혁과 단발령 반포는 지방 유생들의 거센 반발을 불러일으켰다. 급기야 1895년 반외세·반개화를 기치로 내건 의병전쟁이 발발했으니, 이것이 바로 을미의병이다. 을미의병의 시발은 강원도와 충청도 지역 유생들이었으며, 그 불길은 점차 경상도·전라도로 번져나갔다.

의병들은 개화정책에 대한 불신이 깊었다. 이들에게 있어 개화란 한낱 외세를 등에 업고 정권을 잡으려는 구호에 지나지 않는 것이었다. 호남 의병장 심남일의 다음과 같은 말은 이들이 품었던 개화에 대한 인식이 어떠했는가를 분명히 보여준다.

"개화란 본시 백성을 착하게 만들고 풍속을 이룬다는 뜻인데, 지금의 소위

초기 의병들의 모습. 제1차
의병전쟁은 1895년 일본낭
인들이 경복궁에 난입, 명성
황후 민비를 살해한 을미사
변이 일어난 직후, 을미의병
이 강원도와 충청도를 중심
으로 일어났다.

개화란 외이外夷를 끌어들여 우리 백성을 적들 앞에 굴복시키는 것이다."

의병전쟁이 확대되고 민중의 항의가 높아가는 가운데, 친일내각은 무너지
고 단발령은 취소되었다. 그러나 친일내각의 붕괴와 단발령 취소는 의병 전
쟁의 승리로 인한 것이 아니었다. 그것은 어디까지나 정부의 양보에 의한 것
이었다. 단발령 취소로 요구조건을 관철한 의병은 점차 약화되었다. 반면, 일
본을 비롯한 외세의 침투는 더욱 노골화되었다.

1904년 일제는 러일전쟁을 도발하여 한국에 대한 정치적 독점권을 틀어
쥐었다. 일제는 먼저 외무·내무 그리고 재무에 고문정치를 시도하더니,
1905년 을사5조약을 강제체결하여 이완용 매국정부를 조직하고 1천만 원
차관을 강요함으로써 본격적인 식민지 개편작업에 착수했다.

을사5조약이 강제체결되기 이전부터 강원도를 비롯한 중부와 남한 일대
농촌에서 다시 의병전쟁이 일어나고 있었다. 의병전쟁은 1907년 헤이그 밀
사사건을 구실로 고종이 강제 퇴위당하고 군대가 해산되면서 더욱 본격화되
었다. 해산당한 관군 병사들이 의병에 가담함으로써 의병전력이 한층 강화
된 것이다.

이후 유생·농민 중심의 의병군이 병사·농민 중심의 의병으로 바뀌어갔
고, 의병전쟁은 독립전쟁의 성격을 띠기 시작했다. 또한 의병운동의 지도이
념이었던 척사사상이 차츰 후퇴하고, 반침략·반봉건을 지향하는 이념이 나
타났다. 이로써 유생에 의해 주도되었던 의병운동은 점차 평민 주도의 의병
운동으로 확대되어 갔다.

처형된 의병들. 일본군들은 전국 곳곳에서 일어난 의병들을 대상으로 섬멸작전을 펴 무참히 살육하는 한편, 포로로 잡힌 의병들은 국사범으로 몰아 재판도 없이 현지에서 공개 처형하는 만행을 저질렀다.

1908년부터 2년 동안 의병전쟁은 그 절정에 달했다. 1908년 3월 이인영과 허위가 지휘하는 1만여 명의 전국의병군은 서울 탈환작전을 시도하기도 했다. 화승총으로 무장된 의병들은 우수한 신식소총으로 대항하는 일본군을 유격전으로 괴롭혔다.

의병에 시달린 일본은 마침내 1909년 전남의병에 대해 대대적인 의병 섬멸작전을 벌였으니, '남한 대토벌작전'이 그것이다. 이 작전은 전남 전체를 육로와 해상으로 완전 포위하여 동남으로 '그물질하듯 빗질하듯' 좁혀 들어가는 것이었다. 일본군은 모두 한복으로 변장하여 의병을 몰살하는 한편, 모든 도민의 통행을 금지하여 위반자는 가차없이 죽여버렸다. 약 2개월 간에

걸쳐 감행된 이 도살작전에서 심남일 등 의병장이 사살당하고, 박도경 등 의병장이 체포되어 처형되는 등 이 지역 의병은 거의 섬멸되다시피 했다.

1910년 병합 후 일제의 무단정치 하에서 의병은 무장항일 비밀조직인 독립의군부와 광복회로 이어져 항일무력항쟁을 계

러일전쟁 때 일본군에 의해 강제동원된 한국인이 서울 남산 아래에서 일본군의 군수물자를 나르고 있다.

속했다. 해외로 간 의병들은 간도에 망명정부를 세워 독립군을 양성했다.

한말 의병전쟁은 일제침략에 대항한 저항운동으로서 이후 항일민족 세력을 형성하는 데 가장 큰 역할을 맡았다. 이후 3·1운동이나 1920년대와 1930년대 줄기차게 전개된 농민운동들은 모두 한말 의병전쟁을 비롯한 항일운동과 그 맥락을 같이하는 것이다.

동학당·영학당·활빈당

동학당·영학당·활빈당은 농촌사회의 극빈농, 농업임노동자, 도시 및 산간지역의 유민층을 중심으로 반침략·반봉건 투쟁을 전개한 조직단체들이었다.

전라도 지방의 동학교도인 최익서 등은 흩어진 동학당들을 모아 영학당을 조직하여 1898년 흥덕농민항쟁을 지원하면서 투쟁활동을 시작했다. 1899년 봄 전라도 북부에서는 농민들이 1894년 갑오농민전쟁의 원인이었던 균전을 없앨 것을 강력히 요구하는 농성을 벌였으나 정부군의 진압으로 해산당했다. 영학당은 이를 계기로 무장 봉기를 일으켜 광주를 점령하고, 전주관찰부를 함락시켰다. 이 기세를 업고 이들은 서울까지 진격하려 했으나, 고창을 공격하는 과정에서 진압되고 말았다.

1900년경, 해주·재령 등 황해도와 소백산맥 지역에서도 동학당의 움직임이 활발했다. 이러한 투쟁들은 1900년을 고비로 대부분 소멸되고, 그 잔여세력들은 활빈당에 흡수되거나 의병전쟁에 참가, 독립전쟁을 벌여 나갔다.

'보호가 아닌 침략' 조약
: 을사보호조약 체결
(1905년)

1896년 이후 만주지역에 진출하기 시작한 러시아는 차츰 고개를 돌려 조선에도 관심을 쏟기 시작했다. 청일전쟁에서 승리하여 청나라라는 걸림돌을 치워버린 일본은 또다시 러시아라는 새로운 장애물을 만난 꼴이 되었다. 1900년 중국에서 의화단 사건이 일어났는데, 이때 열강은 공동으로 출병하여 이를 진압했다. 진압 이후 대부분의 연합군은 곧 중국에서 철수했지만, 러시아는 만주에 계속 군대를 주둔시켰다. 러시아의 만주 진출에 크게 위협을 느끼던 일본은 이윽고 1904년 러시아와 국교를 단절했다. 직후 여순항에서 일본의 선제공격으로 러일전쟁이 시작되었다.

러일전쟁은 예상을 뒤엎고 일본의 승리로 돌아갔다. 미국 루스벨트 대통령의 중재로 러일전쟁은 포츠머스 조약을 맺고 끝이 났다. 포츠머스 조약이 체결되기 직전, 미 육군장군 태프트와 일본 수상 가쓰라桂太郎는 비밀리에 '가쓰라 · 태프트 밀약'을 맺었다. 이 밀약은 필리핀에서 미국의 지배를 인정하는 대신 한반도에서 일본의 지배를 인정한다는 것을 주내용으로 하는 제국주의 국가 간의 나눠먹기식 협약이었다.

한국침략의 준비를 완료한 일본은 포츠머스 조약 이후 곧바로 이토 히

을사5적. 위 왼쪽부터 외부대신 박제순, 내부대신 이지용, 군부대신 이근택, 아래 왼쪽부터 학부대신 이완용, 농상대신 권중현.

로부미를 파견하여 한반도 병합작업에 착수했다. 한국침략의 중책을 스스로 맡은 '일본의 비스마르크' 이토는 1905년 11월 9일 특명전권대사의 직함을 띠고 서울에 왔다. 그리고 보호라는 미명 아래 한국의 외교권을 빼앗고자 '한일신협약'을 들고 나왔다.

이토는 어전회의를 열게 하고 협약에 대해 대신들에게 "가可냐, 부否냐?"를 따져 물었다. 한규설을 비롯한 민영기 · 이하영만이 무조건 불가를 외쳤고, 이완용, 이근택, 박제순, 권중현, 이지용 등은 모두 황제에게 책임을 떠넘기면서 찬성을 표했다. 이토는 각료 8인 중 5인이 찬성했으므로 안건이 가결되었다고 선언했다. 이로써 소위 을사조약이 체결되었다.

을사조약이 체결되기 이전부터 정부는 일본의 야욕을 막아보고자 구미 여러 나라에 밀사를 보내 이를 폭로하는 등 노력을 기울였으나 모두 헛일이었다. 이런 저지 노력에도 불구하고 조약이 체결되자 곧장 전국에 파문을 불러일으켰다. 전국의 유생들을 비롯하여 황성기독 교청년회, 국민교육회, 대한

구락부, 헌정연구회 등은 일본의 보호조약을 반대하고 나섰다. 특히 장지연은 황성신문에 〈시일야방성대곡是日也放聲大哭〉이라는 논설을 발표하여 일본의 침략을 규탄하고, 조약체결을 조인한 매국대신들을 호되게 비난했다. 또한 서울시내 상가들은 철시를 하여 조약에 항의했다. 그리고 전참판 홍만식, 시종무관장 민영환, 전의정대신 조병세, 전참판 이명재

고종의 퇴위를 보도한 〈경향신문〉 1907년 7월 19일자 호외. 헤이그 밀사사건이 터지자 친일파 송병준은 고종에게 도쿄에 가서 천황께 사죄하든가 아니면 일본에게 선전포고를 하든가 하라면서 퇴위를 강박했다.

등은 죽음으로써 항거했다. 또한 을사조약에 서명한 매국5적에 대한 암살계획이 나인영, 오기호, 김인식 등에 의해 꾸며지기도 했다. 항거는 이에 그치지 않았다. 을사조약이 전국에 알려지자 각지에서 의병들이 일제히 들고일어났다.

을사조약의 체결로 우리나라는 외교권이 없는 나라로 전락했다. 일제는 통감부를 설치하여 본격적인 한국지배에 나섰다. 일제는 한일의정서를 체결하고 대한경영안을 의결하여 한국에 대한 침략정책을 착착 시행했다. 이중에는 황무지개척권도 있었다. 물론 전국에서 일어난 반대투쟁으로 이 황무지개척권은 철회되었다.

1907년 6월 고종은 네덜란드의 헤이그에서 열리는 제2회 만국평화회의에 특사를 파견하여 열강의 도움을 구하고자 했다. 이상설, 이준, 이위종은 헤이그에 도착하여 일제의 침략을 세계에 알리려 했으나 일본의 방해로 실패하고 말았다. 이준은 울분을 이기지 못해 헤이그에서 스스로 목숨을 끊었다. 이 일을 계기로 통감부는 이완용을 앞세워 고종을 강제 퇴위시키고, 이틀 뒤인 7월 20일에 순종의 황제 즉위식을 거행토록 했다. 일본은 이에 만족치 않고

그 여세를 몰아 정미7조약을 이완용과 이토의 이름으로 맺었다. 그리고 서울의 시위대를 시작으로 우리나라의 군대를 모두 해산시켜버렸다.

을사보호조약, 정미7조약 등 한국합병의 수순을 밟는 데 결정적인 역할을 했던 인물은 바로 이토와 이완용이었다. 합병의 주역 이토는 안중근 의사의 총격으로 하얼빈 역에서 영욕의 일생을 마감했다. 이토를 스승으로 섬겼던 이완용은 이토가 쓰러진 지 한 달 남짓 만인 1909년 12월 이재명 의사의 칼에 맞아 중상을 입었다. 친일 매국한 이완용의 암살은 미수에 끝나버리고, 그 자리에서 체포된 이재명은 가차없이 처형당했다.

살아남은 이완용은 1910년 비밀리에 일본과 한일병합에 관한 조약을 체결하는 데 한몫을 했다. 한일병합의 공로를 세운 이완용은 백작의 작호와 처리 수당 60여 원과 퇴직금 1천 458원 33전을 받았고, 조선총독부 중추원 고문에 추대되어 1926년 죽기까지 평생 일본에 기생하면서 영화를 누렸다.

"이토는 죽었는가?"
: 안중근, 이토 히로부미 총살
(1909년)

만주 하얼빈 역에서 그리 멀지 않은 채가구. 청년 안중근과 우덕순은 거사장소인 채가구역을 답사했다. 그러나 현지를 답사한 이들은 이상한 기분에 사로잡혔다. 만일 이토가 탄 열차가 채가구를 들르지 않고 그대로 하얼빈으로 향한다면 거사는 실패하고 말 것이 아닌가! 안중근은 동지 우덕순에게 "당신이 여기 남으시오. 나는 하얼빈으로 가겠소"라 말했다.

1909년 10월 26일 오전 10시, 일본 추밀원 의장 이토 히로부미를 실은 특별열차가 예정보다 1시간 늦게 만주 하얼빈 역에 도착했다. 기차의 연착으로 실망한 안중근은 기적소리를 듣고 급히 다시 역으로 달려갔다. 그는 일등 대합실을 통해 곧장 역구내로 달려들어갔다. 마침 이토는 러시아 의장대 앞을 지나고 있었다.

"만났도다. 만났도다. 원수, 너를 만났도다."

동지 우덕순이 지은 《원수가》를 되뇌면서 안중근은 3발을 이토의 가슴에, 나머지 3발은 수행하던 비서관, 영사, 만주철도 총재를 향해 쐈다. 그리고 "우라 꼬레아! 비브라 꼬레아! 대한 만세!"를 외치고 혁명가를 부르던 중 러시아 헌병에게 체포되었다. "이토는 죽었는가?", "이토는 죽었는가?" 헌병의 대답은 "죽었다"였다. 안중근의 저격을 받은 이토는 치명상을 입고 30분 후에 절명했다.

조선 병합의 일등공신 이토를 죽인 안중근은 1879년 황해도 해주에서 진사 안태훈의 장남으로 태어났다. 성질을 억제하라는 뜻으로 이름을 중근重根이라고 했다는데, 어렸을 때는 배와 가슴에 일곱 개의 검은 점이 있어 응칠應七이라 불리었다. 그의 부친 안태훈은 박영효 등 개화파의 영향을 받아 일본 유학을 하기도 한 개화인이었다. 부친의 개화정신은 그대로 안중근 의사에게로 전해졌다. 안 의사는 어려서부터 유교경전과 조선역사를 공부하고 틈나는 대로 주위 산을 타면서 사격술을 익히는 등 호연지기를 길러나갔다.

안 의사는 강화조약이 체결되고 나라의 운명이 풍전등화 같았던 시기인 1897년 천주교에 입교하면서 신앙생활을 시작했다. 그러나 민족의 장래 앞에서 단순히 신앙생활만 할 수는 없었다. 을사5조약이 체결되고 나라의 주권이 거의 상실되자 안중근은 민족운동의 전면에 나서기 시작했다. 결국 1905년 상해로 건너가 국권회복운동을 벌였으나, 부친의 갑작스러운 별세로 귀국했다.

이후 진남포로 이주하여 동생 정근, 공근과 함께 '토흥', '민흥', '국흥'이라는 의미의 삼흥학교(오성학교)를 설립하는 등 교육사업을 통한 구국운동을 벌여나갔다.

을사5조약, 정미7조약, 그리고 전국적으로 의병운동이 확산되어가는 것을 지켜본 안중근은 계몽운동을 통한 국권회복운동에 회의를 품고 본격적인 독립전쟁을 벌일 결심을 했다. 결국 노령 블라디보스토크로의 망명을 시도했다.

블라디보스토크에서 안중근은 동의회를 조직하는 한편, 의병부대를 창설하여 홍범도 부대와 함께 국내진압작전을 전개하기도 했다. 1909년 뜻을 같이하는 동지들과 함께 약지를 자르는 단지동맹斷指同盟을 맺어 독립운동에 목숨을 바치기로 결의했다. 그러던 중 이토가 만주를 시찰하러 온다는 소식을 듣게 되자 이토의 처단을 결심, 마침내 성공한 것이다.

다음 해 2월 7일 여순旅順에 있는 관동도독부 고등법원에서 제1차 공판이

체포되는 안 의사. 1909년 10월 26일 오전 9시 30분, 만주 하얼빈 역두에서 이토를 처단한 직후 러시아 관헌들에게 체포당하는 안 의사.

열렸다. 죄목은 안중근 살인, 우덕순은 살인예비였다. '일본인이 아닌 외국인 변호사 선임을 허락하지 않는다'는 일본정부의 방침에 따라 변호인까지 일본인 관선변호사로 채워졌다. 재판은 일사천리로 진행됐다. 재판과정에서 안중근은 '한국의 의병 참모중장의 자격으로 적장 이토를 죽였음'을 시종일관 주장했다.

"……이토를 죽인 것은 나 개인을 위한 것이 아니고 동양평화를 위한 것이다……나는 여러 곳을 유세했으며 가는 곳마다 싸웠고, 의병 참모중장으로서 전쟁에도 나갔다. 이토를 살해한 것도 독립전쟁의 의병중장 자격으로 한 것이다. 오늘 이 법정에 끌려 나온 것은 바로 그 전쟁에 내가 포로가 되었기 때문이다. 나는 자객으로 심문받을 이유가 없다……."

일주일 후 일제는 안중근 의사에게 사형을, 우덕순에게는 징역 2년을 언도했다. 결국 안중근 의사는 거사 이후 5개월 만인 3월 26일 상오 10시 15분, 여순감옥에서 순국했다.

일제는 처형에 앞서 정근, 공근 두 동생을 만나도록 허가했다. 순국 전날 안 의사는 먼저 수의로 쓸 한복을 가져왔냐고 동생들에게 물었다. 슬퍼하는 동생들을 오히려 다음과 같은 말로 위로할 뿐이었다.

"사람은 꼭 한 번 죽는 법, 죽음을 두려워할 내가 아니다. 삶은 꿈과 같고, 죽음은 잠드는 것과 같다. 조금도 어려운 일로 생각하지 마라."

현재 안 의사의 순국지인 여순감옥은 일제침략죄상 폭로기념관으로 보존

공개되고 있다. 안 의사는 한국식 목관을 사용하여 매장되었다고 전해지지만, 한편으로는 교수형이 아닌 찜통에 쪄서 죽었다는 이설이 구전되어 전해진다.

친일파 송병준, 이용구 일당의 합방성소와 이토 살해에 대한 사죄단을 일본에 보내자고 하는 매국노들이 등장하자 국민들의 분노가 하늘을 찔렀다.

1907년 3월 장인환·전명운 의사가 샌프란시스코에서 일본 침략을 옹호한 미국인 고문관 스티븐스를 사살했다는 소식에 자극을 받은 이재명은 이용구와 이완용 두 친일파를 제거하려는 계획을 세웠다. 이재명은 12월 22일 서울 명동성당에서 벨기에 황제 추도식에 참석하고 나오는 이완용을 칼로 찔렀지만 목숨을 뺏는 데는 실패했다. 이재명은 일본 법정에서 재판을 받고 1910년 9월 13일 23살의 나이로 형장의 이슬로 사라졌다.

이보다 앞서 나인영과 오기호는 결사대를 만들어 을사보호조약을 찬성한 을사5적을 암살하려다 실패하기도 했다.

망국이라는 현실을 수용하지 않고 독립전쟁을 선포한 한국의 젊은이들은 국내 또는 국외에서 의열투쟁을 끊임없이 전개해 나갔다.

안 의사의 총에 남은 총알 하나

만주 하얼빈 역에서 안중근 의사가 일본 추밀원 의장이자 한국침략의 원흉 이토를 겨냥했던 총은 브라우닝 8연발 권총. 그러나 이날 안 의사는 7발을 쐈을 뿐, 1발은 사용하지 않았다. 7발 중 3발은 이토를 명중시켰고, 나머지 3발은 이토 옆에 서 있던 가와카미 하얼빈 총영사, 궁내대신 비서관, 다나카 세지로 남만주철도 업무이사를 각각 맞혔고, 한 발만 빗나갔다.

안 의사는 바로 현장에서 일본헌병에게 체포되었는데, 의사의 총에는 총알 한 발이 남아 있었다. 그는 자기를 체포하려고 달려드는 일본헌병을 쏠 수도 있었지만, 자신이 해야 할 일을 다했다는 듯 순순히 체포되었다. 이런 안 의사의 모습은 한 일본인에게 깊은 인상을 남겼다. 그는 안 의사의 총알을 맞은 남만철 이사 다나카로서, 총알이 구두 뒷굽에 박히는 바람에 다치지는 않았다. 당시의 상황을 그는 이렇게 술회했다.

"나는 내가 총에 맞았는지도 몰랐다. 총성이 들려 고개를 돌려보니 안중근이 있었다. 안은 늠름한 자세로 서 있어 나는 그의 유연함을 느낄 정도였다. 헌병들이 안을 체포했을 때 총탄 한 발을 발사하지 않고 남겨두었다는 말을 듣고, 안의 인격이 발사되지 않은 총탄에 그대로 남아 있는 것으로 생각했다. 이날의 광경은 내가 생전에 볼 수 있었던 앙상앙고昻上昻高(최고로 감격적인 장면)의 것이었다."

자신의 비서 안도 호토쿠가 그에게 일본인을 포함해서 지금까지 만난 사람들 중에 가장 존경하는 사람이 누구냐고 묻는 물음에 다나카는 이렇게 답했다.

"섭섭한 일이지만 그것은 안중근이다."

다나카의 구두에 박힌 총알은 재판 증거물로 제출되었다가 1910년 3월 다나카에게 되돌려졌다. 54년 2월 그가 죽자 부인이 구멍 뚫린 구두를 남편과 함께 묻어주고 총알은 줄곧 보관해오다 자신이 숨질 때 딸에게 물려주었다. 그 딸은 자신이 죽기 직전인 1983년 6월 1일 이 총알을 도쿄에 있는 일본 헌정기념관에 기증, 오늘까지 전하고 있다.

'무궁화 삼천리강산이 궁지에 빠졌구나'
: 조선왕조 멸망 (1910년)

치욕적인 을사조약이 체결된 후 이 땅의 주권은 일제로 넘어갔다. 초대 통감 이토 히로부미는 이용구·송병준 등 친일매국노들을 매수하여 '항일 연방론' 혹은 '합방론'을 제창케 했다. 침략의 원흉 이토가 하얼빈에서 안중근 의사에게 총살당하자 일제는 이완용으로 하여금 친일내각을 조직케하고 본격적인 한일합병 작업에 들어갔다.

마침내 조선왕조 멸망의 임무를 안고 부임한 데라우치 통감과 매국노 이완용은 1910년 8월 22일 순종황제 앞에서 '합방조약'에 조인했다. 이들은 이 사실을 1주일간 비밀에 부쳤다가 발표했다. 이 망국조약은 경술년에 일어났다고 하여 경술국치庚戌國恥라고도 한다. 이로써 조선왕조는 이태조 개국 이래 27대 518년 만에 저항다운 저항 한 번 제대로 해보지 못한 채 일제와 매국노들의 협잡으로 나라를 빼앗기고 말았다.

이때 망국의 책임을 통감하며 자결한 한 선비가 있었다.

무궁화 삼천리강산이 궁지에 빠졌구나.
책을 덮고 지난날을 돌이켜보니 글 아는 사람 구실 하기 어렵다.

인을 이루었을 뿐 충을 이루지 못한데다

겨우 순절할 뿐이요,

의병을 일으키지 못했으니 부끄럽기 짝이 없다.

이 시는 매천 황현이 자결을 앞두고 지은 '절명시'다. 이 시에서 보이듯이 황현은 당대인의 비난보다도 후세의 평가를 더 두려워했던 인물이었다.

황현은 1855년 전남 광양에서 출생하여 평생 지리산 기슭에 묻혀 살면서 저술에만 전념한 선비였다. 그는 1910년 나라가 망했다는 소식을 듣자 유서를 남기고 자결했는데, 그의 동생 황원 또한 애국자며 학자로, 1943년 스스로 목숨을 버렸다.

황현은 일찍이 조선 초기 명재상 황희와, 임진왜란 때 진주성에서 왜병과 싸워 전사한 충청병사 황진의 후손이었다. 그러나 임란 이후 호남의 가난한 몰락양반으로 전락했다. 그러다가 그의 조부가 장사로 재산을 모아 황현 형제는 다행히 학문에만 전념할 수 있었다고 한다.

어린 시절 하루는 황현이 평소 존경해오던 스승에게 예물을 드리려고 갔다. 그런데 황현이 본 스승의 모습은 화로를 끌어안은 채 추위에 떨고 있는 초라한 유생이었다. 불을 돋우려고 입으로 불기까지 하는 스승의 모습을 보고 황현은 그만 실망하여 뛰쳐나오고 말았다. 이 일을 계기로 황현은 성리학을 낡은 학문으로 생각하고 다른 학문세계로 눈을 돌렸다고 한다.

황현은 36세에 은거하여 55세

황현의 초상화. 그는 1894년 동학농민운동·갑오개혁·청일전쟁이 잇따라 일어나자 급박한 위기감을 느끼고, 후손에게 남겨주기 위해 〈매천야록〉, 〈오하기문(梧下記聞)〉을 지었다.

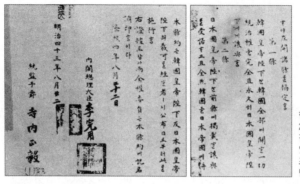

한일합병조약. 1910년 8월 22일, 총리대신 이완용과 통감 데라우치 사이에 조인되었다. 이로써 한국은 조선왕조가 창업된 지 27대 518년만에 망하고 말았다.

에 자결하기까지 20년간을 오로지 학문에만 힘썼다. 36세 때 황현은 과거시험에서 장원으로 뽑혔는데, 다른 이의 부정으로 그는 2등이 되고 말았다. 황현은 이에 실망하고 관직에 나가는 것을 단념했다. 바로 구례로 낙향, 만수산에서 구안실이란 서재를 지어 두문불출하면서 3천 권의 장서 속에 묻혀 살았다고 한다.

이후 황현은 양명학과 불교, 서양학문 등에 심취하면서 학문의 폭을 넓혀나갔다. 그는 서양학을 공부한 후 혁신 유학자들의 동도서기론東道西器論을 받아들이게 되는데, 동도서기론이란 동양의 정신과 서양의 기술을 절충시키는 이론이다.

이리하여 그는 개화를 무조건 배척하는 위정척사론에 반대했고, 개화를 추진하되 개화의 본本은 취하고 개화의 말末은 취하지 말아야 한다고 강조했다. 서양의 기술 가운데서도 특히 무기제조술을 받아들여 외적을 막아야 하며, 앞으로는 정치·사회·경제의 모든 분야에 있어서 개혁이 단행되어야 한다고 주장했다.

"언로를 개방하라, 법의 신뢰를 회복하라, 형장을 수정하라, 절검을 숭상하라, 신상필벌하라, 인재를 공정히 뽑아라, 임기를 지켜라, 양병을 하라, 토지대장을 정리하라."

드디어 1899년에 그는 개혁방안을 제시하는 상소문을 올렸다. 45세에 쓴 이 9가지의 시정개혁안은 그의 처음이자 마지막 현실참여였다.

일제의 침략과 친일매국노들의 하는 짓거리를 보면서 황현은 이 광경을 그대로 후세에 남기고자 했다. 그것이 바로 불후의 명작 《매천야록梅泉野錄》이다. 그는 여기서 '왜 우리나라는 망했는가?'하는 문제의식을 느끼고 한말의 역사를 낱낱이 적어 고발했다. 그러나 여기에서 멈춘 것이 아니었다.

"나라가 선비를 양성한 지 5백 년이 되었는데 이제 망국의 날이 왔다. 단 한 사람도 나라를 위해 순사한 사람이 없다고 하니 어찌 통탄할 일이 아니랴. 나는 하늘에 대하여 바른 덕을 책임질 필요는 없으나, 평생에 책을 읽은 뜻을 남기기 위해 길이 잠들고자 한다."

한말 시대의 아픔 속에서 글 읽은 선비의 소임을 다하고자 번민했던 매천 황현. 그는 죽음 앞에서 다음과 같은 말을 남겼다.

"죽기도 쉽지 않구나. 독약을 마실 때 세 번이나 입을 떼었으니, 내가 이렇게 어리석을 수가 있는가."

그는 우리 선조들이 보여주었던 기개 높은 선비정신의 소유자였다.

강산마저 일제의 손아귀에
: 일제의 토지조사사업
(1910~1918년)

일제는 1905년 을사조약을 강제로 체결한 후, 외교권을 박탈하여 한반도를 그들의 완전한 식민지로 만들었다. 그리고 가장 먼저 토지조사사업을 빙자한 경제수탈정책을 펴나갔다. 1910년 조선총독부는 임시토지조사국을 설치하고는 다음과 같은 허울 좋은 구실을 내걸었다.

'토지세를 공정히 한다.'
'토지소유권을 보호한다.'
'토지 생산력을 높인다.'

일제는 근대적인 토지소유제도를 확립한다는 목표 아래, 토지조사령·조선민사령·부동산등기령 등을 반포하고는 전국에 걸쳐 토지조사사업을 벌였다.

그러나 일제가 벌인 토지조사사업이란 다름 아닌 한국농민들의 땅을 강제로 빼앗기 위한 합법적인 절차일 뿐이었다. 관청의 수탈을 피하기 위해 궁실이나 관청 소속의 토지들인 궁장토·역둔토 및 황무지를 개간하여 농사를

토지조사사업. 토지 측량용 기구를 얹은 지게를 지고 출발하는 한국인 일꾼행렬 옆에 늘어선 일본인 기술자들이 사진을 찍고 있다. 이 조사사업은 일제의 본격적인 땅뺏기 사업의 시작이었다.

짓는 농민들의 토지소유권은 인정하지 않는 시책이었다. 따라서 토지 조사령에 따른 신고는 복잡했고, 게다가 농민들은 이 같은 사실을 알지 못한 경우가 대부분이었다.

반면 일부 양반이나 유력자들은 마을이나 씨족의 공유지 등 소속이 불분명한 토지들을 자기 땅으로 신고했다. 조선총독부는 신고되지 않은 농민들의 땅을 모조리 총독부 소속의 국유지로 만들었다. 그리고는 일본인들에게 싼값으로 되팔았다. 그리하여 일본인들은 조선농민들을 소작농으로 부리는 대지주가 되었다.

총독부를 대상으로 한 농민들의 소유권 분쟁은 필연적이었다. 당시 총분쟁건수 약 10만 건 중 99.7%가 소유권 분쟁이었는데, 그 가운데 65%가 조선총독부 소유지로 들어간 땅의 소유권을 둘러싸고 발생한 것이었다. 그리고 농민들의 분쟁은 이 토지조사사업 기간 중 끊임없이 일어났다.

일제는 토지조사사업을 벌이면서 동양척식주식회사(이하 동척)를 설립했다. 동척은 풍부한 자금으로 토지를 사들이는 한편, 목화 및 현금 그리고 수백만 섬에 달하는 양곡을 일본으로 실어 날랐다.

일본이 조선의 산물 중 가장 눈독을 들인 것은 바로 쌀이었다. 일본은 쌀을 주식으로 했지만, 항상 쌀이 부족했기 때문에 개항 이후 많은 양의 쌀을 조선으로부터 수입했다. 토지조사사업 이후 쌀은 더욱더 헐값에 일본으로 건너갔다. 이 사업 이후 일본으로 수출된 양의 쌀은 1910년에 비해 5배에 달했다.

땅을 빼앗긴 한국인들. 일제에게 땅을 빼앗기고 수탈당한 한국인들은 먹고살기 위해 고향을 떠나 각지로 떠돌거나 이민을 갈 수밖에 없었다. 사진은 간도로 쫓겨간 한국인들의 모습.

동척은 소유토지를 소작인에게 5할의 소작료를 받고 소작을 주었다. 그러나 그것은 고리대금이나 다름없었다. 춘궁기나 추수기에 먹을 것이 없을 적에 양곡을 빌려주었다가 추수가 끝난 뒤에나 2할 이상의 높은 이자를 받아들였던 것이다. 온 식구가 농사일에 매달려도 소작료를 물고 나면 남는 것은 거의 없었다.

농민들은 겨울나기도 힘들었지만, 4월 보릿고개가 더욱 힘들었다. 보릿고개가 닥쳐오면 너나 할 것 없이 산과 들로 나와 나물과 칡뿌리를 캐서 우려먹었다. 농민들의 원한은 더욱 사무쳤고, 이윽고 동척에 폭탄세례를 퍼붓기도 했다.

배고픔에 허덕이던 일부 농민들은 정든 고향을 버리고 강제징용이나 노동으로 일본으로 건너가기도 했다. 때로는 간도를 중심으로 한 만주 일대에서 유랑생활을 하기도 했다. 한국의 농민들은 이제 조상 대대로 농사짓던 땅을 버리고 이주생활로 내몰리게 되었다. 이 시기 유랑민의 격증은 바로 토지조사사업의 결과였다.

1933년까지 일본으로 건너간 한국인은 113만 5천 852명, 만주·러시아에는 150만 명이 이주한 것으로 알려져 있다. 반면에 1938년 일본인들의 한국 이주는 70여만 명에 이르렀다. 한국에 온 일본농민들은 지주가 되어 토지를 직접 경작하지 않고 고율의 소작료를 받아 챙겼다.

조선총독부는 이 같은 토지조사사업 외에도 1911년 조선회사령을 실시했다. 그 골자는 한국 내의 모든 회사는 조선총독의 허가를 받아야 설립할 수 있고, 설립된 후에도 회사운영은 조선총독부의 감독을 받는다는 것이다.

이 시기에 설립된 회사를 국적별로 보면 1920년 말 총 544사였는데, 그중 일본인 소유 회사는 414사로, 전체 회사수의 76.1%를 차지했다. 주권 말살과 더불어 시작되었던 식민지 경제정책은 바로 전국토와 자본의 일본화였다. 그러나 이런 과정 속에서도 농민들은 빼앗긴 권리를 찾기 위해 줄기차게 투쟁했다. 1920년 일어난 소작쟁의는 우리 농민들의 자각에서 비롯된 순수한 농민운동이었다.

최초의 항일독립선언
: 무오독립선언과 2·8독립선언
(1918년, 1919년)

1919년 3·1운동이 일어나기 4개월 전, 1918년 11월 만주·노령지역 독립 운동자들은 일제침략을 비난하고, 군사력에 의한 완전 자주독립만이 2천만 민족의 살 길임을 다음과 같이 밝혔다.

"슬프다! 일본의 무력이여, 섬은 섬으로 돌아가고 반도는 반도로 돌아오고 대륙은 대륙으로 회복할지어다."

이것은 한·중·일 동양 3국 관계의 영원한 지표가 담겨 있는 〈무오독립 선언문〉의 한 대목이다. 〈3·1독립선언서〉 및 〈2·8독립선언서〉는 비교적 많이 알려져 있었지만, 이보다 앞서 최초의 독립선언서인 〈무오독립선언서〉 는 잘 알려져 있지 않다.

1918년 11월 베르사유 강화조약이 체결된 직후 간도와 노령의 독립운동 자들은 제일 먼저 독립을 선언하고 나섰다. 이 〈무오독립선언서〉는 독립선 언서만큼 명문은 아니나 일제침략을 가장 신랄하게 비난한 선언문이다. '우 리나라의 털끝만 한 권리라도 이민족에게 양보할 수 없고, 우리 강토의 촌토 라도 이민족이 점령할 권리가 없으며, 한 사람의 한국인이라도 이민족의 간 섭을 받을 의무가 없다. 우리의 국토는 완전한 한국인의 한국땅이다. 궐기하

독립군 훈련장. 무오독립선언을 주도한 신팔균은 대한통의부 산하의 무관학교를 이끌면서 1924년 7월 훈련지인 흥경현 이도구 밀림 속에서 독립군의 합동군사훈련을 시키던 중 일본군의 기습을 당해 전사했다.

라, 독립군! 독립군은 일제히 천지를 바르게 하라. 한 번 죽음은 사람의 면할 수 없는 숙명이니 짐승 같은 일생을 누가 바라랴. 살신성인하면 2천만 동포가 다 함께 부활하는 것이다.'

"육탄혈전으로 독립을 완성하자"고 외친 〈무오독립선언서〉의 기본정신은 조선의 완전독립과 독립전쟁을 그 목표로 했다. 이 이념은 한말 의병정신의 계승이며, 간도 독립군의 정신이었다. 이후 독립운동의 기본정신은 바로 이 간도 무오독립정신을 바탕으로 했다.

만주와 노령지방에서 독립선언이 일어나자 1919년 2월 8일 일본 동경 유학생들도 일제침략행위를 폭로하는 선언을 발표했다. 동경 유학생들은 이미 한말 때부터 일본유학회(대한흥학회)를 조직하여 학회지를 간행하는 등 개화운동에 참여했다. 망국 후에는 조선유학생학우회(1912. 10. 27), 조선기독교청년회(1906. 8), 조선학회(1915. 11), 조선여자유학생친목회(1915. 4) 등 자치단체를 조직하여 애국사상을 고취시키고 있었다. 특히 조선유학생학우회는 1912년 10월에 조직되어 동경 유학생 전원이 이 조직에 참여했으며, 회지인 《학지광學之光》을 발간했다.

2·8독립선언이 일어나게 된 가장 큰 발단은 이 시기 세계정세의 변화였다. 1914년 미국 윌슨 대통령의 민족자결주의의 영향과, 1918년 12월 15일자 《저팬 애드버타이저The Japan Advertizer》(일본에서 영국인이 발간하는 영자신문)

2 · 8독립선언을 주도한 동경
유학생들. 가운뎃줄 맨 왼쪽이
최팔용이다.

에 '한국인 독립을 주장'이라고 한 기사가 그 발단이었다. 이 신문은 당시 뉴
욕에서 열린 세계약소민족동맹회의 총회에 한국대표가 포함된 사실을 보도
했다.

이 보도를 접한 재일 유학생들은 1919년 1월 6일 동경 간다神田에 있는 조
선기독교청년회관에서 웅변회를 열어 항일의 결의를 다졌다.

"오늘의 정세는 우리 조선민족의 독립운동에 가장 적당한 시기다. 해외의
동포들도 이미 실행운동에 착수하고 있으므로, 우리도 마땅히 구체적 운동
을 개시하자."

결의선언을 마치고 실행위원에 최팔용 · 서춘 · 백관수 · 이종근 · 송계
백 · 김도연 등 10명을 뽑았다. 이후 전영택이 병으로 물러나고, 이광수와 김
철수가 새로 위원에 추가되어 모두 11명의 실행위원이 중심이 되어 조선청
년독립단을 조직하고 독립선언서를 만들었다.

2월 7일, 최팔용은 동경의 이토伊藤 인쇄소에서 〈민족대회소집 청원서〉
1천 부를 인쇄하고, 같은 날 밤 〈독립선언서 부附결의문〉을 김희술의 집에서
인쇄했다.

이튿날 아침, 실행위원들은 '청원서와 선언서'를 동경 주재 각국 대사관 및
공사관, 그리고 일본정부의 관료 · 신문사 등에 보냈다.

"조선청년독립단은 우리 2천만 민족을 대표하여 정의와 자유의 승리를 얻

은 세계만국 앞에 독립을 이루기로 선언하노라."

오후 2시 기독교청년회관에서는 6백여 명 회원의 환호 속에 역사적인 〈2·8독립선언서〉가 낭독되었다. 그러나 관할 니시간다西神田 경찰서장이 강제해산을 명령하여 이광수를 제외한 실행위원 10명이 연행되었다.

2월 12일 유학생 1백여 명이 다시 히비야日比野 공원에 모여 이달을 회장으로 추대하고 독립선언서를 재차 발표했으나, 이달 등 13명이 체포되었다. 23일에도 변희용 등 5명의 학생들이 히비야 공원에서 시위하다 체포되었다.

유학생들은 3·1운동이 일어난 뒤에 조선독립당 동맹휴학촉진부를 결성하여 동맹휴학운동을 벌였으며, 일부는 고국에 돌아와 본격적인 독립운동에 뛰어들었다. 이 무렵 일제의 통계에 따르면 1919년 2월 8일부터 5월 15일까지 재일 유학생 359명이 귀국했다 한다.

무단 통치하에 신음하는 2천만 민족의 고통과 강렬한 독립요구를 드러낸 무오독립선언과 2·8독립선언. 바로 뒤이어 일어난 3·1운동은 이 선언들을 바탕으로 펼쳐진 것임은 말할 것도 없다.

민중의 항일독립투쟁
: 3·1만세운동
(1919년)

1919년 3월 1일 오후 2시 종로 한복판 탑골공원(파고다 공원)에는 수천의 학생과 시민들이 구름처럼 모여 있었다. 이들은 민족대표 33인이 독립선언식을 거행한다는 소식을 듣고 몰려온 사람들이었다.

"우리는 이제 우리 조선이 자주민임을 선언하노라……."

2시 30분 경신학교 졸업생 정재용이 팔각정에 올라가 선언서를 낭독하고 태극기를 달았다. 그리고 파고다에 모인 학생과 민중들은 일제히 대한독립만세를 부르고 시위에 들어갔다. 일부 시위대는 무교동에서 대한문 쪽으로 나아갔고, 다른 시위대는 남대문역에서 서대문으로 향했다. 3·1운동 시위는 이와 같이 파고다 공원에 모인 학생들과 일반민중이 중심이 되어 촉발되었다.

같은 시간, 민족대표 33인은 파고다 공원에서 선언서를 낭독할 예정을 취소하고 태화관에 모여 별도의 독립선언식을 가졌다. 탑골공원에서 독립선언식을 하다 혹 군중들에게 무슨 사고가 나지 않을까 하는 우려에서였다.

이 소식을 들은 학생대표 강기덕과 한위건은 태화관으로 달려가 33인에게 파고다로 동행해줄 것을 요청했으나 거절당했다.

비공개리에 태화관에 모인 29인의 민족대표들은 한용운의 연설이 끝난 뒤 대한독립만세를 부르고 공약 3장을 낭독했다. 이 날 식에 참여한 민족대표가 29인인 것은 선언문에 서명한 민족대표 중 길선주, 유여대, 김병조, 정춘수 등 4인이 불참했기 때문이다. 이 식이 있은 후 29인은 연행되어 갔는데, 이 연행이 자수인지 아닌지에 대해서는 아직까지 확실히 밝혀지지 않고 있다.

3 · 1만세운동. 만세운동에 참여한 인파가 서울 광화문 기념비각에 모여 시위를 벌이는 군중을 향해 호응을 보내고 있다.

민족대표 33인은 평화적인 비폭력 시위를 원했다고 한다. 무력항쟁은 희생만 늘 뿐 아무런 성과도 바라기 힘들다고 판단했기 때문이다. 이 같은 판단은 3 · 1독립선언서가 앞서 있었던 무오독립선언서나 2 · 8독립선언서에 비해 상당히 온건하게 씌어진 데도 잘 나타난다.

이같이 독립운동이 시작되면서부터 민족대표와 학생 · 민중들 간은 노선상 커다란 차이점을 안고 있었다. 시위 첫날부터 학생들은 독립선언서를 뿌리고 서울 장안은 만세소리와 시위운동으로 극도로 흥분된 분위기에 휩싸였다.

3월 4일 전문학교와 중학교 대표자들은 배재학당 기숙사에서, 다음 날 5일 8시 30분 학생들을 서울역 광장에 집합시켜 다시 시위를 벌이기로 결의했다. 3월 5일 이 운동에 가담하려는 2백여 명이 평양에서 새벽차로 서울역에 도착했다. 역광장에는 학생과 일반인 등 4~5천여 명이 모였다. 이들은 독립만세를 외치며 남대문을 향해 행진했다. 행진도중 독립을 선포하는 각종 격문과 태극기의 물결이 시위군중 사이를 메웠다.

시위군중이 남대문을 돌파하려는 순간 강기덕, 김원벽 등 학생대표들을 비롯한 많은 사람들이 체포되었다. 나머지 시위대들은 경찰들의 저지선을 뚫고 보신각으로 향했다. 시위 중 합류하는 사람들에게 학생들은 민족자결주의를 역설하며 독립사상을 북돋우는 열변을 토했다. 그러나 시위대는 보신각 앞에서 일단 해산당하고 말았다.

만세시위에는 당시 보통학교(초등학교) 학생들도 참여했는데, 이들은 시위뿐 아니라 동맹휴학을 하고 일어교과서를 찢어버리기도 했다. 당시 보통학교 2학년이던 윤봉길 의사는 자진퇴학하여 독립의 의지를 보여주었다.

학생들의 시위운동이 전국에 미친 파장은 매우 컸다. 많은 학생들이 독립선언서를 가슴에 품고 고향으로 가 그곳 민중에게 독립의 의지를 전했기 때문이다.

"우리 마을에서도 독립만세를 외쳐야 할 것이 아닌가!"

3월 10일쯤부터 전국의 수많은 농촌에서 농민들의 시위가 잇달았다. 이제 3·1운동은 학생주도에서 농민주도로 바뀌어가고 있었다. 3·1운동이 점차 민족해방을 위한 조선민중의 전국적인 봉기로 번져가면서 동시에 일제 헌병 경찰의 탄압 또한 심해져 갔다.

4월 15일 아리타 도시오 有田俊夫가 지휘하는 일본군은 수원 제암리에 들어가 주민들 중 기독교인과 천주교도 30여 명을 소집했다. 이들을 교회 안에 들어가게 하고는 밖에서 문을 굳게 걸어 잠그고 총을 난사했다.

"나는 죽어도 좋으니 이 애만은 살려주세요."

한 부인의 애원을 무시하고 일병은 어린이의 머리를 총검으로 찔러 즉사시켰다. 교회당 안의 사람들은 거의 사살되었다. 일병은 교회에 불을 질러 건물을 태워버렸다. 홍모씨가 피를 흘리며 창 밖으로 뛰어나오자 집중사격을 퍼부어 사살했다. 그의 부인이 달려와 불을 끄려 하자 부인마저 쏴 죽이고 어린이 둘까지 학살했다. 이 학살로 죽은 이는 모두 39명에 달했는데, 근처의 마을에서도 매일 이와 같은 학살이 벌어졌다.

이것은 당시 일본군의 학살 중 가장 잔인했던 수원 제암리 학살현장의 광경이다.

"살상은 부득이한 것으로 하고, 화재는 실수로 인한 것으로 한다."

제암리의 비극. 일제가 죄없는 주민들을 교회당 안에 가둬놓고 불지르고 총을 쏘아 한꺼번에 죽인 만행을 저지른 제암리 마을에서 넋을 잃은 희생자의 유족들.

이것이 학살만행에 대한 일제의 입장이었다.

일본헌병의 통계에 의하면, 이 당시 총 776회의 시위가 있었고, 50만 9천 5백여 명이 시위에 참여했다고 한다. 그리고 7천 5백여 명이 죽고, 1만 6천 명이 상처를 입었으며, 4만 7천 명이 감옥에 갇혔다. 그 가운데 최고형량인 징역 3년 이상을 선고받은 이가 5백여 명에 이르렀다.

3·1운동의 주역은 33인 지도급 인사가 아닌 학생과 일반민중들이었다. 동경에서의 2·8선언이 있은 후, 일본유학생 송계백은 이 선언문을 들고 서울에 잠입하여 송병희 등 지도자들을 만나 독립운동을 호소했다. 게다가 학생들의 파고다 선언이 없었다면, 우리 민족의 저항정신을 보여준 3·1운동은 성사되기 힘들었을지도 모른다.

'대한민국은 민주공화국이다'
: 대한민국 임시정부 수립
(1919~1945년)

3·1운동으로 국내외 항일투쟁 의지가 불타오르자 이제껏 분산된 독립운동을 한 데 묶는 통일적인 운동의 필요성이 제기되었다. 또한 국제사회에서 독립을 위한 외교활동을 벌여 나가려면 개인이나 단체보다 정부명의로 활동하는 것이 효과적이라는 인식이 널리 퍼지면서 정부수립 운동은 급속히 추진되었다.

임시정부(이하 임정) 수립운동은 노령·상해·서울 등 세 지역을 중심으로 진행되었다. 이중 맨 먼저 추진된 것은 노령 블라디보스토크의 대한국민회였다. 1919년 3월 17일에 성립된 노령국민회의는 21일 5개조의 결의안을 채택하고 손병희를 대통령, 이승만을 국무총리로 하는 정부수립을 선언했다. 그러나 각료의 대다수가 현지에 있지 않아 군무총장으로 임명된 이동휘가 실권자로서 노령정부를 이끌어갔다.

이 무렵 독립운동의 중심지 상해에서는 노령·간도와 국내, 일본 등지에서 1천여 명에 이르는 독립운동자들이 모여 임시정부 수립의 기운이 무르익어가고 있었다. 마침내 상해에서도 4월 10일 임시의정원이 구성되고, 내외에 대한민국 임시정부의 수립을 선포했다. 임시의정원의 의장에는 이동녕이 뽑

임정의 기관지 〈독립신문〉. 1919년 8월 21일 〈독립〉이라는 제호로 창간호가 발행되고, 그 후 〈독립신문〉으로 바뀌었다. 사장·주필에 이광수, 편집국장에 주요한이었다. 매회 4면, 주 2~3회 발행.

혔고, 국무총리는 이승만이 맡았다.

상해임정은 다음의 10개조로 된 우리나라 최초의 민주주의 기본법이라 할 수 있는 임시헌장을 결의했다.

①민주공화제의 채택
②임시정부와 임시의정원의 구성
③특권계급의 부정
④기본권의 보장
⑤선거권과 피선거권
⑥교육·납세 및 병역의 의무
⑦국제연맹의 가입
⑧구황실의 우대
⑨생명형·신체형 및 공창제의 폐지
⑩국토회복 후 1년 내에 국회소집

상해임정이 수립된 지 12일 만인 4월 23일 서울에도 임시정부가 세워졌다. 3·1운동 직후 서울에서 계획되어 연합통신을 통해 세계에 소개되었다. 공화제를 채택한 한성정부는 24인의 '국민대회 13도 대표자'의 이름으로 집정관 총재로 이승만, 국무총리장으로 이동휘를 추대했다. 이때 총재 이승만

대한민국 임시정부를 이끈 사람들. 3 · 1운동에 의해 전민족의 의지와 이념 위에 세워진 임정은 8 · 15광복까지 27년간이라는, 역사상 망명정부로서 유례없이 끈질긴 독립투쟁을 벌였다. 앞줄 왼쪽부터 조성환 · 김구 · 이시영. 뒷줄 왼쪽부터 송병조 · 차이석 · 조완구. 1941년 9월 23일 중경.

은 한성정부가 다른 정부보다 정통성을 가지고 있다 하여 워싱턴에 사무실을 열었다.

세 임정의 탄생은 독립운동의 혼선을 초래할 뿐이었다. 따라서 통일정부의 수립이 무엇보다 긴급한 일이었다.

우선 노령의 국민회의를 상해의 임시의정원으로 통합하고, 그곳 실력자인 이동휘를 상해로 초대했다. 그러나 이 사이 이승만은 외국 통고문에 대한민국 임시정부 대통령이라고 자신을 소개해버렸다. 그리고는 한성정부를 정통으로 하는 임시정부를 고집했다. 민족독립에의 열망으로 어쩔 수 없이 이승만의 고집은 받아들여지고, 1919년 9월 6일 이승만을 대통령으로 하는 상해 '대한민국 임시정부'가 탄생했다.

이렇게 해서 임시정부는 하나로 통합되었지만, 임시정부의 사실상 지도자였던 안창호와 이동휘는 점차 임시정부로부터 멀어져갔다. 특히 이동휘는 무단파 독립운동가로서, 무력투쟁으로 독립운동을 펼치기를 바랐다. 그러나 외교론자인 이승만이 임정을 장악하자 이내 임정을 이탈했다. 그러나 이후 이승만도 상해를 떠나 사실상 임정은 방향을 잃어버리고 말았다.

이승만은 1919년 가을 워싱턴에 구미위원부를 창설하고 외교활동을 벌여나갔다. 그런데 이승만의 대미외교 내용은 바로 한국을 미국의 위임통치하에 두어달라는 것이었다. 이승만은 1925년 대미위임통치 및 독립금을 유용했다는 이유로 탄핵소추되었다. 이후 임정은 대통령제를 없애고 국무령제로 바꾸어 집단지도체제로 전환했다.

상해임정은 교통국과 연통제의 실시, 외교활동을 통해 항일운동을 벌여 나갔다. 교통국은 교통부 산하조직으로 통신업무는 물론 독립운동 자금모집을 맡았다. 특히 연통제는 안창호에 의해 제안되었는데, 국내 및 간도지방에 임시정부의 연락원을 두어 임정의 존재를 국민에게 알리고 자금도 조달했다. 임정은 국내외 20세 이상 남녀 동포에게 1인당 1원씩의 인구세를 거두고 독립공채를 발행, 독립자금을 마련하고자 했다. 그러나 1921년 일본경찰에 발각됨으로써 연통제는 더 이상 실시되지 못했다.

이러한 연통제를 제창한 안창호는 철저한 준비주의자로서, 교육과 산업에 치중하여 독립을 쟁취하고자 했다. 그는 '나가자, 죽자'식의 독립운동보다 '나갈 준비를 하고 죽을 수 있는 준비를 하자'는 식의 독립운동을 주장했다.

이밖에 임시정부는 외교활동에 큰 역점을 두었다. 임정의 위치가 상해로 결정된 것은 임시정부의 외교론적 성격을 그대로 드러낸 것이었다. 임정 내부에서는 독립운동 노선을 두고 이승만의 외교론, 안창호의 준비론, 이동휘의 무장독립론 등의 갈래가 있었지만, 이동휘가 임정을 떠난 후부터는 독립외교에 역점을 두었다.

임정은 파리강화회의나 태평양회의 · 국제연맹으로부터 독립을 보장받고, 특히 국제연맹에 가입하려 했으나 끝내 실패했다. 이후에는 중국, 미국, 영국 등 각국으로부터 개별적 승인을 받는 데 힘쓰는 한편, 민간지도자들을 상대로 독립운동의 지원을 받기 위한 선전외교를 폈다.

임정은 독립전쟁론보다는 실력양성론과 외교독립론 중심의 정부였다. 따라서 만주나 연해주 지방에 있는 많은 독립군 단체들은 임정의 독립정책에 반기를 들었다. 임정은 뒤늦게 '우리가 비참한 전투를 한 뒤에야 세계가 움직이겠고, 우리가 비참한 전투를 당한 후에야 국민의 단합이 완성되리라' 하고 독립전쟁을 개시하려고 했으나, 재정문제로 실행에 옮기지도 못했다.

1919년에 수립된 상해임정은 우리나라 역사상 최초의 공화주의 정부였지만, 정쟁과 파쟁에 휘말리면서 이후 민족독립운동을 주도하지 못하고 개별 독립운동 단체로 존속하다 해방을 맞았다.

해란강에 뿌린 독립운동의 혼
: 봉오동전투, 청산리대첩
(1920년)

3·1운동 후 민족의 지도자들은 광복을 달성하기 위해서는 무장독립운동이 급선무임을 자각했다. 이에 따라 간도를 비롯한 만주나 연해주 지역에서 수많은 항일단체가 조직되기 시작했다. 이 지역에서의 활동소식이 국내에 전해지자 수많은 청년들이 만주와 연해주로 건너와 독립군에 가담했다.

만주의 국민회군, 북로군정서군, 대한독립군, 서로군정서군, 대한의용군, 광복군 총영 등이 조직되어 일본군과 치열히 교전하면서 독립투쟁을 벌여나갔다. 이 가운데서 가장 눈부신 전과를 기록한 것이 바로 홍범도가 거느린 대한독립군의 봉오동전투와 김좌진이 거느린 북로군정서군, 국민회 산하 독립군이 거둔 청산리대첩이다.

연해주 지역에서 가장 많은 전과를 올린 대한독립군의 사령탑 홍범도는 1868년 평양에서 태어나 머슴·노동자로 전전하다 의병운동에 뛰어든 입지전적 인물이다. 1889년 충남 홍성에서 태어난 김좌진은 3·1운동 때 만주로 건너가 북로군정서를 조직하고 총사령이 된 후 이 지역 독립운동을 지휘한 전설적인 인물이다.

봉오동전투는 1919년 6월 4일의 삼둔자三屯子전투에서 시작되었다. 삼둔자는 두만강 중류 대안의 간평이라 불리는 작은 마을이다. 이곳에서 30명가량 되는 독립군 소부대가 강 건너 일본 헌병순찰대가 주둔하고 있던 강양 마을을 기습했다. 기습당한 일헌병대는 독립군을 추격했으나 오히려 삼둔자에서 크게 패하고 말았다. 그러자 일본군은 즉시 "봉오동의 적 근거를 소탕하라"라는 작전명령을 하달했다.

청산리전투에서 크게 패한 일본군들이 부상병들을 둘러메고 퇴각하는 모습. 2천 명의 독립군이 2만 5천의 일본군을 여지없이 무찌른 대첩이었다.

봉오동의 독립군 사령관 홍범도는 적의 내습을 미리 알아채고 만반의 준비를 갖추고 있었다. 마을 주민들은 물론, 가축 및 곡식 일체를 비워버리는 이른바 '청야작전'을 폈다. 그리고 봉오골 곳곳에 각 중대를 포진시켰다.

독립군의 포위망을 전혀 모르고 있던 일본군은 독립군의 완전소탕이라는 거창한 목표를 안고 6월 7일 봉오골로 들어섰다. 그러나 홍범도의 신호탄을 시작으로 일본군은 완전히 포위된 채 무방비 상태로 독립군의 공격을 받아야 했다. 이 전투에서 독립군은 일본군 157명을 사살하고 3백여 명에게 중경상을 입혔다.

봉오동전투에서 대패한 일본군은 만주의 악명 높은 마적단을 시켜 훈춘 일본영사관을 습격시키는 조작극을 만들었다. 그리고는 '이번의 마적단 속에는 러시아인, 중국군 그리고 한국 독립군이 섞여 있었다'고 발표하고 군대를 훈춘에 불법주둔시켰다. 이른바 '훈춘사건'이라 불리는 이 사건을 기회로 일제는 소위 간도출병을 단행했다.

일본군의 간도침략으로 독립군은 연길, 용정을 거쳐 해란강을 따라 동쪽으로 이동했다. 이 장정에서 홍범도 부대는 이도구에 집결하고 김좌진 부대는 삼도구, 즉 화룡에 집결하기로 했다. 이 삼도구에서 멀지 않은 곳이 바로 청산리 계곡이다. 청산리 계곡은 25km에 달하는 긴 계곡으로 통행이 곤란할 정도의 울창한 삼림지대였다.

청산리전투는 1920년 10월 21일 아침 8시에 시작되어 26일 저녁까지 계속된 6일 전쟁이었다. 이 전쟁에 참가한 독립군의 주력부대는 김좌진 장군의 북로군정서군과 홍범도 장군의 대한독립군이었다. 병력은 겨우 2천 명을 헤아렸다. 반면, 일본군은 2만 5천 명의 훈련된 정예군이었다.

마침내 야스가와와 야마타가 지휘하는 일본군과 독립군 간의 치열한 공방전이 벌어졌다. 그러나 일본군은 유리한 지형을 이용한 독립군의 상대가 되지 못했다. 김좌진 부대를 피해 도망하던 일본군은 다시 포진하고 있던 홍범도 부대의 협공을 받아 완전히 괴멸되고 말았다. 이 과정에서 일본군은 독립군과 군복색깔이 비슷한 자신들의 군대를 독립군으로 오인, 공격하는 우를 범하기도 했다.

6일간의 접전 뒤 일본군은 2천 명의 시체와 1천 3백 명의 부상자들을 실어 날라야 했다. 반면, 독립군의 사망자 수는 1백 명 남짓이었다. 물론 대승을 거두었지만 전투는 처절했다. 포탄이 터져 김좌진 장군의 군모를 날려버렸으며, 기관총수들도 대부분 부상을 입고 쓰러졌다. 기관총 중대장 최인걸은 기관총을 끌던 말이 쓰러지자 새끼줄로 자기 몸을 기관총 다리에 매고 싸웠다.

북로군정서군은 이산 저산으로 옮겨다니며 처절한 전투를 계속했고, 벌판은 시체로 언덕을 이루었다. 청산리 대첩은 일본군의 간도출병 이후 독립군이 최대의 전과를 얻어낸 가장 빛나는 승리였다.

봉오동 · 청산리에서 패배한 일본군은 '독립군 대토벌계획'을 세우고 계속해서 독립군을 추격했다. 독립군 부대들은 대한독립군단을 조직하여 독립군 조직을 통합하고 노령지역으로 이동했다. 노령으로 이주한 독립군단은 자유시를 근거지로 삼고 소련군과 긴밀한 접촉을 하는 등 독립운동을 벌여 나갔지만, 소련의 배반으로 독립군은 무장해제되고 포로가 되는 '자유시 참변'을 겪고 말았다.

이후 봉오동전투의 영웅 홍범도는 소련의 한인 집단이주정책에 따라 중앙아시아 크즐오르다로 이주하여 쓸쓸한 만년을 보내다, 1943년 조국의 광복을 보지 못한 채 73살을 일기로 눈을 감았다. 이보다 앞서 청산리전투의 김좌진도 자신이 운영하던 정미소 직원으로 위장한 자객의 총탄을 맞고 1930년 세상을 떠났다. 잃어버린 조국을 다시 찾겠다며 만주벌판을 안방처럼 드나들며 온갖 신화를 만들어내던 이들의 최후는 이같이 쓸쓸했다.

민족말살과 동화정책
: 일제의 문화정치
(1919~1927년)

전민족의 항일투쟁인 3·1운동이 일어나자 일제는 종래 헌병·경찰에 의한 무단통치에서 그 노선을 바꾸었다. 그러나 일제의 통치노선 변경이란 노골적인 지배 대신 정치적 지배와 경제적 수탈을 보다 세련되게 하기 위한 속임수, 곧 문화정치를 뜻하는 것이었다.

일제는 문화정치라는 미명 아래 민족지도자들을 매수하는 한편, 조선지배에 큰 지장이 없을 범위에서 약간의 출판물과 집회 및 결사의 자유를 허용했다. 그러나 문화정치란 종래 노골적인 무단통치를 바꾸어 '문화의 발달, 민력의 충실'이라는 구호 아래 동화정책을 추진하려는 일제의 속임수에 지나지 않았다.

'조선을 일본에 동화시키는 방침으로 제반제도를 쇄신하는 것은 금일 가장 적절한 조치이며, 또한 병합의 목적도 여기에서 비로소 달성되리라고 믿는다.'

이것이 당시 총독부의 시정방침이었다.

1919년 8월 해군대장 사이토 미노루齋藤實는 문화정치 임무를 띠고 총독에 취임했다. 사이토는 1927년까지 총독으로 있으면서 문화정치의 틀을 짠 인

한일합병 초기의 서울 남대문통. 우마차·지게꾼·손수레 등이 보이고, 장옷차림 여인네, 갓 쓴 노인, 중절모 신사 등등 많은 행인이 오가고, 멀리 오른쪽으로 명동성당이 보인다.

물이다. 이 무렵 사이토가 벌인 문화정치는 다음과 같은 것들이었다.

사이토는 우선 조선통치의 성패가 '친일적 인물의 확보' 여부에 있다고 보고 '직업적인 친일분자'들을 만드는 데 열을 올렸다. 이후 사이토에 매수된 친일파들은 다투어 친일단체를 조직하고, 일제의 조선통치를 지지하고 나섰다. 그 대표적인 인물이 이광수와 최남선이었다.

1921년 조선총독부는 상해 임시정부의 독립신문 주필인 이광수를 회유하여 귀국시키고는 〈동아일보〉 주필로 활약하게 했다. 또 33인의 한 사람인 최남선과 최린을 석방시켜 여론조작에 나서도록 했다. 일제는 최남선과 이광수를 이용하여 민족개량주의를 선전하고, 최린과 박영효를 앞세워 민족주의자들을 일본과 타협하도록 설득했다.

이와 같은 사이토의 용의주도하고도 끈질긴 민족분열정책은 효과를 발휘하기 시작했다. 독립운동의 노선이 우파와 좌파로 나뉘어 대립하기 시작한 것이다. 민족주의 우파는 일본과의 정면대립을 피하고 교육진흥, 국산품애용 등의 타협적인 무저항주의로 노선을 바꾸려 했다. 반면에 좌파는 철저한 비타협적인 항일투쟁을 벌이려 했다.

당시의 대표적 인물은 이승만과 안창호였다. 이승만은 미국 윌슨에게 조선 위임통치안을 내어 물의를 일으켰고, 안창호는 '일본을 적대시하여 조선의 독립을 바란다는 것은 도저히 불가능하다'고 판단했다.

일제는 종래 무단통치하의 헌병경찰제도를 폐지하고 보통경찰제도로 바

국경검문. 한·만 국경지대에서 한국인 월경자들을 검문하는 일본군 경비대. 검문받는 아낙들의 행색에서 식민지 민중의 억눌리고 찌든 삶이 엿보인다.

꾸었다. 그러나 병력이 더욱 증강했을 뿐이었다. 3·1운동 후 경찰관과 경찰관서 수는 3배 이상 늘어났다. 애국자에 대한 미행과 감시, 사찰, 불심검문 등 조선인의 생활을 속속들이 탐지하기 위해서였다. 조선인 몇 명이 모여 술잔을 나누면 다음 날 누구누구가 언제, 어디서 술을 들며 무슨 얘기를 했다는 것이 곧바로 경찰에 알려졌다.

다음, 일제는 학교시설을 확충했다. 동화교육을 강화하고, 교육을 통해 민족독립사상과 민족문화의 싹을 뭉개버리기 위해서였다. 일본의 교육정책이란 것은 다름아닌 한국인의 일본인화였다.

'조선인은 원래 사대주의 근성이 강하고, 당파싸움만 일삼아 나라가 망했다.'

'조선은 옛날부터 강대국의 지배를 받아온 열등한 민족이다.'

일제는 조선이 망한 것은 일본의 침략 때문이 아니라 민족성 때문인 것으로 매도했다. 이와 같이 일제는 한국민에게 열등의식을 심어주는 한편, 한국어 교육 자체를 없애 민족말살을 꾀했다. 당시 총독부가 내린 고등보통학교 규칙을 보면, 매주 일본어 7시간, 일본역사 3시간, 조선어와 한문 3시간으로, 조선역사와 조선말을 배울 시간은 거의 없다시피 했다.

문화정치는 일제의 조선통치 36년간 조선민족에게 가장 심한 악영향과 해독을 남겼다. 문화정치라는 간판 아래 이루어진 민족혼 말살정책과 정신개

조정책은 그 어떤 것보다 뿌리뽑기 힘든 독을 우리 민족에게 심어주었다. 더구나 문화정치 시기 동안 일제는 살육과 위협을 일삼아 저지르는 한편, 회유와 매수를 통해 민족분열을 부추겼다. 그 결과 독립운동 전선에는 변절과 배신의 불협화가 일어났다. 친일매국세력과 민족주의 진영의 분열은 바로 문화정치의 산물이었다.

민족말살정책과 친일파

1937년 이후 일제는 조선민족을 말살하기 위해 황국신민화정책을 펴나갔다. 이때 내건 구호가 내선일체였으며, 그 목표는 조선인에게 천황숭배사상을 불어넣어 정신적으로 일본인으로 만든 뒤, 이들을 전쟁터로 내모는 것이었다. 일제는 1면 1신사 원칙을 세워 산간벽지까지 신사를 짓고는 한국민들을 억박질러 참배하게 했다. 또한 황국신민의 서사라는 것을 만들어 일상생활에서 외도록 강요하고, 조선어 사용을 금지했다.

이러한 과정에서 친일파들이 대거 이용되었는데, 대한제국 말기에 형성되기 시작한 친일파는 강제병합 이후 대개 총독부 관료가 되거나 중추원 등에 들어갔다. 그런가 하면 자치운동 등 타협적 경향을 보인 민족개량주의자들 사이에서도 친일 기운이 퍼져나갔다. 이광수와 주요한 등이 친일을 서약했으며, 윤치호와 장덕수·신흥우 등도 전향했다. 이들은 민중에게 독립은 불가능한 것이며, 조선인은 일본을 맹주로 하는 대동아공영권에 참가해야 한다고 부르짖었다. 국민정신총동원 조선연맹에 김성수·윤치호·최린·김활란 등이 이사로, 백철·유진오·홍난파 등이 문화위원으로 맹활약하기도 했다. 이들 친일파들은 태평양전쟁의 정당성을 홍보하고, 우리 민족도 일본의 전쟁에 협력해야 한다며 이 땅의 젊은이들을 침략전쟁의 총알받이, 일본군의 성노리개로 내몰았다.

학생운동의 사상적 각성
: 6·10학생만세운동
(1926년)

"순종황제가 서거했습니다. 통곡하고 싶어도 할 수 없는 망국의 서러움이여, 이 기회에 우리 다시 한 번 독립운동을 일으킵시다!"

1926년 4월 26일 순종황제 서거 소식을 들은 조선학생 사회과학연구회 회원 80여 명은 망국의 설움이 뼈에 사무쳤다. 그러나 맘놓고 슬퍼할 수도 없는 것이 조국의 현실이었다. 이들은 이 기회에 다시 한 번 독립운동을 일으키자고 결의했다. 그로부터 약 한 달 뒤인 5월 20일 회원 박두종의 하숙 집에서 각 학교대표 40여 명이 모여 6월 10일 만세운동을 일으키기로 뜻을 모았다. 청연회학관 영어과에 다니던 박두종 외 이천진, 박하균, 이병립, 이선호 등이 준비작업을 맡기로 했다. 박두종은 거사자금을 모으고, 그 외는 태극기 2백 장과 '조선독립만세'라고 쓴 깃발 30개를 만들었다. 6월 6일 연희전문에 다니는 사직동에 있는 이석훈의 하숙집에서 격문 수만 장을 인쇄하여 나누어 가졌다.

이즈음 성북동에서도 별도의 모임이 이루어지고 있었다. 이동환(중앙고보), 김재문(중동특과), 황정환(중동특과) 외 학생 50여 명도 6월 10일 독립만세운동에 함께 동참하기로 합의했다.

순종의 인산(因山). 조선왕조의 마지막 왕 순종의 인산날인 1926년 6월 10일, 6·10만세사건이 일어났다. 사진은 돈화문을 떠나는 순종의 인산행렬. 인산이란 왕이나 왕비 등의 국상을 일컫는 말.

"조선민족아!
우리의 철천지 원수는 자본제국주의 일본이다.
이천만 동포야!
죽음을 걸고 싸우자. 만세! 만세! 조선독립만세!"

학생들은 만반의 준비를 갖추고 6월 10일이 오기만을 기다렸다.

순종의 인산因山날을 앞두고 일본경찰들은 초비상 상태에 들어갔다. 조선공산당계인 권오설의 거사모의가 발각되었기 때문이다. 따라서 이날따라 일경의 경계는 유달리 삼엄했다.

6월 10일 순종의 인산날, 수업을 파한 수만 학생들은 연도에 늘어섰다. 일경은 5천 명의 군대와 2천 명의 정사복 경찰을 시민 구석구석에다 배치하여 만일의 사태에 대비했다.

오전 8시 30분경, 지금의 단성사 앞으로 순종의 상여가 지나갈 무렵이었다. 슬프고도 엄숙한 분위기가 감도는 순간, 한 학생의 외침과 함께 2천여 장의 격문이 눈꽃처럼 떨어졌다.

"조선독립만세!"

"일본은 물러가라!"

그러자 연도에 늘어선 많은 시민과 학생들이 일제히 호응하여 만세를 외쳤다. 만세를 선창한 이선호를 비롯한 40여 명의 학생들이 곧바로 일경에 붙잡혔다.

상여가 관수교를 지날 무렵, 연희전문학교 50여 명의 학생들이 3천여 장의 격문을 뿌리고 독립만세를 외쳤다. 여기서도 이병립 등 60여 명의 학생들이 검거되었다. 이 시간 순창, 원산, 전주, 평양, 마산, 구례 등지에서도 애도행사 도중 시위가 벌어지고 있었다.

경성지방법원 검사국은 구속학생들을 석방하고, 이병립을 비롯한 주모 학생 11명을 기소했다. 일제는 시위에 참여한 학생들에게 경성제대 입학자격을 박탈하고, 각 학교에 관련학생들을 처벌하도록 지시했다.

11월 2일 기소된 11명의 법정진술이 있었다.

"조선독립만세를 무슨 목적으로 불렀는가?"
"그것은 세 살 먹은 어린이도 다 아는 문제이니 구태여 물을 필요가 없을 것이다."
"그대는 조선독립을 원하는가?"
"조선의 독립을 열망한다!"

이들의 법정진술은 당당하고 떳떳했다. 재판을 거쳐 1927년 4월 1일 주모자들에게 1년 징역이 선고되었다. 그러나 이보다 앞서 학교당국은 퇴학·무기정학 등으로 기소자들을 처벌해버렸다.

6·10만세운동은 3·1만세운동과 달리 기성 지도층의 호응 없이 학생들 단독으로 계획하여 일으킨 사건이었다. 3·1운동 이후 학생운동은 사상적으로 커다란 전환기를 맞이했다. 수많은 희생을 바친 3·1운동이 끝내 좌절되자 1920년대부터 학생운동은 사상성을 띠기 시작했다. 이 무렵부터 학생운동은 단순한 학우회나 친목회 성격을 떠나 조직화되기 시작한 것이다. 공학회, 경성학생연맹, 서울학생구락부 등은 이 무렵 대표적인 항일조직단체였다.

학생들은 이러한 조직을 바탕으로 동맹휴학이나 수업거부를 통해 항일의지를 불태웠다. 민족차별과 식민지 교육을 반대하는 동맹휴학이 벌어지는 동안 일부에서는 일제의 경제침략을 반대하는 물산장려운동을 벌여 나갔다.

6 · 10만세운동은 이와 같이 1920년대 학생운동의 질적 변화 속에서 일어났다.

비록 6 · 10만세운동은 주모자들의 검거로 실패했지만, 다음 해 민족진영과 좌파진영 간의 좌우합작운동인 신간회 결성에 큰 영향을 주었다. 그리고 이후 학생운동은 점차 급진적인 항일운동으로 전개되어갔다.

민족단일당 운동
: 신간회 결성
(1927년)

6·10만세운동 이후 항일운동에는 차츰 새로운 기운이 싹트기 시작했다. 민족주의 및 사회주의 두 계열이 단일세력을 형성하여 효과적으로 항일투쟁을 벌이자는 움직임이 일어나기 시작한 것이다.

여러 차례에 걸친 공산당 재건운동이 일제의 탄압으로 계속 좌절되자 사회주의 진영에서는 민족진영과 제휴하여 항일운동을 벌여 나가자는 주장이 일었다. 게다가 민족진영에서는 3·1운동의 좌절 이후 일부 지도층들이 일제 문화정치의 꼭두각시로 전락하여 사기가 떨어져 있었기 때문에 항일운동은 이제 새로운 바람을 절실히 필요로 하고 있었다.

이러한 시대적 요청 아래 민족단일당·민족협동전선이라는 표어를 내세운 신간회가 1927년 2월 15일 창립되었다. 신간회는 이후 1931년 해체될 때까지 좌우세력을 결집하여 항일운동을 벌인 최초이자 마지막 단체였다. 신간회가 창립대회 때 결의한 강령은 다음과 같다.

1. 우리는 정치적·경제적 각성을 촉구함.
2. 우리는 단결을 공고히 함.

3. 우리는 기회주의를 일체 부인함.

여기서 기회주의라 하는 것은 일제의 자치운동에 동조한 〈동아일보〉 계통의 자치운동파를 지칭한 것이다. 〈동아일보〉는 창립초기 신간회 운동을 냉대하다가, 지부가 점차 늘어나자 태도를 바꾸어 보도했다.

신간회 회장은 비타협적 민족주의자인 이상재가 맡았고, 사회주의자인 홍명희가 부회장을 맡았다. 창립 초기 신간회는 노동회원을 가장 많이 확보한 가운데 노동자, 직공, 상업, 언론 종사자 등 각계각층으로부터 호응을 받았다. 신간회에 보내는 민중들의 성원은 대단했다. 신간회가 가장 활발했던 1931년 전국지회는 141개소, 회원총수는 3만 9천 410명에 이르렀다.

1928년 7월부터 신간회는 전국 각 지방 순회강연을 하기 시작했다. 그리고 1920년대 후반부터 폭발적으로 늘어난 노동쟁의를 비롯한 항일운동을 주도하는 등 눈부신 활약을 벌여 나갔다. 1929년 원산에서 총파업이 일어났을 때 신간회가 개입하여 눈부신 투쟁을 보여주었다. 그리고 전남 소작쟁의, 함남 수력발전소 매립지구 토지상환 사건 등 민중의 권익옹호에 앞장섰다.

신간회의 전국적인 지회 조직과 활동에는 사회주의자들의 활약이 컸다. 그러나 사회주의 세력들이 지도부를 형성하면서 신간회 연합전선에는 금이 가기 시작했다. 게다가 일제의 방해와 탄압은 더욱 신간회의 해체를 부추겼다. 일제는 신간회가 창립되자 지주계층을 가입시켜 우파지도자들을 뒤에서 조종하려 했다. 그러나 신간회 중심세력이 점차 좌파계열로 기울자 일제의 노림수는 마음대로 먹혀들지 않았다. 그러던 중 1929년 11월 광주학생 운동이 일어나고, 신간회가 3·1운동과 같은 전국적인 민중운동을 일으키려 하자, 일제는 허헌·홍명희 등 90여 명에 달하는 신간회 지도자들을 구속했다.

사회주의 계열의 지도부가 구속되자 신간회의 주도권은 민족주의 계열로 넘어갔다. 민족주의 계열의 지도부가 신간회 운동을 이끌자 운동방향은 자치론 쪽으로 기울기 시작했다. 이렇듯 좌우연합을 부르짖은 신간회 운동 정신은 점차 퇴색되어 그 뜻을 잃어갔다. 더구나 당시 사회주의 세력에 큰 영향력을 미쳤던 코민테른, 프로핀테른 등 국제 사회주의 지도단체들은 민족

연합전선에 부정적인 평가를 내렸다. 이러한 분위기에서 좌파세력들은 신간
회 해체를 주장했다.

민족진영과 사회주의자들 간에 대립과 분열이 생기자, 이 틈을 노린 일제
는 평양지회 · 부산지회 등을 부추겨 신간회 자진해체를 결의하도록 했다.
지회의 해체결의가 잇달으면서 결국 1931년 5월 16일 신간회는 창립 이래
두 번째 열린 전국대회를 끝으로 허무하게 해체되었다. 신간회 해산을 계기
로 이제 자치론자들은 더욱 친일로 나아갔고, 그 밖의 모든 무력적인 항일운
동은 지하로 숨어들 수밖에 없었다.

신간회는 비록 해체되었지만, 민족의 반일 역량을 한 곳으로 모아 일제에
대항한 민족연합운동으로서 그 역할을 톡톡히 해낸 것만은 분명하다. 물론
그것은 항일투쟁이라는 공동의 목표가 있었기에 가능한 일이기도 했다.

일제치하 가장 포악한 총독 미나미
: 파시즘 체제하의 식민통치
(1929~1936년)

1930년대 식민지 통치는 '문화정치'의 기만정책이 끝나고 파시즘 체제로 접어들었다. 이 시기 일본은 다이쇼大正 데모크라시가 끝나고 파시즘 체제로 옮아가던 때였다. 파시즘 체제로 돌입한 일본은 만주사변(1931) · 중일전쟁 (1937) · 태평양전쟁(1941)을 차례로 도발하면서, 후방기지로서 식민지 조선에 대한 탄압과 약탈을 가중하는 한편, 민족 자체를 말살하려 했다.

1936년 새 총독으로 부임한 미나미南次郎는 "모든 조선인은 황국신민의 자격을 갖추기 위해 노력해야 한다"고 역설하면서 우리 민족에게 일본인이 될 것을 강요했다. 일체치하 우리 민족에게 영원히 잊을 수 없는 가장 포악한 총독 미나미는 총독으로 취임하면서 다음과 같은 조선민족 말살정책을 강행했다.

1937년 7월 : 신사참배와 1면 1신사의 설치
1937년 10월 : 황국신민의 서약 강요
1938년 2월 : 지원병제 실시
1938년 3월 : 민족성 말살을 위한 조선교육령 개정

신사참배. 조선의 민족혼을 말살하기 위해 아침 저녁으로 신사참배를 강요하는 일제의 간악한 정책은 중일전쟁 개전 후 본격화되었다. 사진은 서울 남산의 조선신궁 앞에 참배하는 모습.

1939년 1월 : 창씨개명제 강요
1942년 5월 : 징병제의 실시
1942년 : 초등교육 배가계획

3·1운동 이후 일제는 조선의 정신을 짓누르기 위해 전국 도처에 신사神社를 건립하여 1934년 무렵에는 282개에 이르렀다. 미나미는 부임하자마자 '1읍면 1신사주의'라는 신사규칙을 발표했다. 이때부터 산간벽지에까지 신사가 세워지게 되었다.

신사제도는 조선인의 '황국신민화교육'을 추진하는 중요한 수단이었다. 기독교 신자들에게 신사참배를 강요한 것도 바로 이때부터다. 1937년 중일전쟁이 발발하자 미나미는 전시체제를 더욱 강화하여 매월 1일을 애국일이라 정하고, 신사참배·국기게양·근로봉사 등을 강요했다. 게다가 태평양전쟁이 극에 달했을 때는 조선인 각 가정에 가미다나(일본귀신상자)라는 것을 설치하도록 했다. 조선인들은 이 가미다나를 집안 제일 높은 곳에 올려 놓고 아침마다 두 손을 딱딱 치며 절을 해야만 했다.

미나미는 전국 39본산 사찰의 주지를 파면하고 일제에 아부하는 협잡배 승려들을 주지로 임명했다. 민족주의 색채가 짙은 천도교나, 일제 총독정치에 반항하는 기독교 세력을 억누르기 위해 백백교를 비롯한 사교들을 공공

어린 학생들도 일장기를 그린 머리띠를 두르고 아침 조회시간에 〈황국식민 서사〉라는 것을 외워야만 했다.

연히 비호, 장려했다.

또한 미나미는 어린 학생들에게 다음과 같은 황국신민의 서사를 매일 제창토록 강요했다.

"우리들은 대일본제국의 신민입니다."
"우리들은 마음을 합하여 천황폐하께 충성을 다합니다."
"우리들은 인고단련하여 훌륭하고 씩씩한 (일본)국민이 됩니다."

이 서약의 제창은 일반인들도 그 예외가 아니었다. 일제는 조선인으로 하여금 일상생활 속에서부터 자기가 조선인이 아니라 대일본제국 신민이라는 의식을 가지게끔 했다.

황국신민화운동 중에서도 특히 일본어의 상용은 매우 중요시되었다. 심지어 초등학교 같은 곳에서도 일어를 쓰지 않으면 벌금을 내게 하거나 벌을 세웠다. '국어(일어)를 상용할 수 있을 때 비로소 황국신민으로서의 자격을 갖추게 되고, 대동아공영권 지도자로서의 영광을 누리게 된다'고 하여 소학교의 교육은 국어, 자나깨나 국어를 습득하는 것을 목표로 한 교육이라 주장했다.

다음은 보통학교(초등학교) 1학년 수신修身 교과서의 한 내용이다.

학병으로 끌려가는 아들의 손을 잡은 어머니. 이들은 일제의 침략전쟁에 총알받이가 되었다.

'천황폐하는 우리나라에서 가장 거룩한 분입니다. 천황폐하는 우리나라를 통치해 주십니다.'

그리고 3학년 교과서에는 다음과 같이 씌어 있다.

'우리들은 일본의 어린이입니다. 신의 피를 이어받으신 천황폐하를 모시고 끝없이 번영하고 있는 일본에 태어났습니다. 세계에 많은 나라가 있으나 우리들이 태어난 일본과 같이 훌륭한 나라는 없습니다.'

일제는 젊은이들을 철저히 일본인화하기 위해 종래 교육제도를 크게 바꾸었다. 미나미 총독은 조선교육령을 개정, 내선공학內鮮共學의 일원적 통제를 실현한다며 어린 학생들의 교육을 일본인과 똑같게 실시했다. 조선교육령이라는 것은 '충성스러운 황국신민을 육성하는 것'을 목적으로 한 일제의 식민지 정책이었다.

태평양전쟁을 치르면서 일제는 조선의 청소년들을 침략전쟁을 위한 노동력·전력으로 써먹으려 했다. 1941년 소학교를 '국민학교'로 명칭을 바꾸고는 수업연한을 줄이는 등 학생들을 전쟁에 내몰 수 있도록 했다. 1943년 10월 일제는 '육군특별지원병 임시채용규칙'을 공포했는데, 이것이 이른바 학도징병이다. 이제 조선의 모든 학교는 전쟁수행을 위한 군수·생산·식량 증산이 그 본업이 되었다.

일제는 식민통치를 합리화하고 원활하게 수행하기 위해 우리 민족의 언어와 역사 · 문학 · 예술 등의 문화를 말살하고 탄압했다. 1940년 한글신문인 〈동아일보〉와 〈조선일보〉가 강제 폐간당했으며, 조선어학회가 독립운동을 했다고 탄압을 받았다.

이와 같은 일선동조론日鮮同祖論을 바탕으로 한 황국신민화정책은 1945년 일제패망과 함께 막을 내렸지만, 그 잔재들은 아직도 우리 주위에 남아 있다.

일제하 최대의 항일학생운동
: 광주학생항일운동
(1929년)

　1929년 10월 30일 5시 30분 광주를 떠난 열차가 나주역에 닿았다. 나주에서 광주로 통학하던 많은 학생들이 열차에서 내려 집찰구로 향했다. 그때 집찰구로 걸어가고 있던 광주중학생 후쿠다福田修三, 스에기치末吉克己 등이 광주여고보생 박기옥과 이광춘의 머리댕기를 잡아당기는 등 희롱했다. 마침 역 집찰구로 걸어가고 있던 박기옥의 사촌 남동생 박준채(광주고보 2년생)가 이들을 향해 소리쳤다.

　"중학생인 녀석이 야비하게 여학생을 희롱해!"

　"조센진 놈이 뭐라고 까불어!"

　말이 떨어지기 무섭게 박준채의 주먹이 후쿠다의 얼굴로 향했고, 이내 싸움이 벌어지고 말았다. 그때 나주역전 순사가 싸우고 있던 박준채의 따귀를 때렸다. 이 장면을 보고 격분한 조선학생 최희선 · 김진섭 등이 싸움에 뛰어들었다. 일제하 우리 민족사는 물론 일본 식민지 정책까지 뒤흔들어 놓은 광주학생항일운동의 발단은 이렇게 시작되었지만, 그 바탕은 6 · 10만세 이후 계속된 항일운동이 있었기에 가능했던 것이었다.

　이 사건이 터지기 1년 전쯤인 1928년 4월 광주 송정리 지방에 항일 삐라

광주학생운동의 단초가 되었던 두 조선 여학생(왼쪽)과 박준채(오른쪽). 두 여학생 중 오른쪽 여학생이 박준채의 사촌누이 박기옥, 왼쪽이 이광춘이다.

가 뿌려졌는데, 이 사건의 주동자 중에는 이경채라는 광주고보생이 포함되어 있었다. 또한 광주고보 학생들이 주축이 된 '성진회' 및 각종 학교별 독서회가 조직되었는데, 이들 독서회는 주로 조선독립과 사회과학 연구가 주목적이었다. 이와 같이 일제에 대한 광주학생들의 항일의지가 불타고 있던 시기에 나주역 여학생 희롱사건이 터진 것이다.

나주역 사건이 터진 뒤 4일 후인 11월 3일, 이날은 광주학생들의 독서클럽인 '성진회' 창립 3주년 기념일이자 일제의 명절인 명치절이었다. 이날을 기해 학생들은 일제히 봉기할 것을 결의했다. 각 학교에서 명치절 기념식이 거행되었으나, 학생들은 약속이라도 한 듯이 이날 불러야 될 일본국가를 부르지 않았다. 누구 하나 신사참배를 하는 학생도 없었다.

그런데 이날 신사참배를 마치고 돌아가던 일본인 학생들과 광주고보 학생들 간에 집단싸움이 벌어졌다. 마침내 최상현이라는 조선학생이 일본학생의 단도에 찔려 부상을 입는 불상사가 일어났다. 이 소식을 들은 광주고보생 여럿이 일본학생을 두들겨 팼고, 일부 학생들은 나주 열차사건을 편파 보도한 〈광주일보〉에 가서 항의시위를 하기도 했다.

이때, 급보를 접한 일본학생들이 손에 칼을 들고 "조센진 학생타도"를 외치며 현장으로 달려왔다. 이 소식을 들은 고보학생들도 "때는 왔다!"고 외치며 역시 현장으로 달려갔다. 이 충돌에서 광주고보생 10명, 일인 중학생

일제치하인 1920년대의 광주 시가지 전경. 광주천이 가로질러 흐르고 있다.

16명이 부상당했다.

오후 1시 나머지 학생들은 시위대를 조직, 시내에 들어가 "조선독립만세"를 외치며 시위했다. 이로써 광주학생운동은 새로운 국면으로 접어들었다.

당황한 일제당국은 학교를 휴업시키고 학생들을 옥박지르거나 또는 구슬리는 한편, 광주고보생들을 구속시키기 시작했다. 그럼에도 불구하고 신간회 광주지부와 각 사회청년단체들은 학생운동을 조선민족의 항일운동으로 확대시켜 나갔다. '학생투쟁지도본부'가 설치되어 학생들의 시위를 지휘했다.

시위 9일째, 광주고보 학생들은 대오를 짜고 교내를 박차고 나왔다. 이 시위에 광주농교·광주여고보 등이 합세했다. 이들은 다음과 같은 내용의 격문을 뿌리며 시위에 참여할 것을 촉구했다.

"장엄한 학생대중이여! 최후까지 우리들의 슬로건을 지지하라. 그리고 분기하자! 싸우자, 굳세게 싸우라!"

일제경찰은 고보생 190명, 농교생 60명을 구속했다. 그리고 항일학생에 대한 처벌수단으로 퇴학처분이라는 무기를 휘둘렀다. 그러나 광주의 학생 시위는 인근의 목포·나주지방에 곧바로 영향을 미쳐 이 지역 학생들도 격문을 뿌리며 학생시위를 벌여 나갔다. 이윽고 이 시위는 전국으로 번져나가기 시작했다.

일본경찰은 광주에서의 학생항일시위가 서울로 번지는 것을 막기 위해 삼엄한 경계를 펴는 등 대대적인 수사를 벌였다. 그러나 학생들의 항일의지를 꺾지는 못했다. 경성제일고보를 필두로 서울시내 10여 개 여학교에 이르기까지 모두 항일시위에 참가했다.

"광주학생 석방 만세!"

"피압박민족 만세!"

"약소민족 만세!"

광주에서 터진 항일학생투쟁은 삽시간에 전국에 번져 1930년 봄에 이르기까지 전국의 학교는 학업이 정상화되지 않았다. 광주를 발화점으로 전국을 휩쓴 항일학생운동은 1934년 봄이 되어서야 겨우 잠잠해졌다. 이 항일 투쟁에 참가한 학교 수는 소학교 54개교, 중학교 136개교, 전문교 4개교에 이르렀고, 참가학생 수는 5만 4천여 명, 검거자 1천 642명, 무기정학 2천 330명, 퇴학 582명에 이르렀으니, 광주학생운동의 규모가 어느 정도인지를 짐작할 수 있게 한다.

세계를 놀라게 한 폭탄세례
: 이봉창·윤봉길 의거
(1932년)

1931년 1월 어느 날, 일본말을 유창하게 하는 한 청년이 상해 임시정부 청사를 찾아와 불쑥 다음과 같은 말을 했다.

"당신들은 독립운동을 한다고 하는 사람들인데, 어째서 일본천황을 못 죽이는가."

에에 임시정부 요원들이 다음과 같이 말했다.

"일개 문관이나 무관 하나도 죽이기 어려운 형편인데, 천황을 어떻게 죽인단 말이오?"

이 상황을 지켜본 백범 김구는 이 청년의 말이 허튼 말이 아님을 알아챘다. 김구는 이 청년이 묵고 있는 여관으로 찾아가 그의 애국심을 시험해보기로 했다. 김구를 만난 자리에서 청년은 이렇게 말했다.

"제 나이가 서른 한 살입니다. 앞으로 서른 한 살 더 살아봤댔자 지금까지보다 더 나을 것이 없을 것 같습니다. 늙으니까요. 인생의 목적이 쾌락에 있다면……이제부터는 영원한 쾌락을 위해 독립운동에 몸을 바칠까 합니다."

이 말에 감복한 김구로부터 거사에 쓸 수류탄과 3백 원이라는 지원금을 받은 이 청년이 바로 이봉창 의사다. 김구의 신임을 얻은 이봉창은 거사를 실행하고자 단신으로 도쿄에 갔다. 1932년 1월 8일 아침, 일황의 행렬이 도쿄 거리를 지나가자 이봉창은 조금의 주저도 없이 마차를 타고 가던 히로히토에게 수류탄을 던졌다. 그러나 수류탄은 일본 궁내대신이 탄 마차 옆에서 폭발하고, 단지 근위병과 말 두 필만 쓰러뜨리는 데 그치고 말았다.

윤봉길 의사가 거사에 앞서 태극기 앞에서 찍은 마지막 기념사진과 그의 유묵 '장부출가생불환'. 장부가 뜻을 세워 집을 나오면 뜻을 이루기 전에는 살아 돌아가지 않는다는 뜻.

체포된 이봉창 의사는 비공개 재판을 통해 사형을 언도받고 1932년 10월 10일 이치가야市谷 형무소에서 순국했다. 이봉창 의사의 의거가 애석하게 실패로 돌아갔지만, 침체 속에 빠져들었던 임시정부의 독립운동은 이 의거를 계기로 활력을 되찾았다. 그리고 곧바로 윤봉길 의사의 성공적인 의거로 이어졌다.

1930년 2월 6일 23세의 윤봉길은 '장부출가생불환丈夫出家生不還(사나이가 뜻을 세워 집을 나가면 공을 이루지 않고서는 살아 돌아오지 않으리)'이라는 편지를 아내와 어린 자식들에게 남겨두고 망명길을 나섰다.

윤봉길은 침체에 빠진 항일독립투쟁에 새로운 활로를 모색하던 김구를 찾아가 다음과 같은 말로 자신의 결의를 밝혔다.

"백범 선생님! 이봉창과 같은 일을 준비하시면 저를 기억해 주십시오!"

마침내 그에게도 절호의 기회가 찾아왔다. 4월 29일 상해사변의 승리로 의기충천한 일본인들이 상해 홍구공원에서 일황 히로히토의 생일인 천장절 축하기념행사와 전승 축하식을 관민합동으로 거행한다는 소식이 전해진 것이다.

29일 아침, 윤봉길은 폭탄을 담은 물통을 어깨에 메고 양손에 도시락과 일

장기를 각각 들었다. 일본인 부호로 위장한 윤 의사는 청중들 틈에 끼어 있다가 천천히 사열대를 향해 걸어 나갔다. 오전 11시 40분경, 하늘에서 봄비가 내리자 군중들은 비를 피하려 주변으로 흩어졌다. 이 순간 윤봉길은 수뇌부가 모여 있던 난상을 향해 폭탄이 들어 있던 물통을 힘차게 던졌다.

"이게 웬 물건이야"라는 외침과 함께 물병은 큰 소리를 내며 폭발했다. 이 폭음과 함께 시라카와白川 대장을 비롯한 상해 일본거류민단장 가와바다, 제3함대사령관 노무라 중장, 제9사단장 우에다 중장 등 일본 수뇌부들은 거의 사망하거나 중상을 입었다. 뒷날 일본의 항복문서에 날인하게 될 외무대신 시게미쓰重光가 한쪽 다리를 잃은 것도 바로 이때였다. 아수라장이 된 식장 속에서 윤봉길은 달려오는 일본경찰에 체포될 때까지 "대한독립만세"를 외쳤다.

"마침내 윤 의사는 해내고 말았습니다."

홍구공원에서의 거사성공 소식은 곧바로 임시정부에 전달되었고, 이 소식에 김구와 이동녕은 서로 얼싸안고 눈물을 흘렸다. 장개석은 "중국의 백만 군대가 하지 못하는 일을 한국의 한 의사가 능히 해내니 장하고도 장한 일이다"라며 감탄했다. 이 일을 계기로 중국정부는 대한민국 임시정부를 동맹국 정부로 대우, 지원했다.

일본경찰에 체포된 윤봉길 의사는 5월 25일 상해 군법회의에서 사형선고를 받고 일본으로 호송되었다. 그로부터 7개월 후 12월 19일 오전 11시 40분, 26발의 총알을 가슴에 받고 25세의 짧은 생을 마감했다. 그리고 이듬해 백정기 의사의 거사가 있었다.

만주사변 후 일본이 만주를 지배하게 되자 독립운동 기지였던 간도에서의 독립운동은 새로운 활로를 모색할 수밖에 없었다. 그러나 중국인들의 반일 감정이 높아가면서 중국의 지원은 훨씬 강화되었다. 이러한 조건하에서 평화적인 독립운동보다는 적극적인 독립운동으로의 방향전환이 불가피해졌다.

남만주의 국민부는 조선혁명군을 조직하여 항일전을 감행했고, 북만주에서도 한국독립당 군사부의 독립군이 중국군과 연합하여 일본에 대항했다.

한편, 상해에서는 임시정부 재무상 김구에 의해 특수공작이 전개되었으니, 그것이 바로 이봉창 의사의 천황 저격의거와 윤봉길 의사의 시라카와 대장 살해의거였다. 이 사건으로 임시정부는 상해에서 남경으로 피난하게 되었으나, 중국정부의 비상한 관심과 후원을 얻게 되어 중일전쟁 발발 이후 광복군을 창군할 수 있었다.

광복 후 고국 땅을 밟은 백범 김구는 아까운 청춘을 바친 이봉창, 윤봉길, 백정기 세 의사의 유해를 일본으로부터 모셔와 효창공원에 안치했다. 그리고 해방의 감격을 함께 하지 못함을 누구보다도 슬퍼했다.

암매장 당한 윤봉길 의사

윤봉길 의사는 1932년 총살당한 후, 무법하고 비도덕적인 일제당국에 의해 쓰레기 하치장에 암매장당했음이 최근에야 밝혀졌다.

당초 일본군은 윤 의사를 폭탄투척 현장인 상해 홍구 공원에서 공개처형하려 했으나, 그럴 경우 가뜩이나 영웅으로 떠오르고 있는 윤 의사의 위상을 더욱 높여줄 우려가 있을 뿐만 아니라 국제적인 비난거리가 될 우려가 있어 그 계획을 접어버렸다. 대신 윤 의사의 의거로 폭살당한 시라카와 대장의 출신 사단인 9사단의 주둔지 가나자와金澤로 윤 의사를 데려와 총살하고는 그 주검을 무도하게도 노다산의 쓰레기 하치장에다 암장하고 말았다는 것이다.

이러한 사실은 가나자와 시의 한 시민운동가 야마구치 다카시가 윤 의사의 암장 유적지 발굴을 시작으로, 윤 의사의 의거로부터 1932년 12월 19일 총살당하기까지의 과정을 치밀하게 추적하여 기록한 책《윤봉길 암장의 땅 가나자와에서》가 1995년 출간됨으로써 밝혀진 것이다.

저자는 또 이 책에서 윤 의사가 감옥에 있던 8개월 동안 모진 고문에도 불구하고 끝내 백범 김구 선생의 거처에 대해서는 입을 열지 않아 백범이 안전할 수 있었다는 사실도 아울러 전해, 윤 의사의 영웅다운 모습을 각인시켰다.

돌아오지 못한 전쟁의 희생자들
: 일제의 강제징용
(1938~1945년)

대륙침략이 본격화되면서 일제는 전쟁에 동원할 젊은이들이 많이 필요했다. 그리하여 1938년 2월 이른바 '육군특별지원병령'을 공포하여 이 땅의 젊은이들을 전쟁터로 내몰았다.

지원병 모집은 제1기 모집을 시작으로 전국으로 확대되어 갔는데, 실제로 지원병 모집은 지원이라는 가면을 쓴 강제모병이었다. 일제는 친일단체를 동원하여 지원병후원회를 조직케 했으며, 지원병을 대대적으로 모집하기 위해 함흥 · 평양 · 대구 등지에 새 훈련소를 증설했다.

조선인 총알받이가 더욱 필요해지자 일제는 1943년 10월 '육군특별지원병 임시채용규칙'을 공포하여 학생 및 졸업생들에게 군대지원을 명령했다. 그러나 학사지원 모집마감을 1주일을 앞두고 전국의 지원율은 37.8%에 지나지 않았다.

이에 일제는 군 · 관 · 민을 총동원하여 학생 개개인, 부모를 찾아가 지원에 응하도록 윽박질렀다. 일제는 학생지원을 부추기기 위해 갖가지 압력을 행사했고, 김팔봉 · 이광수 · 최남선 · 김성수 등의 친일파를 앞세워 지원병 가입을 선동 · 강요했다.

학병의 지원은 말이 지원이지 사실은 강제납치였다. 많은 학생들은 일제를 위해 총을 들 것을 거부하고, 탄광 또는 산으로 들어가 징용의 손길에서 벗어나고자 했다. 그럼에도 불구하고 이 무렵 징용당한 수는 40만 명에 이르렀다.

일제는 전쟁의 총알받이뿐 아니라 각 분야 및 군사공업시설의 노동자도 필요했다. 일제는 침략전

일본 규슈 도요스 탄광 한국인 노무자 합숙소 벽에 쓰인 한글낙서.

쟁을 시작하면서 조선을 병참기지화했는데, 태평양전쟁이 터지면서 보다 많은 노동력이 필요했다. 따라서 일제는 1942년 3월 '국민동원계획'을 세우고, '노동보국대'라는 이름으로 조선인을 강제동원하기 시작했다.

때와 장소를 가리지 않고 예고 없이 연행된 조선인들은 일본 각지의 탄광·수력발전·철도·도로공사·군수공장 등으로 끌려갔으며, 특히 여성들은 종군위안부가 되었다.

다음은 최근수라는 당시 한 조선인 노동자의 체험담이다.

"머리에는 이가 득실거리고, 등의 상처는 썩어서 더욱 심해가고 있었다. 여기서는 조선말을 쓰면 한 끼의 밥을 줄여버렸다. 밥이라고 해도 콩을 쪄서 안남미와 섞은 것이었다. 아침 6시부터 밤 11시까지 일을 하면서 받는 임금은 2원 35전인데, 이것도 그나마 이런저런 이유로 다 떼이고 실지로 손에 들어오는 돈은 1원이 채 안 되었다.

집단으로 탈출한 사람들이 얼어붙은 강을 잘못 건너다가 물속에 빠져 죽는 예가 많았다. 1943년 12월 18일의 일이었다. 조선에 있는 가족들에게 체불된 임금을 송금해주겠다고 약속했다. 그러나 3개월을 기다려도 조선에서 돈을 받았다는 소식이 오지 않았다……."

일본에 끌려간 노무자의 수는 1939년부터 1945년에 이르기까지 약 5백만

근로봉사에 동원된 한국인들. 일제는 1939년 이후 한국인을 강제연행, 일본의 탄광·발전소·군항 등에서 감금상태의 중노동 속으로 몰아넣었다. 많은 한국인 노무자들이 질병이나 사고·폭력 등으로 숨졌다. 패전 당시 이들의 수는 2백 수십만 명에 달했다.

명에 이르렀다. 끌려간 노무자들의 운명은 너무나 비참했다. 징용당한 조선인들은 인간 이하의 대접을 받았으며, 가족과의 연락마저 끊기고, 심지어 죽거나 하여 끝내 고국의 땅을 밟지 못한 사람들이 셀 수 없이 많았다. 북해도 탄광에서 노무과장을 지낸 한 일본인의 말을 빌리면, "3년 동안 약 반수 이상의 노무자를 상실했다. 만기귀국한 조선인은 겨우 7.3%이고 35.6%가 도망갔다"

고 한다.

그러면 나머지 노무자들의 운명은 어떻게 되었을까?

일본은 조선노무자 사망자 총수가 최고 4만을 넘지 않는다고 발표했으나, 믿을 수 없는 내용이다. 미귀환자 15만 명을 제외하고 징용으로 끌려간 조선 노무자의 사망자 수는 아직 정확한 숫자가 밝혀지지 않고 있다.

패망을 1년 앞둔 1944년부터는 강제징용이 시작되어 많은 수의 젊은이들이 끌려갔다. 일제는 '긴급학도근로동원 방책요강' 등을 정하고는 초등학교에서 대학·전문학교에 이르는 전학생을 군수물자와 식량증산·국방시설 등에 동원했다. 그리고 '국민직업능력신고령'에 따라 기술자·기능자 48만 5천 188명, 남자 청장년 319만 4천 969명을 등록시키고 강제동원했다.

일본 패망 후에도 일본과의 배상문제가 제대로 처리되지 못했기 때문에, 이 무렵 조선인 희생자들은 역사뿐 아니라 그 보상문제에 있어서도 여전히 버려진 고아 같은 대접을 받고 있는 실정이다.

DIGEST 87 KOREA

여자 애국봉사대 '조센삐'
: 정신대 동원
(1941~1945년)

일제는 침략전쟁을 도발하면서 한반도를 일제침략의 병참기지로 삼았다. 전쟁의 규모가 점차 커지고 장기화되자 일제는 부족한 물자를 조선땅에서 충당하려 했다.

1937년 육군지원병제가 실시되면서 이 땅의 젊은이들은 군인 또는 노역자로 떨어졌다. 이러한 강제형식을 띤 지원병제도가 미흡했던지, 일제는 마침내 징병제 · 학병제라는 이름으로 조선의 청년 · 학생들을 전쟁터로 내몰았다.

강제징용이 시작된 1944년 8월 일제는 '근로정신대 근무령'을 공포하여 조선 부녀자들 중 배우자가 없는 12세 이상 40세 미만의 여성을 일본의 군수공장이나 전쟁터로 끌고 갔다. 이보다 앞서 일제는 중일전쟁 이후 군수공장에 필요한 여성노동자들을 반강제적으로 동원했고, 1941년 태평양전쟁 중에는 정신대라는 이름으로 수만에 달하는 젊은 여성들을 끌고 간 전과가 있었다. 1944년의 근로정신대 근무령은 지금까지 강제적으로 수행한 것을 합법화시킨 것에 불과했다.

정신대 동원은 단순한 여성 근로자만을 모집하는 것이 아니었다. 이들을

일제의 극악한 만행의 대표적인 것이 바로 여자정신대이다. 일제는 수많은 한국여성들을 강제나 속임수로 끌고가 군대의 성노리개로 만들었을 뿐만 아니라, 말로 표현 못할 극악한 잔혹행위를 가하기도 했다. 해방 반세기가 지났지만 일본정부는 아직까지 정식 보상을 외면하고 있다. 사진은 일본군 위안부로 끌려가는 슬픈 조선 누이들의 뒷모습.

군위안부로 삼으려는 음모가 도사리고 있었던 것이다. 일제는 공장에 취업시켜준다거나 군간호원을 만들어준다는 달콤한 속임수로 여성들을 꾀어냈다. 그리고는 중국 등지로 데려가 위안부·간이위안소·육군오락소 등의 명칭을 가진 일본 군대시설에 배치해 성적 노리개로 삼았다. 이렇게 동원된 위안부의 숫자는 1938년 초부터 가을까지 약 3, 4만 명에 이르렀다.

1942년 가을 어느 날 꽃다운 어린 나이에 정신대로 끌려간 노수복 할머니의 생생한 증언을 들어보자.

"제 나이 17세였던 1942년 가을의 어느날입니다.
부산 어느 마을 밖 우물에서 물을 긷고 있었지요. 갑자기 순사 서너 명이 다가와
농지거리를 하다 물을 이고 있는 저를 낚아챘습니다.
물을 뒤집어쓴 순사는 저의 온몸을 포승줄로 묶어 어느 모를 곳으로 끌고
갔습니다. 그 후 부산 바닷가에 있는 어느 군인 막사에 1개월 정도 갇혀 지내다
다른 조선여자들과 함께 싱가포르로 끌려갔습니다. 이때 '조센진 아다라시
이찌방(조선 숫처녀가 제일이다)'이라는 말이 들렸습니다. 일본군인들 사이에는 조선
숫처녀와 동침하고 전쟁에 나가면 무사하다는 미신이 널리 퍼져 있었던 것입니다.
조선처녀들은 무지막지한 군인들의 겁탈에 시달리다가 영양실조로 죽어갔습니다.
낮에는 잡일을 하고 밤에는 군인들에게 시달려, 살아 있어도 죽은 것이나 다름없는
생활의 연속이었습니다……."

1996년 베이징 세계여성
대회 북한위안부 문제 발
표장에서 북한여성들이 위
안부 출신들의 사진을 붙
이고 있다. 이 대회에서 발
표된 피해조사위원회의
〈중간보고서〉는, 일본의
종군위안부 문제는 국제
법상 명백히 '인도에 대한
죄'라고 규정하고, 또 국제
법상 시효가 소멸되지 않
는 중대한 인권유린 범죄
라고 주장했다.

노수복 할머니는 영국 포로수용소에 있다가 탈출하여 태국에서 떠돌이 생
활을 하면서 지냈다. 수십 년이 흐른 1984년에 노수복 할머니는 태국 대사관
으로 가 잃어버린 조국을 찾아달라고 호소했다. 이 노수복 할머니처럼 정신
대 출신 할머니들은 수치심으로 숨어지낼 수밖에 없었다.

일제는 태평양전쟁이 발발하자 남방지역, 즉 태평양의 섬들과 싱가포르·
버마·태국을 점령하면서 이곳에도 정신위안부를 보낼 계획을 세웠다. 그러
나 일본 뚜쟁이와 순사의 강제, 행정력의 동원으로도 그 한계가 있자, 강제납
치도 서슴지 않았다.

1944년부터는 여자 근로정신대라는 이름으로 강제동원된 조선여성들은
일본정신대와도 구분하여 '조센삐'라는 이름으로 차별대우를 받으면서 학대
와 영양실조 등으로 죽어갔다. 이때 한국여성으로 정신대에 끌려간 숫자는
20만 명으로 추산되고 있으며, 그중 7만여 명이 종군위안부가 되었다고 한
다.

전쟁이 끝난 뒤에도 이들은 귀국하지 못하고 포로생활을 했다. 게다가 전
쟁이 끝나자 몸을 짓밟힌 대가로 받은 군표는 휴지조각이 되었다. 그러나 무
엇보다도 이들이 받은 정신적·육체적 고통은 무엇으로도 아물지 않는 상처
였다. 이들의 상처는 또한 우리 역사의 상처이기 때문이다.

말과 글의 보존이 곧 독립운동
: 조선어학회 사건
(1942년)

함남 성진역에서 친구를 기다리고 있던 일본 메이지明治대 출신의 박병엽은 반시국적 옷차림을 하고 있다는 이유로 경찰서로 연행되었다. 경찰은 박병엽의 집을 수사하다 박의 조카인 박영옥의 일기장에서 '국어를 상용하는 자를 처벌했다'라는 구절을 발견했다. 경찰은 이것을 구실로 박영옥과 그 친구들을 잡아들였다.

경찰의 심문내용은 이런 것이었다. 당시 국어라면 일어를 뜻하는데, 일어를 사용하여 처벌을 받았으면 이것은 중대한 반국가행위라는 것이다. 경찰은 일어사용을 못하게 한 자들의 이름을 대라며 이들을 고문하기 시작했다. 극심한 고문 끝에 이들은 영생여고 선생인 정태진 · 김학준 등의 이름을 대고 말았다.

정태진은 미국유학을 마치고 귀국한 뒤 영생여고에서 근무하다 서울로 가서 마침 조선어학회 사전편찬 일을 돕고 있었다. 경찰서로 연행되어온 정태진은 심한 고문으로 조선어학회가 독립운동단체라고 허위자백했다.

1942년 10월 1일 함남에서 일어난 이 작은 사건은 마침내 조선어학회 사건으로 비화되고 말았다. 정태진의 자백 이후 홍원경찰서는 조선어학회로

달려가 이중엽, 장지영, 한징, 이윤재, 최현배, 이극로, 이희승, 정인승, 이석린 등 29명을 구속수감했다.

홍원경찰서에 수감된 이들은 4개월간 모진 고문을 받았다. 홍원경찰서는 이 사건이 가짜라는 것을 알았음에도 불구하고 이들을 재판에 부치는 것으로 사건을 종결지었다.

'조선어학회'는 3·1운동 이후 번지기 시작한 신문화운동의 결과로 만들어진 단체였다. 그러나 그 기원은 1896년 독립신문사 안에 조직된 국문동식회다. 독립신문의 국문판 교보원으로 참가한 주시경이 통일된 맞춤법 격식을 연구할 필요성을 느껴 독립신문사 안에 조직한 것이 바로 국문동식회였다.

주시경의 제자인 장지영, 권덕규, 신명균, 김윤경, 최현배, 이희승 등이 뜻을 모아 다시 조선어연구회를 만들었다. 조선어연구회 회원들은 1926년 11월 4일 훈민정음 반포 480주년을 맞아 한글기념식을 갖고, 오늘날 한글날에 해당하는 '가갸날'을 제정하여 한글의 중요성을 알렸다.

조선어연구회는 1931년 명칭을 '조선어학회'라 개칭하고, 한글사전 편찬 사업을 추진했다. 조선어학회는 사전편찬의 기초작업의 하나로 '한글맞춤법 통일안'을 만들어 1933년 한글반포 487회 기념일에 발표하기도 했다. 일제가 가혹한 방법으로 한국어 말살정책을 펴는 동안, 한국어 맞춤법 통일과 표준말을 모으는 조선어학회의 활동은 그야말로 민족운동의 새 바람이었다.

중일전쟁 이후 일제는 한국말과 한글 말살정책을 더욱 강화했다. 1940년 한글신문인 〈동아일보〉와 〈조선일보〉가 강제 폐간되고, 1941년 4월에는 문예지인 《문장》, 《인문평론》도 폐간되었다. 공식적으로 한국어와 한글은 더이상 사용될 수 없었다.

이러한 일제의 한국어 말살정책에 대항하여 최후로 남은 것이 바로 한국어문 운동의 총본영인 조선어학회였다. 따라서 일제는 조선어학회를 탄압하기 위해 구실을 만들려고 눈이 빨개 있던 중 마침 홍원사건을 기화로 조선어학회에 탄압의 칼날을 들이댄 것이었다.

1942년 조선어학회 사건이 있은 후 일제의 갖은 고문을 받은 이윤재와 한징은 옥중에서 순국했다. 일제는 조선어학회를 독립을 기도한 민족주의 단체라고 판결하고, 구속자 중에서 16인을 기소했다. 1심에서 재판부는 이극로에게 징역 6년, 최현배에게 4년, 이희승에게 3년 반, 정인승·정태진에게 2년을 선고했으며, 김양수·김도연·이중화·김법린·이인 등에게 징역 2년에 집행유예 4년씩을 각각 선고했다.

판결에 불복한 이극로·최현배·이희승·정인승은 항소했으나 1945년 8월 13일 기각당했다. 그러나 이틀 후 해방이 되자 이미 3년의 옥고를 치른 이들은 풀려나게 되었다. 일제의 한국어 말살정책하에서 민족의 말과 글을 지키고자 한 조선어학회의 노력은 한국독립운동사에 있어서 불멸의 공적으로 남아 있다.

제5장
현대사회의 전개

KOREA

'우리는 완전한 독립국가의 건설을 기함'
: 해방과 건국준비위원회 조직 (1945년)

태평양전쟁이 막바지로 치달으면서 일본 제국주의에 패망의 그림자가 짙게 드리우기 시작했다. 미국을 비롯한 연합국의 반격이 드세지는 데다가 히로시마에 원자폭탄이 투하됨으로써 일본은 전의를 상실하고 말았다. 일본의 무조건 항복으로 한반도에는 꿈에 그리던 해방이 찾아왔다.

한국의 일부 지도층들은 이전부터 일본의 연이은 패전으로 해방이 멀지 않았다는 것을 예감하고 있었다. 그 대표적인 인물이 여운형이다. 그는 1944년 일본의 패배를 확신하면서 건국동맹을 결성하고 해방 이후를 준비했다. 그리고 불문不文 · 불신不信 · 불명不名의 3대 철칙과 '한국의 완전한 자유독립', '반동세력 배제', '민주주의 원칙에 입각한 건설'을 골자로 한 조선건국동맹을 비밀리에 조직했다.

8월 15일 일본의 패망이 알려지던 날 아침, 조선총독부 정무총감 엔도遠藤는 여운형에게 재한 일본인의 안전과 재산보호를 요청하면서 행정권을 이양했다.

엔도로부터 행정권을 이양받은 여운형은 조선건국준비위원회(이하 건준)를 결성하고, 일차적으로 항일운동으로 옥고를 치르고 있던 정치범들을 석방

8월 16일 서울 휘문중학 교정에 모인 군중 앞에 나타난 건준 위원장 여운형. 건준은 총독부의 행정권을 이양받아 멀리 전국 형무소에서 2만여 명의 독립운동가들을 석방하고 보안대를 결성했다.

했다. 건준 위원장에 추대된 여운형은 해방 다음 날 서울 휘문중학교에 모인 5천여 군중들 앞에서 해방의 벅찬 감격과 건준의 결성 소식을 알리고 국가 재건을 부르짖었다.

건준은 건국동맹을 모체로 하여 민족주의자와 사회주의자가 균형을 이루는 좌우연합적인 조직을 구성하고자 했다. 이로써 안재홍(부위원장), 최근우(총무부장), 이규갑(재무부장), 정백(조직부장), 조동우(선전부장), 권태석(경무부장) 등이 임원에 배치되었다.

건준조직은 지방에서도 활발히 진행되었는데, 8월 31일까지 145개의 지방 조직이 건설되었다. 도 단위에는 거의 다 건준지부가 있었고, 심지어 면단위에까지 조직된 곳도 많았다.

건준은 국가재건의 산파역할을 자임하면서 8월 25일 건준 강령을 발표했다.

1. 우리는 완전한 독립국가의 건설을 기함.
2. 우리는 전민족의 정치적·사회적 기본요구를 실천할 수 있는 민주주의 정권 수립을 기함.
3. 우리는 임시적 과도기에 있어서 국내질서를 자주적으로 유지하여 대중생활의 확보를 기함.

9월 9일 조선총독부를 접수한 미국 선발대가 시가행진을 벌이고 있는 가운데 서울시민들이 환호를 보내고 있다.

점차 기구가 확대되면서 건준은 내분에 휩싸이기 시작했다. 1차 조직 때의 연합전선에서 벗어나 점차 좌익세력이 주도하게 되었기 때문이다. 이러한 이유로 안재홍 등 우익세력들이 건준을 탈퇴했다.

미군이 서울에 입성하기 이틀 전 '진주할 미군에게 조선민족의 자치능력을 표시할 당면의 필요에 의해서' 건준은 해체되고 조선인민공화국이 수립되었다. 이로써 건준은 출범한 지 불과 20여 일 만에 해체되고, 명실상부한 건국준비는 손도 대지 못했다.

여운형은 미군정이 들어서기 전에 인민공화국을 수립하고 하나의 정부로 인정받으려 했다. 과거 조선총독부의 지위와 체제를 그대로 물려받은 미군정은 김성수·송진우·김동원 등 우익계 인사들을 기용하여 인민공화국을 견제하기 시작했다.

'인민공화국은 그 자체가 선택한 명칭 여하를 불문하고 어떤 의미에서든지 정부가 아니므로 그러한 직능을 집행할 하등의 권리가 없다. 따라서 어떠한 정당이든지 정부로 행세해보려는 행동이 있으면 이것을 불법적 행동으로 취급하도록 주둔군과 군정부에 명령을 내렸다.'

이즈음 여운형도 근로인민당을 결성하기 위해 사임했다. 곧바로 1946년 미·소공동위원회가 열려 임정수립 문제가 다루어지면서 인민공화국의 존재는 이름뿐인 것이 되고 말았다. 또한 북측은 조선인민공화국을 수립함으로써 서울의 인민공화국을 부정한 상태였다.

이로써 해방 이후 민족의 자발적인 건국조직이었던 건국준비위원회와 인민공화국은 미군정의 대두와 함께 해체되었다. 우리 손으로 건국을 이루어 보려던 의지는 물거품이 되고, 좌·우익의 대립만이 극단으로 달릴 뿐이었다.

찬탁이냐! 반탁이냐!
: 모스크바 3상회의
(1945년)

해방 후 미군과 소련은 38선을 경계로 한반도를 분할점령하고 각기 군정을 실시했다. 따라서 자주적인 통일국가 건설은 늦춰지고 있었다. 미국은 자본주의 국가건설을 꾀하는 정치세력을 지원함으로써 한반도에서 자신의 입지를 굳히고자 했다.

미국의 입김 속에서 대체로 친일경력이 있는 자본가 · 지주 출신의 인사들이 군정의 행정고문이나 고위관료로 임명되었다. 반면, 북한을 점령한 소련은 행정권을 각 도 인민위원회에 넘겨주고 민정부를 설치, 영향력을 행사했다.

해방 직후 미 · 소 분할점령은 민족분단이라는 위험을 예고했다. 이러한 상태에서 1945년 12월 27일 밤, 느닷없이 민족분단을 예고하는 연합국의 신탁통치 결정이라는 모스크바 3상회의의 내용이 전해졌다.

한반도에 관한 신탁통치 문제가 국제간에 처음 제기된 것은 1943년 영국 수상 이든과 미국대통령 루스벨트와의 회담석상에서였다. 그런데 이보다 앞서 루스벨트는 테헤란 회담(1943. 11)에서 소련의 스탈린에게 한국의 신탁통신방안을 제안하여 찬성을 받아낸 상태였다.

이 회담에서 루스벨트는 한국의 정치미숙을 들어 신탁통치 기간이 "약 30년이 필요할 것"이라 제안했다. 이에 대해 스탈린은 "짧으면 짧을수록 좋다"고 응수하여 구두로나마 신탁통치안을 합의했다. 그 후 신탁통치안은 1945년 2월 얄타 회담에서 비공식적으로 승인되었으며, 모스크바 3상회의를 통해 공식적으로 발표되었던 것이다.

신탁통치안은 이와 같이 미국의 구상으로 이루어졌다. 소련이 대일전쟁에 참전하는 등 남진정책을 표

우익의 반탁데모. 찬탁과 반탁의 날카로운 대립 속에서 이곳은 민족에게는 분단과 통일의 갈림길이었고, 친일파에게는 면죄부 판매장이 되었다.

방하자, 소련의 영향력이 커지는 것을 막기 위한 미국의 복안이었던 것이다.

신탁통치라는 지배정책은 2차대전 후 자기 나라에 유리한 경제적·정치적 영향력을 적당히 발휘하려고 하는 신식민지 통치방식이었다.

《한국전쟁의 기원》을 쓴 브루스 커밍스가 지적한 바와 같이, '자유주의적 외피를 가진 제국주의의 구체적인 행동'이었다.

이러한 강대국들의 의도 속에서 신탁통치에 대한 구체적인 합의를 위해 모스크바 3상회의가 열린 것이다. 이 회의에서 미국의 국무장관 번즈는 한국인의 참여가 제한된 '통일시정기구'를 조직하여 '미·영·중·소 4개국의 대표로 구성되는 집행위원회에서 권한을 수행할 것'과 '탁치의 기간은 5년을 넘지 않을 것' 등의 조정된 탁치안을 내놓았다. 이에 대해 소련은 4개항 수정안을 제출했는데, 그 내용은 '한국의 독립을 부여하기 위한 임시정부의 수립과 그것의 전제로서 미·소공위의 설치' 등이었다.

줄곧 반탁의 태도를 견지해온 김구 및 임정의 한독당 세력은 신탁통치 문제가 알려지자, 즉각 '전민족의 투쟁'을 부르짖고 맹렬히 반탁운동에 나섰다. 지주중심의 한민당과 이승만은 관망적인 반대의사를 표시했다. 그리고 좌익

진영도 일단은 반탁입장을 밝혔다.

인민공화국의 통일전선 제의를 거절하고 김구 등 임정 주도의 반탁운동이 전개되자 조선공산당은 태도를 바꾸어 신탁통치 찬성으로 돌아섰다. 이 때 좌익의 찬탁결성에 대해서는 대체로 소련의 지령을 받았다는 해석이 지배적이지만, 독자적인 결정이었을 수 있다는 견해도 있다.

신탁으로 입장을 바꾼 공산당은 '신탁이야말로 조선의 독립을 촉진하고 보장하기 위한 방안'이라며 선전공세를 폈다. 급기야 신탁통치 문제는 우익과 좌익의 대립이라는 문제로 비화했다.

반탁운동을 오로지 반공·반소라는 측면에서 해석하기 급급한 한민당과 이승만, 반탁운동을 통해 민족주의적 법통을 확인받으려 했던 김구와 임정계, 모스크바 3상회의 결정의 문구에 지나치게 집착하여 미·소공위 결렬 시 미군정과 전면적인 대립을 벌일 수밖에 없었던 좌익계. 결국 신탁이냐 반탁이냐 하는 문제는 바로 자신의 영향력 확대를 위한 투쟁이었다. 임시정부 수립을 위한 제1·2차 미·소공동위원회가 결렬되자 미국은 한국문제를 유엔에 이관했다. 한반도 문제가 유엔으로 넘어가자 김구를 중심으로 한 통일정부 수립운동이 전개되었다. 그러나 이러한 노력에도 불구하고 1948년 8월 15일 남한에는 대한민국정부가 세워지고, 북한에는 9월 9일 김일성을 수상으로 하는 조선민주주의인민공화국이 들어섰다.

남북한 각각 단독정부가 들어섬으로써 신탁통치는 실시되지 않았다. 그러나 신탁통치는 해방 이후 민족을 분열시키는 결정적인 빌미를 제공하는 결과를 가져왔다. 그렇게도 소망했던 자주적인 단일독립국가 건설의 꿈은 꺾이고 만 것이다. 신탁통치를 둘러싼 좌우 대립에서 시작된 한반도의 분열은 한국전쟁을 겪으면서 민족비극의 절정에 이르게 된다.

9월총파업과 10월항쟁

해방 이후 남한사회는 개혁이 지체되면서 경제상황이 갈수록 나빠졌다. 게다가 해외에 강제징용당했던 노동자들이 귀국하면서 실업자 수는 빠르게 늘어났다. 이 무렵 특히 심각했던 것은 식량문제였는데, 악덕 상인들과 지주들은 쌀을 사재기하여 쌀값 폭등을 일으켰다. 이에 미군정은 식량문제를 해결하기 위해 1946년 봄 곡물수집령을 공포하고 농민이 지닌 쌀을 강제로 빼앗았다.

이런 상황에서 9월총파업이 일어났다. 9월총파업은 조선공산당의 주도로 일어났으나, 미군정에 불만을 품고 있던 민중이 가세하여 온 나라로 퍼져나갔다. 9월 24일 부산의 철도노동자 7천여 명이 파업을 일으켰으며, 이는 곧 4만여 전국 철도노동자들의 파업으로 발전했다. 남한 전역에서 26만여 명의 노동자들이 이 파업에 동참했다.

10월 1일 경찰과 테러단의 탄압에 항의하고 쌀을 요구하던 대구시민들에게 경찰이 총을 난사하는 사건이 일어났다. 이를 계기로 경찰과 대구시민 사이에 유혈충돌이 벌어졌다. 분노한 민중들의 저항은 빠르게 온 나라 안으로 번졌다. 10월 한 달 사이에 남한 전역에서 쌀 공출 폐지, 토지개혁 실시, 극우 테러 반대를 요구하는 시위가 일어났다. 당시 항쟁에 참여한 사람은 2백여만 명을 넘었으며, 1천여 명의 노동자·농민·시민·학생들이 죽임당하고, 3만여 명이 체포되었다.

9월총파업과 10월항쟁으로 터져나온 민중의 저항은 미군정에 상당한 타격을 입혔지만, 국내 혼란과 함께 조직적인 민중운동으로 뿌리를 내리지는 못했다.

'단일선거는 국토 양분의 민족적 비극을 초래할 뿐'
: 김구·김규식의 남북협상 (1948년)

　해방 이후 국민의 열망은 바로 단일민족국가를 건설하는 일이었다. 이 단일국가운동은 대체로 3단계로 진행되었는데, 제1단계는 임정세력이 귀국하기 직전 국내에 남아 있었던 여운형의 '건국준비위원회'를 중심으로 한 정부수립운동이다.

　제2단계는 김규식과 여운형 중심의 '좌우합작'운동으로, 중도통일세력 집결하에 '합작 7개원칙'까지 합의했으나, 극좌·극우의 반대와 미·소 냉전체제로 인해 진전을 보지 못한 채 좌절되었다.

　3단계는 단일선거 및 단독정부수립에 반대하고 통일정부를 수립하려는 김구·김규식의 남북협상운동이었다.

　김구는 대한민국임시정부의 주권행사를 계속 유지시키는 맥락에서 반탁운동의 고삐를 더욱 죄어나갔다. 이 방법이 통일의 전망을 밝게 하는 방법이라고 믿었던 것이다. 이에 비해 이승만은 정치권력의 장악이라는 현실문제에 집착하여 단선·단정을 실현하고자 했다.

　1946년 이승만은 내외 여론을 무시한 채 남한만이라도 독자정부를 수립할 것을 다시 주장했다. 게다가 통일정부 수립이라는 민족적인 열망을 저버린

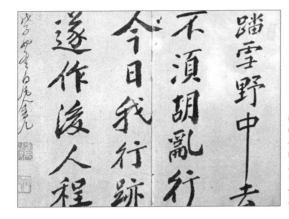

백범의 휘호. 북행길에서 돌아온 백범이 서산대사의 글을 붓으로 옮겼다. "흰눈 밟으며 들녘을 갈 때 함부로 어지러운 걸음 말아라. 오늘 내 발자취는 뒤에 올 사람의 길잡이 되리니." 첫 구절의 담담한 운필이 뒤로 갈수록 힘이 넘쳐 당시 백범의 심경을 엿보게 해준다.

이승만에 이어 미군정청도 1947년에 사실상의 '남조선과도정부'를 출범시켰다.

미·소공동위원회가 결렬되어 한반도 문제가 유엔으로 넘어가자 유엔총회는 유엔한국위원회 설치안, 한국총선거안, 그리고 단독정부수립 후 양군 철수안을 가결함과 동시에 선거비용으로 53만 8천 달러를 지급키로 결정했다. 이러한 일련의 사태에 위기감을 가진 김구는 '남한만의 단일선거는 국토 양분의 민족적 비극을 초래할 뿐, 민족의 숙원인 통일에의 접근은 불가능한 것'이라며 엄중 경고했다.

1947년이 저물어갈 무렵 민족지도자 여운형·장덕수 등이 암살되고, 조소앙은 정계은퇴 성명을 발표하는 등 정국에는 불안한 기운이 감돌고 있었다.

1948년 1월 26일 이승만이 유엔에 의한 남한단선 결정을 강조하던 날, '미·소 양군이 철수한 후 자율적인 남북협상을 통한 총선거만이 민족의 숙원인 남북 통일을 속히 달성할 수 있을 것'이라는 김구의 성명서가 발표되었다. 김구에게 있어 완전한 독립은 '통일 독립'이었다.

다음 날 김규식도 담화를 발표하여 남북요인회담을 남한에서 갖자고 제의했다. 이로써 임정의 동지 김구와 김규식은 손을 잡고 남한만의 단선을 반대하고, 유엔한국위원회에 남북협상방안을 제시하면서 협조를 구했다. 이를 배경으로 김구는 2월 10일 '3천만 동포에게 읍고泣告한다'라는 남한단정수립 반대의 뜻을 담은 간곡한 내용의 성명서를 발표했다.

38선 위에 선 백범. 남북을 하나로 이을 통일의 꿈을 안고 북행길에 올랐지만 그 꿈은 이루어지지 않았다.

드디어 김구와 김규식은 북한의 김두봉, 김일성에게 남북정치회담을 정식으로 제의하는 서신을 발송했다. 이러는 사이 이승만은 그 특유의 야심으로 2월 23일부터 3월 1일 이내에 총선실시를 결정짓지 못하면 독자적으로 추진하겠다고 하면서 급기야 5·10총선 실시를 선포했다. 김구는 즉각 5·10선거에 불참할 것임을 밝혔다.

남북정치회담 제의에 대해 북측은 마침내 수락의사를 알려왔다. 통일조국 달성을 평생소원으로 천명한 김구는 회담진전을 위해 안경근과 권태양을 평양에 파견했다.

이에 김일성은 양김을 무조건 영접하겠다고 전달했다. 김일성의 의사를 전달받은 김구는 북행을 결심했으나, 김규식은 측근들의 만류와 하지 중장의 북행 중지요청으로 갈등을 겪었다. 난항을 겪고 있을 무렵, 108명의 문화인들이 남북협상을 지지하고, 북행을 통일의 신호라 하는 지지의사를 발표하자 김규식은 마침내 북행을 결심했다.

1948년 4월 19일 김구는 북행을 반대하는 우익의 격렬한 반대시위를 피해 북행길에 올랐다. 20일에는 한독당의 조완구·엄항섭·조소앙이, 21일에는 김규식과 민련대표 일행이 평양에 도착했다.

남북정당사회단체 대표자 합동회의는 4월 19일부터 26일까지 8일간 계속되었다. 대표자 545명이 참석한 가운데 모란봉 극장에서 역사적인 남북회담이 열렸다. 김일성의 개회사와 김두봉·허헌의 단선·단정 반대의 통일국가 건설을 위한 축사의 순서로 이어졌다. 그러나 회담의 내용이나 진행은 남측이 계획한 남북고위정치협상과 거리가 멀었다. 북측의 각본에 의해 움직이는 것에 불과했다. 김구, 조소앙 등은 이에 격분하여 본회의장에는 참석하지도 않았다.

이와 같은 분위기 속에서 4월 27일부터 30일 사이에 남북조선정당사회단체 지도자협의회라는 명목으로 남북요인 정치회담이 열렸다. 남측의 대표로 김구, 김규식, 조소앙, 조완구, 홍명희, 김붕준, 엄항섭 등이 참석했고 김일성, 김두봉, 최용건, 박헌영, 주영하, 허헌, 백남운 등이 북측대표로 참석했다.

5월 5일 서울로 돌아온 김구와 김규식은 평양에서의 남북협상 경위와 협의사항을 설명하는 공동성명을 발표하고, 단독정부 수립을 위한 남한의 5·10선거를 거부했다. 그러나 이들은 단독선거를 저지할 만한 힘을 갖고 있지 못했다.

남북협상파의 통일운동에도 불구하고 5월 10일 남한만의 단일선거가 치러졌다. 이후 9월 9일 북측에도 조선민주주의인민공화국이 수립됨으로써 2년 뒤의 내전을 예고했다.

'친일부일배를 응징하라'

: 반민특위의 발족과 와해
(1948년)

　해방 직후 일제에 협력한 친일파를 응징하여 민족정기를 바로잡는 것이 우선과제로 떠올랐다. 그러나 민족반역자, 밀정, 앞잡이, 내통자, 부일협력자 등에 대한 심판은 미군정의 미지근한 태도로 인해 1948년 정부수립 이후에야 가능했다. 이는 미군정이 행정의 공백이나 업무의 능률을 위해 이들을 관리로 활용했기 때문이다.

　정부수립 이후 일제의 앞잡이 노릇을 하던 민족반역자 처벌을 위한 법제정의 발의는 1948년 제헌국회 제40차 본회의장에서 처음 제기되었다. 이 특별법 제정은 김웅진, 김상돈, 김명동 등 소장파 10여 명의 국회의원에 의해 강력히 제기되어 9월 7일 국회에서 가결되었다.

　이 반민족행위처벌법은 국회가 중심이 되어 친일파 처벌을 다루고, 정부는 협조자의 차원에서 머물게 되었다는 점이 특징이었다. 따라서 친일관료가 주축인 정부와 국회가 사사건건 부딪치는 빌미를 제공했다.

　특별법이 공포되자 국회는 친일배들을 처벌하기 위해 특별조사위원회를 구성하고, 각 시·도에 조사위원회를 운영하게 했다. 그리고 10월 12일 반민특위를 설치했다. 각 시·도별로 독립운동가나, 학덕과 애국심이 현저한

반민특위에 체포된 친일파. 맨 뒤에 따라오는 이가 민족대표 33인 중 한 사람이었던 최린이다. 그러나 민족정기를 되찾기 위한 반민특위의 활동은 이승만 정권의 방해로 좌절되고 단죄 없는 역사가 시작되었다.

10명의 인사들이 반민특위 위원에 선정되었다. 반민특위는 위원장에 김상덕, 부위원장에 김상돈을 선임하고 본격적인 활동에 들어갔다.

미군정 중에 친일배들이 주요직책을 맡자 국민들의 비난하는 여론이 들끓었다. 국민들은 반민특위가 이들을 처벌하고 정치 · 사회적인 기강을 확립해주기를 바랐다. 그러나 친일배들은 자신의 재력이나 조직력을 동원해 반민특위의 활동을 훼방 놓곤 했다.

당시 〈대한일보〉라는 극우신문을 경영한 친일배 이종형은 재력을 동원, 반민특위 반대시위를 꾸몄다. 그는 국회 본회의장에서 느닷없이 "국회에서 친일 · 부일파를 처단하라는 주장은 곧 공산당일 뿐"이라고 주장하는 전단을 뿌렸다.

1925년 탄핵으로 임정을 떠난 이승만은 자신의 세력확장을 위해 친일세력들을 상당수 거느리고 있었다. 친일세력을 숙청하려는 반민특위에 이승만은 제동을 걸기 시작했다. 이승만의 압력에도 불구하고 반민특위가 반민족행위자들을 가차없이 검거하자, 친일세력들은 반민특위를 모함하기 시작하고 마침내 6 · 6습격사건을 일으켰다.

1949년 6월 6일 현직 고위경찰간부들이 반민특위 위원들을 대대적으로 습격 · 체포 · 연행 · 구금 · 수색했다. 이것은 반민족행위자들의 반민특위 활동 방해사건 중 가장 격렬하고 불법적인 행위였다. 이로 인해 특위는 사실상 더이상 활동할 수 없게 되었다. 사건의 경위는 이러했다.

6월 5일 특위의 조사활동을 비난하는 관제 데모대가 서울시내 주요 간선 도로에서 특위의 해산을 요구하는 시위를 벌였다. 데모군중은 특위본부로 달려가 반민특위를 '빨갱이 용공단체'라 매도했다. 그런데 이 시위의 배후 조종자는 서울시경 사찰과장 최운하였다.

다음 날 특위가 배후조종자 최운하 등 2명을 체포, 구속하자 시경은 40명의 경찰을 특위사무실에 급파하여 사무실을 난장판으로 만들고는 특위위원들을 구속했다. 이들은 출근하던 특위요원 35명을 불법 체포했고, 지방 경찰 또한 각 도지부 사무실을 습격했다. 특위사무실 습격사건이 벌어진 후 국회는 대통령의 국회출석을 요구했으나, 이승만은 거절했다. 그러나 이 사건이 정치문제화되자 검찰총장은 특위위원을 석방했다.

여순사건과 빨치산 활동 등으로 보수화 물결이 거세지고, 6·6사건으로 정국이 얼어붙자 반민특위는 사실상 와해되고 말았다.

당시 반민족행위자 조사특위가 취급한 총건수는 682건이었고, 재판 종결 건수는 38건, 도별 송치건수는 559건에 이르렀다. 그러나 이러한 성과에도 불구하고 실형이 선고된 것은 집행유예 5건을 포함하여 12건에 지나지 않았다. 더구나 이중 극렬분자 7명만이 처벌받았을 뿐이며, 이들 또한 이듬해 봄까지 감형이나 형집행정지 등으로 모두 풀려났다.

이로써 국민의 열망 속에 친일·부일배를 응징하여 민족정기를 바로 세우려던 모처럼의 기회는 사라져버렸다. 단죄 없는 역사가 시작된 것이다.

동족상잔의 비극
: 분단정부 수립, 한국전쟁 발발
(1948년, 1950년)

1945년 일제로부터의 해방은 제2차 세계대전의 소산이었다. 파시즘 세력에 대항하여 공동전선을 편 미·소 두 강대국에 의해 한국의 해방이 이루어진 것이다. 따라서 해방은 자주독립국가 건설로 이어지지 못하고, 두 강대국에 의해 남북이 분단되고 군사적으로 점령당하는 불완전한 것이 되고 말았다.

당시 미국은 한반도 일부라도 직접 점령하고자 북위 38도선을 잠정적인 군사분계선으로 할 것을 소련에 제의했다. 38도선은 신탁통치기를 겪으면서 임시 군사분계선에서 차츰 정치적 이데올로기의 경계선으로 바뀌어 한국전쟁 발발의 요인이 되고 말았다.

1947년 제2차 미·소공동위원회가 결렬되자 미국은 유엔총회에 한국독립문제를 제출했다. 유엔의 감시하에 총선거를 실시하고, 그 결과 정부가 수립되면 미·소 양군은 철수할 것이며, 이 실현을 위해 유엔한국임시위원단을 설치할 것이라는 것이 그 내용이었다. 유엔임시위원단은 1948년 1월부터 활동을 개시했는데, 소련의 반대로 북한에는 발을 들여놓지도 못했다. 이에 유엔은 가능한 지역에서만이라도 총선에 의한 독립정부를 수립할 것을 결의했

폭파된 한강인도교(지금의 한강대교). 개전 3일 만에 수도 서울을 점령당한 정부는 급히 대전으로 수도를 옮기고, 북한군의 진공속도를 늦추기 위해 한강인도교를 폭파, 수많은 피난민들에게 고초를 겪게 했다.

다.

남북협상파가 불참한 가운데 총선거가 실시되어 1948년 8월 15일 대한민국정부가 수립되었다. 남한에서 단독정부가 수립되자 북한에서도 독자적인 정권수립이 추진되었다.

8월 25일 북한의 각 시·군에서 최고인민회의 대의원 선거가 실시되었다. 그 결과 572명의 대의원으로 구성된 최고인민회의 제1차 회의가 평양에서 열렸다. 이리하여 9월 9일 김일성을 수상으로 하는 조선민주주의인민공화국이 수립되었다. 통일된 자주국가를 수립하려던 노력은 수포로 돌아가고, 남과 북은 서로 다른 체제를 지향하는 정부를 탄생시켰다.

분단국가의 수립은 내전의 발발을 예고하는 신호탄이었다. 게다가 한국의 정치적 불안은 침략의 좋은 구실을 주었다. 국민들의 불신을 안고 있던 정부 여당은 1950년 5월 총선에서 참패하고 말았다. 이러한 정치적 불안정 위에 한국은 미국의 군사적인 방위선 밖에 있다는 미국무장관의 발언은 북한에게 남침의 빌미를 제공했다.

마침내 1950년 6월 25일 새벽 4시, 북한군 9만 명이 150대의 소련제 탱크로 38도선을 넘어섬으로써 한국전쟁은 시작되었다. 물밀듯이 내려오는 북한군을 막기에는 국군은 역부족이었다. 사흘 만에 수도 서울은 점령되었다. 유엔은 전쟁이 시작된 다음 날 긴급히 '안전보장이사회'를 열고 북한에 퇴각을 요구했다. 유엔은 북한의 공격이 계속되자 맥아더 장군을 사령관으로 한 16개국 연합군대를 한국에 파견했다.

맥아더는 9월 15일 '인천상륙작전'을 감행, 인천을 점령하고 28일에는 서

서울수복 전투. 1950년 9월 서울탈환에 나선 병사들의 전투 모습. 건물벽에 걸려 있는 스탈린과 김일성 사진이 이채롭다.

울을 수복했다. 유엔군의 참여로 보급로를 차단당한 북한은 38도선까지 밀려갔다. 이때 유엔은 38선을 넘어 북진을 할 것인가, 이 상태로 휴전할 것인가로 고민했다. 마침내 10월 1일 유엔군과 국군은 38선을 넘어 북쪽으로 진격해갔고, 10월 19일 평양을 점령했다.

몹시도 추웠던 이해 겨울, 중국군의 개입으로 유엔군과 국군은 다시 후퇴하지 않을 수 없었다. 중국군이 인해전술로 밀어닥치자 무제한적 작전계획을 꺼렸던 트루먼 대통령은 후퇴를 명령했다. 1951년 1월 4일 국군은 후퇴하고, 수도 서울은 다시 함락당했다. 그러나 일전일퇴의 공방전을 거듭한 끝에 서울을 다시 되찾고, 국군은 38선을 다시 돌파했다. 한국전쟁이 쉽사리 끝날 기미가 보이지 않자 미국은 소련의 개입을 우려했다.

전쟁이 시작된 지 1년 만인 1951년 6월 23일 소련의 유엔 안전보장이사회는 휴전협상을 제의했다. 이승만 정부의 반대에도 불구하고 7월 8일 휴전협정을 위한 예비회담이 개성에서 열렸다.

한국전은 그 뒤 2년정도 계속되다 미국이 한국의 안전을 지켜주겠다는 보장을 이승만 정부가 받아들이면서 1953년 7월 27일 휴전협정이 맺어졌다.

3년간의 소모적인 전쟁으로 인한 피해는 엄청났다. 5백만 명 이상의 아까운 인명이 사라져갔고, 1천만 명에 달하는 사람들이 가족과 헤어졌다. 그리고 전국 어딜 가나 부모 잃은 고아들이 넘쳐흘렀다. 물질적 피해액은 30억

휴전선이 결정되는 순간. 1951년 11월 26일 판문점에서 유엔군 연락장교 제임스 C. 머레이 대령과 공산군 연락장교 장춘산 대령(오른쪽)이 휴전선이 그려진 지도 위에 서명하고 있다.

달러를 넘는 것으로 추정되며, 공업시설의 절반이 파괴되었다.

동족 간의 비참한 상잔으로 이념의 골은 더욱 깊어졌고, 해방 이후 숙원이 었던 민족통일은 더욱더 멀어져갔다.

'기성세력은 물러가라'
: 4월혁명
(1960년)

1948년 5월 10일 남한만의 총선거가 실시되어 이승만이 대한민국 초대 대통령으로 선출되었다. 그리고 8월 15일 대한민국 정부수립이 정식 선포되어 임정 이래 제1공화국이 시작되었다.

이승만은 대한민국의 대통령이 되었으나, 임정시절부터 보여준 행각으로 최소한의 민중적 기반도 갖지 못했다. 그는 권력기반을 형성하기 위해 소수의 추종세력과 친일·부일관료들을 요직에 앉혔다.

친일 및 추종세력들을 결집한 이승만은 집권초기부터 독재권력 강화에 주력했다. 그는 제2차 대통령 선거를 앞두고 그 자신이 국회에서 재선될 가능성이 희박해지자 점차 독재적 경향을 띠기 시작했다.

다시 한 번 대통령이 되고 싶었던 이승만은 1951년 11월 30일 대통령 직선제와 상하 양원제를 골자로 한 개헌안을 국회에 제출했으나, 부결되어 뜻을 이루지 못했다. 이에 이승만은 국회 장악과 재선을 위한 정치적 수단으로 정당의 필요성을 절감, 추종세력을 중심으로 '자유당'을 결성했다.

이승만은 1952년 5월 25일 공비잔당 소탕이라는 명분으로 경남과 전라남북도에 비상계엄령을 선포했다. 그리고 통근버스를 타고 가던 국회의원들을

탱크 위에 올라탄 시위대. 시위
진압에 투입된 군은 중립적이
었고, 시민에 대해 우호적이었
다. 이미 민심은 이 정권을 떠
났음을 보여주고 있다.

헌병대로 연행하여 반대파 의원 10여 명을 감금하는 등 폭압적인 방법을 써서 대통령 직선제인 발췌개헌안을 기립표결로 통과시켰다.

8월 5일 정·부통령 선거에서 관권을 총동원한 이승만은 마침내 대통령에 재선되었다. 자유당은 1954년 민의원 선거에서 대승을 거두고, 이승만의 3선을 목적으로 중임제한 철폐를 위한 헌법개정을 추진했다.

표결 결과 헌법개정이 부결되었으나, 다음 날 자유당은 사사오입四捨五入이라는 궤변을 내세워 가결을 재선포했다. 이승만 종신집권의 선포였다. 그러나 이때부터 민심은 이승만과 자유당을 떠났다.

1958년 5월 2일 제4대 민의원총선거를 실시했는데, 자유당이 압도적 다수 의석을 차지했다. 그러나 자유당의 총선거는 부정투성이였다. 게다가 반대 여론에도 불구하고 차기선거를 대비하기 위해 보안법 개정안을 국회에 제출했다. 그런데 보안법 개정안 통과를 막기 위해 태평로 국회 본회의장에서 철야농성하던 야당의원들을 국회의장의 경호권을 발동하여 내쫓거나 감금시킨 후, 지방자치법 개정안과 신년도 예산안을 포함, 국가보안법을 날치기 통과시키는 2·4파동을 일으켰다.

1960년 3월 15일 정·부통령 선거에서 이승만 정권은 또 한 번 40% 사전투표와 3인조·5인조 투표, 개표조작 등 노골적인 부정선거를 저질렀다. 그러나 3·15부정선거는 잠재되어 있던 반정부 감정에 기름을 부은 사건이었다. 부정선거 반대운동은 점차 전국각지로 확산되어가던 중 4월 11일 마산에서 김주열이 최루탄에 맞아 주검으로 발견되면서 4·19혁명의 서막이 올랐다.

4월 18일 서울, 정치폭력배들이 시위를 벌이던 고려대생들을 습격·폭행한 사건이 일어났다. 다음 날, 서울의 10여 개 대학생들은 일제히 항의시위에 돌입했다. 시내 중심가에 운집한 2만여 명의 학생과 시민들은 기성 정치인들의 각성과 재선거를 촉구하면서 경무대로 향했다. 당황한 경찰들이 학생들에게 총격을 가하고, 그 결과 1백여 명이 목숨을 잃었다.

정부는 전국에 비상계엄을 선포하여 사태를 수습하려 했으나 시위는 계속 확산될 뿐이었다. 계엄선포로 잠시 소강상태에 빠졌던 시위는 재야인사들의 항의시위와 대학교수들의 시위를 계기로 다시 불길처럼 일어났다.

4월 26일 대규모 시위가 빚어지자 위기를 느낀 이승만은 부통령에 당선된 이기붕의 사퇴, 3·15선거 무효 등을 발표했으나, 이미 때는 늦었다. 결국 이승만은 다음날 하야성명을 발표하고 대통령직에서 물러났다.

이승만이 축출된 후 허정을 수반으로 하는 과도정부가 구성되었다. 그러나 민중항쟁에서 표출된 민주화 요구는 실현되지 않았다. 이후 5·16군사쿠데타가 일어나고 역사의 시계바늘은 다시 역회전하고 말았다.

군사문화의 시작
: 5·16군사쿠데타
(1961년)

4월혁명으로 이승만이 실각한 후 3개월간의 허정 과도정권을 거쳐 1960년 7월 29일 내각책임제하의 총선거가 실시되었다. 대통령의 독주와 독재를 경험했기 때문이었다. 총선 결과 한민당의 맥을 이은 민주당이 정권을 잡았다.

국무총리를 비롯한 각 부 장관자리를 두고 신·구파의 분란을 겪던 민주당은 가까스로 장면내각을 출범시켰다. 그러나 우유부단한 장면내각은 4월혁명 이후 국민들의 기대에 부응하는 정치를 해나가지 못했다. 무능과 부패에다 이전의 독재정치를 너무 의식한 나머지 지나칠 정도의 자유를 허용한 제2공화국은 가히 가두데모 공화국이라 할 만했다.

장면정권은 군부에 대해 부정적인 시각을 갖고 있었다. 70만 병력을 40만으로 감축하겠다고 하는 등 대대적인 군축 조치를 취하려 했다. 그러던 중 육사 8기 출신들을 중심으로 군부숙청에 관한 '하극상사건'이 발생했다. 이 사건의 주모자로 지목된 김종필·김형욱 중령은 예비역으로 편입되었고, 박정희 소장은 뒤에 관련혐의로 육군본부 작전참모부장에서 2군부사령관으로 좌천되었다.

서울시청 앞에 선 혁명주체들. 5월 16일 군사쿠데타를 이끈 박정희 소장이 서울시청 앞에 서 있는 모습. 그 왼쪽이 박종규 소령, 오른쪽이 차지철 대위. 둘 다 뒤에 대통령 경호실장이 되었다.

마침내 좌천에 대한 불만은 쿠데타로 이어졌다. 1961년 5월 16일 새벽, 박정희의 주도하에 수천 명의 군인들이 탱크를 앞세우고 한강을 건너 서울 시내로 들이닥쳤다. 정부청사인 중앙청이 이들에게 넘어가고, 새벽 5시 혁명군이 국가의 실권을 장악했다는 '군사혁명위원회'의 라디오 방송이 이어졌다.

갑작스러운 군인들의 봉기소식을 접한 장면 총리는 급히 시내의 한 수녀원으로 몸을 피해 종적을 감췄다. 거칠 것이 없었던 군사혁명위원회는 곧 계엄령을 선포하고 군정을 시작했다. 표면적인 혁명회의 의장은 육군참모총장 장도영이었지만, 실세는 부의장 박정희와 그 측근세력이었다.

이들은 곧바로 국민들에게 '혁명공약'을 제시했는데, 특히 '반공을 국시로 삼는다'는 사실을 유난히 강조했다. 그 외 자유우방과의 유대강화, 부패일소, 자주경제 재건, 통일을 위한 노력 등을 제시했다. 군사혁명위원회는 곧 국가재건최고회의로 바뀌고, 박정희는 이 기구의 의장이 되면서 본격적인 활동을 하기 시작했다.

이때 박정희는 미국을 방문하여 경제개발에 필요한 지원을 얻는 대신 한·일회담 추진과 베트남 파병을 약속했다. 최고회의는 '국가재건비상조치법'을 만들어 모든 정당을 해산하고, 장면 정부 지도자들을 체포하는 등 군인 특유의 강압적인 통치를 해나갔다.

쿠데타 세력들은 '군이 내건 과업만 완수하면 곧 군 본연의 임무로 돌아갈 것'이라 공약했지만, 중앙정보부를 만들어 통치준비에 착수함으로써 거짓임을 드러냈다. 그리고 1962년 12월 강력한 대통령 중심제와 국회단원제를 중심으로 한 새 헌법을 만들었다. 1963년 그들은 사전조직이라는 비난을 무릅쓰면서 민주공화당을 창당함으로써 박정희를 비롯한 많은 군인들이 군복을 벗고 본격적인 정치인으로 탈바꿈했다.

1963년 10월 15일에 치러진 대통령 선거에서 박정희는 야당의 후원을 받은 윤보선을 아슬아슬한 표차로 누르고 대통령에 당선, 이로써 군사정권인 제3공화국이 탄생했다. 박정희는 이후 1979년 10월 26일 김재규에 의해 사망하기까지 3선개헌과 유신헌법을 통해 독재권력을 누렸다.

5·16쿠데타를 일으키고 정권을 잡은 박정희는 자립경제와 조국근대화를 달성한 후 승공통일한다는 선건설·후통일론을 내세워 통일운동을 억압했다. 경제개발을 가장 우선적인 목표로 내걸고 자본주의 체제를 지향했다. 그런데 경제개발 정책에는 제3세계국을 자본주의 체제 내로 묶어놓으려는 미국의 의도가 깔려 있었다.

군사정권은 이러한 미국의 동북아 전략구도에 발맞춰 국내의 엄청난 반발에도 불구하고 한일국교 정상화와 베트남 파병을 추진했다. 이로써 군사 정권은 친미반공 보수세력으로서의 자기 색깔을 뚜렷이 드러냈다.

영구집권의 시나리오, '10월유신'
: 유신체제의 등장과 그 종말
(1972~1979년)

1972년 10월 17일 전국에 비상계엄령이 내려진 가운데 대통령 박정희는 이른바 '10 · 17 대통령 특별선언'을 발표했다. 이 선언이 바로 '10월유신', 곧 유신체제의 시작을 알리는 신호탄이었다. 박정희는 이 특별선언에서 '한국적 민주주의의 토착화를 위해 구질서를 청산하고, 이를 위해 국회를 해산하고 정치활동을 금지시킨다'고 했다. 이와 함께 평화통일을 지향하는 새로운 헌법이라는 미명 아래 소위 '유신헌법'을 만들었다.

유신헌법의 가장 큰 특징은 대통령을 국민이 직접 뽑지 않고 통일주체국민회의라는 기구에서 선출한다는 점이다. 그러나 통일주체국민회의는 박정희의 대통령 선출을 위한 거수기에 지나지 않았다. 이 영구집권 시나리오를 통해 박정희는 입법 · 사법 · 행정의 3권을 장악하는 독재자로 거듭 태어났다. 유신헌법이 발표된 직후 있은 8대 대통령 선거는 박정희의 단독출마로 치러졌다. 전체 2천 359명의 통일주체국민회의 대의원 전원이 투표하여 2천 357명이 박정희에게 표를 던졌다. 단 2표의 무효가 나왔을 뿐으로, 북한의 공산당식 선거를 뺨칠 정도였다. 6년 뒤 치러진 1978년 제9대 대통령 선거도 결과는 엇비슷했다.

긴급조치 9호의 선포를
보도한 신문. 1975년 5월
14일자 〈조선일보〉. 긴급
조치 9호는 유언비어 유
포, 학생 정치관여 금지,
위반사실을 보도한 언론
사도 정·폐간할 수 있다
는 등 그야말로 앙상한 '초
법조치'였다.

　박정희 정권은 그 동안 국가안보와 중단 없는 경제건설을 명분으로 정권
을 유지해왔다. 그러나 1969년 '닉슨 독트린'이 제창되면서 미국과 중국 간
에는 화해무드가 조성되었다. 이 영향으로 동북아시아에 데탕트 바람이 불
면서 한반도에서도 남북대화의 장을 마련하지 않으면 안 되었다. 이러한 분
위기에 밀려 남북 집권층은 자주·평화·민족대단결의 원칙을 담은 1972년
7·4남북공동성명의 발표와 남북적십자회담을 열었다. 남북회담이 진행되
는 과정에서 박정희 정권은 유신체제를 선포했고, 북쪽은 '사회주의 헌법'을
제정함으로써 남북은 각기 1인 통치체제를 강화해 나가는 데 통일문제를 악
용했던 것이다.

　이러한 배경을 가진 남북협상은 국민들의 여망과 상관없이 집권층에 의해
이루어졌다가 집권층에 의해 좌초되고 말았다. 남북의 장벽이 막 해빙되려
던 무렵에 박 정권은 왜 1인 유신체제를 선포했을까? 이 시기 박 정권은 정
치·사회·경제적으로 어려움을 겪고 있었다.

　박 정권 시절에 이룩한 경제성장이라는 것은 민주주의의 분배원칙을 담보
로 하여 이룩한 것이었다. 그러나 특혜를 입은 몇몇 재벌이 커가는 동안 일
반 국민은 저임금, 장시간 노동에 시달리면서도 정당한 대가를 받지 못하고
있었다.

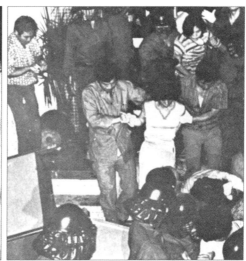

야당과 YH사건. 1979년 8월 11일 새벽, 수백 명의 경찰이 신민당 당사에서 농성하던 YH 여공과 김영삼 총재(왼쪽)를 강제로 끌어내고 있다. 이 과정에서 여공 김경숙양이 숨지고 취재기자·신민당 의원들 여럿이 폭행을 하고 중상을 당하는, 이른바 YH사건이 발생했다.

이 무렵 경제성장은 노동자들과 외국자본을 밑거름으로 하여 이루어진 것이었다. 따라서 1960년 중반 이후 저임금 노동에 기반한 수출주도 정책은 국제수지 악화로 한계를 노출시키기 시작했다. 게다가 미국과 중국의 화해로 인한 냉전체제의 붕괴는 '반공 이데올로기의 수호자'로 자처한 박 정권에 큰 타격을 안겨주었다.

이와 같은 국내외적인 난관 속에서 남북협상을 통해 세계를 휩쓰는 데탕트 물결에 일단 동조하는 듯하다가 급기야 영구집권의 야심을 드러낸 것이 바로 유신체제였다. '긴급조치'가 남발하던 유신체제하에서 민주세력은 극심한 탄압을 받았다. 박 정권은 1974년 학생들이 유신체제에 반대하자 '전국민주청년학생총연맹 사건'을 일으켜 이들을 감옥에 넣었다. 그러나 각 학교·사회단체에서 우후죽순처럼 일어난 민주화 운동을 모두 잠재울 수는 없었다.

1978년 12월에 실시된 10대 국회의원 선거에서 국민은 유신독재에 반대표를 던졌다. 박 정권의 금권선거에도 불구하고 여당인 민주공화당은 31.7% 득표율을 보인 반면, 야당인 신민당은 그보다 1.1%나 높은 32.8%의 지지를

'유신'의 종말. YH사건, 김영삼 총재 제명, 부마사태 등이 꼬리를 물고 숨가쁘게 일어난 그 끝은 '유신의 핵' 박정희의 죽음이었다. 현직 중앙정보부 부장 김재규가 쏜 2발의 총탄이 유신정권 7년을 끝막음했다.

얻었다. 민심이 박 정권에서 떠난 것은 누가 보더라도 확연했다. 이런 분위기 속에서 설상가상으로 1979년 8월 부산 YH무역 여성노동자들이 신민당사에서 농성을 시작하자 이들을 마구 구타하며 해산시켰다. 이 와중에서 한 여성노동자가 사망했다. 이 사건 후 여당은 김영삼 신민당 총재를 국회에서 제명시켜버렸다.

이에 자극받은 부산과 마산을 비롯한 지역에서 1979년 10월 유신독재에 항거하는 학생시위가 일어났다. 이 부마사태는 박 정권의 몰락을 예고하는 봉화였다. 이러한 가운데 1979년 10월 26일 박정희가 중앙정보부장 김재규의 총탄을 맞고 갑작스레 숨짐으로써 유신체제는 무너졌다. 국민적 정당성 없이 출발한 정치체제의 종말이란 이 같이 허무한 것이었다.

세계에서
가장 오랜 시간이 걸린 쿠데타
: 12·12, 5·17쿠데타 (1979년, 1980년)

무너질 것 같지 않던 철벽의 유신체제도 1979년 10월 26일 박정희가 사망함으로써 힘없이 막을 내렸다. 이후 비상계엄령이 선포되고 최규하 국무총리가 대통령 권한대행직을 맡게 되었다. 정부는 민주화 열망을 의식하여 긴급조치를 해제하고 수감된 민주인사들을 석방시켰다. 민주화를 이룰 수 있는 호기가 온 것이다. 1980년 '서울의 봄'은 이렇게 시작되었다.

유신체제에 염증을 느끼고 있던 국민들은 10·26을 계기로 민주주의가 회복되길 바랐다. 국민들이 원하는 것은 무엇보다 유신헌법의 폐지와 대통령 직선제였다. 그러나 대통령 대행 최규하는 통일주체국민회의 보궐선거를 통해 10대 대통령으로 당선되었다. 최규하의 비개혁성에도 불구하고 국민들은 유신체제의 종식으로 모든 불만을 덮고자 했다. 그러나 한국 민주화는 12·12와 5·17군사쿠데타로 다시 한 번 좌절을 맛보아야만 했다. 사건의 전모는 이렇다.

10·26사건 수사를 맡았던 보안사령관 전두환은 12월 12일 저녁 9사단장 노태우 소장과 함께 박대통령 암살사건에 관련혐의가 있다는 이유를 들어 대통령 재가도 없이 계엄사령관 정승화 육군참모 총장을 강제연행했다. 이

80년 서울의 봄. 5월 16일 계엄령 철폐와 민주화 일정의 빠른 추진을 요구하는 서울시내 각 대학 학생들이 서울역 광장에 모여 유례없는 대규모 시위를 벌였다. 이튿날 5·17이 뒤따랐다.

과정에서 총격전까지 벌어졌다. 이들은 불법으로 군대를 동원, 중앙청·국방부 등 주요기관을 장악하고 반대파들을 제거했다.

이와 같이 12·12사태는 군부내 강경파인 전두환 보안사령관을 중심으로 한 '하나회'가 온건파인 정승화 계엄사령관을 무력으로 몰아낸 하극상이자 군사반란이었다.

전두환 보안사령관은 1980년 4월 14일자로 중앙정보부장을 겸직하여 정치권에 뛰어들었다. 따라서 합동수사본부장이라는 실무자에서 각료의 일원으로 국무회의에 참석했다. 이로써 전두환 보안사령관은 박정희 없는 유신체제를 구축하려 했다. 그러나 1980년 초 국민들은 군사독재의 연장을 허용하지 않았다. 노동자들의 생존권 투쟁과 학생들의 계엄철폐와 유신 잔재 청산, 그리고 인천지역 철강노동자들의 파업, 사북지역 탄광노동자 파업이 이어지면서 민주화 투쟁은 점차 뜨거워져갔다.

민주화 열기가 전국민적으로 분출되어가자 신군부세력은 제2의 쿠데타를 공모하기 시작했다. 전두환을 비롯한 신군부는 평화적인 정권장악이 힘들어질 때를 대비하여 각 부대에 훈련실시를 지시했다. 신군부의 쿠데타 계획은 치밀하게 진행되어갔다. 5월 초순부터 시작되었던 충정부대의 서울 투입은 5월 17일 이전에 이미 완료되었다.

5월 17일 오전 전군 주요지휘관 회의에서 비상계엄 확대조치를 결의한 후, 밤 9시 30분 찬반토론 없는 국무회의를 거쳐 5월 17일 24시를 기해 전국에 비상계엄을 선포했다. 그리고 김대중·예춘호·문익환·김동길 등을 사회

혼란 조성자로, 김종필·이후락·박종규·김진만 등을 권력형 부정축재자로 연행했다.

10·26이후 유화된 정국 속에서 민주화를 꿈꾸었던 국민들은 돌연한 5·17계엄확대로 다시 한 번 좌절을 경험했다. 신군부는 계엄확대와 더불어 계엄포고령 10호를 통해 모든 정치활동의 중지, 대학 휴교령, 각종 집회 및 시위 금지, 전·현직 국가원수 비방 금지, 파업 불허, 사전검열 등의 조치를 내렸다. 이와 함께 수십 명의 학생운동 대표들과 민주인사 수백 명이 연행되었다. 이로써 1980년 민주화의 봄은 막을 내렸다.

이후 신군부는 입법·사법·행정의 3권이 집중된 국가보위 비상대책위원회를 만들었는데, 전두환이 상임위원장이 되고, 12·12쿠데타 주역들이 상임위원회를 구성했다. 전두환은 이후 강압통치로 광주민주화운동 등 민주운동을 탄압하고 정치권을 대대적으로 개편했다. 사회정화라는 차원에서 4만 명이 삼청교육대로 보내졌고, 교수 및 교사 등 8천 663명의 공직자가 해직된 것도 이때였다. 이러한 작업을 거쳐 전두환은 유신체제의 유물인 통일주체국민회의를 통해서 8월 27일 국민의 여망과 상관없이 대통령이 되었다.

98

DIGEST

KOREA

'우리 모두 일어나 끝까지 싸웁시다'
: 광주민주화항쟁 (1980년)

한국현대사에 있어서 70년대와 80년대를 구분 짓는 가장 극적이고 역사적인 사건은 1979년 10월의 부마항쟁과 1980년 5월의 광주민중항쟁이었다. 유신체제가 종말을 고하고 전두환 정권이 등장하게 되는 이 두 항쟁이야말로 1980년대 민족민주운동의 시작을 알리는 출발점이었다.

특히 80년대 서막을 알리는 광주민중항쟁은 박정희가 암살된 10·26사건 이후 등장한 신군부와 이에 저항하는 광주민중 사이에 벌어진 무력충돌이었다. 군사독재의 재편음모에 정면으로 대항했던 1980년 광주민중항쟁의 전모는 다음과 같다.

1980년 5월의 광주는 다른 지역과 마찬가지로 학생운동이 활발했다. 게다가 광주는 다른 지역에 비해서 원로 재야인사에서부터 학생운동권에 이르기까지 결속력이 매우 높았다. 광주민주화운동은 비상계엄을 해제할 것을 요구하는 시국선언문이 발표된 것을 전후로 점차 열기를 띠기 시작했다. 5월 14일에서 16일에 걸친 도청 분수대 앞 '민주화 성회'는 운집한 1만 6천 명의 시민들에게 깊은 감명과 민주화의 기대를 안겨준 대회였다.

5월 17일 비상계엄 확대선포안이 가결되자 신군부는 전국의 대도시에 재빨리 군대를 투입했고, 특히 서울과 광주에 핵심부대를 배치했다. 광주에는 7공수여단의 33대대와 35대대가 파견되었다.

5월 18일 오전 10시, 전남대 앞에 2백여 명의 학생들이 모여 '비상계엄 해제'와 '공수부대 물러가라'는 구호를 외쳤다. 공수부 대원들이 학생들을 향해 돌격하고, 이 과정에서 학생들이 무참히 얻어맞았다. 수많은 부상자들이 나왔다. 군인들의 무차별 진압 소식을 들은 광주시민들은 흥분하여 시위대에 가담하기 시작했다. 당시 목격자들의 진술에 의하면 공수부대는

불타는 광주. 5·17비상계엄 확대와 공수부대의 무자비한 시위진압이 촉발한 '광주사태'는 우리 현대사 최대의 비극으로 씻을 수 없는 상처를 남겼다. 불타는 광주 중심가와 시위군중들.

M16 소총에 대검을 꽂고 시민을 향해 달려가는 등 시내 도처에서 상상할 수 없는 만행들을 저질렀다.

19일에도 이 같은 공수부대의 만행은 계속되었다. 이날부터 광주민중항쟁은 자발적인 대중투쟁에서 무장항쟁으로 변하기 시작했다. 20일 오후 운수노동자들이 2백여 대의 차를 몰고 금남로로 향해 차량시위를 벌이자 이에 자신감을 얻은 시민들은 더욱 열성적으로 시위대에 가담했다.

21일, 수만 명에 달하는 시민들이 도청을 에워싸기 시작하자 공수부대는 겁을 먹기 시작했다. 많은 청년들이 차에 올라타 줄이어 도청으로 향했고, 여성은 시위대들이 먹을 밥을 만들어 실어 날랐다. 이날 오후 시위군중은 두 명의 대표를 뽑아 도지사와 협상을 시도했으나 별 성과가 없었다.

오후 1시 정각, 도청 건물 옥상의 스피커에서 애국가가 울려 퍼지는 것을 신호로, 평화적 해결을 기대하는 시민들을 향해 계엄군의 무차별 발포가 한

오열하는 희생자 가족들. 85년 정부 발표에 따르면 사망자 191명, 중상 122명, 경상 730명이라는 엄청난 인명피해를 냈다.

동안 계속되었다.

이때부터 금남로에는 비극이 시작되었다. 금남로는 금세 피로 물들었다. 믿기지 않는 광경을 지켜본 광주시민들은 살기 위해서라도 무장의 필요성을 절감했다. 마침내 시위대들은 광주 부근에서 무기를 구해와 '시민군'을 조직, 계엄군에 맞섰다. 날이 어두워지면서 공수부대는 도청을 빠져나가기 시작했다. 시민들은 승리를 기뻐하며 '광주만세'를 외쳤다.

오래간만에 평화를 되찾은 시민들은 수습위원회를 구성하여 사태수습에 나섰다. 그러나 무장해제에 관해서는 지도부의 의견이 나뉘어져 좀처럼 하나로 통일되지 않았다. 2, 3차 시민궐기대회를 가지면서 투쟁적인 지도부가 도청 상황실을 장악하고 무장조직을 재편성하면서 결전의지를 다졌다.

신군부는 20일 오후 31사단장을 시위진압에 소극적이었다는 이유로 지휘권을 박탈하고, 특전사령관 정호용에게 실질적인 지휘권을 넘겼다. 게다가 이희성 계엄사령관은 21일 수세에 처한 공수부대를 전술상 일단 외곽으로 빼내고 20사단을 증파하여 23일 이후 광주시민을 소탕할 계획을 수립했다. 26일 계엄군은 광주시내로 진입하는 도로를 봉쇄하고, 2만 병력이 탱크를 몰고 진압작전에 돌입했다.

27일 새벽 2시 항쟁지도부 본부에서 처절하고도 결연한 마지막 가두방송이 있었다.

"시민 여러분! 지금 계엄군이 쳐들어오고 있습니다. 사랑하는 우리 형제, 우리
자매들이 계엄군의 총칼에 숨져가고 있습니다. 우리 모두 일어나 끝까지 싸웁시다.
우리는 광주를 사수할 것입니다. 우리를 잊지 말아주십시오. 우리는 최후까지 싸울
것입니다. 시민 여러분! 계엄군이 쳐들어오고 있습니다. 시민 여러분……."

1시간 후 계엄군의 진압작전이 시작되었다. 새벽녘이 되었을 때 도청과 우
리나라의 민주주의를 사수하려던 젊은이들은 사라져갔다. 그리고 10일 간의
광주민중항쟁은 막을 내렸다. 그러나 이때부터 광주정신을 잇는 80년대 민
주화운동이 본격적으로 시작되었다.

호헌철폐! 독재타도!
: 6월민주화항쟁
(1987년)

　　1987년 6월 10일. 전날 연세대 교내시위 중 경찰이 쏜 직격 최루탄에 맞은 이한열 군이 사경을 헤매고 있을 때, 서울을 비롯한 전국 22개 도시에는 경찰의 물고문으로 숨진 박종철 군을 추도하는 '고문살인 은폐조작 규탄 및 민주헌법 쟁취 범국민대회'가 열리고 있었다. 같은 시간, 잠실체육관에서 열린 민정당 제4차 전당대회 및 대통령 후보지명대회에서 노태우가 민정당 대통령 후보로 선출되었다.

　　범민족대회를 치른 약 24만 명의 시민들은 "호헌철폐! 독재타도!", "직선제 쟁취하여 군부독재 타도하자!"라는 구호를 외치며 거리로 나갔다. 역사적인 6월민주화항쟁이 시작된 것이다.

　　6월민주화항쟁은 5공화국의 비정통성과 비민주성에 대한 국민대중들의 분노였다. 12 · 12쿠데타와 광주학살을 일으키고 등장한 5공화국은, 이후 박종철군 고문치사 사건과 4 · 13호헌조치로 국민들의 분노를 자아냈다.

　　특히 전격적으로 발표된 전두환의 4 · 13호헌조치는 1985년 이후 제한적이나마 진행되어온 개헌논의를 완전히 수포로 돌리는 군사독재 연장을 위한 음모였다. 호헌에 반대하는 세력은 모두 좌경 · 용공으로 몰아붙여 탄압했다.

4·13호헌조치 철폐, 군부독재 타도, 민주헌법 쟁취를 외치며 폭발한 6·10국민대회는 노태우의 6·29선언이 발표되기까지 전국을 들끓게 한 반독재투쟁이었다. 경찰은 이날의 국민대회를 불법집회로 규정하고 원천봉쇄했으나 서울과 지방 주요도시에서는 시가전을 방불케 하는 투쟁으로 번져갔다.

진압에 나선 경찰들은 무차별 최루탄 난사와 직격탄 발사, 사복 체포조를 동원하여 시위자 검거에 나섰다. 6·10국민대회에 참가했던 수많은 시민·학생들이 부상당했으며, 전국적으로 총 3천 831명이 연행되었다.

경찰의 탄압에도 불구하고 시위의

쓰러지는 순간의 이한열 군. 87년 6월민주화항쟁의 와중에 6월 9일 연세대 교내시위 도중 직격최루탄에 맞은 직후의 모습. 온국민의 희생염원에도 불구하고 한 달 만인 7월 5일 숨졌다.

열기는 가라앉지 않았다. 매일 학생들과 시민들의 시위가 끊이지 않자 경찰은 6월 13일 국민운동본부의 간부 13명을 전격 구속했다. 그러나 6월 15일 전국적인 규모의 시위가 다시 일어났다. 6월 15일 이후 다시 시작된 민주화 열기는 6월 18일 이한열 군이 최루탄에 맞아 사망함으로써 불을 뿜었다. 서울을 비롯하여 전국적으로 150여만 명이 참가한 이날 대회에서 시민들은 최루탄 추방을 결의했다. 이날의 시위로 전국에서 모두 1천 487명이 연행되고 여러 대의 경찰 차량이 불에 타거나 파손되었다.

이제 시위는 더 이상 경찰력만으로는 진압할 수 없는 상태에까지 이르렀다. 위기감을 느낀 전두환 군사정부는 19일 저녁 고위시국대책회의를 열고 비상대책에 부심했다.

군부의 개입이냐, 한 발 양보냐를 두고 고민하던 전두환을 비롯한 집권여

박종철 군 추도회. 경
찰의 물고문으로 숨진
박종철 군을 추도하는
대회에 동참한 수녀들.
1987년 2월 7일 서울
명동성당 앞.

당은 군부개입으로 야기될 문제와 혼란을 바라지 않는 미국의 입장 등으로
한 발 양보를 택했다. 타결점을 찾기 위해 전두환은 민주당의 김영삼 총재를
만나 협상을 가졌으나, 전두환이 '직선제, 선택적 국민투표, 구속자 석방'등
의 요구를 거절함으로써 회담은 결렬되고 말았다.

이러는 사이 국민평화대행진이 6월 26일에 전개되었다. 이날의 투쟁은 서
울 25만, 광주 20만, 부산 5만 등 전국적으로 1백여만 명이 참가하는 6월민
주화항쟁 중 최대규모의 시위였다. 한밤중까지 이어진 이날의 시위로 많은
시민과 학생들이 연행되었고, 중경상을 입었다. 국민들의 항쟁으로 군사정
부는 곧 무너지려는 듯했다. 그러나 군사정부를 타도하려던 민주화항쟁이
주춤해버린 사건이 발생했으니, 이른바 노태우의 '6 · 29선언'이다.

6월 29일 노태우는 대통령 직선제 수용, 대통령 선거법 개정, 김대중 사면
복권 및 극소수를 제외한 시국관련 사범의 석방, 국민기본권 신장, 언론자유
창달, 지방자치제 실시 등 8개 조항을 내걸어 국민들을 무마시켰다. 이로써
6월항쟁은 힘없이 무너졌다.

범국민적인 반독재투쟁을 전개하고도 군부독재를 완전히 청산하지 못한
것은 6월 대항쟁의 근본적 성격 때문이었다. 6월항쟁으로 호헌철폐와 직선
제 쟁취라는 두 가지 목적을 쟁취하자 국민들은 민주화 투쟁의 다음 목표를
상실해버렸다. 따라서 국민들은 승리감과 허탈감을 동시에 맛보아야만 했

다. 그럼에도 불구하고 6월 대항쟁은 학생 및 일명 '넥타이 부대'라 지칭된 중산층 계층이 참여한 민주화 투쟁이라는 역사적 의미를 지녔다. 시민들은 가두집회와 자발적인 참여로써 국민의식이 살아 있음을 보여주었다. 게다가 대통령 직선제의 성취는 문민정부 출범을 가능하게 했다. 이른바 6월항쟁은 광주학살을 자행하고 집권한 군부에 대한 심판이 멀지 않았음을 보여준 신호탄이었다.

'성공한 쿠데타도 처벌된다'
: 12·12, 5·18사건 선고공판
(1996년)

피고인 전두환 사형!

사형이 선고되던 순간 법정 시계가 낮 12시 정각을 가리켰다. '정오의 심판'이 내리던 순간 피고인 전두환은 눈을 감고 있다가 움찔했다.

1996년 8월 26일 서울지법 417호 법정에서는 12·12 및 5·18사건에 대한 역사적인 법정판결이 있었다. 전두환·노태우 등 피고인 16명이 긴장된 표정으로 서 있는 동안 김영일 재판장은 2시간 가까이 판결문을 읽어 내려갔다.

피고인 전두환을 사형에, 피고인 노태우를 징역 22년 6월에, 피고인 황영시, 같은 허화평, 같은 이학봉, 같은 정호용을 각 징역 10년에, 피고인 유학성, 같은 최세창, 같은 허삼수, 같은 이희성을 각 징역 8년에, 피고인 차규헌, 같은 장세동, 같은 주영복을 각 징역 7년에, 피고인 박종규, 같은 신윤희를 징역 4년에 각각 처한다. 피고인 전두환으로부터 금 2천 259억 5천만 원을, 피고인 노태우로부터 금 2천 838억 9천6백만 원을 각 추징한다.

재판받는 5·18사건의 두 주역. 사상 최초로 두 전직대통령이 함께 법정에 선 12·12와 5·18사건 첫 공판. 1996년 8월 26일 서울지법 417호 법정에서 있은 1심 선고공판에서 전두환은 사형, 노태우는 징역 22년 6월을 선고받았다.

'힘은 곧 정의이고, 성공하기만 하면 수단과 방법은 문제가 되지 않는다'는 굴절된 역사의 가르침이 수정되는 순간이었다. 재판부는 10·26사건 수사를 빌미로 12·12군사반란을 통해 정승화 육군참모총장을 연행하는 하극상을 일으키고, 5·18광주민중항쟁 유혈진압을 통해 신군부 집권 시나리오를 완성했다는 점에서 '내란죄'를 인정했다.

이와 같이 법의 심판을 받은 12·12군사반란과 5·17쿠데타는 민주주의에 대한 국민들의 여망을 짓밟은 사건이었다. 역사의 시계바늘을 뒤로 돌려버린 전두환과 노태우는 쿠데타 성공 후 대통령이 되었다. 따라서 이들에 대한 심판은 먼 훗날의 일로만 여겨졌다.

우리 현대사는 청산하지 못한 역사가 유난히 많았다. 1949년 친일파 척결을 위해 조직되었던 반민특위와 4·19혁명 후 역사청산이 시도되었지만, 번번이 실패했다. 1979년 10·26에 의해 박 정권의 장기독재가 마감되자 많은 사람들은 민주주의의 회복을 기대했다. 그러나 전두환을 비롯한 신군부의 등장으로 이 소망은 무참히 짓밟혔다. 신군부의 불법적인 집권으로 광주민중항쟁의 참상은 제대로 규명될 수조차 없었다.

불법적인 쿠데타를 통해 집권한 전두환의 5공정권은 오히려 쿠데타를 '구국의 결단'으로, 광주민중항쟁을 김대중 내란음모사건에서 비롯된 '광주폭동'으로 왜곡했다. 하지만, 5공·6공으로 이어진 신군부의 집권은 12년 만에 끝났다. 결국 민주화의 압력 앞에서 군사정부는 문민정부로 대체되었다.

문민정권의 출발 또한 완전한 군사정권의 청산 위에 이루어진 것이 아니었다. 따라서 국민들의 여망과 달리 광주사태의 책임자는 '역사에 맡기자'는 식의 태도를 보였다. 이러한 문민정부의 태도는 12·12에 대해서는 '기소유예', 5·18에 대해서는 '공소권 없음'으로 이어졌다.

1995년 연말 노태우의 천문학적인 비자금 사건이 터지면서 이 문제는 다시 도마 위에 올랐다. 들끓는 여론에 밀려 정부는 '5·18특별법'을 제정했다. 이로써 12·12, 5·18사건 주모자들은 군사반란 및 내란 그리고 뇌물수수 혐의로 재판에 회부되었다.

재판정에서 있은 이들의 최후진술이라는 것은 '현실의 권력이 아무리 막강하다 하더라도 역사를 자의로 정리하고 재단할 수 없다' 또는 '역사는 바뀌지도, 바꿀 수도 없으며, 평가나 심판의 대상이 될 수 없다'는 식이었다. 현대사를 오욕으로 얼룩지게 만든 장본인들에게서 수치심이라고는 찾아볼 수 없었다. 반성할 줄 모르는 이들에게 법은 심판을 내렸다.

12·12, 5·18사건 주모자들에 대한 법적 처벌은 잘못된 과거사를 청산하고자 하는 국민적 염원과 시대적 요청에 부응한다는 점에서 그 역사적 의미를 지니고 있다. 이제부터 우리 현대사는 성공한 쿠데타도 처벌될 수 있다는 '역사 바로 세우기'의 첫 단추를 끼운 셈이다.

∷한국사 연표

1879	개화승 이동인, 성냥을 처음 소개.	1896-97	독립문 건립

1879 개화승 이동인, 성냥을 처음 소개.
콜레라, 전국에 유행

1881 신사유람단 · 영선사 파견.
유생 이만손,《만인소》올림

1882 조 · 미 수호통상조약 조인.
조 · 영 수호조규 조인.
조 · 독 수호조약 조인.
임오군란.
대원군, 청에 유폐.
조 · 중 상민수륙무역장정 조인

1883 인천항 개항, 태극기를 국기로 정함.
《한성순보》발간.

1883-84 부산~나가사키 간 해저 전선 공사

1884 우정국 설치. 갑신정변.
궁중에서 최초로 전등 사용.
일본과 한성조약 체결.

1885 광혜원 설치.
영국 극동함대, 거문도점령.
대원군 귀국.
배재학당 설립.
서울~인천 간 전신 개통

1886 노비세습제 폐지.
육영공원 · 이화학당 설립.
조 · 불 수호통상조약 체결

1887 알렌, 최초로 축음기 소개

1889 함경도에 방곡령 실시,
이후 각지에서 농민 봉기 계속됨

1894 갑오농민전쟁,
청일전쟁 발발.
갑오개혁

1895 소학교령 반포.
을미사변.
단발령

1896 아관파천. .
〈독립신문〉창간.
독립협회 결성

1896-97 독립문 건립

1897 국호를 대한제국으로 고침

1898 만민공동회 개최.
서울 종현鍾峴성당(명동성당) 준공

1899 서대문~청량리 간 전차 개통.
전라도에서 영학당 봉기.
인천~노량진 간 철도 개통

1900 만국우편연합 가입.
한강철교 준공,
덕수궁 석조전 기공

1900-06 활빈당 봉기

1901 신식화폐조례 공포 .
제주도에서 농민 봉기

1902 서울~인천 간 장거리 전화 개통.
최초의 하와이 집단 이민 121명 출발

1903 YMCA 발족

1904 한일의정서 조인.
〈대한매일신보〉창간.
경부선 준공.
대한적십자사 발족

1905 보성전문학교 설립.
을사보호조약 체결.
손병희, 동학을 천도교로 개칭.
학제 개혁

1907 국채보상운동.
헤이그 밀사 사건.
고종 퇴위.
한일신협약 조인.
신문지법 제정.
군대해산.
의병봉기.
신민회 조직

1908 의병, 서울진공작전.
전명운 · 장인환, 샌프란시스코에서
미국인 스티븐스 사살.
사립학교령 공포.

1908	동양척식회사 설립.	1919	파리 강화회의에 독립청원서 제출.
	서울성곽 철거 개시,		홍범도 부대, 갑산 · 혜산 공격.
	창경원 동물원 준공.		의열단 결성
	이화학당 메이퀸 행사 시작.	1920	봉오동전투.
	최초의 월간 종합지《소년》창간		청산리진투.
1909	일제, 사법권 박탈.		조선노동공제회 창립.
	안중근, 이토 사살.		제1회 전선체육대회 개최.
	나철, 대종교 창시		〈조선일보〉, 〈동아일보〉 창간.
1910	일제, 경찰권 박탈.		잡지《개벽》《폐허》창간.
	한일합병, 대한제국을 조선으로		《한국독립운동지혈사》간행
	개칭하고 조선총독부 설치.	1921	자유시 참변.
	하와이 교포 최초로 사진 결혼.		제1회 서화협회전 개최.
	회사령 공포		부산 부두 석탄운반노동자 5천여 명 파업
1911	신민회사건.	1922	조선민립대학기성회 발기.
	조선교육령 공포.		비행사 안창남, 모국방문 비행.
	사찰령 공포.		제1회 조선미술전람회개최.
	압록강 철교 준공.		극단 토월회 조직.
	관부연락선 1일 2회 정기 운항 시작		어린이날 제정(5월 첫 일요일)
1912 – 18	토지조사사업	1923	임시정부, 창조파와 개조파로 분열.
1913	대한광복단 조직(1916년 광복단으로 개칭)		조선물산장려회 창립.
1914	지방행정구역 개편.		관동대학살.
	호남선 개통.		진주에서 형평사 창립
	경원선 개통.	1924	조선노농총동맹 창립.
	잡지《청춘》창간		암태도 소작 쟁의
1915	조선광업령 공포.	1925	만주에서 정의부 조직.
	박은식, 상해에서《한국통사》간행		조선공산당 창립.
1916	박중빈, 원불교 창시		고려공산청년회 창립.
1917	간도 한인의 거주권 및 토지소유권 인정.		치안유지법 공포.
	한강인도교 준공		조선프롤레타리아예술가동·맹(KAPF) 결성.
1918	한인사회당 결성.		나석주 의거
	신한청년당 결성	1926	순종 붕어.
1919	일본 유학생, 2 · 8독립선언.		6 · 10만세운동.
	3 · 1운동.		나운규, 〈아리랑〉 상연
	경성방직회사 설립.	1927	신간회결성.
	상해에 대한민국 임시정부 수립.		근우회 결성.
	만주에서 의군부 · 서로군정서 조직.		경성방송국 방송 개시

1928	한글날 제정.	1938	흥업구락부 사건.
	영흥 노동자 총파업.		한글교육 금지.
	코민테른 12월 테제		국민정신총동원조선연맹 창립.
1929	원산총파업.		중국에서 조선의용대 조직.
	만주에서 국민부 조직.		박헌영 등 경성콤그룹 결성.
	광주학생운동	1939	국민징용령 실시.
1930	프로핀테른 9월 테제		조선미곡도정제한 규칙 공포.
1931	만보산 사건.		소작료통제령 공포
	신간회 해소.	1940	창씨개명 실시.
	〈동아일보〉 브나로드 운동전개.		중국에서 한국독립당
	범태평양노동조합 비서부 10월 서신.		(중앙집행위원장김구) 창립,
	김구, 애국단 조직		한국광복군 창설.
1932	간도공산당 사건.		황국신민화운동 본격화.
	제주해녀 시위.		〈조선일보〉, 〈동아일보〉 폐간
	중국에서 한국민족혁명당 창립	1941	조선사상범예방구금령 공포.
	(후에 조선민족혁명당으로 개칭).		임시정부, 대한민국 건국강령 발표.
	애국단원 이봉창 · 윤봉길 의거.		대일선전포고
	총독부, 《조선사》 38권 간행 시작	1942	식량관리법 공포.
1933	미곡통제령 공포.		연안에서 조선독립동맹 결성.
	조선어학회, 한글맞춤법 통일안 제정		조선어학회 사건
1934	조선농지령 공포.	1943	징병제 공포.
	진단학회 창립		학병제 실시
1935	각 학교에 신사참배 강요.	1944	여자정신대근무령 공포.
	최초의 발성영화 〈춘향전〉 개봉		여운형, 건국동맹조직
1936	조선소작조정령 개정.	1945	해방, 38도선을 경계로
	재만한인조국광복회 결성.		소련군 · 미군이 각각 군정 시작.
	손기정, 베를린 올림픽 마라톤 우승.		경성을 서울로 개칭.
	일장기 말소 사건.		조선노동조합전국 평의회 결성.
	조선사상범보호관찰령 공포		전국농민조합총연맹 결성.
1937	백백교 사건.		조선부녀총동맹 결성.
	수양동우회 사건.		신탁통치문제 발발.
	동북항일연군 보천보 공격.		조선공산당 북조선분국 설치
	연해주 한인 강제이주.	1946	미 군정, 미곡수집령 공포.
	화신백화점 건립.		제1차 미 · 소 공동위원회 개최.
	〈황국신민의 서사〉 제정		조선정판사 사건 .
1938	육군특별지원령 공포.		국립서울종합대학안(국대안) 발표.

1946	9월총파업.
	대구 10월항쟁.
	토지 개혁.
	북조선노동당 결성
1947	공민증제 실시.
	서윤복, 보스턴 마라톤대회우승.
	여운형 피살.
	유엔한국임시위원단 구성.
	장덕수 피살
1948	의무교육제도 실시.
	제주도 4·3항쟁.
	5·10선거 실시.
	대한민국 정부 수립.
	국회에서 반민족행위처벌법 통과.
	조선민주주의인민공화국 수립
1949	주일대표부 설치.
	학도 호국단 결성.
	국회프락치 사건.
	농지개혁법 공포.
	김구 피살.
	조국통일민주주의전선 결성.
	조선노동당 발족
1950	농지개혁 실시.
	2대 국회의원 선거.
	한국은행 발족.
	한국전쟁 발발.
	조만식과 이주하의 교환을 제의.
	남한 토지개혁 실시에 관한 정령 채택
1951	거창양민학살사건.
	6·3·3·4 신학제실시.
	국민방위군 사건.
	휴전회담 시작.
	자유당 발족
1952	거제도 포로폭동.
	부산정치파동.
	발췌개헌

1953	제1차 통화개혁.
	노동조합법·노동쟁의조정법
	·노동위원회법 공포.
	《사상계》 창간.
	근로기준법 공포.
	휴전협정 조인.
	한미상호방위조약 조인
1954	제네바 정치회담.
	〈한국일보〉 창간.
	학술원·예술원 개원.
	사사오입 개헌.
	기독교방송국 개국.
	평양~북경 간 직통여객열차 운행개시
1955	한미잉여농산물원조협정 조인.
	민주당 창당.
	박헌영 숙청,
	주체사상 최초로 제기
1956	김창룡 피살.
	제3대 정·부통령 선거.
	첫 TV방송국 개국.
	진보당 창당
1957	어린이헌장 제정·선포.
	《우리말 큰사전》 완간.
	동성동본과 8촌 이내 인척의 결혼 금지
1958	주한미군핵무기 도입 정식 발표.
	진보당 사건.
	4대 국회의원 선거.
	보안법 파동.
	농업협동조합중앙회 발족.
	천리마운동 시작
1959	반공청년당 결성.
	전국노동조합협의회 결성.
	진단학회,《한국사》 전5권 발간.
	재일교포 975명 북송
1960	제5대 정·부통령 선거.
	4·19혁명.

1960	한국교원노조연합회 결성.	1970	경부고속도로 개통.
	이승만 대통령 하야.		김지하, 〈오적〉 필화사건.
	제2공화국 출범		《문학과지성》 창간.
1961	5 · 16군사쿠데타.		전태일 분신자살
	국가재건최고회의법 · 중앙정보부법 ·	1971	제7대 대통령 선거.
	농어촌고리대정리법 공포.		제8대 국회의원 선거.
	조국평화통일위원회 결성		광주대단지 사건.
1962	제1차 경제개발 5개년 계획.		백제무령왕릉 발굴.
	증권파동.		남북적십자 제1차 예비회담.
	제2차 통화개혁		일 · 조 우호촉진위원연맹
1963	부산, 직할시로 승격.	1972	적십자회담.
	민주공화당 창당.		10월유신.
	제3공화국 출범		개헌국민투표.
1964	미터제 실시.		제4공화국 출범.
	6 · 3사태.		김일성 탄생 60주년 기념행사.
	국군파견에 관한 한 · 월간 타결		주석제 신설
1965	한일협정 조인.	1973	여자탁구 세계 제패.
	〈중앙일보〉 창간		6 · 23 평화통일 선언.
1966	한미행정협정조인.		포항종합제철 준공.
	《창작과비평》 창간.		김대중 납치사건.
	농업현물세제 폐지 법령 공포.		개헌청원 100만 인 서명운동.
	북한 〈노동신문〉, 소련 · 중국 노선을		세계보건기구 가입
	배격하는 자주노선 선언	1974	긴급조치 1~4호 선포.
1967	제6대 대통령 선거.		육영수 여사 피격 사망.
	제7대 국회의원 선거.		서울 지하철 1호선 개통.
	동백림 사건		자유언론실천 선언.
1968	1 · 21사건. 향토예비군 창설.		민주회복국민회의 발족.
	중학입시제도 폐지.		〈동아일보〉 광고탄압.
	국민교육헌장 선포		세금제도 완전폐지.
1969	가정의례준칙 공포.		대미 평화협상 제의.
	3선개헌 반대 운동.		유네스코 가입
	경인고속도로 개통.	1975	긴급조치 7 · 9호 선포.
	KAL기 피랍.		인민혁명당 사건 관련자 8명 사형집행.
	미국 정찰기 격추.		장준하 의문의 실족사.
	통혁당 간부 김종태에게 영웅칭호 수여		노동당 창건기념대회
1970	새마을운동 시작.	1976	3 · 1명동사건 .

1976	판문점 도끼만행사건.	1982	김정일 금별메달 · 국기훈장 제1급 수여
	박동선 사건.	1983	KAL기 소련 영내에서 피격,
	안동 다목적댐 준공.		탑승자 269명 전원 사망.
	남일 · 최용건 사망		아웅산 폭탄테러 사건.
1977	제4차 경제개발계획.		KDS 이산가족찾기 TV 생방송.
	고리 원자력 1호 발전기 점화		남한 이재민에게 구호물자 전달.
1978	동일방직 오물세례 사건.		남북경제회담 판문점에서 개최
	함평 고구마 사건.	1985	12대 총선거.
	자연보호헌장 선포.		구로동맹파업.
	제10대 국회의원 선거.		남북한 고향방문단 교류.
	국사편찬위원회,《한국사》전24권 완간		남북 적십자회담 제9차 회의를
1979	YH사건.		평양에서 개최.
	부마사태.		남북 예술단 상호방문 첫 공연
	10 · 26사건.	1986	서울에서 아시안 게임 개최.
	12 · 12쿠데타		5 · 3인천사태.
1980	사북탄광노동자 폭동.		부천서 성고문 사건
	광주민주항쟁.	1987	박종철 고문치사 사건.
	국가보위비상대책위원회 설치.		연대생 이한열군 최루탄 맞고 사망.
	172개 정기간행물 등록 취소.		6월항쟁.
	대입본고사 폐지 · 졸업정원제 실시.		6 · 29선언.
	전두환, 제11대 대통령 취임.		직선제 개헌안 국민투표 실시.
	언론기관 통폐합.		제13대 대통령 선거.
	정치활동 규제 대상자 811명 발표.		김만철 일가 11명 북한 탈출
	남북총리회담을 위한	1988	제6공화국 출범.
	실무대표회담 판문점에서 개최.		〈한겨레신문〉 창간.
	조선노동당 제6차 대회에서 김정일이		제24회 서울 올림픽 개막.
	29명의 집행위원 중 서열 5위로 선출됨		전두환, 백담사 은둔.
1981	제5공화국 출범.		서울 올림픽 불참 공식발표.
	세계기능올림픽 4연패.		남북국회연석회의 제의.
	수출 200만 달러 달성.		4대평화방안 제의
	북한 사회과학원 민족고전연구소,	1989	전국교직원노동조합 결성.
	《이조실록》 번역 완료		전대협대표 임수경, 평양축전 참가.
1982	야간통행금지 전면 해제.		유고 · 폴란드 · 헝가리와 수교
	부산 미문화원 방화사건.	1990	3당합당.
	장영자 사건.		한 · 소 수교.
	김정일, 조선영웅 칭호 수여.		제1회 남북통일 축구대회 개최

1991	지방자치제 부활.	1996	나진 · 선봉 자유경제무역지대
	남북한 유엔 동시 가입.		투자포럼 개최.
	한반도 비핵화 선언.		애틀랜타 올림픽 참가.
	국제노동기구 가입.		금강산발전소 1단계 완공
	〈남북 화해 · 불가침 · 교류협력을 위한	1997	통합방위법 공포.
	합의서〉 채택		한국 프로농구 출범.
1992	증권시장 개방.		공군사관학교 여생도 최초 입교.
	최초의 인공위성 우리별 1호 발사.		한강 성수대교 재개통.
	황영조, 바르셀로나 올림픽 마라톤 우승.		대한항공, 괌 공항 인근 추락 참사 발생.
	중국 · 베트남과 수교.		IMF 구제금융 신청.
	제14대 대통령 선거		창덕궁, 수원 화성 세계문화유산 선정.
1993	제14대 김영삼 대통령 취임.		제15대 대통령 선거 실시
	문민정부 출범.	1998	김대중, 제15대 대통령 취임.
	하나회 등 대규모 숙군.		노사정위원회 설치.
	공무원윤리법 제정.		제2회 동시지방선거 실시.
	금융실명제 실시.		정주영 현대그룹 회장, 소와 함께 방북.
	대전엑스포 개최.		금강산 관광 시작.
	북한, 핵확산금지조약 탈퇴 선언		북한, 헌법개정.
1994	인천 · 부천 세무비리사건.	1999	한일어업협정 비준서 교환.
	지존파 살인사건.		문화재청 설립.
	서울 성수대교 붕괴.		문화산업진흥기본법 제정.
	김일성 주석 사망(7월 8일).		경기도 화성 씨랜드 청소년수련원
	김정일 권력 승계		화재 사고.
1995	대구 가스 폭발사고.		탈북자 정착지원기관 하나원 개관.
	삼풍백화점 붕괴.		무궁화위성 3호 발사 성공.
	옛 총독부건물 철거.		ADSL 상용화.
	노태우 전대통령, 비자금 사건으로 구속.		제1차 연평해전.
	전두환 전대통령 등	2000	새천년 맞이 대축제.
	12 · 12, 5 · 18관련자 구속수감		제16대 국회의원 선거.
1996	OECD 가입.		제1차 남북정상회담.
	4 · 11 총선에서 신한국당 승리.		제주 4 · 3사건 특별법 의결.
	연세대 한총련 사태.		6 · 15 남북공동선언 발표.
	전 · 노 씨 재판 항소심에서		제1차 남북이산가족 방문단 교환.
	전씨 무기징역, 노씨 1 7년 선고.		서해대교 개통.
	북한 잠수함 침투 사건.		인천국제공항고속도로(영종대교) 개통.
1996	김경호 일가 등 17명 탈북.		김대중 대통령, 노벨평화상 수상.

2001	구제역 파동.	2017	제19대 대통령 선거.
	이봉주, 보스톤 마라톤 대회 우승.		문재인, 제19대 대통령 취임
	IMF 지원자금 전액 상환, 관리체제 졸업.	2020	코로나19 팬데믹 시작.
	서해안고속도로 전구간 개통.		제21대 국회의원 선거 실시
	인천국제공항 정식 개항	2022	제20대 대통령 선거 실시
2002	2002 한일월드컵 개막.	2023	윤석열, 제20대 대통령 취임

2001 구제역 파동.
     이봉주, 보스톤 마라톤 대회 우승.
     IMF 지원자금 전액 상환, 관리체제 졸업.
     서해안고속도로 전구간 개통.
     인천국제공항 정식 개항
2002 2002 한일월드컵 개막.
     태풍 '루사' 전국 강타.
     미군 장갑차 양주 여중생 압사 사건.
     제16대 대통령 선거 실시.
     부산아시안게임 북한 대표단 참가
2003 부산 광안대교 개통.
     대구지하철 전동차 방화참사.
     노무현, 제16대 대통령 취임.
     개성공단 착공식
2004 제17대 국회의원 선거.
     공공기관 주 5일 근무제 실시.
     제17대 국회의원 선거 실시.
     행정수도 이전 위헌 판결
2005 호주제 폐지.
     황우석 연구부정 보도
2006 북한, 1차 핵실험
2007 한미 FTA 타결.
     제17대 대통령 선거.
     〈남북관계발전과 평화번영을 위한 선언〉
     발표
2008 이명박, 제17대 대통령 취임
     제18대 국회의원 선거.
     미국산 쇠고기 전면 개방 실시.
2009 노무현 전 대통령 서거.
     4대강 사업 시작
2012 제19대 국회의원 선거 실시.
     제18대 대통령 선거 실시
2013 박근혜, 제18대 대통령 취임
2014 세월호 참사
2016 박근혜 대통령 탄핵.
     제20대 국회의원 선거 실시

2017 제19대 대통령 선거.
     문재인, 제19대 대통령 취임
2020 코로나19 팬데믹 시작.
     제21대 국회의원 선거 실시
2022 제20대 대통령 선거 실시
2023 윤석열, 제20대 대통령 취임